Immanuel Kant

Immanuel Kants frühere noch nicht gesammelte kleine Schriften

Immanuel Kant

Immanuel Kants frühere noch nicht gesammelte kleine Schriften

ISBN/EAN: 9783743691841

Hergestellt in Europa, USA, Kanada, Australien, Japan

Cover: Foto ©Thomas Meinert / pixelio.de

Weitere Bücher finden Sie auf **www.hansebooks.com**

Immanuel Kants

frühere

noch nicht gesammelte

kleine Schriften.

———

Linz,
auf Kosten des Herausgebers.
1·795.

Die 1793. und 1795. herausgekommene Sammlungen von Kants kleinen Schrif-
ten, enthalten gerade die seltensten derselben nicht;
vermuthlich weil sie auch für jene Sammler, wie
gewiß fast für das ganze Publicum, allzu selten
waren.

Von

Von dem Stifter der kritischen Philosophie hoft und weiß jezt das ganze denkende Teutschland, daß er alle Stunden seines ehrwürdigen Alters auf Vollendung einiger von den wichtigsten Theilen des großen philosophischen Gebäudes verwende, dessen Plan er entdeckt und für dessen Ausführung er Plaß verschafft hat. Eine Sammlung seiner kleineren Aufsäße ist für ihn allzu sehr Nebensache; besonders sind die frühcrern von dem Kreise seiner jeßigen Beschäftigungen auch nach ihrem Inhalte, gewiß am weitesten entlegen.

Dennoch soll unfehlbar das Publicum, was Er ihm einmal gegeben hatte, nicht ganz verlieren, nicht allzu lange vermissen. Denen, welche seinen Geist und dessen Fortschritte von den ersten öffentlichen Produkten an, in denen sogar noch manche bisher nicht aufgewachsene Keime liegen, studieren möchten, sollen diese frühesten, zerstreuten, bisher nicht gesammelten und nirgends mehr käuflichen Denkmale davon nicht fehlen. Die Früchte, welche sie tragen

können,

können, sollen nicht länger blos deswegen mangeln, weil
so vielen, welche sich nach diesen Seltenheiten sehnen,
es nicht, wie dem Herausgeber, gelingt, mit aller an-
gewandten Mühe sie zusammen zu finden.

Für diese sey also diese Sammlung von Aufsätzen,
welche ihr Verfasser, zum Höheren fortschreitend, indeß
in der That ganz ihrem Schicksal überlassen hat. Der
dritte Aufsatz: Von den verschiedenen Racen der Menschen, ist sogar in der neuen Auflage vom Philosoph
für die Welt ausgelassen, und also mit der ersten aus
der litterarischen Welt verschwunden. Mit ihm hängt
der vierte genau zusammen. Er ist neuer als die übrigen, aber in den oben genannten Sammlungen —
warum? ist mir unbekannt — nicht zu finden. Die
übrigen drey Abhandlungen sind sogar noch weit seltener,
als diese beyden. Eben deswegen kann dieser neue Abdruck zwar im Gegensatz gegen den Originaldruck ein
Nachdruck, aber nur im besten Sinn genannt werden,
weil alles, was dem Worte Nachdruck einen bösen

Sinn

Sinn giebt, alles, wodurch ein wiederholter Abdruck Einzelnen und ins Allgemeine schädlich, und daher unerlaubt wird, bey ihm wegfällt.

Meine Absicht ist erreicht, wenn auch diese lange gleichsam verschwundenen Werke des Meisters, wieder zu würken anfangen!

———

Inhalt.

Inhalt.

————————

ligatio. Mundus autem, quatenus fpectatur ut Phaenomenon, h. e. refpective ad fenfualitatem mentis humanae, non
agnofcit aliud principium formae, nifi fubiectivum h. e.
certam animi legem, per quam neceffe eft, ut omnia, quae
fenfuum obiecta (per illorum qualitatem) effe poffunt, *neceffario* pertinere videantur ad idem Totum. Quodcunque
igitur tandem fit principium formae Mundi fenfibilis, tamen
non complectitur nifi *actualia*, quatenus in *fenfus cadere*
poffe putantur, ideoque nec immateriales fubftantias, quae,
qua tales iam per definitionem a fenfibus externis omninô
excluduntur, nec mundi cauffam, quae, quum per illam
mens ipfa exiftat et fenfu aliquo polleat, fenfuum obiectum
effe non poteft. Haec principia formalia *Vniverfi phaeno-
meni* abfolute prima, catholica et cuiuslibet praeterea in
cognitione humana fenfitivi quafi fchemata et conditiones,
bina effe, Tempus et Spatium, iam demonftrabo.

§. 14.
De Tempore.

1. *Idea Temporis non oritur, fed fupponitur a fenfibus.* Quae enim in fenfus incurrunt, utrum fimul fint,
an poft fe invicem, non nifi per ideam temporis repraefen-
tari poteft; neque fucceffio gignit conceptum temporis, fed
ad illam provocat. Ideoque temporis notio, veluti per
experientiam acquifita, peffime definitur: per feriem actualium *poft* fe invicem exiftentium. Nam, quid fignificet
vocula *poft*, non intelligo, nifi praevio iam temporis conceptu. Sunt enim, *poft* fe invicem, quae exiftunt *tempo-
ribus diverfis*, quemadmodum *fimul* funt, quae exiftunt
tempore eodem.

2. *Idea temporis eft fingularis*, non generalis. Tempus enim quodlibet non cogitatur, nifi tanquam pars unius
eiusdem temporis immenfi. Duos annos fi cogitas, non
potes tibi repraefentare, nifi determinato erga fe invicem
pofitu, et, fi immediate fe non fequantur, non nifi tem-

B pore

DE

ligatio. Mundus autem, quatenus spectatur ut Phaenomenon, h. e. respective ad sensualitatem mentis humanae, non
agnoscit aliud principium formae, nisi subiectivum h. e.
certam animi legem, per quam necesse est, ut omnia, quae
sensuum obiecta (per illorum qualitatem) esse possunt, *necessario* pertinere videantur ad idem Totum. Quodcunque
igitur tandem sit principium formae Mundi sensibilis, tamen
non complectitur nisi *actualia*, quatenus in *sensus cadere*
posse putantur, ideoque nec immateriales substantias, quae,
qua tales iam per definitionem a sensibus externis omnino
excluduntur, nec mundi caussam, quae, quum per illam
mens ipsa existat et sensu aliquo polleat, sensuum obiectum
esse non potest. Haec principia formalia *Vniversi phaeno-
meni* absolute prima, catholica et cuiuslibet praeterea in
cognitione humana sensitivi quasi schemata et conditiones,
bina esse, Tempus et Spatium, iam demonstrabo.

§. 14.
De Tempore.

1. Idea *Temporis non oritur*, *sed supponitur a sensibus*. Quae enim in sensus incurrunt, utrum simul sint,
an post se invicem, non nisi per ideam temporis repraesen-
tari potest; neque successio gignit conceptum temporis, sed
ad illam provocat. Ideoque temporis notio, veluti per
experientiam acquisita, pessime definitur: per seriem actualium *post* se invicem existentium. Nam, quid significet
vocula *post*, non intelligo, nisi praevio iam temporis conceptu. Sunt enim, *post* se invicem, quae existunt *tempo-
ribus diversis*; quemadmodum *simul* sunt, quae existunt
tempore eodem.

2. Idea *temporis est singularis*, non generalis. Tempus enim quodlibet non cogitatur, nisi tanquam pars unius
eiusdem temporis immensi. Duos annos si cogitas, non
potes tibi repraesentare, nisi determinato erga se invicem
positu, et, si immediate se non sequantur, non nisi tem-

B

pote

ligatio. Mundus autem, quatenus fpectatur ut Phaenomenon. h. e. refpective ad fenfualitatem mentis humanae, non
agnofcit aliud principium formae, nifi fubiectivum h. e.
certam animi legem, per quam necefle eft, ut omnia, quae
fenfuum obiecta (per iftorum qualitatem) efle poffunt, *ne-
cefario* pertinere videantur ad idem Totum. Quodcunque
igitur tandem fit principium formae Mundi fenfibilis, tamen
non complectitur nifi *actualia*, quatenus in *fenfus cadere*
poffe putantur, ideoque nec immateriales fubftantias, quae,
qua tales iam per definitionem a fenfibus externis omninö
excluduntur, nec mundi caufam, quae; quum per illam
mens ipfa exiftat et fenfu aliquo polleat, fenfuum obiectum
efle non poteft. Haec principia formalia *Vniverfi phaene-
meni* abfolute prima, catholica et cuiuslibet praeterea in
cognitione humana fenfitivi quafi fchemata et conditiones,
bina efle, Tempus et Spatium, iam demonftrabo.

§. 14.
De Tempore.

1. Idea *Temporis non oritur, fed fupponitur a fenfibus.* Quae enim in fenfus incurrunt, utrum fimul fint,
an poft fe invicem, non nifi per ideam temporis repraefen-
tari poteft; neque fucceffio gignit conceptum temporis, fed
ad illam provocat. Ideoque temporis notio, veluti per
experientiam acquifita, peffime definitur: per feriem actualium *poft* fe invicem exiftentium. Nam, quid fignificet
vocula *poft*, non intelligo, nifi praevio iam temporis conceptu. Sunt enim, *poft* fe invicem, quae exiftunt *tempo-
ribus diverfis*, quemadmodum *fimul* funt, quae exiftunt
tempore eodem.

2. Idea *temporis eft fingularis*, non generalis. Tempus enim quodlibet non cogitatur, nifi tanquam pars unius
ciusdem temporis immenfi. Duos annos fi cogitas, non
potes tibi repraefentare, nifi determinato erga fe invicem
pofitu, et, fi immediate fe non fequantur, non nifi tem-

B   pore

pore quodam intermedio fibimet iunctas. Quodnam autem temporum diverforum fit *prius*, quodnam *pofterius*, nulla ratione per notas aliquas intellectui conceptibiles definiri potelt, nifi in circulum vitiofum incurrere velis, et mens illud non difcernit, nifi per intuitum fingularem. Praeter ea omnia concipis actualia *in* tempore pofita, non *fub* ipfius notione generali, tanquam nota communi, contenta.

3. *Idea* itaque *Temporis eft intuitus*, et quoniam ante omnem fenfationem concipitur, tanquam conditio refpectuum in fenfibilibus obviorum, eft *intuitus*, non fenfualis, fed *purus*.

4. *Tempus eft quantum continuum* et legum continui in mutationibus univerfi principium. *Continuum* enim eft quantum, quod non conftat fimplicibus. Quia autem per tempus non cogitantur nifi relationes, absque datis ullis entibus erga fe invicem relatis, in tempore, ceu quanto, eft compofitio, quae fi tota fublata concipiatur, nihil plane reliqui facit. Cuius autem compofiti fublata omni compofitione, nihil omnino remanet, illud non conftat partibus fimplicibus. E. etc. Pars itaque temporis quaelibet eft tempus, et, quae funt in tempore, fimplicia, nempe *momenta*, non funt partes illius, fed *termini*, quos interiacet tempus. Nam datis duobus momentis non datur tempus, nifi quatenus in illis actualia fibi fuccedunt; igitur praeter momentum datum necefle eft, ut detur tempus, in cuius parte pofteriori fit momentum aliud.

Lex autem *continuitatis* metaphyfica haec eft: *Mutationes omnes funt continuae*, f. fluunt, h. e. non fuccedunt fibi ftatus oppofiti, nifi per feriem ftatuum diverforum intermediam. Quia enim ftatus duo oppofiti funt in diverfis temporis momentis, inter duo autem momenta femper fit tempus aliquod interceptum, in cuius infinita momentorum ferie fubftantia nec eft in uno ftatuum datorum, nec in altero, nec tamen in nullo; erit in diverfis, et fic porro in infinitum.

Celeb.

Celeb. Kaeſtnerus, hanc Leibnitii legem examini ſub-
iecturus, provocat eius defenſores *) ut demonſtrent: *motum puncti continuum per omnia latera trianguli eſſe impoſ-
ſibilem*, quod utique, conceſſa lege continuitatis, probari
neceſſe eſſet. En igitur demonſtrationem quaeſitam. De-
notent litterae a ᵇ c tria puncta angularia trianguli rectilinei.
Si mobile incedat motu continuo per lineas, *ab, bc, ca,*
h. e. totum perimetrum figurae, neceſſe eſt, ut per punctum *b.* in directione *a b*, per idem autem punctum b etiam
in directione b. c moveatur. Cum autem hi motus ſint di-
verſi, non poſſunt eſſe *ſimul.* Ergo momentum praeſentiae puncti mobilis in vertice *b* quatenus movetur in
directione a b eſt diverſum a momento praeſentiae puncti
mobilis in eodem vertice b, quatenus movetur ſecundum directionem b c. Sed inter duo momenta eſt tempus, ergo
mobile in eodem puncto per tempus aliquod praeſens eſt,
i. e. *quieſcit*, ideoque non incedit motu continuo, quod
contra hypotheſin. Eadem demonſtratio valet de motu,
per quaslibet rectas, angulum includentes dabilem. Ergo
corpus non mutat directionem in motu continuo, niſi ſecundum lineam, cuius nulla pars eſt recta, h. e. curvam,
ſecundum placita Leibnitii.

5. *Tempus non eſt obiectivum aliquid et reale*, nec
ſubſtantia, nec accidens, nec relatio, ſed ſubiectiva conditio per naturam mentis humanae neceſſaria, quaelibet ſenſibilia, certa lege ſibi coordinandi, et *intuitus purus.* Sub-
ſtantias enim pariter ac accidentia coordinamus, tam ſecundum ſimultaneitatem, quàm ſucceſſionem, non niſi per
conceptum temporis; ideoque huius notio, tanquam principium formae, iſtorum conceptibus eſt antiquior. Quod
autem relationes attinet, ſ. reſpectus quoscunque, quatenus
ſenſibus ſunt obvii, utrum nempe ſimul ſint an poſt ſe invicem, nihil aliud involvunt, niſi poſitus in tempore de-
terminandos, vel in eodem ipſius puncto, vel diverſis.

B 2

Qui

*) Höhere Mechanik, S. 354.

B 2   Qui

Qui realitatem temporis obiectivam afferunt, aut illud tanquam fluxum aliquem in exiftendo continuum, absque ulla tamen re exiftente, (commentum abfurdiffimum)
concipiunt, uti potiffimum Anglorum philofophi, aut tanquam abftractum reale a fucceffione ftatuum internorum,
uti *Leibnitius* et affeclae ftatuunt. Pofterioris autem fen-
tentiae falfitas, cum circulo vitiofo in temporis definitione
obvia luculenter femet ipfam prodat, et praeterea *fimulta-*
neitatem *), maximum temporis confectarium, plane ne-
gligat, ita omnem fanae rationis ufum interturbat, quod
non motus leges fecundum temporis menfuram, fed tempus ipfum, quoad ipfius naturam, per oblervata in motu,
aut qualibet mutationum internarum ferie, determinari
poftulet, quo omnis regularum certitudo plane aboletur.
Quod autem temporis *qnantitatem* non aeftimare poffimus,
nifi in concreto, nempe vel *motu* vel *cogitationum ferie*, id
inde eft, quoniam conceptus temporis tantummodo lege
mentis interna nititur, neque eft Intuitus quidam connatus,
adeoque non nifi fenfuum ope actus ille animi, fua fenfa
coordinantis, eliciatur. Tantum vero abeft, ut quis unquam temporis conceptum adhuc rationis ope aliunde dedu-
cat et explicet, ut potius ipfum principium contradictionis

---

*) *Simultanea* non funt ideo talia, quia fibi non fuccedunt.
Nam remota fucceffione tollitur quidem coniunctio aliqua,
quae erat per feriem temporis, fed inde mox ftatim oritur *alia*
vera relatio, qualis eft coniunctio omnium in momento eodem. Simultanea enim perinde iunguntur eodem temporis
momento, quam fucceffiva diverfis. Ideo, quanquam tempus
fit unius tantum dimenfionis, tamen *ubiquitas* temporis, (ut
cum Neutono loquar) per quam *omnia* fenfitive cogitabilia
funt *aliquando*, addit quanto actualium alteram dimenfionem,
quatenus veluti pendent ab eodem temporis puncto. Nam fi
tempus defignes linea recta in infinitum producta, et fimultanea in quolibet temporis puncto per lineas ordinatim
applicatas; fuperficies, quae ita generatur, repraefentabit
Mundum phaenomenon, tam quoad fubftantiam quam quoad
accidentia.

nis eundem praemittat ac fibi conditionis loco fubfternat.
A enim et non A non *repugnant* nifi *fimul* (h. e. tempore
eodem) cogitata de *eodem*, *poft* fe autem (diverfis tempori-
bus) eidem *competere poffunt*. Inde poffibilitas mutationum
non nifi in tempore cogitabilis, neque tempus cogitabile
per mutationes, fed vice verfa.

6. Quanquam autem *Tempus* in fe et abfolute pofi-
tum fit ens imaginarium, tamen, quatenus ad immutabi-
lem legem fenfibilium qua talium pertinet, eft conceptus
veriffimus, et, per omnia poffibilia fenfuum obiecta, in infinitum patens, intuitivae repraefentationis conditio. Cum
enim fimultanea qua talia fenfibus obvia fieri non poffint,
nifi ope temporis, mutationes autem non fint, nifi per tempus cogitabiles, patet: hunc conceptum univerfalem phaenomenorum formam continere, adeoque omnes in mundo
eventus obfervabiles, omnes motus, omnesque internas vi-
ciffitudines neceffario cum axiomatibus de tempore cognof-
cendis, partimque a nobis expofitis, confentire, *quoniam
non nifi fub hisce conditionibus, fenfuum obiecta effe et
coordinari poffunt*. Abfonum igitur eft; contra prima
temporis puri poftulata, e. g. continuitatem etc. rationem
armare velle, cum legibus confequantur, quibus nihil prius,
nihil antiquius, reperitur, ipfaque ratio in ufu principii
contradictionis huius conceptus adminiculo carere non poffit; usque adeo eft primitivus et originarius.

7. Tempus itaque eft *principium formale Mundi fenfibilis* abfolute primum. Omnia enim quomodocunque
fenfibilia, non poffunt cogitari, nifi vel fimul, vel poft fe
invicem pofita, adeoque unici temporis tractu quafi involuta, ac
femet determinato pofitu refpicientia, ita, ut per hunc
conceptum, omnis fenfitivi primarium, neceffario oriatur.
Totum formale, quod non eft pars alterius h. e. *Mundus
phaenomenon.*

§. 15.

De ſpatio.

A. *Conceptus ſpatii non abſtrahitur a ſenſationibus externis.* Non enim aliquid ut extra me poſitum concipere licet, niſi illud repraeſentando tanquam in loco, ab eo, in quo ipſe ſum, diverſo, neque res extra ſe invicem, niſi illas collocando in ſpatii diverſis locis. Poſſibilitas igitur perceptionum externorum, qua talium, *ſupponit* conceptum ſpatii, non *creat;* ſicuti etiam, quae ſunt in ſpatio, ſenſus afficiunt, ſpatium ipſum ſenſibus hauriri non poteſt.

B. *Conceptus ſpatii eſt ſingularis repraeſentatio* omnia *in ſe* comprehendens, non *ſub ſe* continens notio abſtraſta et communis. Quae enim dicis *ſpatia plura,* non ſunt, niſi eiusdem immenſi ſpatii partes, certo poſitu ſe invicem reſpicientes, neque pedem cubicum concipere tibi potes, niſi ambienti ſpatio quaquaverſum conterminum.

C. *Conceptus ſpatii itaque eſt Intuitus purus;* cum ſit conceptus ſingularis, ſenſationibus non conflatus, ſed omnis ſenſationis externae forma fundamentalis. Hunc vero intuitum purum in Axiomatibus Geometriae et qualibet conſtruſtione poſtulatorum ſ. etiam problematum mentali, animadvertere proclive eſt. Non dari enim in ſpatio plures quam tres dimenſiones; inter duo punſta non eſſe niſi reſtam unicam; e dato in ſuperficie plana punſto cum data reſta circulum deſcribere, etc. non ex univerſali aliqua ſpatii notione concludi, ſed in ipſo tantum, velut in concreto, *cerni* poteſt. Quae iaceant in ſpatio dato unam plagam verſus, quae in oppoſitam vergant, diſcurſive deſcribi, ſ. ad notas intelleſtuales revocari nulla mentis acie poſſunt, ideoque, cum in ſolidis perfeſte ſimilibus atque aequalibus, ſed diſcongruentibus, cuius generis ſunt manus ſiniſtra et dextra (quatenus ſolum ſecundum extenſionem concipiuntur) aut triangula ſphaerica e duobus hemiſphaeriis oppoſitis, ſit diverſitas, per quam impoſſibile eſt, ut termini extenſionis coin-

coincidant, quanquam per omnia, quae notis, menti per sermonem intelligibilibus, efferre licet, sibi substitui possint, patet hic: non nisi quadam intuitione pura diversitatem, nempe discongruentiam, notari posse. Hinc Geometria principiis utitur non indubitatis solum ac discursivis, sed sub obtutum mentis cadentibus, et *evidentia* in demonstrationibus (quae est claritas certae cognitionis, quatenus assimilatur sensuali) non solum in ipsa est maxima, sed et unica, quae datur in scientiis puris, omnisque *evidentiae* in aliis *exemplar* et medium, quia, cum Geometria *spatii relatiqnes* contempletur, cuius conceptus ipsam omnis intuitus sensualis formam in se continet, nihil potest in perceptis sensu externo clarum esse et perspicuum, nisi mediante eodem intuitu, in quo contemplando scientia illa versatur. Ceterum Geometria propositiones suas universales non demonstrat, obiectum cogitando per conceptum universalem, quod sit in rationalibus, sed illud oculis subiiciendo per intuitum singularem, quod sit in sensitivis. *)

D. *Spatium non est aliquid obiectivi* et realis, nec substantia, nec accidens, nec relatio; sed *subiectivum* et ideale et e natura mentis stabili lege proficiscens, veluti schema, omnia omnino externe sensa sibi coordinandi. Qui spatii realitatem defendunt; vel illud, ut *absolutum* et immensum rerum possibilium *receptaculum*, sibi concipiunt, quae sententia, post Anglos, Geometrarum plurimis arridet, vel contendunt esse *ipsam*

B 4 · rerum

*) Quod spatium necessario concipiendum sit tanquam quantum continuum, quam facile sit demonstratu, hic praetereo. Inde autem fit, ut simplex in spatio non sit pars, sed terminus. Terminus autem generaliter est id in quanto continuo, quod rationem continet limitum. Spatium, quod non est terminus alterius, est *completum* (*solidum*). Terminus solidi est *superficies*, superficiei *linea*, lineae *punctum*. Ergo tria sunt terminorum genera in spatio, quemadmodum tres dimensiones. Horum terminorum duo (superficies et linea) ipsi sunt spatia. Conceptus *termini* non ingreditur aliud quantum, nisi spatium aut tempus.

rerum exiſtentium relationem, rebus ſublatis plane evaneſ-
centem, et non niſi in actualibus cogitabilem, uti, poſt
Leibnitium, noſtratum plurimi ſtatuunt. Quod attinet primum illud inane rationis commentum, cum veras relationes infinitas, absque ullis erga ſe relatis entibus, fingat,
pertinet ad mundum fabuloſum. Verüm qui in ſententiam
poſteriorem abeunt, longe deteriori errore labuntur. Quippe, cum illi non niſi conceptibus quibusdam rationalibus,
ſ. ad Noumena pertinentibus, offendiculum ponant, ceteroquin intellectui maxime abſconditis e. g. quaeſtionibus de
mundo ſpirituali, de omnipraeſentia etc. hi ipſis Phaenomenis et omnium phaenomenorum fidiſſimo interpreti, Geometriae, adverſa fronte repugnant. Nam, ne apertum in
definiendo ſpatio circulum, quo neceſſario intricantur, in
medium proferam, Geometriam ab apice certitudinis de-
turbatam, in earum ſcientiarum cenſum reiiciunt, quarum
principia ſunt empirica. Nam ſi omnes ſpatii affectiones
non niſi per experientiam a relationibus externis mutuatae
ſunt, axiomatibus Geometricis non ineſt univerſalitas, niſi
comparativa, qualis acquiritur per inductionem, h. e. aeque late patens, ac obſervatur, neque neceſſitas, niſi
ſecundum ſtabilitas naturae leges, neque praeciſio, niſi ar-
bitrario conficta, et ſpes eſt, ut ſit in empiricis, ſpatium
aliquando detegendi aliis affectionibus primitivis praeditum,
et forte etiam bilineum, rectilineum.

E. Quanquam *conceptus ſpatii*, ut obiectivi alicuius
et realis entis vel affectionis, ſit imaginarius, nihilo tamen
ſecius, *reſpective ad ſenſibilia quaecunque*, non ſolum eſt
veriſſimus, ſed et omnis veritatis in ſenſualitate externa fun-
damentum. Nam res non poſſunt ſub ulla ſpecie ſenſibus
apparere, niſi mediante vi animi, omnes ſenſationes ſecundum ſtabilem et naturae ſuae inſitam legem coordinante.
Cum itaque nihil omnino ſenſibus ſit dabile, niſi primitivis
ſpatii a   ibus eiusque conſectariis (Geometria praeci-
piente) conformiter, quanquam horum principium non ſit,
niſi

nisi subiectivum, tamen necessario hisce consentiet, quia extenus sibimet ipsi consentit, et leges sensualitatis erant leges naturae, *quatenus in sensus cadere potest.* Natura itaque Geometriae praeceptis ad amussim subiecta est, quoad omnes affectiones spatii ibi demonstratas, non ex hypothesi ficta, sed intuitive data, tanquam conditione subiectiva omnium phaenomenorum, quibus unquam natura sensibus patefieri potest. Certe, nisi conceptus spatii per mentis naturam originarie datus esset, (ita, ut, qui relationes quascunque alias, quam per ipsum praecipiuntur, mente effingere allaboraret; operam luderet, quia hoc ipso conceptu in figmenti sui subsidium uti coactus esset) geometriae in philosophia naturali usus parum tutus foret; dubitari enim posset: an ipsa notio haec, ab experientia depromta, satis cum natura consentiat, negatis forsitan, a quibus abstractum erat determinationibus, cuius aliquibus etiam suspicio in mentem incidit. *Spatium* itaque est *principium formale Mundi sensibilis* absolute primum, non solum propterea: quod per illius conceptum obiecta universi possint esse phaenomena, sed potissimum hanc ob rationem, quod per essentiam non est, nisi unicum, omnia omnino externe sensibilia complectens, adeoque principium constituit *Vniversitatis* h. e. Totius, quod non potest esse pars alterius.

Corollarium.

En itaque, *bina cognitionis sensitivae principia*, non, quemadmodum est in intellectualibus, conceptus generales, sed *intuitus singulares, attamen puri*; in quibus, non sicut leges rationis praecipiunt, partes et potissimum simplices continent rationem possibilitatis compositi, sed, secundum exemplar intuitus sensitivi, *infinitum continet rationem partis* cuiusque cogitabilis, ac tandem simplicis, s. potius *termini.* Nam, non nisi dato infinito tam spatio quam tempore, tempus quodlibet definitum *limitando* est assignabile, et tam punctum quam momentum per se cogitari non possunt,

possunt, sed non concipiuntur, nisi in dato iam spatio et tempore, tamquam horum termini. Ergo omnes affectiones primitivae horum conceptuum sunt extra cancellos rationis, ideoque nullo modo intellectualiter explicari possunt. Nihilo tamen minus sunt *substrata intellectui*, e datis intuitive primis, secundum leges logicas, conlectaria concludentis, maxima qua fieri potest certitudine. Horum quidem conceptuum *alter* proprie intuitum *obiecti*, alter *statum* concernit, inprimis *repraesentativum*. Ideo etiam spatium *temporis* ipsius conceptui, ceu typus, adhibetur, repraesentando hoc per *lineam* eiusque terminos (momenta) per puncta. Tempus autem *universali* atque *rationali conceptui* magis *appropinquat*, complectendo omnia omnino suis respectibus, nempe spatium ipsum et praeterea accidentia, quae in relationibus spatii comprehensa non sunt, uti cogitationes animi. Praeterea autem tempus leges quidem rationi non dictitat, sed tamen praecipuas *constituit conditiones, quibus faventibus secundum rationis leges mens notiones suas conferre possit;* sic, quid sit impossibile iudicare non possum, nisi de eodem subiecto *eodem tempore* praedicans A et non A. Et praesertim, si intellectum advertimus ad experientiam, respectus caussae et caussati, in externis quidem obiectis indiget relationibus spatii, in omnibus autem, tam externis, quam internis, nonnisi temporis respectu opitulante quid sit prius, quidnam posterius, s. caussa et caussatum, edoceri mens potest. Et vel ipsius spatii *quantitatem* intelligibilem reddere non licet, nisi illud relatum ad mensuram tanquam unitatem, exponamus numero, qui ipse non est, nisi multitudo numerando, h. e. in tempore dato successive unum uni addendo distincte cognita.

Tandem quasi sponte cuilibet oboritur quaestio, utrum *conceptus* uterque sit *connatus*, an *acquisitus*. Posterius quidem per demonstrata iam videtur refutatum, prius autem, quia viam sternit *philosophiae pigrorum*, ulteriorem quemlibet indagationem per citationem caussae primae irritam

tam

tam declarantis, non ita temere admittendum eft. Verum
conceptus uterque procul dubio *acquifitus eft*, non a fenfu
quidem obiectorum (fenfatio enim materiam dat, non formam cognitionis humanae) abftractus, fed ab ipfa mentis
actione, fecundum perpetuas leges fenfa fua coordinante,
quafi typus immutabilis, ideoque intuitive cognofcendus.
Senfationes enim excitant hunc mentis actum, non influ-
unt intuitum, neque aliud hic connatum eft, nifi lex animi, fecundum quam certa ratione fenfa fua e praefentia obiecti coniungit.

SECTIO IV.
De principio formae Mundi intelligibilis.

§. 16.

Qui fpatium et tempus pro reali aliquo et abfolute neceffario omnium poffibilium fubftantiarum et ftatuum quafi
vinculo habent, haud quidquam aliud requiri putant ad
concipiendum: quipote exiftentibus pluribus quidam refpectus originarius competat, ceu influxuum poffibilium conditio primitiva et formae effentialis univerfi principium.
Nam quia quaecunque exiftunt, ex ipforum fententia neceffario funt alicubi, cur fibi certa ratione praefto fint, in-
quirere fupervacaneum ipfis videtur, quoniam id ex fpatii,
omnia comprehendentis, univerfitate per fe determinetur.
Verum praeterquam, quod hic conceptus, uti iam demon-
ftratum eft, fubiecti potius leges fenfitivas, quam ipforum
obiectorum conditiones attineat, fi vel maxime illi realitatem largiaris, tamen non denotat, nifi intuitive datam co-
ordinationis univerfalis poffibilitatem, adeoque nihilo minus intacta manet quaeftio, non nifi intellectui folubilis:
quonam principio ipfa haec relatio omnium fubftantiarum
nitatur, quae intuitive fpectata vocatur fpatium. In hoc
itaque

itaque cardo vertitur quaeſtionis de *principio formae mundi intelligibilis*, ut pateat: quonam pacto poſſibile ſit, *ut plures ſubſtantiae in mutuo ſint commercio*, et hac ratione pertineant ad idem totum, quod dicitur Mundus? Mundum autem hic non contemplamur, quoad materiam,. i. e. ſubſtantiarum, quibus conſtat, naturas, utrum ſint materiales, an immateriales, ſed quoad Formam, h. e. quipote generatim inter plures locum habeat Nexus, et inter omnes Totalitas?

§. 17.

Datis pluribus ſubſtantiis, *principium commercii* inter illas poſſibilis *non ſola ipſarum exiſtentia conſtat*, ſed aliud quid praeterea requiritur, ex quo relationes mutuae intelligantur. Nam propter ipſam ſubſiſtentiam non reſpiciunt aliud quicquam neceſſario, niſi forte ſui cauſſam, at cauſſati reſpectus ad cauſſam non eſt commercium, ſed dependentia. Igitur, ſi quoddam illis cum aliis commercium intercedat, ratione peculiari, hoc praeciſe determinante, opus eſt:

Et in hoc quidem conſiſtit *influxus phyſici* πρωτον ψευδος, ſecundum vulgarem ipſius ſenſum: quod commercium ſubſtantiarum et vires tranſeuntes per ſolam ipſarum exiſtentiam affatim cognoſcibiles temere ſumat, adeoque non tam ſit ſyſtema aliquod, quam potius omnis ſyſtematis philoſophici, tanquam in hoc argumento ſuperflui, neglectus. A qua macula, ſi hunc conceptum liberamus, habemus commercii genus, quod unicum *reale* dici et a quo mundi *Totum reale*, non ideale aut imaginarium dici meretur.

§. 18.

Totum e ſubſtantiis neceſſariis eſt impoſſibile. Quoniam enim ſua cuique exiſtentia abunde conſtat, citra omnem ab alia quavis dependentiam, quae plane in neceſſaria non cadit, patet: non ſolum commercium ſubſtantiarum (h. e. dependentiam ſtatuum reciprocam) ex ipſarum exiſten-

tia

tia non confequi, fed ipfis tanquam neceffariis competere
omnino non poffe.

§. 19.

Totum itaque fubftantiarum eft totum contingentium
et *Mundus, per fuam effentiam, meris conftat contingenti-*
bus. Praeterea nulla fubftantia neceffaria eft in nexu cum
mundo, nifi ut cauffa cum cauffato, ideoque non ut pars
cum complementis fuis ad totum, (quia nexus compartium
eft mutuae dependentiae, quae in ens neceffarium non cadit). Cauffa itaque mundi eft ens extramundanum, adeoque non eft Anima Mundi, nec praefentia ipfius in mundo
eft localis, fed virtualis.

§. 20.

Subftantiae mundanae funt entia ab alio; fed non a
diverfis, fed *omnia ab Uno.* Fac enim illas effe cauffata
plurium entium neceffariorum; in commercio non effent
effectus, quorum cauffae ab omni relatione mutua funt
alienae. Ergo Vnitas in *coniunctione fubftantiarum uni-*
verfi eft confectarium dependentiae omnium ab Uno. Hinc
forma univerfi teftatur de cauffa materiae et, nonnifi *cauffa*
univerforum unica, eft cauffa Vniverfitatis; neque eft mundi *Architectus,* qui non fit fimul *Creator.*

§. 21.

Si plures forent cauffae primae ac neceffariae cum fuis
cauffatis, eorum opificia effent *Mundi,* non *Mundus,* quia
nullo modo connecterentur ad idem Totum, et vice verfa: fi
fint plures Mundi extra fe actuales, dantur plures cauffae
primae ac neceffariae, ita tamen, ut nec Mundus unus cum
altero, nec cauffa unius cum mundo cauffato alterius in ullo fint commercio.

Plures itaque Mundi extra fe actuales *non per ipfum*
fui conceptum funt impoffibiles, (uti Wolffius per notionem
complexus f. multitudinis, quam ad totum, qua tale, fuf-
ficere

ficere putavit, perperam conclufit) fed fub fola hac conditione *fi unica tantum exiflat cauffa omnium neceffaria.* Si
vero admittantur plures, *erunt plures mundi,* in fenfu
ftriftiffimo metaphyfico, *extra fe poffibiles.*

§. 22.

Si, quemadmodum a dato mundo ad cauffam omnium ipfius partium unicam valet confequentia, ita etiam
vice verfa a data cauffa communi omnibus ad nexum horum
inter fe, adeoque ad formam Mundi, fimiliter procederet
argumentatio, (quanquam fateor hanc conclufionem mihi
non aeque perfpicuam videri) nexus fubftantiarum primitivus non foret contingens, fed, per *fuftentationem* omnium
a principio communi, neceffarius, adeoque harmonia proficiscens, ab ipfa earum fubfiftentia, fundata in cauffa communi, procederet fecundum regulas communes. *Harmo-
niam* autem talem voco *generaliter ftabilitam,* cum illa,
quae locum non habet, nifi quatenus ftatus quilibet fubftantiae individuales adaptantur ftatui alterius, fit *harmonia
fingulariter ftabilita* et commercium e priori harmonia fit
reale et *phyficum,* e pofteriori autem ideale et *fympatheti-
cum.* Commercium itaque omne fubftantiarum univerfi eft
externe ftabilitum, (per cauffam omnium communem), et
vel generaliter ftabilitum, per influxum phyficum, (emen-
datiorem v. §. 17.) vel individualiter ipfarum ftatibus con-
ciliatum, pofterius autem, vel per primam cuiusvis fubftantiae conftitutionem *originarie* fundatum, vel, *occafione*
cuiuslibet mutationis impreffum, quorum illud *Harmonia
praeftabilita* hoc *Occafionalismus* audit. Si itaque per fuftentationem omnium fubftantiarum ab uno, *neceffaria* effet
coniunctio omnium, qua conftituunt Vnum, commercium
fubftantiarum univerfale erit per *Influxum phyficum,* et
Mundus totum reale; fin minus, commercium erit fympa-
theticum (h. e. harmonia absque vero commercio) et Mundus non nifi totum ideale. Mihi quidem, quanquam non
demon-

demonſtratum, tamen abunde etiam aliis ex rationibus pro-
batum eſt prius.

S c h o l i o n.

Si pedem aliquantulum ultra terminos certitudinis
apodicticae, quae Metaphyſicam decet, promovere fas eſſet,
operae pretium videtur: quaedam, quae pertinent ad intuitus ſenſitivi non ſolum leges, ſed etiam cauſſas, per *intellectum* tantum cognoſcendas indagare.   Nempe mens humana non afficitur ab externis, mundúsque ipſius aſpectui non
patet in infinitum, niſi *quatenus ipſa cum omnibus aliis ſu-
ſtentatur ab eadem Vi infinita Vnius*.   Hinc non ſentit externa, niſi per praeſentiam eiusdem cauſſae ſuſtentatricis
communis, ideoque ſpatium, quod eſt conditio univerſalis
et neceſſaria compraeſentiae omnium ſenſitive cognita, dici
poteſt OMNIPRAESENTIA PHAENOMENON.   (Cauſſa enim univerſi non eſt omnibus atque ſingulis, propterea praeſens,
quia eſt in ipſorum locis, ſed ſunt loca, h. e. relationes
ſubſtantiarum poſſibiles, quia omnibus intime praeſens eſt.)
Porro, quoniam poſſibilitas mutationum et ſucceſſionum
omnium, cuius principium, quatenus ſenſitive cognoſcitur,
reſidet in conceptu Temporis, ſupponit perdurabilitatem
ſubiecti, cuius ſtatus oppoſiti ſuccedunt, id autem, cuius
ſtatus fluunt, non durat, niſi ſuſtentetur ab alio: conceptus temporis tanquam unici infiniti et immutabilis *), in
quo ſunt et durant omnia, eſt cauſſae generalis *aeternitas,
phaenomenon*.   Verum conſultius videtur, littus legere cognitionum per intellectus noſtri mediocritatem nobis conceſ-
ſarum, quam in altum indagationum eiusmodi myſticarum
provehi, quemadmodum fecit Mallebranchius, cuius ſen-
tentia

---

*) Temporis momenta non ſibi videntur ſuccedere, quia hoc
pacto aliud adhuc tempus ad momentorum ſucceſſionem prae-
mittendum eſſet; ſed per intuitum ſenſitivum actualia quaſi
per ſeriem continuam momentorum deſcendere videntur.

tentia ab ea, quae hic exponitur, proxime abeſt: *nempe nos omnia intueri in Deo.*

SECTIO V.

De Methodo circa ſenſitiva et intellectualia in Metaphyſicis.

§. 23.

In omnibus ſcientiis, quarum principia intuitive dantur, vel per intuitum ſenſualem, (experientiam) vel per intuitum ſenſitivum quidem, at purum (conceptus ſpatii temporis et numeri) h. e. in ſcientia naturali et matheſi, *uſus dat Methodum* et tentando atque inveniendo, poſtquam ſcientia ad amplitudinem aliquam et concinnitatem provecta eſt, elucefcit: qua via atque ratione incedendum ſit, ut fiat conſummata et abſterſis maculis, tam errorum quam confuſarum cogitationum, purior niteſcat; perinde ac Grammatica, poſt uſum uberiorem ſermonis, ſtilus poſt poëmatum aut orationum elegantia exempla, regulis et diſciplinae anſam praebuerunt. *Vſus* autem *intellectus* in talibus ſcientiis, quarum tam conceptus primitivi, quam axiomata ſenſitivo intuitu dantur, non eſt niſi *logicus* h. e. per quem tantum cognitiones ſibi invicem ſubordinamus quoad univerſalitatem conformiter principio contradictionis, phaenomena phaenomenis generalioribus, conſectaria intuitus puri axiomatibus intuitivis. Verum in Philoſophia pura, qualis eſt Metaphyſica, in qua *uſus intellectus* circa principia eſt *realis*, h. e. conceptus rerum et relationum primitivi atque ipſa axiomata per ipſum intellectum purum primitive dantur, et, quoniam non ſunt intuitus, ab erroribus non ſunt immunia, *Methodus antevertit omnem ſcientiam* et quidquid tentatur ante huius praecepta, probe excuſſa et firmiter ſtabilita, temere conceptum et inter vana mentis ludibria

reiici-

reiiciendum videtur. Nam, cum rectus rationis usus 'hic ipsa principia constituat, et tam obiecta, quam, quae de ipsis cogitanda sunt, axiomata, per ipsius indolem solam primo innotescant, expositio legum rationis purae est ipsa scientiae genesis, et earum a legibus suppositiciis distinctio criterium veritatis. Hinc, quoniam methodus huius scientiae hoc tempore celebrata non sit, nisi qualem Logica omnibus scientiis generaliter praecipit, illa autem, quae singulari Metaphysicae ingenio sit accommodata, plane ignoretur, mirum non est quod huius indaginis studiosi saxum suum Sisypheum volvendo in aevum vix aliquid adhuedum profecisse videantur. Quanquam autem mihi hic nec animus est nec copia, fusius de tam insigni et latissime patenti argumento disserendi, tamen, quae partem huius methodi haud contemnendam constituunt, nempe *sensitivae cognitionis cum intellectuali contagium*, non quatenus solum incautis obrepit in applicatione principiorum, sed ipsa principia spuria sub specie axiomatum effingit, brevibus iam adumbrabo.

§. 24.

Omnis Metaphysicae circa sensitiva atque intellectualia methodus ad hoc potissimum praeceptum redit: sollicite cavendum esse, *ne principia sensitivae cognitionis domestica terminos suos migrent ac intellectualia afficiant.* Nam quia *praedicatum* in quolibet iudicio intellectualiter enunciato, *est conditio*, absque qua subiectum cogitabile non esse asseritur, adeoque praedicatum sit cognoscendi principium; si est conceptus sensitivus, non erit nisi conditio sensitivae cognitionis possibilis, adeoque apprime quadrabit in subiectum iudicii, cuius conceptus itidem est sensitivus. At si admoveatur conceptui intellectuali, iudicium tale non nisi secundum leges subiectivas erit validum, hinc de notione intellectuali ipsa non praedicandum et obiective efferendum, sed *tantum ut conditio*, *absque qua sensitivae cognitioni*

C

conceptus dati locus non est. *) Quoniam autem praeftigiae intellectus, per fubornationem conceptus fenfitivi, tanquam notae intellectualis, dici poteft (fecundum analogiam
fignificatus recepti) *vitium fubreptionis*, erit permutatio intellectualium et fenfitivorum *vitium fubreptionis Metaphy-
ficum*, (*phaenomenon intellectuatum*, fi barbarae voci ve-
nia eft) adeoque axioma tale *hybridum*, quod fenfitiva pro
neceffario adhaerentibus conceptui intellectuali venditat,
mihi vocatur *axioma fubrepticium*. Et ex hisce quidem axiomatibus fpurlis prodierunt principia fallendi intellectus per
omnem Metaphyficam peffime graffata. Vt autem habeamus, quod in promptu fit et luculenter cognofcibile, horum iudiciorum criterium et veluti Lydium lapidem, quo
illa dignofcamus a genuinis, fimulque, fi forfan firmiter
adhaerere intellectui videantur, artem quandam docimafti-
cam, cuius ope, quantum pertineat ad fenfitiva quantum
ad intellectualia, aequa fieri poffit aeftimatio, altius in
hanc quaeftionem defcendendum effe puto.

§. 25.

*) Foecundus et facilis eft huius criterii ufus in dignofcendis
principiis, quae tantum leges cognitionis fenfitivae enunciant,
ab iis, quae praeterea aliquid circa obiecta ipfa praecipiunt.
Nam fi praedicatum fit conceptus intellectualis, refpectus ad
fubiectum iudicii, quantumvis fenfitive cogitatum, denotat
femper notam obiecto ipfo competentem, At *fi praedicatum fit
conceptus fenfitivus*, quoniam leges cognitionis fenfitivae non
funt conditiones poffibilitatis rerum ipfarum, de *fubiecto iudicii intellectualiter cogitato* non valebit, adeoque obiective enunciari non poterit. Sic in vulgari illo axiomate; *quicquid exiftit
eft alicubi*, cum praedicatum contineat conditiones cognitionis fenfitivae, non poterit de fubiecto iudicii, nempe *exiftenti*
quolibet generaliter enunciari; adeoque formula haec obiective praecipiens falfa eft. Verum fi convertatur propofitio, ita
ut praedicatum fiat conceptus intellectualis, emerget veriffima, uti: quicquid eft alicubi, exiftit.

§. 25.

En igitur Principivm Redvctionis axiomatis cuiuslibet fubrepticii: *Si de conceptu quocunque intellectuali generaliter quicquam praedicatur, quod pertinet ad respectus* Spatii atqve Temporis: *obiective non est enuncianda et non denotat nisi conditionem, fine qua conceptus datus fensitive cognofcibilis non est.* Quod eiusmodi axioma fit fpurium, et fi non falfum faltim temere et precario affertum, inde liquet: quia, cum fubiectum iudicii, intellectualiter concipitur, pertinet ad obiectum, praedicatum autem, cum determinationes fpatii ac temporis contineat, pertinet tantum ad conditiones fenfitivae cognitionis humanae, quae, quia non cuilibet cognitioni eiusdem obiecti neceffario adhaeret, de dato conceptu intellectuali univerfaliter enuntiari non poteft. Quod autem intellectus huic fubreptionis vitio tam facile fubiiciatur; inde eft: quia fub patrocinio alius cuiusdam regulae veriffimae deluditur. Recte enim fupponimus: *quicquid ullo plane intuitu cognofci non poteft prorfus non effe cogitabile*, adeoque impoffibile. Quoniam autem alium intuitum, praeter eum, qui fit fecundum formam fpatii ac temporis, nullo mentis conatu ne fingendo quidem affequi poffumus, accidit: ut omnem omnino intuitum, qui hisce legibus adftrictus non eft, pro impoffibili habeamus, (intuitum purum intellectualem et legibus fenfuum exemtum, qualis eft divinus, quem Plato vocat Ideam, praetereuntes) ideoque omnia poffibilia axiomatibus fenfitivis fpatii ac temporis fubiiciamus.

§. 26.

Omnes autem fenfitivarum cognitionum fub fpecie intellectualium praeftigiae, e quibus oriuntur axiomata fubrepticia ad tres fpecies revocari poffunt, quarum formulas generales has habeto:

C 2   I. Ea.

1. Eadem conditio fenſitiva, ſub qua ſola *Intuitus* Obiecti eſt poſſibilis, eſt conditio ipſius *poſſibilitatis Obiecti.*

2. Eadem conditio fenſitiva, ſub qua ſola *Data ſibi conferri poſſunt ad formandum conceptum obiecti intellectualem,* eſt etiam conditio ipſius poſſibilitatis obiecti.

3. Eadem conditio fenſitiva, ſub qua *ſubſumtio obiecti* alicuius obvii *ſub dato conceptu intellectuali* ſolum poſſibilis eſt, eſt etiam conditio poſſibilitatis ipſius obiecti.

§. 27.

Axioma ſubrepticium Primae claſſis eſt: *Quicquid eſt, eſt alicubi et aliquando.* *) Hoc vero principio ſpurio omnia entia, etiamſi intellectualiter cognoſcantur, conditionibus ſpatii atque temporis in exiſtendo adſtringuntur. Hinc de ſubſtantiarum immaterialium, (quarum tamen eandem ob cauſſam nullus datur intuitus ſenſitivus, nec ſub tali forma repraeſentatio) locis in univerſo corporeo, de ſede Animae, et id genus aliis quaeſtiones iactant inanes, et cum ſenſitiva intellectualibus, ceu quadrata rotundis, improbe miſceantur, plerumque accidit ut diſceptantium, alter hircum mulgere, alter cribrum ſupponere videatur. Eſt autem

*) Spatium et tempus concipiuntur, quaſi omnia ſenſibus ulla ratione obvia *in ſe* comprehendant. Ideo non datur ſecundum leges mentis humanae ullius entis intuitus, niſi ut *in ſpatio ac tempore* contenti. Comparari huic praeiudicio poteſt aliud, quod proprie non eſt axioma ſubrepticium, ſed ludibrium phantaſiae, quod ita exponi poſſet generali formula: Quicquid exiſtit, *in illo eſt ſpatium et tempus* h. e. omnis ſubſtantia eſt *extenſa* et continuo *mutata.* Quanquam enim, quorum conceptus ſunt craſſiores, hac imaginandi lege firmiter adſtringuntur, tamen facile ipſi perſpiciunt: hoc pertinere tantum ad conatus phantaſiae rerum ſibi ſpecies adumbrandi, non ad conditiones exiſtendi.

autem immaterialium in Mundo corporeo praefentia virtualis, non localis; (quanquam ita improprie vocitetur,) fpatium autem non continet conditiones poffibilium actionum
mutuarum, nifi materiae; quidnam vero immaterialibus
fubftantiis relationes externas virium tam inter fe quam erga
corpora conftituat intellectum humanum plane fugit, uti
vel perfpicaciffimus Eulerus, cetera phaenomenorum mag-
nus indigator et arbiter (in litteris ad principem quendam
germaniae miffis) argute notavit: Cum autem ad entis fum-
mi et extramundani conceptum pervenerint, dici non poteft, quantum hisce obvolitantibus intellectui umbris ludifi-
centur. *Praefentiam* Dei fibi fingunt *localem*, Deumque
mundo involvunt, tanquam infinito fpatio fimul compre-
henfum, hanc ipfi limitationem compenfaturi, videlicet,
localitate quafi per *eminentiam* concepta, h. e. infinita. At
in pluribus locis fimul effe, abfolute impoffibile eft, quia
loca diverfa funt extra fe invicem, ideoque quod eft in pluribus locis, eft extra femet ipfum, fibique ipfi externe
praefens, quod implicat. Quod autem tempus attinet, poft-
quam illud non folum legibus cognitionis fenfitivae exeme-
runt, fed ultra mundi terminos ad ipfum ens extramundanum, tanquam cognitionem exiftentiae ipfius, transtule-
runt, inextricabili labyrintho fefe involvunt. Hinc abfo-
nis quaeftionibus ingenia excruciant, v. g. cur Deus mundum non multis retro feculis reddiderit. Facile quidem
concipi poffe fibi perfuadent, quipote Deus praefentia, h.
e. actualia *temporis in quo eft* cernat, at quomodo futura,
h. e. actualia *temporis in quo nondum eft* profpiciat, diffi-
cile intellectu putant. (Quafi exiftentia entis neceffarii per
omnia temporis imaginarii momenta fucceffive defcendat et
parte durationis fuae iam exhaufta, quam adhuc victurus
fit aeternitatem una cum fimultaneis mundi eventibus profpiciat.) Quae omnia notione temporis probe perfpecta fu-
mi inftar evanefcunt.

1. Eadem conditio fenfitiva, fub qua fola *Intuitus* Obiecti est possibilis, est conditio ipfius *possibilitatis Obiecti.*

2. Eadem conditio fenfitiva, fub qua fola *Data fibi conferri possunt ad formandum conceptum obiecti intellectualem*, est etiam conditio ipfius possibilitatis obiecti.

3. Eadem conditio fenfitiva, fub qua *subsumtio obiecti alicuius obvii fub dato conceptu intellectuali* folum possibilis est, est etiam conditio possibilitatis ipfius obiecti.

§. 27.

Axioma fubrepticium PRIMAE claffis est: *Quicquid est, est alicubi et aliquando.* *) Hoc vero principio fpurio omnia entia, etiamfi intellectualiter cognofcantur, conditionibus fpatii atque temporis in exiftendo adftringuntur. Hinc de fubstantiarum immaterialium, (quarum tamen eandem ob cauffam nullus datur intuitus fenfitivus, nec fub tali forma repraefentatio) locis in univerfo corporeo, de fede Animae, et id genus aliis quaeftiones iactant inanes, et cum fenfitiva intellectualibus, ceu quadrata rotundis, improbe mifceantur, plerumque accidit ut difceptantium, alter hircum mulgere, alter cribrum fupponere videatur. Est autem

*) Spatium et tempus concipiuntur, quafi omnia fenfibus ulla ratione obvia *in fe* comprehendant. Ideo non datur fecundum leges mentis humanae ullius entis intuitus, nifi ut *in fpatio ac tempore* contenti: Comparari huic praeiudicio poteft aliud, quod proprie non est axioma fubrepticium, fed ludibrium phantafiae, quod ita exponi poffet generali formula: Quicquid exiftit, *in illo est fpatium et tempus* h. e. omnis fubstantia est *extenfa* et continuo *mutata.* Quanquam enim, quorum conceptus funt craffiores, hac imaginandi lege firmiter adftringuntur, tamen facile ipfi perfpiciunt: hoc pertinere tantum ad conatus phantafiae rerum fibi fpecies adumbrandi, non ad conditiones exiftendi.

autem immaterialium in Mundo corporeo praefentia virtualis, non localis; (quanquam ita improprie vocitetur,) fpatium autem non continet conditiones poffibilium actionum
mutuarum, nifi materiae; quidnam vero immaterialibus
fubftantiis relationes externas virium tam inter fe quam erga
corpora conftituat intellectum humanum plane fugit, uti
vel perfpicaciffimus Eulerus, cetera phaenomenorum mag-
nus indigator et arbiter (in litteris ad principem quendam
germaniae miffis) argute notavit: Cum autem ad entis fum-
mi et extramundani conceptum pervenerint, dici non poteft, quantum hisce obvolitantibus intellectui umbris ludifi-
centur. *Praefentiam* Dei fibi fingunt *localem*, Deumque
mundo involvunt, tanquam infinito fpatio fimul compre-
henfum, hanc ipfi limitationem compenfaturi, videlicet,
localitate quafi per *eminentiam* concepta, h. e. infinita. At
in pluribus locis fimul effe, abfolute impoffibile eft, quia
loca diverfa funt extra fe invicem, ideoque quod eft in pluribus locis, eft extra femet ipfum, fibique ipfi externe
praefens, quod implicat. Quod autem tempus attinet, poft-
quam illud non folum legibus cognitionis fenfitivae exeme-
runt, fed ultra mundi terminos ad ipfum ens extramundanum, tanquam cognitionem exiftentiae ipfius, transtule-
runt, inextricabili labyrintho fefe involvunt. Hinc abfo-
nis quaeftionibus ingenia excruciant, v. g. cur Deus mundum non multis retro feculis reddiderit. Facile quidem
concipi poffe fibi perfuadent, quipote Deus praefentia, h.
e. actualia *temporis in quo eft* cernat, at quomodo futura,
h. e. actualia *temporis in quo nondum eft* profpiciat, diffi-
cile intellectu putant. (Quafi exiftentia entis neceffarii per
omnia temporis imaginarii momenta fucceffive defcendat et
parte durationis fuae iam exhaufta, quam adhuc victurus
fit aeternitatem una cum fimultaneis mundi eventibus profpiciat.) Quae omnia notione temporis probe perfpecta fu-
mi inftar evanefcunt.

C 3 §. 28.

§. 28.

SECVNDAE fpeciei praeiudicia, cum intellectui imponant per conditiones fenfitivas, quibus mens adftringitur, fi in quibusdam cafibus ad intellectualem pertingere vult, adhuc magis fe abfcondunt. Horum unum eft quod quantitatis, alterum quod qualitatum generaliter afficit cognitionem. Prius eft: *Omnis multitudo actualis eft dabilis numero* ideoque omne quantum finitum, pofterius: *quicquid eft impoffibile fibi contradicit.* In utroque conceptus temporis quidem non ingreditur notionem ipfam praedicati, neque cenfetur nota' effe fubiecti,' attamen ut medium infervit conceptui praedicati informando, adeoque ceu conditio afficit conceptum intellectualem fubiecti, quatenus non nifi ipfius fubfidio ad hunc pertingimus.

Quod itaque attinet *prius;* cum omne quantum atque feries quaelibet non cognofcatur diftincte, nifi per coordinationem fucceffivam, conceptus intellectualis quanti et multitudinis, opitulante tantum hoc conceptu temporis oritur et nunquam pertingit ad completudinem, nifi fynthefis abfolvi poffit tempore finito. Inde eft: quod *infinita feries* coordinatorum fecundum intellectus noftri limites diftincte comprehendi non poffit, adeoque per vitium fubreptionis videatur impoffibilis. Nempe fecundum leges intellectus puri, quaelibet feries cauffatorum habet fui *principium*, h. e. non datur regreffus in ferie cauffatorum absque termino, fecundum leges autem fenfitivas quaelibet feries coordinatorum habet fui *initium* affignabile, quae propofitiones, quarum pofterior *menfurabilitatem* feriei, prior *dependentiam* totius involvit, perperam habentur pro identicis. Pari modo *argumento intellectus,* quo probatur: quod dato compofito fubftantiali dentur compofitionis principia, h. e. fimplicia, fe adiungit *fuppofititium* aliquod, a fenfitiva cognitione fubornatum, quod nempe in tali compofito regreffus in partium compofitione non detur in infinitum,

h. e.

h. e. quod definitus detur in quolibet compofito partium numerus, cuius certe fenfus priori non eft geminus, adeoque temere illi fubftituitur. Quod itaque quantum mundanum fit limitatum, (non maximum,) quod agnofcat fui principium, quod corpora conftent fimplicibus, fub rationis figno utique certo cognofci poteft. Quod autem univerfum, quoad molem fit mathematice finitum, quod aetas ipfius transacta fit ad menfuram dabilis, quod fimplicium, quodlibet corpus conftituentium, fit definitus numerus, funt propofitiones, quae aperte ortum fuum e natura cognitionis fenfitivae loquuntur, et, utcunque ceteroquin haberi poffint pro veris, tamen macula haud dubita originis fuae laborant.

Quod autem *pofterius* concernit *axioma fubrepticium,* oritur temere convertendo contradictionis principium. Adhaeret autem huic primitivo iudicio conceptus temporis eatenus, quod datis *eodem tempore* contradictorie oppofitis in eodem, liqueat impoffibilitas, quod ita enunciatur: *Quicquid fimul eft ac non eft, eft impoffibile.* Hic, quum per intellectum aliquid praedicetur in cafu, qui fecundum leges fenfitivas datus eft, iudicium apprime verum eft et evidentiffimum. Contra ea, fi convertas idem axioma ita ut dicas; *omne impoffibile fimul eft ac non eft,* f. involvit contradictionem, per fenfitivam cognitionem generaliter aliquid praedicor de obiecto Rationis, ideoque conceptum intellectualem de poffibili aut impoffibili fubiicis conditionibus cognitionis fenfitivae, nempe refpectibus temporis, quod quidem de legibus, quibus adftringitur et limitatur intellectus humanus, veriffimum eft, obiective autem, et generaliter nullo modo concedi poteft. Nempe nofter quidem intellectus *impoffibilitatem non animadvertit,* nifi ubi notare poteft fimultaneam oppofitorum de eodem enunciationem, h. e. tantummodo ubi occurrit contradictio. Vbicunque igitur talis conditio non obvenit, ibi nullum intellectui humano

mano

mano de impoſſibilitate iudicium vacat; Quod autem ideo
nulli plane intellectui liceat, adeoque, *quicquid non involvit contradictionem ideo fit poſſibile*, temere concluditur,
ſubiectivas iudicandi conditiones pro obiectivis habendo.
Hinc tot vana commenta *virium* neſcio parum pro lubitu
confictarum, quae absque obſtaculo repugnantiae e quolibet
ingenio architectonico, ſeu ſi mavis, ad chimaeras proclivi
turbatim prorumpunt. Nam, cum *Vis* non aliud ſit, quam
reſpectus ſubſtantiae A ad *aliud quiddam* B (accidens,) tanquam rationis ad rationatum: vis cuiusque poſſibilitas *non
niſitur identitate* cauſſae et cauſſati, ſ. ſubſtantiae et acci-
dentis, ideoque etiam impoſſibilitas virium falſo confictarum *non pendet a ſola contradictione.* Nullam igitur *vim*
originariam ut poſſibilem ſumere licet, niſi *datam ab experientia*, neque ulla intellectus perſpicacia eius poſſibilitas
a priori concipi poteſt.

§. 29.

Tertiae ſpeciei axiomata ſubreptitia e conditionibus
ſubiecto propriis, a quibus in *obiecta* temere transferuntur,
non ita pullulant, ut (quemadmodum fit in iis, quae ſunt
claſſis ſecundae) ad conceptum intellectualem, *per ſenſitive
data* ſola pateat via, ſed quia his tantum auxiliantibus ad
datum per experientiam *caſum applicari* h. e. cognoſci poteſt, utrum aliquid ſub certo conceptu intellectuali, conti-
neatur, nec ne. Eiusmodi eſt, tritum illud in quibusdam
ſcholis: *Quicquid exiſtit contingenter, aliquando non exiſtit.* Oritur hoc principium ſuppoſititium e penuria intellectus, contingentiae aut neceſſitatis notas *nominales* plerumque, *reales* raro perſpicientis. Hinc utrum oppoſitum
alicu-

alicuius substantiae possibile sit, quum per notas a priori depromtas vix perspiciatur, aliunde non cognoscetur, quam *si eam aliquando non fuisse constet*; et mutationes verius testantur contingentiam quam contingentia mutabilitatem, ita ut si nihil in mundo obveniret fluxum et transitorium, vix aliqua nobis notio contingentiae oboriretur. Ideoque propositio directa cum sit verissima; *quicquid aliquando non fuit est contingens*, inversa ipsius non indigitat, nisi conditiones; sub quibus solis, utrum aliquid exiltat necessario; an contingenter, dignoscere licet; ideoque si ceu lex subiectiva, (qualis revera est,) enuncietur, ita efferri debet: *de quo non constat, quod aliquando non fuerit, illius contingentiae notae sufficientes per communem intelligentiam non dantur*; quod tandem tacite abit in conditionem obiectivam; quasi absque hoc annexo, contingentiae plane locus non sit; Quo facto exsurgit axioma aduiterinum et erroneum. Nam mundus hic, quanquam contingenter existens, *est sempiternus*, h. e. omni tempore simultaneus, ut ideo tempus aliquod fuisse, quo non exstiterit, perperam asseratur.

§. 30.

Accedunt principiis subrepticiis magna affinitate alia quaedam, quae quidem conceptui dato intellectuali nullam sensitivae cognitionis maculam affricant, sed quibus tamen intellectus ita luditur, ut ipsa habeat pro argumentis ab obiecto depromtis, cum tantummodo per convenientiam, cum libero et amplo intellectus usu, pro ipsius singulari natura nobis commendentur. Ideoque, aeque ac ea quae superius a nobis enumerata sunt, nituntur rationibus *subiectivis*, verum

C 5

rum non legibus fenfitivae cognitionis, fed 'ipfius intelle-
&ualis, nempe conditionibus, quibus ipfi facile videtur et
'promtum perfpicacia fua utendi. Liceat mihi horum principiorum, quantum equidem fcio, nondum alibi diftinâe
expofitorum, hic coronidis loco mentionem aliquam inii-
cere. Voco autem *principia Convenientiae*, regulas illas
iudicandi, quibus libenter nos fubmittimus, et quafi axiomatibus inhaeremus, hanc folum ob rationem, quia, *fi ab*
iis discesserimus, intelleâui noftro nullum fere de obieâo
dato indicium liceret. In horum cenfum veniunt fequen-
tia. PRIMVM; quo fumimus, *omnia in univerfo fieri fe-*
cundum ordinem naturae; quod quidem principium Epicurus absque ulla reftriâione, omnes autem philofophi, cum
rariffima et non fine fumma neceffitate admittenda exceptio-
ne, uno ore profitentur. Ita autem ftatuimus, non propterea, quod eventuum mundanorum fecundum leges naturae communes tam amplam poffideamus cognitionem, aut
fupernaturalium nobis pateret vel impoffibilitas, vel mini-
ma poffibilitas hypothetica, fed quia, fi ab ordine naturae
discesseris, intelleâui nullus plane ufus effet, et temeraria
citatio fupernaturalium eft pulvinar intelleâus pigri. Eandem ob rationem *miracula comparativa*, influxus nempe
fpirituum follicite arcemus ab expofitione phaenomenorum,
quia cum eorum natura nobis incognita fit, intelleâus magno fuo detrimento a luce experientiae, per quam folam
legum iudicandi fibi comparandarum ipfi copia eft, ad um-
bras incognitarum nobis fpecierum et cauffarum averteretur.
SECVNDVM eft *favor* ille *Vnitatis*, philofophico ingenio pro-
prius, a quo pervulgatus ifte canon profluxit: *principia non*
effe multiplicanda praeter fummam neceffitatem; cui fuffra-
gamur,

gamur, non ideo, quia cauſſalem in mundo unitatem, vel
ratione vel experientia, perſpiciamus, ſed illam ipſam in-
dagamus impulſu intellectus, qui tantundem ſibi in explicatione phaenomenorum profeciſſe videtur, quantum ab
eodem principio ad plurima rationata deſcendere ipſi con-
ceſſum eſt. TERTIVM eius generis principiorum eſt: *nihil
omnino Materiae oriri, aut interire*, omnesque mundi viciſſitudines ſolam concernere formam; quod poſtulatum,
ſuadente intellectu communi omnes philoſophorum ſcholas
pervagatum eſt, non quod illud pro comperto, aut per ar-
gumenta a priori demonſtrato habitum ſit, ſed quia, ſi materiam ipſam fluxam et tranſitoriam admiſeris, nihil plane
ſtabile et perdurabile reliqui fieret, quod explicationi phaenomenorum ſecundum leges univerſales et perpetuas adeoque uſui intellectus amplius inſerviret.

Et haec quidem de Methodo, potiſſimum circa diſcri-
men ſenſitivae atque intellectualis cognitionis, quae ſi aliquando curatiori indagatione ad amuſſim redacta fuerit,
ſcientiae propedeuticae loco erit, omnibus in ipſos Meta-
phyſicae receſſus penetraturis immenſum quantum profu-
turae.

Nota. Quoniam in extrema hac ſectione indagatio Methodi
   omnem facit paginam, et regulae praecipientes veram circa
   ſenſitiva argumentandi formam propria luce ſplendeant, nec
   eam ab exemplis illuſtrationis cauſſa allatis mutuentur, horum tantummodo quaſi in tranſcurſu mentionem inieci. Quare mirum non eſt, nonnulla ibi audacius quam verius pleris-
   que aſſerta viſum iri, quae utique, cum aliquando licebit eſſe
   prolixiori maius argumentorum robur ſibi expoſcent. Sic
   quae §. 27. de Immaterialium localitate attuli explicatione in-
   digent, quam, ſi placet, quaeras apud Eulerum l. c. Tom.
   2. p. 49.-52., Anima enim non propterea, cum corpore eſt
                                                              in

in commercio, quia in certo ipfius loco detinetur, fed tribuitur ipfi locus in univerfo determinatus ideo, quia cum corpore quodam eft in mutuo commercio, quo foluto omnis ipfius in fpatio pofitus tollitur. *Localitas* itaque illius eft *deri-*
vativa et contingenter ipfi conciliata, *non primitiva* atque exiftentiae ipfius adhaerens conditio neceffaria, propterea quod
quaecunque per fe fenfuum externorum (quales funt homini)
obiecta effe non poffunt i. e. *immaterialia* a conditione univer-
fali *externe fenfibilium* nempe fpatio plane eximuntur. Hinc
animae localitas abfoluta et immediata denegari et tamen hypothetica et mediata tribui poteft.

Gefchich=

Geschichte

und

Naturbeschreibung

der merkwürdigsten Vorfälle

des

Erdbebens

welches

an dem Ende des 1755sten Jahres

einen großen Theil der Erde

erschüttert hat.

M. Immanuel Kant.

Königsberg 1756.
in Quaeth.

Die Natur hat nicht vergeblich einen Schatz von Seltenheiten überall zur Betrachtung und Bewunderung ausgebreitet. Der Mensch, welchem die Haushaltung des Erdbodens anvertraut ist, besitzt Fähigkeit, er besitzt auch Lust, sie kennen zu lernen, und preiset den Schöpfer durch seine Einsichten. Selbst die fürchterlichen Werkzeuge der Heimsuchung des menschlichen Geschlechts, die Erschütterungen der Länder, die Wuth des in seinem Grunde bewegten Meers, die feuerspeyenden Berge fordern den Menschen zur Betrachtung auf, und sind nicht weniger von Gott als eine richtige Folge aus beständigen Gesetzen in die Natur gepflanzt, als andre schon gewohnte Ursachen der Ungemächlichkeit,*) die man nur darum für natürlicher hält, weil man mit ihnen mehr bekannt ist.

Die Betrachtung solcher schrecklichen Zufälle ist lehrreich. Sie demüthigt den Menschen dadurch, daß sie ihn sehen läßt: er habe kein Recht; oder zum wenigsten: er habe es verlohren, von den Naturgesetzen, die Gott angeordnet hat, lauter bequemliche Folgen zu erwarten, und er lernt vielleicht auch auf diese Weise einsehen: daß dieser Tummelplatz seiner Begierden billig nicht das Ziel aller seiner Absichten enthalten sollte.

Vorbe-

---

*) Unbehaglicher Erfolge.

Vorbereitung.

Von der Beschaffenheit des Erdbodens in seinem inwendigen.

Wir kennen die Oberfläche des Erdbodens, wenn es auf die Weitläuftigkeit ankommt, *) ziemlich vollständig. Allein wir haben noch eine Welt unter unsern Füßen, mit der wir zur Zeit nur sehr wenig bekannt sind. Die Bergspalten, welche unserm Senkbley unergründliche Klüfte eröffnen, die Hölen, die wir in dem innern der Berge antreffen, die tiefsten Schachte der Bergwerke, die wir Jahrhunderte hindurch erweitern, sind bey weitem nicht zureichend, uns von dem inwendigen Bau des großen Klumpens, den wir bewohnen, deutliche Kenntnisse zu verschaffen.

Die größte Tiefe, zu welcher Menschen von der obersten Fläche des festen Landes hinabgekommen sind, beträgt noch nicht 500 Klafter; d. i. noch nicht den sechstausendsten Theil von der Entfernung bis zum Mittelpunkte der Erde, und gleichwohl befinden sich diese Grüfte **) noch in den Gebirgen, und selbst alles feste Land ist ein Berg, in welchem, um nur zu gleicher Tiefe, als der Meeresgrund liegt, zu gelangen, man wenigstens dreymal tiefer hinab kommen müßte.

Was aber die Natur unserm Auge und unsern unmittelbaren Versuchen verbirgt, das entdeckt sie selber durch ihre Wirkungen. Die Erdbeben haben uns geoffenbaret, daß die Oberfläche der Erde voller Wölbungen und Hölen sey, und daß unter unsern Füßen verborgene Minen mit mannigfaltigen Irrgängen allenthalben fortlaufen. Der Verfolg in der Geschichte des Erdbebens wird dieses außer Zweifel setzen. Diese Hölen haben wir eben derselben Ursache zuzuschrei-

*) Ausdehnung der Kenntnisse, im Gegensatz gegen Genauigkeit; Extension gegen Intension.)
**) Klüfte.

schreiben, welche den Meeren ihr Bette zubereitet hat. Denn
es ist gewiß, wenn man von den Ueberbleibseln, die das
Weltmeer von seinem ehemaligen Aufenthalte über dem gesammten vesten Lande zurück gelassen hat, von den unermeßlichen Muschelhaufen, die selbst in dem innern der Berge angetroffen werden, von den versteinerten Seethieren, die man
aus den tiefsten Schachten heraußbringt, ich sage, wenn
man von allem diesem nur einigermaßen unterrichtet ist, so
wird man leicht einsehen, daß erstlich das Meer ehedem eine
lange Zeit alles Land überdeckt habe, daß dieser Aufenthalt
lange gedauert habe und älter als die Sündfluth sey, und
daß endlich das Gewässer sich unmöglich anders habe zu-
rückziehen können, als daß der Boden desselben hin und wieder in tiefe Grüfte herabgesunken ist, und demselben tiefe
Becken zubereitet hat, worinn es abgeflossen ist, und zwischen deren Ufern es noch jetzt beschränkt erhalten wird, indessen die erhöheten Gegenden dieser eingesunkenen Rinde fe-
stes Land geworden sind, welches allenthalben mit Hölungen untergraben, und dessen Strecke mit den steilen Gipfeln
besetzt ist, die unter den Nahmen der Gebirge die oberste Höhe des festen Landes nach allen denjenigen Richtungen durchlaufen, nach welchen es sich in eine beträchtliche Länge erstreckt.

Diese Hölen enthalten alle ein loderndes Feuer, oder
wenigstens denjenigen brennbaren Zeug, der nur einer geringen Reitzung bedarf, um mit Heftigkeit um sich zu wüten und den Boden über sich zu erschüttern oder gar zu
spalten.

Wenn wir das Gebiet dieses unterirdischen Feuers in
dem ganzen Umfange, wohin es sich erstreckt, erwägen, so
werden wir gestehen müssen, daß wenige Länder auf dem
Erdboden sind, die nicht bisweilen dessen Wirkung verspürt
hätten. In dem äußersten Norden ist die Insel Island
den heftigsten Anfällen desselben, und zwar nicht selten, unterworfen. Man hat in Engelland und selbst in Schweden einige leichte Erschütterungen gehabt. Gleichwohl fin-

D   den

den sie sich in den südlichen Ländern, ich meyne, in denenjenigen, die dem Aequator näher liegen, häufiger und stärker. Italien, die Inseln aller Meere, welche der Mittellinie nahe liegen, vornehmlich die im Indischen Ocean, sind von dieser Beunruhigung ihres Fußbodens häufig angefochten. Unter den letztern ist fast nicht eine einzige, die nicht einen Berg hätte, der entweder noch jetzt bisweilen Feuer spie, oder es wenigstens vormals gethan hätte; und der Erschütterung sind sie eben so häufig unterworfen. Es ist eine artige Vorsicht, wenn man hierinn der Nachricht Hübners glauben darf, die die Holländer um deswillen anwell , um das kostbare Gewürz der Muscaten und Würznelken, die sie einzig und allein auf den beyden Inseln Banda und Amboina fortzupflanzen erlauben, nicht der Gefahr bloß zu stellen, von den Erdböden vertilgt zu werden, wenn eine dieser Inseln etwa das Schicksal eines völligen Untergangs durch ein Erdbeben betreffen sollte, daß sie auf einer andern weit davon entlegenen, jederzeit eine Pflanzschule beyder Gewächse unterhalten. Peru und Chili, welche der Linie nahe liegen, sind von diesem Uebel häufiger, wie irgend ein Land in der Welt, beunruhigt. In dem ersten Lande geht fast kein Tag vorbey, da nicht einige leichte Stöße von Erdbeben verspürt werden. Man darf sich nicht einbilden, dieses sey als eine Folge der weit größern Sonnenhitze, welche auf das Erdreich dieser Länder wirkt, anzusehen. In einem Keller, der kaum 40 Fuß Tiefe hat, ist fast gar kein Unterschied zwischen Sommer und Winter zu spüren. So wenig ist die Sonnenwärme vermögend, das Erdreich in großen Tiefen zu durchdringen, um den entzündbaren Stoff zu locken und in Bewegung zu setzen. Vielmehr richten sich die Erdbeben nach der Beschaffenheit der unterirdischen Grüffte und diese nach demjenigen Gesetze, nach welchem die Einsinkungen der obersten Erdrinde im Anfange geschehen seyn müssen, die, je näher zur Linie, desto tiefere und mannichfaltigere Einbeugungen gemacht haben, wodurch diese Minen, die den Zunder zu den Erdbeben enthalten,

weit-

weitläuftiger und dadurch zu der Entzündung desselben geschickter geworden sind.

Diese Vorbereitung von den unterirdischen Gängen, ist
zur Einsicht dessen, was von der weiten Ausbreitung der
Erdbeben in große Länder, von dem Striche, den sie halten, von den Orten, wo sie am meisten wüten und von denjenigen, wo sie sich zuerst anheben, in der Folge vorkommen wird, von keiner geringen Erheblichkeit.

Ich fange nunmehr von der Geschichte des leztern Erdbebens selber an. Ich verstehe unter derselben keine Geschichte der Unglücksfälle, welche die Menschen dadurch erlitten
haben, kein Verzeichniß der verheerten Städte und unter ihrem Schutt begrabenen Einwohner. Alles, was die Einbildungskraft sich schreckliches vorstellen kann, muß man zu-
sammennehmen, um das Entsetzen sich einiger maaßen vor-
zubilden, worinn sich die Menschen befinden müssen, wenn
die Erde unter ihren Füßen bewegt wird, wenn alles um sie
her einstürzt, wenn ein in seinem Grunde bewegtes Wasser
das Unglück durch Ueberströmungen vollkommen macht, wenn
die Furcht des Todes, die Verzweiflung wegen des völligen
Verlusts aller Güter, endlich der Anblick anderer Elenden
den standhaftesten Muth niederschlägt. Eine solche Erzählung würde rührend seyn, sie würde, weil sie eine Wirkung
auf das Herz hat, vielleicht auch eine auf die Besserung desselben haben können. Allein ich überlasse diese Geschichte
geschickteren Händen. Ich beschreibe hier nur die Arbeit der
Natur, die merkwürdigen natürlichen Umstände, welche die
schreckliche Begebenheit begleitet haben, und die Ursachen derselben.

Von den Vorboten des lezteren Erdbebens.

Das Vorspiel der unterirdischen Entzündung, welche
in der Folge so entsezlich geworden ist, sehe ich in der Lufterscheinung, die zu Locarno in der Schweiz den 14ten Octo-
ber vorigen Jahrs Morgens um 8 Uhr wahrgenommen wur-

D 2   de.

be. Ein wärmer, als aus einem Ofen kommender Dampf, breitete sich aus und verwandelte sich in 2 Stunden in einen rothen Nebel, woraus gegen Abend ein bluthrother Regen entstand, welcher, da er aufgefangen wurde, ⅛ eines röthlichen leimichten Bodensatzes fallen ließ. Der 6 Fuß hohe Schnee war ebenfalls roth gefärbt. Dieser Purpurregen wurde 40 Stunden, das ist ohngefehr 20 deutsche Meilen ins Gevierte, ja selbst bis in Schwaben, wahrgenommen. Auf diese Lufterscheinung folgten unnatürliche Regengüsse, die in 3 Tagen auf 23 Zoll hoch Wasser gaben, das ist mehr, als in einem Lande von mittelmäßig feuchter Beschaffenheit das ganze Jahr hindurch herabfällt. Dieser Regen dauerte über 14 Tage, obgleich nicht jederzeit mit gleicher Heftigkeit. Die Flüsse in der Lombardey, die in den Schweizergebürgen ihren Ursprung nehmen, ingleichen die Rhone, schwollen von Wasser auf und traten über ihre Ufer. Von dieser Zeit an herrschten fürchterliche Orkane in der Luft, welche überall grausam wüteten. Noch in der Mitte des Novembers fiel in Ulm ein dergleichen Purpurregen, und die Unordnung in dem Luftkreise, die Wirbelwinde in Italien, die überaus nasse Witterung dauerten fort.

Wenn man sich einen Begriff von den Ursachen dieser Erscheinung und deren Folgen machen will, so muß man auf die Beschaffenheit des Bodens, über dem sie sich zugetragen hat, Acht haben. Die Schweizerischen Gebirge begreifen insgesammt weitläuftige Klüfte unter sich, die ohne Zweifel mit den tiefsten unterirdischen Gängen im Zusammenhange stehen. Scheuchzer zählet beynahe 20 Schlünde, welche zu gewissen Zeiten Winde ausblasen. Wenn wir nun annehmen, daß die in dem Innern dieser Hölen verborgenen mineralischen Materien mit denen Flüßigkeiten, womit sie aufbrausen, in Vermischung und dadurch in eine innere Gährung gerathen sind, welche die feuernährende Materien zu derjenigen Entzündung vorbereiten konnte, welche binnen einigen Tagen völlig ausbrechen sollte; wenn wir z. E. diejenige Säure, die in dem Salpetergeiste steckt, und

die

die nothwendig die Natur selber zubereitet, uns vorstellen, wie sie entweder durch den Zufluß des Wassers, oder anderer Ursachen in Bewegung gebracht, die Eisenerde, worauf sie fiel, angriff, so werden diese Materien bey ihrer Vermengung sich erhitzt und rothe warme Dämpfe aus den Klüften der Gebirge ausgestoßen haben, womit in der Heftigkeit der Aufwallung die Partikeln der rothen Eisenerde zugleich vermengt und fortgeführt worden sind, welches den leimichten **Blutregen**, davon wir Erwähnung gethan haben, veranlaßt hat. Die Natur solcher Dünste geht dahin, die Ausspannungskraft der Luft zu verringern, und eben dadurch die in derselben hängenden Wasserdünste zusammenfließend zu machen, ingleichen durch das Herbeyziehen aller rund umher in dem Luftkreise schwebenden feuchten Wolken, vermöge des natürlichen Abhanges nach der Gegend, wo die Höhe der Luftsäule verringert ist, diejenige heftige und anhaltende Platzregen zu verursachen, welche in den genannten Gegenden wahrgenommen wurden.

Auf solche Weise kündigte die unterirdische Gährung, das Unglück, das sie im Verborgenen zubereitete, durch ausgestoßene Dämpfe zum voraus an. *) Die Vollendung des Schicksals folgte ihr mit langsamen Schritten nach. Eine Gährung schlägt nicht sogleich in Entzündungen aus. Die gährende und erhitzende Materien müssen ein brennbares Oel, Schwefel, Erdpech, oder dergleichen etwas antreffen, um in Entzündung zu gerathen. So lange breitete sich die Erhitzung hin und wieder in den unterirdischen Gängen aus, und in dem Augenblicke, da die aufgelöseten brennbaren Materien in der Mischung mit den andern bis auf den Punkt in Feuer zu gerathen erhitzt waren, wurden die Gewölber der

D 3   Erde

---

*) Acht Tage vor der Erschütterung war die Erde bey Cadix von dem in Menge aus der Erde gekrochenem Gewürme bedeckt. Dieses hatte die nur angeführte Ursache hervorgetrieben. Bey einigen andern Erdbeben sind heftige Blitze in der Luft, und die Bangigkeit, die man bey Thieren bemerkt, Vorboten gewesen.

Erde erſchüttert, und der Schluß der Verhängniſſe war
vollführt.

Das Erdbeben und die Waſſerbewegung vom
1ſten November 1755.

Der Augenblick, in dem dieſer Schlag geſchahe,
ſcheint am richtigſten auf 9 Uhr 50 Minuten Vormittags zu
Liſſabon beſtimmt zu ſeyn. Dieſe Zeit ſtimmt genau mit
derjenigen, in welcher es in Madrit wahrgenommen worden, nemlich 10 Uhr 17 bis 18 Minuten überein, wenn
man den Unterſchied der Länge beyder Städte in den Unterſchied der Zeit verwandelt. Zu derſelben Zeit wurden die Gewäſſer in einem erſtaunlichen Umfange, ſowohl diejenige,
die mit dem Weltmeere eine ſichtbare Gemeinſchaft haben,
als auch andere, welche darinn auf eine verborgene Art ſtehen mögen, in Erſchütterung geſetzt. Von Abo in Finnland an bis in den Archipelagus von Weſtindien ſind wenig oder gar keine Küſten davon frey geblieben. Sie hat
eine Strecke von 1500 Meilen faſt in eben derſelben Zeit be-
herrſcht. Wenn man verſichert wäre, daß die Zeit, darinn
ſie zu Glückſtadt an der Elbe verſpürt worden, nach den
öffentlichen Nachrichten ganz genau auf 11 Uhr 30 Minuten
zu ſetzen wäre, ſo würde man daraus ſchließen, daß die
Waſſerbewegung 15 Minuten zugebracht habe, von Liſſabon
bis an die Holſteiniſchen Küſten zu gelangen. In eben dieſer Zeit wurde ſie auch an allen Küſten des mittelländiſchen
Meers verſpürt, und man weiß noch nicht die ganze Weite
ihrer Erſtreckung.

Die Gewäſſer, die auf dem feſten Lande von aller Gemeinſchaft mit dem Meere abgeſchnitten zu ſeyn ſcheinen, die
Brunnquellen, die Seen, wurden in vielen weit von einander entlegenen Ländern zu gleicher Zeit in außerordentliche
Regung verſetzt. Die meiſten Seen in der Schweiz, der
See bey Templin in der Mark, einige Seen in Norwegen und Schweden, geriethen in eine wallende Bewegung,
die

die weit ungestümer und unordentlicher war, als bey einem Sturme, und die Luft war zugleich stille. Der See bey Neuschatel, wenn man sich auf die Nachrichten verlassen darf, verlief sich in verborgene Klüfte, und der bey Meinungen that dieses gleichfalls, kam aber bald wiederum zurück. In eben diesen Minuten blieb das mineralische Wasser zu Töplitz in Böhmen plötzlich aus, und kam blutroth wieder. Die Gewalt, womit das Wasser hindurch getrieben war, hatte seine alte Gänge erweitert, und es bekam dadurch einen stärkern Zufluß. Die Einwohner dieser Stadt hatten gut: te Deum laudamus zu singen, indessen die zu Lissabon ganz andere Töne anstimmten. So sind die Zufälle beschaffen, welche das menschliche Geschlecht betreffen. Die Freude der einen und das Unglück der andern, haben oft eine gemeinschaftliche Ursache. Im Königreich Fez in Afrika, spaltete eine unterirdische Gewalt einen Berg und goß blutrothe Ströme aus seinem Schlunde. Bey Angouleme in Frankreich hörte man ein unterirdisches Getöse; es öffnete sich eine tiefe Gruft auf der Ebene und hielt unergründliches Wasser in sich. Zu Gemenos in Provence, wurde eine Quelle plötzlich schlammicht und ergoß sich darauf roth gefärbt. Die umliegenden Gegenden berichteten gleiche Veränderungen an ihren Quellen. Alles dieses geschahe in denselben Minuten, da das Erdbeben die Küsten von Portugall verheerte. Es wurden auch hin und wieder in eben diesem kurzem Zeitpunkte einige Erderschütterungen in weit entlegenen Ländern wahrgenommen. Allein sie geschahen fast alle dicht an der Seeküste. Zu Kork in Irrland, ingleichen zu Glückstadt und an einigen andern Orten, die am Meere liegen, geschahen leichte Bebungen. Mayland ist vielleicht derjenige Ort, der noch in der weitesten Entfernung von dem Seeufer an eben demselben Tage erschüttert worden. Eben diesen Vormittag um 8 Uhr tobte der Vesubius bey Neapolis und ward stille gegen die Zeit, da die Erschütterung zu Portugall geschahe.

D 4   Betrach-

Betrachtung über die Ursache dieser Wasser-
bewegung.

Die Geschichte hat kein Exempel von einer so weit
ausgebreiteten und in dem Verlauf von wenigen Minuten zugleich gespürten Rüttlung aller Gewässer und eines großen
Theils der Erde. Man hat daher Behutsamkeit nöthig, um
aus einem einzigen Vorfall die Ursache derselben abzunehmen.
Man kann sich vornehmlich folgende Ursachen gedenken, welche die angeführte Naturbegebenheit hätten hervorbringen
können. Entweder erstlich durch eine Bebung des Meergrun-
des allenthalben unmittelbar unter denjenigen Oertern, wo
die See in Rüttlung gerieth; und alsdann müßte man Grund
angeben, warum die Feueradern, die diese Bebungen her-
vorbrachte, blos unter dem Boden der Seen fortgelaufen sey,
ohne unter die Länder sich zu erstrecken, die mit diesen Meeren in naher Verbindung stehen, und oft die Gemeinschaft
derselben unterbrechen. Man würde sich durch die Frage betreten finden, woher die Erschütterung des Bodens, da sie
von Glückstadt an der Nordsee bis zu Lübeck an der Ostsee,
und an den mecklenburgischen Küsten sich ausgebreitet hat,
nicht in Holstein empfunden worden, welches zwischen diesen
Meeren mitten inne liegt; und nur etwa eine gelinde Bebung dicht an dem Ufer des Gewässers verspürt worden, keine aber in dem innern des Landes. Am deutlichsten aber
wird man durch die Wallung der weit von dem Meere entlegenen Wasser überführt, als des Sees bey Templin, derer
in der Schweitz und anderer. Man kann leicht erachten, daß,
um ein Gewässer durch die Bebung des Bodens in ein so ge-
waltiges Aufwallen zu bringen, die Erschütterung gewiß
nicht gering seyn müsse. Warum aber haben diesen gewaltigen Stoß alle umliegende Länder nicht empfunden, unter
welchen die Feueradern doch nothwendig müßte fortgelaufen
seyn? Man sieht leicht, daß alle Merkmale der Wahrheit
dieser Meynung entgegen sind. Eine Erschütterung, die der
dichten Masse der Erde selber durch einen an einem Orte ge-

schehe-

schehenen heftigen Schlag rund umher eingedrückt worden, so
wie der Boden in einiger Entfernung bebt, wenn ein Pul-
verthurm springt, verliert in der Anwendung auf diesen Fall
auch ganz und gar die Wahrscheinlichkeit, sowohl aus der
angeführten Ursache, als wegen des entsetzlichen Umfanges,
welcher, wenn man ihn mit dem Umfange der ganzen Erde
vergleicht, einen so beträchtlichen Theil derselben ausmacht,
daß dessen Bebung nothwendig eine Schüttlung der ganzen
Erdkugel hätte nach sich ziehen müssen. Nun kann man sich
aber aus Büffon belehren, daß ein Ausbruch des unterirrdischen Feuers, welches ein Gebirge, das 1700 Meilen
lang und 40 breit wäre, eine Meile hoch werfen könnte, den
Erdkörper nicht einen Daumen breit aus seiner Lage würde
verrücken können.

Wir werden also die Ausbreitung dieser Wasserbewegung in einer Mittelmaterie zu suchen haben, die geschickter
ist eine Erschütterung in großen Weiten mitzutheilen, nemlich in dem Gewässer der Meere selber, welches mit demjenigen im Zusammenhänge steht, das durch eine unmittelbare Bebung des Seegrundes in eine heftige und plötzliche Rüttlung versetzt wurde.

Ich habe in den wöchentlichen Königsbergschen Anzeigen die Gewalt zu schätzen gesucht, womit das Meer durch
den Schlag der von seinem Boden geschehenen Bebung in
dem ganzen Umfange fortgetrieben worden, indem ich den
erschütterten Platz des Seegrundes nur als ein Viereck angenommen, dessen Seite der Entfernung von Cap St. Vin-
cent und Cap Finisterre, d. i. in der Länge der westlichen
Küsten von Portugall und Spanien gleich ist, und die Gewalt des auffahrenden Grundes, wie die von einer Pulver-
mine, angesehen, welche im Aufspringen vermögend ist, die
Körper, die darüber befindlich sind, 15 Fuß hoch zu werfen,
und nach den Regeln, nach denen die Bewegung in einem
flüßigen Wesen fortgesetzt wird, sie an den Hollsteinischen
Küsten stärker als den schnellsten anprallenden Strohm be-

D 5   funden.

funden. Laßt uns hier die Gewalt, die es aus diesen Ursachen ausgeübt hat, noch aus einem andern Gesichtspunkte
betrachten. Der Graf Marsigli hat die größte Tiefe des
mittelländischen Meers durch das Senkbley über 8000 Fuß
befunden, und es ist gewiß, daß das Weltmeer in gehöri-
ger Entfernung vom Lande noch tiefer sey; wir wollen es
aber hier nur 6000 Fuß, d. i. 1000 Klaftern tief annehmen. Wir wissen, daß die Last, womit eine so hohe Säule von Meereswasser auf den Grund der See drückt, den
Druck der Atmosphäre beynahe 200mal übertreffen müsse,
und daß sie die Gewalt, womit das Feuer hinter einer Kugel her ist, die aus der Hölung einer Karthaune in der Zeit
eines Pulsschlags 100 Klafter weit fortgeschleudert wird,
noch weit übertreffe. Diese erstaunliche Last konnte die Gewalt nicht zurücke halten, womit das unterirdische Feuer
den Meeresgrund schnell in die Höhe stieß, also war diese
bewegende Gewalt größer. Mit welchem Drucke wurde also das Wasser gepresset, um nach den Seiten plötzlich fort-
zuschießen? und ist es wohl zu verwundern, wenn es in einigen Minuten in Finnland und zugleich in Westindien gespürt wurde? Man kann gar nicht ausmachen, wie groß die
Grundfläche der unmittelbaren Erschütterung eigentlich gewesen seyn möge; sie wird vielleicht ungleich größer seyn, als
wir sie angenommen haben; aber unter den Meeren, wo die
Wasserbewegung ohne alles Erdbeben verspürt worden, an
den Holländischen, Englischen, Norwegischen Küsten, und
in der Ostsee ist sie gewiß nicht im Meeresgrunde anzutreffen
gewesen. Denn alsdann wäre das feste Land in seinem Innern gewiß mit erschüttert worden, welches aber gar nicht
beobachtet wurde.

Indem ich die heftige Erschütterung aller zusammenhängenden Theile des Oceans dem einzigen Stoße zuschreibe,
den sein Boden in einem gewissen Bezirke erlitten hat, so
will ich darum die wirkliche Ausbreitung des unterirdischen
Feuers, unter dem festen Lande fast des gesammten Europens nicht geleugnet haben. Sie sind aller Wahrscheinlich-

keit

keit nach zu gleicher Zeit geschehen, und haben an den Erscheinungen, die sich ereigneten, beyde Antheil gehabt, nur daß eine jede insbesondere nicht für die einzige Ursache aller insgesammt anzusehen ist. Die Bebung des Wassers in der Nordsee, welche einen plötzlichen Stoß empfinden ließ, war nicht die Wirkung eines unter dem Grunde tobenden Erdbebens. Solche Erschütterungen müßten, um dergleichen Wirkung hervorzubringen, sehr heftig seyn, und hätten also unter dem festen Lande sehr merklich verspürt werden müssen. Allein darum bin ich nicht in Abrede, daß selbst alles feste Land in eine leichte Schwankung *), durch eine schwache Kraft der unter seinem Boden entbrannten Dünste oder anderer Ursachen versetzt worden sey. Man sieht dieses an Mayland, das an diesem Tage mit der größten Gefahr eines gänzlichen Umsturzes bedrohet worden ist. Wir wollen also setzen, daß die Erde durch ein leichtes Schwanken in eine gelinde Bewegung gesetzt worden sey, die so groß gewesen, daß sie auf 100 Rheinl. Ruthen, das Erdreich um einen Zoll wechselsweise hin und her gerüttelt hat; so wird diese Bewegung so unmerklich gewesen seyn, daß ein Gebäude von 4 Ruthen Höhe nicht um die Hälfte eines Grans, d. i. um einen halben Messerrücken aus der senkrechten Stellung dadurch hat gebracht werden können, welches selbst auf den höchsten Thürmen kaum merklich werden würde. Dagegen haben die Seen diese unempfindliche Bewegung sehr merklich machen müssen. Denn wenn ein See, z. E. nur 2 deutsche Meilen lang ist, so wird sein Wasser durch dieses geringe Wanken seines Bodens schon recht stark geschaukelt werden. Denn das Wasser hat alsdenn auf 14000 Zoll, ohngefähr einen Zoll Fall, und einen Ablauf, der fast nur um die Hälfte kleiner ist, als der Ablauf eines recht schnellen Flusses; wie die Wasserabwägung der Seine bey Paris uns belehren kann; welches nach etlichen hin und wieder geschehenen Schwingungen, dem Wasser wohl eine außerordentliche Rüttlung hat verursachen können. Wir können aber die Erdbewe-

*) Schwingung.

bewegung mit gutem Fug noch einmal so groß annehmen, als wir gethan haben, ohne daß es auf dem festen Lande füglich hätte gespürt werden können, und dann fällt die Bewegung der inländischen Seen um desto begreiflicher in die Augen.

Man wird sich also nicht mehr wundern, wenn alle inländischen Seen, in der Schweiß, in Schweden, in Norwegen und in Deutschland, ohne eine Erschütterung des Bodens zu fühlen, so unruhig und aufwallend erblickt worden sind. Man findet es aber etwas außerordentlicher, daß gewisse Seen bey dieser Unordnung gar versiegten; als der See bey Neuschatel, der bey Como, und der bey Meinungen, obgleich deren einige sich schon wieder mit Wasser angefüllt haben. Diese Begebenheit aber ist nicht ohne Exempel. Man hat einige Seen auf dem Erdboden, die ganz ordentlich sich zu gewissen Zeiten, durch verborgene Kanäle verlaufen, und zur gesetzten Zeit wieder kommen. Der Cirnißer See im Herzogthum Crain ist ein merkwürdiges Beyspiel hievon. Er hat in seinem Boden einige Löcher, durch welche er aber nicht eher abfließt, als um Jacobi, da er sich denn mit allen Fischen plötzlich verläuft, und nachdem er drey Monate lang seinen Boden als einen gute Weide- und Ackerplatz trocken gelassen hat, gegen den Novembermonat sich plötzlich wieder einfindet. Man erklärt diese Naturbegebenheit sehr begreiflich durch die Vergleichung mit dem Diabetes der Hydraulik. Allein in unsern vorliegenden Fällen kann man leicht erachten, daß, da viele Seen durch die unter ihrem Boden befindlichen Quelladern Zufluß bekommen, und diese, die in den umliegenden Anhöhen ihren Ursprung finden, nachdem die Wirkung der unterirdischen Erhitzung und Ausdämpfung in den Hölungen, welche ihre Wasserhälter sind, die Luft verschlungen haben, in dieselbe dadurch zurückgezogen worden seyn müssen, und selbst ein kräftiges Saugwerk abgegeben haben, den See mit hineinzuführen, der, nach hergestelltem Gleichgewichte der Luft, seinen natürlichen Ausgang wieder gesucht hat. Denn daß ein Land-

see,

see, wie die öffentlichen Berichte von dem zu Meinungen
haben erklären wollen, durch die unterirdische Gemeinschaft
mit dem Meere unterhalten werde, weil er keinen äußerlichen Zufluß von Bächen hat, dies ist sowohl wegen der dawider streitenden Gesetze des Gleichgewichts, als auch wegen der Salzigkeit des Meerwassers, einer gar zu offenba-
ren Ungereimtheit ausgesetzt.

Die Erdbeben haben schon als etwas gewöhnliches dieses an sich, daß sie die Wasserquellen in Unordnung bringen. Ich könnte hier ein ganzes Register von verstopften
und an andern Orten ausgebrochenen Quellen, von recht
hoch aus der Erde herausgeschossenem Springwasser und dergleichen, aus der Geschichte anderer Erdbeben, anführen;
allein ich bleibe bey meinem Gegenstande. Aus Frankreich
hat man uns an einigen Orten berichtet, daß Quellen ver-
stopft wurden, andere übermäßig viel Wasser gegeben haben. Der Töplitzer Brunn blieb aus, machte den armen
Töplitzern bange, kam zuerst schlammicht, dann blutroth,
zuletzt natürlich und stärker als vorher wieder. Die Ver-
färbung der Wasser in so vielen Gegenden, selbst im König-
reiche Fez, und in Frankreich ist meinem Erachten nach, der
Vermischung, der durch die Erdschichten, wo die Quellen
ihren Durchgang haben, gedrungenen, mit Schwefel und
Eisentheilchen in Gährung gerathenen Dämpfe zuzuschreiben. Wenn diese bis in das inwendige der Cisternen dringen, die den Ursprung des Brunnquells enthalten, so treiben sie entweder ihn mit größerer Gewalt heraus, oder, indem sie das Wasser in andere Gänge pressen, verändern sie
seinen Ausfluß.

Dieses sind die vornehmsten Merkwürdigkeiten der Geschichte vom 1. Nov. und der Wasserbewegung, welche die
seltenste in ihren Umständen ist. Es ist mir überaus glaublich, daß die Erderschütterungen, die sich dicht am Meeresufer, oder eines Wassers, das damit Gemeinschaft hat, zugetragen haben, zu Cork in Irrland, in Glückstadt, und
hin

hin und wieder in Spanien, größtentheils eben dem Drucke
des gepreßten Meerwassers zuzuschreiben sind, dessen Gewalt unglaublich groß seyn muß, wenn man die Heftigkeit,
womit es anschlägt, durch die Fläche multiplicirt, worauf
es trift. Und ich bin der Meynung, das Unglück von Lissabon sey, so wie das von den meisten Städten der westlichen Küste Europens, der Lage zuzuschreiben, die es in Ansehung der bewegten Gegend des Oceans gehabt hat, da dessen ganze Gewalt noch überdem in der Mündung des Tagus,
durch die Enge eines Busens verstärkt, den Boden außeror-
dentlich erschüttern mußte. Man mag urtheilen, ob die Erderschütterung lediglich in Städten, die am Meeresufer liege, würden deutlich haben bemerkt werden können, die doch
in dem innern des Landes nicht empfindlich war, wenn nicht
der Druck der Wasser einen Antheil an derselben gehabt
hätte.

Noch ist die letzte Erscheinung dieser großen Begebenheit merkwürdig, da eine geraume Zeit, nemlich beynahe 1
bis anderthalb Stunden nach dem Erdbeben, eine entsetzli-
che Aufthürmung der Wasser im Ocean, und eine Aufschwel-
lung des Tagus, die wechselsweise 6 Fuß höher als die höchste Fluth stieg, und bald darauf fast so viel niedriger, als
die niedrigste Ebbe fiel, gesehen wurde. Diese Bewegung
des Meers, die eine geraume Zeit nach dem Erdbeben, und
nach dem ersten entsetzlichen Drucke der Wasser sich ereigne-
te, vollendete auch das Verderben der Stadt Satuval,
indem es über deren Trümmer sich erhob, und was die Erschütterung verschont hat, völlig aufrieb. Wenn man sich
vorher von der Heftigkeit des durch den bewegten Meeresgrund fortgeschossenen Seewassers einen rechten Begriff gemacht hat, so wird man sich leicht vorstellen können, daß
es mit Gewalt wieder zurückkehren müsse, nachdem sich sein
Druck in alle die unermeßliche Gegenden umher ausgebreitet
hatte. Die Zeit seiner Wiederkehr hängt von dem weiten
Umfange ab, in welchem es um sich her gewirkt hat, und
seine Aufwallung, vornemlich an den Ufern, muß nach Maas-
gebung

gebung derſelben, auch eben ſo fürchterlich geweſen
ſeyn. *)

Das Erdbeben vom 18. Nov.

Von dem 17ten bis zum 18ten eben dieſes Monats,
berichteten die öffentlichen Nachrichten eine nahmhafte Erd-
erſchütterung, an den Küſten ſowohl von Portugall als
Spanien und in Afrika. Den 17ten Mittags war ſie in
Gibraltar an der Meerenge des Mittelländiſchen Meers,
und gegen Abend zu Whitehaven in Yorkſhire in England
zu ſpüren. Den 17ten auf den 18ten war ſie ſchon in den
engliſchen Pflanzſtädten von Amerika. Denſelben 18ten wurde es auch in der Gegend von Aquapendente, und della
Grotta in Italien heftig gefühlet. *)

Das Erdbeben vom 9ten December.

Nach dem Zeugniſſe der öffentlichen Nachrichten, hat
Liſſabon keine ſo heftige Anfälle der Erſchütterung ſeit dem
1. November erlitten, als diejenige vom 9ten December.
Es wurde dieſes an den ſüdlichen Küſten von Spanien, an
denſelbigen von Frankreich, durch die Schweizergebirge,
Schwaben, Tyrol bis in Bayern verſpürt. Es durchſtrich
von Südweſten nach Nordoſten, gegen 300 deutſche Meilen, und indem es ſich in der Richtung derjenigen Kette von
Bergen hielt, die die oberſte Höhe des feſten Landes von
Europa ſeiner Länge nach durchlaufen, breitete es ſich nicht
ſehr ſeitwärts aus. Die ſorgfältigſten Erdbeſchreiber, Waren, Büffon, Lulof bemerken, daß, gleich wie alles Land,
welches mehr in die Länge als Breite ſich erſtreckt, in der
Rich-

---

*) In dem Hafen zu Huſum wurde dieſe Aufwallung des Waſſers
auch zwiſchen 12 und 1, alſo um eine Stunde ſpäter, als der
erſte Stoß der Gewäſſer in der Nordſee, wahrgenommen.

**) Ingleichen zu Glowſon, in der Grafſchaft Hetford, wo es
bey einem heftigen Getöſe einen Abgrund eröffnete, welcher ein
ſehr tiefes Waſſer in ſich enthielt.

Richtung seiner Länge von einem Hauptgebirge durchlaufen wird, also der vornehmste Strich der Gebirge Europens aus einem Hauptstamme, nemlich den Alpen, gegen Westen durch die südliche Provinzen von Frankreich, mitten durch Spanien bis an das äußerste Ufer von Europa gegen Abend sich erstrecke, obgleich es unterwegs ansehnliche Nebenäste ausschießt, und eben so ostwärts, durch die tyrolische und andere weniger ansehnliche Berge, zuletzt mit den Carpatischen zusammenstößt.

Diese Richtung durchlief das Erdbeben in demselben Tage. Wenn die Zeit der Erschütterung eines jeden Orts richtig aufgezeichnet wäre, so würde man die Schnelligkeit einigermaßen schätzen, und die Gegend der ersten Entzündung wahrscheinlich bestimmen können; nun sind aber die Nachrichten so wenig zusammenstimmend, daß man in Ansehung dessen sich auf nichts verlassen kann.

Ich habe schon sonst angeführt, daß die Erdbeben gemeiniglich, wenn sie sich ausbreiten, den Strich der höchsten Gebirge halten, und zwar durch ihre ganze Erstreckung, ob diese sich gleich, je mehr sie sich dem Meeresufer nähern, desto mehr erniedrigen. Die Richtung langer Flüsse bezeichnet sehr gut die Richtung der Gebirge, als zwischen deren neben einander laufenden Reihen dieselbe, als in dem untersten Theile eines langen Thales fortlaufen. Dieses Gesetz der Ausbreitung der Erdbeben ist keine Sache der Speculation oder Beurtheilung, sondern etwas, das durch Beobachtungen vieler Erdbeben bekannt worden ist. Man muß sich desfalls an die Zeugnisse des Raj, Büffon, Gentil u. s. w. halten. Allein dieses Gesetz hat so viele innere Wahrscheinlichkeit, daß es auch von sich selber sich leichtlich Beyfall erwerben muß. Wenn man bedenkt, daß die Oeffnungen, wodurch das unterirrdische Feuer Ausgang sucht, nirgends anders als in den Gipfeln der Berge sind, daß man niemals in den Ebenen feuerspeyende Schlünde wahrgenommen hat, daß in Ländern, wo die Erdbeben gewaltig und

häufig

häufig sind, die mehresten Berge weite Rachen enthalten, die zum Auswurfe des Feuers dienen, und daß, was unsere Europäischen Berge betrift, man sonst nirgends als in ihnen geräumige Hölungen entdeckt, die ohne Zweifel in einem Zusammenhang stehen; wenn man hiezu noch den Begriff von der Erzeugung aller dieser unterirdischen Wölbungen anwendet, von der oben geredet worden, so wird man keine Schwierigkeit in der Vorstellung finden, wie die Entzündung vornemlich unter der Kette von Bergen, welche die Länge von Europa durchlaufen, offene und freye Gänge antreffen könne, um darinn sich schneller als nach andern Gegenden, auszubreiten.

Selbst die Fortsetzung des Erdbebens vom 18. Nov. aus Europa nach Amerika, unter dem Boden eines weiten Meers, ist in dem Zusammenhange der Kette von Bergen zu suchen, die, ob sie gleich in der Fortsetzung so niedrig werden, daß sie von dem Meere bedeckt sind, dennoch auch daselbst Berge bleiben. Denn wir wissen, daß auf dem Boden des Oceans eben so viele Gebirge, als auf dem Lande anzutreffen sind; und in dieser Art müssen die Azorischen Inseln mit in diesen Zusammenhang gesetzt werden, die auf dem halben Wege zwischen Portugall und Nordamerika angetroffen werden.

Das Erdbeben vom 26. December.

Nachdem die Erhitzung der mineralischen Materien den Hauptstamm der höchsten Gebirge von Europa, nemlich die Alpen, durchdrungen hatte, so öffnete sie sich auch die engere Gränze unter der Reihe der Berge, welche von Süden nach Norden rechtwinklicht auslaufen, und erstreckte sich in der Richtung des Rheinstroms, welcher, wie überhaupt alle Flüsse, ein langes Thal zwischen zwey Reihen von Bergen einnimmt, aus der Schweiz bis an die Nordsee. Es erschütterte auf der Westseite des Flusses die Landschaften Elsaß, Lothringen, das Churfürstenthum Cöln, Brabant,

E   und

und die Picardie, und an der Ostseite Cleve, einen Theil von Westphalen, und vermuthlich noch einige an dieser Seite des Rheins gelegene Länder, von denen die Nachrichten nichts namentlich gemeldet haben. Es hielt offenbar den Strich mit der Richtung dieses großen Flusses parallel, und breitete sich nicht weit davon zu den Seiten aus.

Man wird fragen, wie man es mit dem obigen zusammen reimen könne, daß es bis in die Niederlande gedrungen, welche doch ohne sonderliche Berge seyn? Allein es ist genug, daß ein Land in einem unmittelbaren Zusammenhange mit gewissen Reihen von Bergen stehe, und als eine Fortsetzung davon anzusehen sey, um die unterirdische Entzündung bis unter diesen sonst niedrigen Boden fortzusetzen. Denn es ist gewiß, daß alsdenn die Kette der Höhungen sich auch bis unter denselben erstrecken werde, gleichwie sie, wie schon angeführt, selbst unter dem Meeresgrunde fortgeht.

Von den Zwischenzeiten, die binnen einigen auf einander folgenden Erdbeben verlaufen.

Wenn man die Folge der nach einander vorgegangenen Erschütterungen mit Aufmerksamkeit betrachtet, so könnte man, wenn man es wagen wollte zu muthmaßen, einen Periodus herausbringen, in welchem die Entzündung nach einem Zwischenstillstande aufs neue ausgebrochen ist. Wir finden nach dem 1. Nov. noch eine sehr heftige Erschütterung in Portugall auf den 9., ingleichen auf den 18ten da sie sich nach England, Italien, Afrika, und selbst bis in Amerika erstreckte. Den 27ten ein starkes Erdbeben an den südlichen Küsten von Spanien, vornemlich in Malaga. Von dieser Zeit an dauerte es 13 Tage, bis es den 9ten Dec. die ganze Strecke von Portugall bis in Bayern von Südwesten nach Nordosten traf, und seit diesem, nach einem Verlauf von 18 Tagen, nemlich den 26sten auf den 27sten Dec. erschütterte es die Breite von Europa von Süden nach Norden,

den, *) so daß überhaupt ein ziemlich richtiger Zeitlauf von 9 oder 2 mal 9 Tagen, zwischen den wiederholten Entzündungen verlaufen ist, wenn man diejenige Zeit ausnimmt, die es angewendet hat, bis in das innerste der Gebirge unsers festen Landes zu bringen, und den 9ten Dec. die Alpen und die ganze Kette ihrer Verlängerung zu bewegen. Ich führe dieses nicht zu dem Ende an, um etwas daraus zu folgern, weil die Nachrichten dazu gar zu wenig zuverläßig sind, sondern um bey ähnlichen Vorfällen Anlaß zur genauern Beobachtung und zum Nachsinnen zu geben.

Ich will hier nur überhaupt etwas von den wechselsweise nachlassenden und wieder anhebenden Erschütterungen anführen. Herr Bouguer, einer von den Abgeordneten der königl. Academie der Wissenschaften zu Paris nach Peru, hatte die Unbequemlichkeit, in diesem Lande neben einem feuerspeyenden Berge sich aufzuhalten, dessen donnerndes Getöse ihm keine Ruhe ließ. Die Beobachtung, die er hiebey machte, konnte ihm dafür einige Genugthuung seyn, indem er bemerkte, daß der Berg immer in gleichen Zwischenzeiten ruhig ward, und das Toben desselben ordentlich mit gewechselten Ruhepunkten auf einander folgte. Die Bemerkung, die Mariotte bey einem Kalkofen machte, welcher eingeheizt war, und bald die Luft aus einem offenen Fenster ausstieß, bald darauf wieder zurückzog, wodurch er der Respiration der Thiere gewissermaßen nachahmte, hat hiemit große Aehnlichkeit; beyde beruhen auf folgenden Ursachen. Wenn das unterirrdische Feuer in Entzündung geräth,

E 2

*) Den 21sten war es in Liſſabon ſehr heftig, den 23ſten in den Gebirgen von Rouſillon, und dauerte daſelbſt bis zum 27ſten. Es iſt hieraus zu ſehen, daß es wiederum von Südweſten angefangen und eine weit längere Zeit zur Ausbreitung bedurft hat. Und wenn man den Entzündungsplaß, wie aus dem ganzen Verlauf des Erdbebens klar iſt, in den Ocean von Portugall gegen Abend ſeßt, ſo hängt der Anfang deſſelben mit dem berührten Periodus ziemlich zuſammen.

ráth, so stößt es alle Luft aus den Hölen umher von sich.
Wo diese Luft nun, die mit den feurigen Theilen angefüllt
ist, eine Oeffnung findet, z. E. in dem Rachen eines feuerspeyenden Bergs, da fährt sie alsdenn hinaus, und der
Berg wirft Feuer aus. Allein sobald die Luft aus dem Umfange des Heerds der Entzündung verjagt ist, so läßt die
Entzündung nach; denn ohne Zugang der Luft verlöscht alles Feuer. Alsdenn tritt die verjagte Luft, da die Ursache,
die sie vertrieben hatte, aufhört, wieder in ihren Platz zurück, und weckt das erloschene Feuer auf. Auf solche Weise wechseln die Ausbrüche eines feuerspeyenden Bergs, in
gewissen Zwischenzeiten richtig nach einander ab. Eben die
Bewandniß hat es mit den unterirdischen Entzündungen,
auch selbst da, wo die ausgedehnte Luft keinen Ausgang
durch die Klüfte der Berge gewinnen kann. Denn wenn die
Entzündung an einem Orte in den Hölen der Erde ihren Anfang nimmt, so stößt sie die Luft mit Heftigkeit in einem
großen Umfange, in alle die Gänge der unterirdischen Wölbungen fort, die damit Zusammenhang haben. In diesem
Augenblicke erstickt das Feuer selbst durch den Mangel der
Luft. Und sobald eben diese ausdehnende Gewalt der Luft
nachläßt, so kehrt diejenige, die in allen Hölen ausgebreitet war, mit großer Gewalt zurück, und facht das erloschene Feuer zu einem neuen Erdbeben an. Es ist merkwürdig,
daß Vesuvius, welcher, als die Gährungen in dem innern
der Erde recht angiengen, durch den Ausgang der durch seinen Schlund getriebenen Luft in Bewegung und Feuer gebracht war, eine kurze Zeit darauf plötzlich nachließ, da
das Erdbeben bey Lissabon geschehen war; denn da drang alle mit diesen Grüften in einigem Zusammenhange stehende
Luft, und selbst die so über dem Gipfel des Vesuvius befindlich ist, durch alle Kanäle zu dem Feuerheerde der Entzündung, wo die Verminderung der Ausspannungskraft der
Luft ihr den Zugang verstattete. Was für ein erstaunlicher
Gegenstand! Einen Kamin sich vorzustellen, welcher durch
Luft-

Luftöffnungen, die 100 Meilen davon entlegen sind, sichei nen Zug verschafft!

Eben dieselbe Ursache ist es auch, welche unterirdische Sturmwinde in den Grüften der Erde hervorbringen muß, deren Gewalt alles, was wir auf der Oberfläche der Erde verspüren, weit übertreffen wird, wenn die Lage und Verknüpfung der Hölen sich zu ihrer Ausbreitung anschickt. Das Getöse, das bey dem Fortgange eines Erdbebens uner den Füßen verspürt wurde, ist vermuthlich keiner andern Ursache, als eben dieser zuzuschreiben.

Eben dieses läßt uns wahrscheinlich vermuthen, daß eben nicht alle Erdbeben dadurch verursacht werden, daß die Entzündung gerade unter dem Boden geschieht, welcher erschüttert wird; sondern daß die Wuth dieser unterirdischen Stürme das Gewölbe, welches über ihnen ist, in Bewegung setzen könne; woran man desto weniger zweifeln wird, wenn man bedenkt, daß eine viel dichtere Luft, als diejenige ist, die sich auf der Oberfläche der Erde befindet, durch weit plötzlichere Ursachen als diese in Bewegung gesetzt, und zwischen Gängen, die ihre Ausbreitung verhindern, verstärkt, eine unerhörte Gewalt ausüben könne. Es ist also muthmaßlich, daß die geringe Wankung des Bodens in dem größten Theil von Europa bey der heftigen Entzündung die am ersten Nov. in der Erde vorging, vielleicht von nichts als dieser gewaltsam bewegten unterirdischen Luft herzuleiten sey, die als ein heftiger Sturmwind den Boden, der seiner Ausbreitung widerstand, gelind erschütterte.

Von dem Heerde der unterirdischen Entzündung, und den Oertern, so den meisten und gefährlichsten Erdbeben unterworfen sind.

Durch die Vergleichung der Zeit ersehen wir, daß der Entzündungsplatz bey dem Erdbeben vom ersten Nov. in dem Boden der See gewesen. Der Tajo, der schon vor der Er-

E 3 schüt-

schütterung aufschwoll, der Schwefel den Seefahrende
mit dem Senkbley aus dem erschütterten Grunde brachten,
und die Heftigkeit der Stöße, die sie fühlten, bestätigen es.
Die Geschichte vormaliger Erdbeben giebt es auch deutlich
zu erkennen, daß in dem Meeresgrunde jederzeit die fürchterlichsten Erschütterungen vorgefallen sind, und nächst diesem
in den Oertern, welche an dem Seeufer oder nicht weit davon entfernt liegen. Zum Beweise des ersteren führe ich die
tobende Wuth an, womit die unterirrdische Entzündung oft
neue Inseln aus dem Boden des Meers erhoben hat, und
z. E. im Jahr 1720. nahe bey der Insel St. Michael, einer von den Azorischen, aus einer Tiefe von 60 Klafter,
durch den Auswurf der Materie, aus dem Grunde der See
eine Insel auswarf, die 1 Meile lang und etliche Klafter
über dem Meere erhoben war. Die Insel bey Santori-
no im mittelländischen Meer, die in unserm Jahrhundert
vor den Augen vieler Menschen aus dem Meeresgrunde in die
Höhe kam, und viele andere Beyspiele, die ich der Weitläuftigkeit wegen übergehe, sind unverwerfliche Beweise
hievon.

Wie oft erleiden nicht die Schiffer ein Seebeben; und
es sind in einigen Gegenden, vornemlich in der Nachbar-
schaft gewisser Inseln, die Meere mit dem Bimstein und anderer Gattung vom Auswurfe, eines durch den Boden des
Oceans ausgebrochenen Feuers genugsam angefüllt. Die
Bemerkung der häufigen Erschütterungen des Seegrunds
hängt mit der Frage natürlich zusammen: woher unter allen Oertern, des festen Landes keine heftigern und öf-
terern Erdbeben unterworfen sind, als die nicht weit
vom Meeresufer gelegene. Dieser letztere Satz hat eine
unzweifelhafte Richtigkeit. Laßt uns die Geschichte der Erdbeben durchlaufen, so finden wir unendlich viel Unglücksfälle, die Städten oder Ländern durch Erdbeben widerfahren
sind, welche nahe beym Seeufer liegen, aber sehr wenige
und alsdann von geringer Erheblichkeit, welche in der Mitte des festen Landes wahrgenommen wurden. Die alte Ge-

schich-

schichte belehrt uns schon von entsetzlichen Verheerungen, die dieses Unheil an den Meeresküsten von Klein-Asien oder Afrika verübt hat. Wir finden aber weder darunter, noch unter den neuern beträchtliche Erschütterungen in der Mitte großer Länder. Italien, welches eine Halbinsel ist, die mehresten Inseln aller Meere, der Theil von Peru, der am Meeresufer liegt, erleiden die größten Anfälle dieses Uebels. Und noch in unsern Tagen sind alle westlichen und südlichen Küsten von Portugall und Spanien weit mehr erschüttert worden, als das innere des festen Landes. Ich gebe von beyden Fragen folgende Auflösung.

Unter allen fortgehenden Hölen, die unter der obersten Rinde der Erde begriffen sind, müssen diejenigen ohne Zweifel die engsten seyn, die unter dem Meergrunde fortlaufen, weil daselbst der fortgesetzte Boden des festen Landes in die größte Tiefe herabgesunken ist, und weit niedriger auf seiner untersten Grundlage ruhen muß, als die Oerter, die gegen die Mitte des Landes hinliegen. Nun ist es aber bekannt, daß in engen Hölen eine entzündete, sich ausdehnende Materie, heftiger um sich würken müsse, als wo sie sich ausbreiten kann. Ueberdem ist es natürlich zu glauben, daß, wie bey der unterirdischen Erhitzung nicht zu zweifeln ist, die aufwallenden mineralischen und entzündbaren Materien sehr öfters in Fluß gerathen seyn werden, wie die Schwefelströme und die Lava, die aus den feuerspeyenden Bergen oft ergossen worden, es bezeugen können; da sie daher wegen des natürlichen Abhangs des Bodens der unterirdischen Grüfte nach den niedrigsten Hölen des Meeresgrunds jederzeit abgeflossen seyn, und da also wegen des häufigen Vorraths der entzündbaren Materie hier häufigere und gewaltigere Erschütterungen sich zutragen müssen.

Hr. Bouguer muthmaßt mit Recht, daß das Durchdringen des Meerwassers, durch Eröffnung einiger Spalten in dem Boden desselben, die zur Erhitzung natürlich geneigte mineralische Materien, in die heftigste Aufwallung brin-

gen

gen müßte. Denn wir wissen, daß nichts das Feuer erhitzter Mineralien in entsetzlichere Wuth versetzen kann, als der Zufluß des Wassers, welches das Toben desselben so lange vermehrt, bis seine sich nach allen Seiten ausbreitende Gewalt, dem ferneren Zugang desselben, durch den Auswurf aller irdischen Materien und Verstopfung der Oeffnung gewehrt hat.

Meines Erachtens rührt die vorzügliche Heftigkeit, womit ein am Meeresufer liegender Grund erschüttert wird, zum Theil ganz natürlich von dem Gewicht her, womit das Meereswasser seinen damit benachbarten Boden belastet. Denn jedermann sieht leicht ein, daß die Gewalt, womit das unterirdische Feuer dieses Gewölbe, worauf eine so erstaunliche Last ruht, zu erheben trachtet, sehr zurück gehalten werden, und, indem es hier keinen Raum seiner Ausbreitung vor sich findet, seine ganze Gewalt gegen den Boden des trocknen Landes kehren müsse, welcher damit zunächst verbunden ist.

Von der Richtung, nach welcher der Boden durch ein Erdbeben erschüttert wird.

Die Richtung, nach welcher das Erdbeben sich in weite Länder ausbreitet, ist von derjenigen unterschieden, nach welcher der Boden erschüttert wird, an dem es seine Gewalt ausübt. Wenn die oberste Decke der verborgenen Gruft, darinn die entzündete Materie sich ausdehnt, eine horizontale Richtung hat, so muß er wechselsweise in senkrechter Stellung gehoben und gesenkt werden, weil nichts ist, was die Bewegung mehr nach einer als nach der andern Seite lenken könnte. Ist aber die Erdlage, welche die Wölbung ausmacht, nach einer Seite geneigt, so treibt die erschütternde Kraft des unterirdischen Feuers sie auch mit einer schiefen Richtung gegen den Horizont in die Höhe, und man kann die Richtung abnehmen, nach welcher die Wankung des Bodens jederzeit geschehen muß, wenn diejenige

alle-

allemal sicher bekannt wäre, nach welcher die Schichte der Erde abhängt, unter welcher die Feuergruft befindlich ist. Der Abhang der obersten Fläche des erschütterten Bodens, ist kein sicheres Merkmal von der schiefen Stellung, die das Gewölbe in seiner ganzen Dicke hat. Denn die Erdlagen, welche oben aufliegen, können mannichfaltige Beugungen und Hügel machen, nach denen sich die unterste Grundlage gar nicht richtet. Büffon ist der Meynung: daß alle verschiedene Schichten, die auf der Erde gefunden werden, einen allgemeinen Grundfels zur Base haben, der alle beschlossene tiefe Hölungen von oben deckt, und dessen einige Theile auf den Gipfeln hoher Berge gemeiniglich entblößt seyn, wo Regen und Sturmwinde die lockere Substanz völlig abgespühlt haben. Diese Meynung bekommt durch das, was die Erdbeben zu erkennen geben, viele Wahrscheinlichkeit. Denn eine dermaßen wütende Gewalt, als die Erdbeben ausüben, würde eine andere als felsigte Wölbung durch die öfters erneuerte Anfälle längst zertrümmert und aufgerieben haben.

Der Abhang dieser Wölbung ist an dem Meeresufer ohne Zweifel nach dem Meere hin geneigt, und also nach derjenigen Richtung abschüßig, nach welcher das Meer dem Orte liegt. An dem Ufer eines großen Flußes muß sie in der Richtung abschüßig seyn, wohin der Ablauf des Strohms geht. Denn wenn man die sehr lange und öfters einige hundert Meilen übertreffende Strecken betrachtet, die die Flüsse auf dem festen Lande durchlaufen, ohne daß sie stehende Pfützen oder Seen unterwegs machen, so kann man diesen einförmigen Abhang wohl durch nichts anders erklären, als durch diejenige überaus feste Grundlage, die, indem sie ohne vielfältige Einbeugungen sich einförmig zu dem Meeresgrunde hinneigt, dem Fluße eine schiefe Fläche zum Ablaufe verschafft. Daher ist zu vermuthen: daß die Schwankung des Bodens einer erschütterten Stadt, die an einem großen Fluß liegt, in der Richtung dieses Flußes,

E 5   als

als im Tajo von Abend und Morgen geschehen werde *);
derjenigen aber, die am Meeresufer liegt, in der Richtung,
nach welcher dieses zum Meere sich neigt. Ich habe an einem andern Orte angeführt, was die Lage des Bodens dazu beytragen kann, eine Stadt, deren Hauptstraßen in eben
der Richtung fortgehen, als dieser abschüßig ist, bey einem
vorfallenden Erdbeben völlig zu zerstören. Diese Anmerkung
ist nicht ein Einfall der bloßen Vermuthung; es ist eine Sache der Erfahrung. Gentil, der selbst von sehr vielen Erdbeben gute Kenntnisse einzuholen Gelegenheit hatte, berichtet dieses als eine Beobachtung, die durch viele Exempel bestätigt worden, daß wenn die Richtung, nach welcher der
Boden erschüttert wird, mit der Richtung, nach welcher die
Stadt erbaut ist, gleichläuft, sie ganz und gar umgeworfen
werde, anstatt daß, wenn sie diese rechtwinklicht durchschnei-
det, weniger Schade geschieht.

Die Historie der königl. Akademie zu Paris berichtet:
daß, da Smyrna, welches an dem östlichen Ufer des mittelländischen Meers liegt, im Jahr 1688 erschüttert wurde,
alle Mauern, welche die Richtung von Osten nach Westen
hatten, eingestürzt wurden, die aber, so von Norden nach
Süden erbaut waren, stehen blieben.

Der erschütterte Boden macht nemlich einige Schwan-
kungen, und bewegt alles, was auf ihm der Länge nach in
der Richtung der Schwankung aufgeführt ist, am stärksten.
Alle Körper, die eine große Beweglichkeit haben, z. E. die
Kronleuchter in den Kirchen, pflegen bey den Erdbeben die
Richtung, nach der die Stöße geschehen, anzuzeigen, und
sind weit sicherere Merkmale für eine Stadt, um die Lage daraus

---

*) Gleichwie ein Fluß eine abhängende Schiefe gegen das Meer
hin hat, so haben die Länder zu den Seiten einen Abhang zu
seinem Bette. Wenn dieses letztere selbst von der ganzen Erd-
schichte gilt, und diese in der größten Tiefe eben solche Abschüs-
sigkeit besitzt, so wird die Richtung der Erderschütterung auch
durch diese bestimmt werden.

aus abzunehmen, nach welcher sie sich anbauen muß, als die schon angeführten etwas zweifelhafteren Kennzeichen.

Von dem Zusammenhang der Erdbeben mit den Jahreszeiten.

Der schon mehrmals angeführte französische Akademist, Hr. Bouguer, führt in seiner Reise nach Peru an, daß wenn die Erdbeben in diesem Lande zu allen Jahrszeiten oft genug geschehen, dennoch die fürchterlichsten und häufigsten in den Herbstmonaten gegen das Ende des Jahres gefühlt werden. Diese Beobachtung findet nicht allein in Amerika zahlreiche Bestätigungen, indem, außer dem Untergange der Stadt Lima vor 10 Jahren und der Versinkung einer andern eben so volkreichen im vorigen Jahrhundert, sehr viele Exempel davon bemerkt worden sind. Auch in unserm Welttheil finden wir, außer dem letztern Erdbeben, noch viele Beyspiele in der Geschichte, von Erschütterung und Auswürfen feuerspeyender Berge, die sich häufiger in den Herbstmonaten, als in irgend einer andern Jahreszeit zugetragen haben. Sollte nicht eine gemeinschaftliche Ursache diese Uebereinstimmung veranlassen? und auf welche kann man füglicher die Vermuthung werfen, als auf die Regen, die in Peru in dem langen Thale zwischen den Cordillerischen Gebirgen vom September bis in den April dauern, und die auch um die Herbstzeit bey uns am häufigsten sind? Wir wissen, daß, um einen unterirrdischen Brand zu veranlassen, nichts nöthig sey, als die mineralische Materien in den Hölen der Erde in Gährung zu bringen. Dieses thut aber das Wasser, wenn es sich durch die Klüfte der Berge hindurch geseigert hat und in den tiefen Gängen sich verläuft. Die Regen haben die Gährung zuerst gereizt, die in der Mitte des Octobers so viel fremde Dämpfe aus dem inwendigen der Erde herausstieß. Allein eben diese lockten dem Luftkreise noch mehrere nasse Einflüsse ab, und das Wasser, das durch die Felsenritzen bis in die tiefsten Grüfte hineindrang, vollendete die angefangene Erhitzung.

Von

Von dem Einfluß der Erdbeben in den Luftkreiß.

Wir haben oben ein Beyspiel von Wirkungen gesehen, welche die Erderschütterungen auf unsere Luft haben. Es ist zu glauben, daß von den Ausbrüchen der unterirrdischen erhitzten Dämpfe mehrere Naturerscheinungen abhängen, als man sich wohl gemeiniglich einbildet. Es wäre kaum möglich, daß in den Witterungen eine solche Unregelmäßigkeit und so wenig übereinstimmendes anzutreffen wäre, wenn nicht fremde Ursachen bisweilen in unsere Atmosphäre träten, und ihre richtige Veränderungen in Unordnung brächten. Kann man sich wohl einen wahrscheinlichen Grund gedenken, warum, da der Lauf der Sonne und des Mondes an seine immer sich selbst ähnliche Gesetze gebunden ist, da Wasser und Erde, wenn man es im Großen nimmt, immer überein bleiben, doch der Ablauf der Witterungen, auch selbst in einem Auszug *) vieler Jahre, fast immer anders ausfällt. Wir haben seit der unglücklichen Erschütterung und kurz vor derselben eine so abweichende Witterung durch unsern ganzen Welttheil gehabt, daß man entschuldigt werden kann, wenn man desfalls einige Vermuthung auf die Erdbeben wirft. Es ist wahr, man hat wohl ehedem warme Winterwitterung gehabt, ohne daß einiges Erdbeben vorhergegangen war; aber ist man denn sicher, daß nicht eine Gährung in dem innern der Erde sehr oft Dämpfe durch die Felsenklüfte, die Spalten der Erdschichten, und selbst durch derselben lockere Substanz hindurch getrieben habe, die namhafte Veränderungen im Luftkreise nach sich haben ziehen können? Muschenbroeck, nachdem er bemerkt hat, daß nur in diesem Jahrhundert, und zwar seit 1716 recht helle Nordlichter in Europa und bis in dessen südlichen Ländern gesehen worden, hält für die wahrscheinlichste Ursache dieser Veränderung in dem Luftkreise, daß die feuerspeyenden Berge und

*) Durchschnitt.

und die Erdbeben, die einige Jahre vorher häufig gewütet
hatten, entzündbare und flüchtige Dünste ausgestoßen haben, die durch den natürlichen Abfluß der obersten Luft nach
Norden sich dahin gehäuft, und die feurige Lufterscheinun-
gen hervorgebracht haben, die seit dem so häufig sind gesehen worden, und daß sie vermuthlich sich nach und nach verzehren müssen, bis neue Aushauchungen den Abgang wiederum ersetzen.

Diesen Grundsätzen nach, laßt uns untersuchen: ob
es nicht der Natur gemäß sey, daß eine veränderte Witterung, wie diejenige, die wir gehabt haben, eine Folge von
jener Katastrophe seyn könne. Die helle Winterwitterung
und die Kälte, die sie begleitet, ist nicht lediglich eine Folge von der größern Entfernung der Sonne von unserm Schei-
telpunkte zu dieser Jahreszeit. Denn wir empfinden es oft,
daß dem ungeachtet die Luft sehr gemäßigt seyn könne; sondern der Zug der Luft aus Norden, der auch zu Zeiten in
einen Ostwind ausschlägt, bringt uns eine erkältete Luft bis
an der Eißzone her, die unsere Gewässer mit Eiß belegt, und
uns einen Theil von dem Winter des Nordpols fühlen läßt.
Dieser Zug der Luft von Norden nach Süden, ist in den
Herbst- und Wintermonaten so natürlich, wenn ihn nicht
fremde Ursachen unterbrechen, daß in dem Ocean in genugsamer Entfernung von allem festen Lande, dieser Nord- oder
Nordostwind die ganze Zeit hindurch ununterbrochen angetroffen wird. Er rührt auch ganz natürlich von der Wirkung der Sonne her, die alsdenn über der südlichen Halbkugel die Luft verdünnt, und dadurch den Herbeyzug der
nördlichen verursacht, so daß dieses als ein beständiges Gesetz angesehen werden muß, welches durch die Beschaffenheit
der Länder wohl einigermaßen verändert, aber nicht aufgehoben werden kann. Wenn nun unterirdische Gährungen
erhitzte Dämpfe irgendwo in den Ländern, die uns nach
Süden liegen, ausstoßen, so werden diese anfänglich die
Höhe des Luftkreises in der Gegend, wo sie aufsteigen, dadurch

durch verringern, daß sie ihre Anspannungskraft schwächen und Platzregen, Orkane u. d. g. verursachen. Allein in der Folge wird dieser Theil der Atmosphäre, da er mit so viel Dünsten beladen ist, die benachbarte durch sein Gewicht bewegen, und einen Zug der Luft von Süden nach Norden verursachen. Da nun aber die Bestrebung des Luftkreises von Norden nach Süden in unserem Erdstriche bey dieser Jahreszeit natürlich ist, so werden diese beyde gegen einander streitende Bewegungen sich aufhalten, und erstlich eine trübe, regnichte Luft, wegen der zusammen getriebenen Dünste, dabey aber doch einen hohen Stand des Barometers *) nach sich ziehen, weil die durch den Streit zweyer Winde zusammengedrückte Luft eine hohe Säule ausmachen muß; und man wird dadurch sich in die scheinbare Unrichtigkeit der Barometer finden lernen, wenn bey hohem Stande derselben doch regenhaftes Wetter ist. Denn alsdenn ist eben diese Nässe der Luft eine Wirkung zweyer einander entgegen streitenden Luftzüge, welche die Dünste zusammentreiben und dennoch die Luft ansehnlich verdichten und schwerer machen können.

Ich kann nicht mit Stillschweigen übergehen: daß an dem schrecklichen Tage Allerheiligen die Magnete in Augsburg ihre Last abgeworfen haben, und die Magnetnadeln in Unordnung gebracht worden sind. Boyle berichtet schon, daß einsmals nach einem Erdbeben in Neapel dergleichen vorgegangen ist. Wir kennen die verborgene Natur des Magnets zu wenig, um von dieser Erscheinung Grund angeben zu können.

Von dem Nutzen der Erdbeben.

Man wird erschrecken, eine so fürchterliche Strafruthe der Menschen von der Seite der Nutzbarkeit angepriesen

zu

---

*) Dergleichen bey dieser nassen Winterwitterung fast beständig bemerkt worden ist.

zu ſehen. Ich bin gewiß, man würde gerne Verzicht darauf thun, um nur der Furcht und der Gefahren überhoben
zu ſeyn, die damit verbunden ſind. So ſind wir Menſchen.
Nachdem wir einen widerrechtlichen Anſpruch auf alle An-
nehmlichkeit des Lebens gemacht haben, ſo wollen wir keine
Vortheile mit Unkoſten erkaufen. Wir verlangen: der Erdboden ſoll ſo beſchaffen ſeyn, daß man wünſchen könnte,
darauf ewig zu wohnen. Ueber dieſes bilden wir uns ein,
daß wir alles zu unſerm Vortheil beſſer regieren würden,
wenn die Vorſehung uns darüber unſere Stimme abgefragt
hätte. So wünſchen wir z. E. den Regen in unſerer Gewalt zu haben, damit wir ihn nach unſerer Bequemlichkeit
das Jahr über vertheilen könnten und immer angenehme Tage zwiſchen den trüben zu genießen hätten. Aber wir ver-
geſſen die Brunnen, die wir gleichwohl nicht entbehren könnten, und die doch auf ſolche Art gar nicht unterhalten werden würden. Eben ſo wiſſen wir den Nutzen nicht, den
uns eben die Urſachen verſchaffen können, die uns in den
Erdbeben erſchrecken, und wollten ſie doch gerne verbannt
wiſſen.

Als Menſchen, die gebohren waren um zu ſterben, können wir es nicht vertragen, daß einige im Erdbeben geſtor-
ben ſind, und als ſolche, die hier Fremdlinge ſind und kein
Eigenthum beſitzen, ſind wir untröſtlich, daß Güter verlohren wurden, die in Kurzem durch den allgemeinen Weg der
Natur von ſelbſt verlaſſen worden wären.

Es läßt ſich leicht rathen: daß, wenn Menſchen auf
einem Grunde bauen, der mit entzündbaren Materien angefüllt iſt, über kurz oder lang die ganze Pracht ihrer Gebäude durch Erſchütterungen über den Haufen fallen könne.
Aber muß man denn darum über die Wege der Vorſehung
ungeduldig werden. Wäre es nicht beſſer ſo zu urtheilen:
Es war nöthig, daß Erdbeben bisweilen auf dem Erdboden
geſchehen; aber es war nicht nothwendig, daß wir präch-
tige Wohnplätze darüber erbaueten. Die Einwohner in Pe-

zu wohnen in Häusern, die nur in geringer Höhe gemauert seyn, und das übrige besteht aus Rohr. Der Mensch muß sich in die Natur schicken lernen; aber er will, daß sie sich in ihn schicken soll.

Was auch die Ursache der Erdbeben den Menschen auf einer Seite jemals für Schaden erweckt hat, das kann sie ihm leicht auf der andern Seite mit Gewinn ersetzen. Wir wissen, daß die warmen Bäder, die vielleicht einem beträchtlichen Theil der Menschen zur Beförderung der Gesundheit in der Folge der Zeiten dienlich gewesen seyn können, durch eben dieselben Ursachen ihre mineralische Eigenschaft und Hitze haben, wodurch die Erhitzungen in dem innern der Erde vorgehen, welche diese in Bewegung setzen.

Man hat schon längst vermuthet: daß die Erzstufen in den Gebirgen eine langsame Wirkung der unterirrdischen Hitze seyen, welche die Metalle durch allmählige Wirkungen zur Reife bringt, indem sie durch durchdringende Dämpfe in der Mitte des Gesteins sie bildet und kocht.

Unser Luftkreiß bedarf außer den groben und todten Materien, die er in sich enthält, auch ein gewisses wirksames Principium, flüchtige Salze und Theile, die in den Zusammensatz der Pflanzen kommen sollen, um sie zu bewegen und auszuwickeln. Ist es nicht glaublich, daß die Naturbildungen, die beständig einen großen Theil davon aufwenden, und die Veränderungen, die alle Materie durch die Auflösung und Zusammensetzung endlich erleidet, die würksamste Partikeln mit der Zeit gänzlich verzehren würde, wenn nicht von Zeit zu Zeit ein neuer Zufluß geschähe. Zum wenigsten wird das Erdreich immer unkräftiger, wenn es kräftige Pflanzen nährt; die Ruhe und der Regen aber bringen es wieder in den Stand. Wo würde aber endlich die kräftige Materie herkommen, die ohne Ersetzung verwandt wird, wenn nicht eine anderweitige Quelle ihren Zufluß unterhielte? Und diese ist vermuthlich der Vorrath, den die unterirrdischen Grüfte an den wirksamsten und flüchtigsten Materien ent-

enthalten; davon sie von Zeit zu Zeit einen Theil auf die Oberfläche der Erde ausbreiten. Ich merke noch an: daß Hales mit sehr glücklichem Erfolg die Gefängnisse, und überhaupt alle Oerter, deren Luft mit thierischen Ausdüstungen angesteckt wird, durch das Räuchern des Schwefels befreyt. Die feuerspeyenden Berge stoßen eine unermeßliche Menge schwefelichter Dämpfe in den Luftkreiß aus. Wer weiß, würden die thierischen Ausdünstungen, womit diese beladen ist, nicht mit der Zeit schädlich werden, wenn jene nicht ein kräftiges Gegenmittel darwider abgäben.

Zuletzt dünkt mir die Wärme in dem innern der Erde, einen kräftigern Beweiß von der Würksamkeit und dem großen Nutzen der Erhitzungen, die in tiefen Grüften vorgehen, abzugeben. Es ist durch tägliche Erfahrungen ausgemacht, daß es in großen, ja in den größten Tiefen, zu denen Menschen in dem Innern der Berge je gelangt sind, eine immerwährende Wärme gebe, die man unmöglich der Wirkung der Sonne zuschreiben kann. Boyle zieht eine gute Anzahl Zeugnisse an, aus denen erhellt, daß in allen tiefsten Schachten man zuerst die obere Gegend weit kälter finde, als die äußere Luft, wenn es zur Sommerzeit ist; je tiefer man sich aber herablasse, desto wärmer finde man die Gegend; so, daß in der größten Tiefe die Arbeiter genöthigt sind, die Kleider bey ihrer Arbeit abzulegen. Jedermann begreift es leicht, daß, da die Sonnenwärme nur auf eine sehr geringe Tiefe in die Erde dringt, sie in den alleruntersten Grüften nicht die geringste Wirkung mehr thun könne; und daß die daselbst befindliche Wärme von einer Ursache abhänge, die nur in der größten Tiefe herrscht, dies ist überdem aus der verminderten Wärme zu ersehen, je höher man sogar zur Sommerszeit von unten hinauf kommt. Boyle, nachdem er die angestellten Erfahrungen behutsam verglichen und geprüft hat, schließt sehr vernünftig: daß in den untersten Hölen, zu welchen wir nicht gelangen können, beständige Erhitzungen, und ein dadurch unterhaltenes unauslöschliches Feuer an-

F   zutref-

zutreffen seyn müsse, daß seine Wärme der obersten Rinde
mittheilt.

Wenn sich dieses so verhält, wie man sich denn nicht
entbrechen kann es zuzugeben, werden wir uns nicht von
diesem unterirrdischen Feuer die vortheilhaftesten Wirkungen
zu versprechen haben, welches der Erde jederzeit eine gelinde Materie erhält, zu der Zeit, wenn uns die Sonne die
ihrige entzieht, welches den Trieb der Pflanzen und die Oe-
konomie der Naturreiche zu befördern im Stande ist. Und
kann uns wohl bey dem Anschein so vieler Nutzbarkeit der
Nachtheil, der dem menschlichen Geschlecht durch einen und
die andere Ausbrüche derselben erwächst, der Dankbarkeit
überheben, die wir der Vorsehung für alle ihre Anstalten
schuldig sind.

Die Gründe, die ich zur Aufmunterung derselben angeführt habe, sind freylich nicht von der Art derjenigen,
welche die größeste Ueberzeugung und Gewißheit verschaffen.
Allein auch Muthmaßungen sind annehmungswürdig, wenn
es darauf ankömmt, den Menschen zu der Dankbegierde gegen das höchste Wesen zu bewegen, das selbst alsdann, wenn
es züchtigt, verehrungs- und liebenswürdig ist.

Anmerkung.

Ich hatte oben angeführt, daß die Erdbeben schwefe-
lichte Ausdämpfungen durch das Gewölbe der Erde hindurch
treiben. Die letzten Nachrichten von den Schachten in den
sächsischen Gebirgen bestätigen dies durch ein neues Beyspiel.
Man findet sie jetzt so angefüllt von schwefelichten Dämpfen,
daß die Arbeiter sie verlassen müssen. Die Begebenheit von
Tuam in Irrland, da eine leuchtende Lufterscheinung in
der Gestalt von Wimpeln und Flaggen auf der See erschien,
die ihre Farben nach und nach änderten und zuletzt ein helles
Licht ausbreiteten, worauf ein heftiger Stoß von Erdbeben
erfolgte, ist eine neue Bestätigung hievon. Die Verwand-
lung der Farben vom dunkelsten blau bis in roth und endlich in einen hellen weißen Schein, ist der herausgebroche-
nen

nen zuerſt ſehr dünnen Ausdämpfung, die nach und nach
durch häufigeren Zufluß mehrerer Dünſte vermehrt werden,
zuzuſchreiben, die, wie in der Naturwiſſenſchaft bekannt
iſt, die Grade des Lichts von der blauen Farbe bis zur rothen, und endlich bis in einen weißen Schein durchgehen
müſſen. Alles dieſes gieng vor dem Stoß vorher. Es war
auch ein Beweiß, daß der Heerd der Entzündung in dem
Grunde des Meers geweſen, wie denn ſelbſt das Erdbeben
an der Meeresküſte hauptſächlich verſpüret worden.

Wenn man die Anmerkungen von den Oertern der Erde, wo die häufigſten und ſchwereſten Erſchütterungen von
jeher empfunden worden ſind, weiter ausdehnen will, ſo
kann man noch dazu ſetzen: daß die weſtlichen Küſten jederzeit weit mehr Anfälle davon, als die öſtlichen, erlitten haben. In Italien, in Portugall, in Südamerika, ja ſelbſt
neulich in Irrland, hat die Erfahrung dieſe Uebereinſtim-
mung beſtätigt. Peru, welches an dem weſtlichen Seeufer
der neuen Welt liegt, hat faſt tägliche Erſchütterungen, da
indeſſen Braſilien, welches den Ocean gegen Oſten hat. nichts
davon verſpürt. Wenn man von dieſer ſeltſamen Analogie
einige Urſachen muthmaßen will, ſo kann man es wohl einem Gautier, einem Mahler verzeihen, wenn er die Urſache
aller Erdbeben in den Sonnenſtrahlen, der Quelle ſeiner
Farben und ſeiner Kunſt ſucht, und ſich einbildet, eben dieſelben treiben auch unſere große Kugel von Abend gegen Morgen herum, indem ſie an die weſtlichen Küſten ſtärker an-
ſchlagen, und eben dadurch würden dieſe Küſten mit ſo vielen Erſchütterungen beunruhigt. Allein in einer geſunden
Naturwiſſenſchaft verdient ein ſolcher Einfall kaum Widerlegung. Mir ſcheint der Grund dieſes Geſetzes mit einem andern in Verbindung zu ſtehen, wovon man noch zur Zeit
keine genugſame Erklärung gegeben hat: daß nemlich die
weſtlichen und ſüdlichen Küſten faſt aller Länder ſteiler ab-
ſchüßig ſind, als die öſtliche und nördliche, welches ſowohl
durch den Anblick der Charte, als durch die Nachrichten des
Dampiers, der ſie auf allen ſeinen Seereiſen faſt allgemein

befun-

befunden hat, bestätigt wird. Wenn man die Beugungen des festen Landes von den Einsinkungen herleitet, so müssen in den Gegenden der größten Abschüßigkeit tiefere und mehrere Hölen anzutreffen seyn, als wo die Erdrinde nur einen gemäßigten Abhang hat. Dieses aber hat mit den Erderschütterungen, wie wir oben gesehen haben, einen natürlichen Zusammenhang.

Schlußbetrachtung.

Der Anblick so vieler Elehden, als die letztere Katastrophe unter unsern Mitbürgern gemacht hat, soll die Menschenliebe rege machen, und uns einen Theil des Unglücks empfinden lassen, welches sie mit solcher Härte betroffen hat. Man verstößt aber gar sehr darwider, wenn man dergleichen Schicksale jederzeit als verhängte Strafgerichte ansieht, welche die verheerte Städte um ihrer Uebelthaten willen, betreffen, und wenn wir diese Unglückselige als das Ziel der Rache Gottes betrachten, über die seine Gerechtigkeit alle ihre Zornstrafen ausgießt. Diese Art des Urtheils ist ein sträflicher Vorwitz, der sich anmaßt, die Absichten der göttlichen Rathschlüsse einzusehen, und nach seinen Einsichten auszulegen.

Der Mensch ist von sich selbst so eingenommen, daß er sich lediglich als das einzige Ziel der Anstalten Gottes ansieht, gleich als wenn diese kein anderes Augenmerk hätten, als ihn allein, um die Maaßregeln in der Regierung der Welt darnach einzurichten. Wir wissen, daß der ganze Inbegriff der Natur ein würdiger Gegenstand der göttlichen Weißheit und seiner Anstalten sey. Wir sind ein Theil derselben und wollen das Ganze seyn. Die Regeln der Vollkommenheit der Natur im Großen sollen in keine Betrachtung kommen, und es soll sich alles blos in richtiger Beziehung auf uns anschicken. Was in der Welt zur Bequemlichkeit und zum Vergnügen gereicht, das, stellt man sich vor, sey blos um unsertwillen da, und die Natur beginne keine Veränderungen, die irgend eine Ursache der Ungemäch-

lich-

lichkeit für den Menschen werden, als um sie zu züchtigen, zu drohen, oder Rache an ihnen auszuüben.

Gleichwohl sehen wir, daß unendlich viele Bösewichter in Ruhe entschlafen, daß die Erdbeben gewisse Länder von jeher erschüttert haben, ohne Unterschied der alten oder neuen Einwohner, daß das christliche Peru so gut bewegt wird, als das heidnische, und daß viele Städte von dieser Verwüstung von Anbeginn befreyet geblieben sind, die über jene sich keines Vorzugs der Unsträflichkeit anmaßen können.

So ist der Mensch im Dunkeln, wenn er die Absichten errathen will, die Gott in der Regierung der Welt vor Augen hat: Allein wir sind in keiner Ungewißheit, wenn es auf die Anwendung ankommt, wie wir diese Wege der Vorsehung dem Zwecke derselben gemäß gebrauchen sollen. Der Mensch ist nicht geboren, um auf dieser Schaubühne der Eitelkeit ewige Hütten zu erbauen. Weil sein ganzes Leben ein weit edleres Ziel hat, wie schön stimmen dazu nicht alle die Verheerungen, die der Unbestand der Welt selbst in denjenigen Dingen blicken läßt, die uns die größten und wichtigsten zu seyn scheinen; um uns zu erinnern, daß die Güter der Erden unserm Triebe zur Glückseligkeit keine Genugthuung verschaffen können?

Ich bin weit davon entfernt, hiemit anzudeuten, als wenn der Mensch einem unwandelbaren Schicksale der Naturgesetze, ohne Rachsicht auf seine besondern Vortheile, überlassen sey. Eben dieselbe höchste Weisheit, von welcher der Lauf der Natur diejenige Richtigkeit entlehnt, die keiner Ausbesserung bedarf, hat die niederen Zwecke den höheren untergeordnet, und in eben den Absichten, in welchen jene oft die wichtigsten Ausnahmen von den allgemeinen Regeln der Natur gemacht hat, um die unendlich höhern Zwecke zu erreichen, die weit über alle Naturmittel erhaben sind, wird auch die Führung des menschlichen Geschlechts in dem Regimente der Welt selbst dem Laufe der Naturdinge Gesetze vorschreiben. Wenn eine Stadt oder Land das Unheil ge-

F 3   wahr

wahr wird, womit die göttliche Vorsehung sie oder ihre
Nachbarn in Schrecken setzt; ist es denn wohl noch zweifelhaft, welche Parthey sie zu ergreifen habe, um dem Verderben vorzubeugen, das ihnen droht? und sind die Zeichen
noch wohl zweydeutig, die Absichten begreiflich zu machen,
zu deren Vollführung alle Wege der Vorsehung einstimmig
den Menschen entweder einladen oder antreiben?

Ein Fürst, der, durch ein edles Herz getrieben, sich
diese Drangsale des menschlichen Geschlechts bewegen läßt,
das Elend des Kriegs von denen abzuwenden, welchen von
allen Seiten überdem schwere Unglücksfälle drohen, ist ein
wohlthätiges Werkzeug in der gütigen Hand Gottes, und
ein Geschenk, das er den Völkern der Erde macht, dessen
Werth sie niemals nach seiner Größe schätzen können.

Von den

verschiedenen Racen

der

Menschen.

Abgedruckt in J. J. Engels Philosoph für die Welt II. Th. S. 125 — 164. Erster Ausg. 1775. ausgelassen in der zweyten Ausgabe 1785.

1) Von der Verschiedenheit der Racen überhaupt.

Im Thierreiche gründet sich die Natureintheilung in Gattungen und Arten auf das gemeinschaftliche Gesetz der Fortpflanzung, und die Einheit der Gattungen ist nichts anders, als die Einheit der zeugenden Kraft, welche für eine gewisse Mannigfaltigkeit von Thieren durchgängig geltend ist. Daher muß die Büffonsche Regel: daß Thiere, die mit einander fruchtbare Jungen erzeugen, (von welcher Verschiedenheit der Gestalt sie auch seyn mögen,) doch zu einer und derselben physischen Gattung gehören, eigentlich nur als die Definition einer Naturgattung der Thiere überhaupt, zum Unterschiede von allen Schulgattungen derselben, angesehen werden. Die Schuleintheilung gehet auf Klassen, welche nach Aehnlichkeiten; die Natureintheilung aber auf Stämme, welche die Thiere nach Verwandtschaften in Ansehung der Erzeugniß eintheilt. Jene verschaffen ein Schulsystem für das Gedächtniß, diese ein Natursystem für den Verstand: die erstere hat nur zur Absicht, die Geschöpfe unter Titel, die zweyte, sie unter Gesetz zu bringen.

Nach diesem Begriffe gehören alle Menschen auf der weiten Erde zu einer und derselben Naturgattung, weil sie durchgängig mit einander fruchtbare Kinder zeugen, so große Verschiedenheiten auch sonst in ihrer Gestalt mögen angetroffen werden. Von dieser Einheit der Naturgattung, welche eben so viel ist, als die Einheit der für sie gemein-

F 5

schaft-

schaftlich gültigen Zeugüngskraft, kann man nur eine einzige natürliche Ursache anführen: nämlich, daß sie alle zu einem einzigen Stamme gehören, woraus sie, unerachtet ihrer Verschiedenheiten, entsprungen sind, oder doch wenigstens haben entspringen können. Im erstern Falle gehören die Menschen nicht blos zu einer und derselben Gattung, sondern auch zu einer Familie; im zweyten sind sie einander ähnlich, aber nicht verwandt, und es müßten viel Localschöpfungen angenommen werden; eine Meynung, welche die Zahl der Ursachen ohne Noth vervielfältiget. Eine Thiergattung, die zugleich einen gemeinschaftlichen Stamm hat, enthält unter sich nicht verschiedene Arten (denn diese bedeuten eben die Verschiedenheiten der Abstammung); sondern ihre Abweichungen von einander heißen Abartungen, wenn sie erblich sind. Die erblichen Merkmale der Abstammung, wenn sie mit ihrer Abkunft einstimmig sind, heißen Nachartungen; könnte aber die Abartung nicht mehr die ursprüngliche Stammbildung herstellen, so würde sie Ausartung heißen.

Unter den Abartungen, d. i. den erblichen Verschiedenheiten der Thiere, die zu einem einzigen Stamm gehören, heißen diejenigen, welche sich sowohl bey allen Verpflanzungen (Versetzungen in andere Landstriche) in langen Zeugungen unter sich beständig erhalten, als auch in der Vermischung mit andern Abartungen desselbigen Stammes, jederzeit halbschlächtige Junge zeugen, Racen. Die, so bey allen Verpflanzungen das Unterschiedene ihrer Abartung zwar beständig erhalten, und also nacharten, aber in der Vermischung mit andern nicht nothwendig halbschlächtig zeugen, heißen Spielarten; die aber, so zwar oft und beständig nacharten, Varietäten. Umgekehrt heißt die Abartung, welche mit andern zwar halbschlächtig erzeugt, aber durch die Verpflanzung nach und nach erlöscht, ein besonderer Schlag.

Auf diese Weise sind Neger und Weisse, zwar nicht verschiedene Arten von Menschen, (denn sie gehören ver-

muth-

muthlich zu einem Stamme;) aber doch zwey verschiedene
Racen; weil jede derselben sich in allen Landstrichen perpetuirt, und beyde mit einander nothwendig halbschlächtige
Kinder, oder Blendlinge, (Mulatten) erzeugen. Dagegen sind Blonde und Brunette nicht verschiedene Racen
der Weißen; weil ein blonder Mann von einer brunetten
Frau auch lauter blonde Kinder haben kann, obgleich jede
dieser Abartungen sich bey allen Verpflanzungen lange Zeugungen hindurch erhält. Daher sind sie Spielarten der
Weißen. Endlich bringt die Beschaffenheit des Bodens,
(Feuchtigkeit oder Trockenheit) ingleichen der Nahrung, nach
und nach einen erblichen Unterschied oder Schlag unter
Thiere einerley Stammes und Race, vornehmlich in Ansehung der Größe, der Proportion der Gliedmaßen (plump oder
geschlang) ingleichen des Naturells, der zwar in der Vermischung mit fremden halbschlächtig anartet, aber auf einem
andern Boden und bey anderer Nahrung (selbst ohne Veränderung des Klima) in wenig Zeugungen verschwindet. Es
ist angenehm, den verschiedenen Schlag der Menschen nach
Verschiedenheit dieser Ursachen zu bemerken, wo er in eben
demselben Lande blos nach den Provinzen kenntlich ist, (wie
sich die Böotier, die einen feuchten, von den Atheniensern
unterschieden, die einen trocknen Boden bewohnten) welche
Verschiedenheit oft freylich nur einem aufmerksamen Auge
kenntlich ist, von andern aber belacht wird. Was blos zu
den Varietäten gehört, und also an sich selbst (ob zwar
eben nicht beständig) erblich ist, kann doch durch Ehen, die
immer in denselben Familien verbleiben, dasjenige mit der
Zeit hervorbringen, was ich den Familienschlag nenne, wo
sich etwas Charakteristisches endlich so tief in die Zeugungskraft einwurzelt, daß es einer Spielart nahe kömmt, und
sich wie diese, perpetuirt. Man will dieses an dem alten
Adel von Venedig, vornemlich den Damen desselben bemerkt
haben. Zum wenigsten sind in der neu entdeckten Insel
Otaheite die adelichen Frauen insgesammt größern Wuch-
ches, als die gemeinen. —— Auf der Möglichkeit, durch
sorg-

sorgfältige Aussonderung der ausartenden Geburten von den einschlagenden, endlich einen dauerhaften Familienschlag zu errichten, beruhete die Meynung des Herrn von Maupertius: einen von Natur edlen Schlag Menschen in irgend einer Provinz zu ziehen, worinn Verstand, Tüchtigkeit und Rechtschaffenheit erblich wären. Ein Anschlag, der meiner Meynung nach an sich selbst zwar thunlich, aber durch die weisere Natur ganz wohl verhindert ist, weil eben in der Vermengung des Bösen mit dem Guten die großen Triebfedern liegen, welche die schlafenden Kräfte der Menschheit ins Spiel setzen, und sie nöthigen, alle ihre Talente zu entwickeln, und sich der Vollkommenheit ihrer Bestimmung zu nähern. Wenn die Natur ungestört (ohne Verpflanzung oder fremde Vermischung) viele Zeugungen hindurch wirken kann, so bringt sie jederzeit endlich einen dauerhaften Schlag hervor, der Völkerschaften auf immer kenntlich macht, und eine Race würde genannt werden, wenn das Charakteristische nicht zu unbedeutend schiene, und zu schwer zu beschreiben wäre, um darauf eine besondere Abtheilung zu gründen.

2) Eintheilung der Menschengattung in ihre verschiedene Racen.

Ich glaube, man habe nur nöthig, vier Racen derselben anzunehmen, um alle dem ersten Blick kenntliche und sich perpetuirende Unterschiede davon ableiten zu können. Sie sind 1) die Race der Weissen, 2) die Negerrace, 3) die Hunnische (Mungalische oder Kalmuckische) Race, 4) die Hinduische oder Hindistanische Race. Zu der erstern, die ihren vornehmsten Sitz in Europa hat, rechne ich noch die Mohren, (Mauren von Afrika,) die Araber, (nach dem Niebuhr,) den türkisch-tatarischen Völkerstamm, und die Perser, ingleichen alle übrige Völker von Asien, die nicht durch die übrigen Abtheilungen namentlich davon ausgenommen sind. Die Negerrace der nördlichen Halbkugel ist blos in Afrika, die der südlichen (ausserhalb Afrika) vermuthlich nur

nur in Neuguinea eingebohren, (Autochtones) in einigen benachbarten Inseln aber bloße Verpflanzungen. Die Kalmuckische Race scheint unter den Koschottischen am reinsten, unter den Torgöts etwas, unter den Dsingorischen mehr mit tatarischem Blute vermischt zu seyn, und ist eben dieselbe, welche in den ältesten Zeiten den Namen der **Hunnen,** später den Namen der **Mungalen** (in weiter Bedeutung) und jetzt der Oelöts führt. Die Hindistanische Race ist in dem Lande dieses Namens sehr rein und uralt, aber von dem Volke auf der jenseitigen Halbinsel Indiens unterschieden. Von diesen vier Racen glaube ich alle übrige erbliche Völkercharaktere ableiten zu können: entweder als *vermischte* oder *angehende* Racen: wovon die erste aus der Vermischung verschiedener entsprungen ist, die zweyte in dem Klima noch nicht lange genug gewohnt hat, um den Charakter der Race desselben völlig anzunehmen. So hat die Vermischung des tatarischen mit dem hunnischen Blute an den Karakalpacken, den Nagajen und andern, **Halbracen** hervorgebracht. Das hindistanische Blut, vermischt mit dem der alten Seyten (in und um Tibet) und mehr oder weniger von dem hunnischen, hat vielleicht die Bewohner der jenseitigen Halbinsel Indiens, die Tonquinesen und Schinesen, als eine vermischte Race erzeugt. Die Bewohner der nördlichen Eisküste Asiens, sind ein Beyspiel einer angehenden hunnischen Race, wo sich schon das durchgängig schwarze Haar, das bartlose Kinn, das flache Gesicht und langgeschlitzte wenig geöffnete Augen zeigen; die Wirkung der Eiszone an einem Volke, welches in spätern Zeiten aus milderm Himmelsstriche in diese Sitze getrieben worden, so wie die Seelappen, ein Abstamm des ungrischen Volks, in nicht gar viel Jahrhunderten, schon ziemlich in das Eigenthümliche des kalten Himmelsstrichs eingeartet sind, ob sie zwar von einem wohlgewachsenen Volke aus der temperirten Zone entsprossen waren. Endlich scheinen die Amerikaner eine noch nicht völlig eingeartete hunnische Rate zu seyn. Denn im äußersten Nordwesten von Amerika, (woselbst auch, aller Vermuthung nach,

nach, die Bevölkerung dieses Welttheils aus dem Nordosten von Asien, wegen der übereinstimmenden Thierarten in
beyden, geschehen seyn muß) an den nördlichen Küsten von
der Hudsonsbay sind die Bewohner den Kalmucken ganz
ähnlich. Weiter hin in Süden, wird das Gesicht zwar of-
fener und erhobener, aber das bartlose Kinn, das durchgängig schwarze Haar, die rothbraune Gesichtsfarbe, ingleichen die Kälte und Unempfindlichkeit des Naturells, lauter Ueberbleibsel von der Wirkung eines langen Aufenthalts
in kalten Weltstrichen, wie wir bald sehen werden, gehen
von dem äußersten Norden dieses Welttheils bis zum Staa-
ten-Eylande fort. Der längere Aufenthalt der Stammvä-
ter der Amerikaner in N. O. von Asien und dem benachbarten N. W. von Amerika hat die Kalmuckische Bildung zur
Vollkommenheit gebracht; die geschwindere Ausbreitung ihrer Abkömmlinge aber nach dem Süden dieses Welttheils
die Amerikanische. Von Amerika aus ist gar nichts weiter
bevölkert. Denn auf den Inseln des stillen Meers sind alle
Einwohner, einige Neger ausgenommen, bärtig; vielmehr
geben sie einige Zeichen der Abkunft von den Malayen, eben
so, wie die auf den sundaischen Inseln; und die Art von
Lehnsregierung, welche man auf der Insel Otaheite antraf,
und welche auch die gewöhnliche Staatsverfassung der Malayen ist, bestätiget diese Vermuthung.

Die Ursache, Neger und Weisse für Grundracen anzunehmen, ist für sich selbst klar. Was die Hindistanische
und Kalmuckische betrift, so ist das Olivengelb, welches
dem mehr oder weniger Braunen der heißen Länder zum
Grunde liegt, bey den erstern eben so wenig, als das originale Gesicht der zweyten von irgend einem andern bekannten Nationscharakter abzuleiten, und beyde drücken sich in
vermischten Begattungen unausbleiblich ab. Eben dieses
gilt von der in die Kalmuckische Bildung einschlagenden und
damit durch einerley Ursache verknüpften amerikanischen Race. Der Ostindianer giebt durch Vermischung mit dem
                                                      Weis-

Weiſſen den gelben Meſtizen, wie der Amerikaner mit
demſelben den rothen, und der Weiſſe mit dem Neger den
Mulatten, der Amerikaner mit eben demſelben, den Ka-
bugl oder den ſchwarzen Karaiben: welches jederzeit kenntlich bezeichnete Blendlinge ſind; und ihre Abkunft von ächten Racen beweiſen.

3) Von den unmittelbaren Urſachen des Urſprungs dieſer verſchiedenen Racen.

Die in der Natur eines organiſchen Körpers (Gewäch-
ſes oder Thieres) liegenden Gründe einer beſtimmten Auswickelung heißen, wenn dieſe Auswickelung beſondere Theile betrift, Keime; betrift ſie aber nur die Größe oder das
Verhältniß der Theile unter einander, ſo nenne ich ſie natürliche Anlagen. In den Vögeln von derſelben Art, die
doch in verſchiedenen Klimaten leben ſollen, liegen Keime zur
Auswickelung einer neuen Schicht Federn, wenn ſie im kalten Klima leben, die aber zurück gehalten werden, wenn ſie
ſich im gemäßigten aufhalten ſollen. Weil in einem kalten
Lande das Weitzenkorn mehr gegen feuchte Kälte geſchützt
werden muß, als in einem trocknen oder warmen, ſo liegt
in ihm eine vorher beſtimmte Fähigkeit oder natürliche Anlage, nach und nach eine dickere Haut hervorzubringen. Dieſe Fürſorge der Natur, ihr Geſchöpf durch verſteckte innere
Vorkehrungen auf allerley künftige Umſtände auszurüſten,
damit es ſich erhalte, und der Verſchiedenheit des Klima
oder des Bodens angemeſſen ſey, iſt bewundernswürdig,
und bringt bey der Wanderung und Verpflanzung der Thiere
und Gewächſe, dem Scheine nach, neue Arten hervor, welche nichts anders als Abartungen und Racen von derſelben
Gattung ſind, deren Keime und natürliche Anlagen ſich nur
gelegentlich in langen Zeitläuften auf verſchiedene Weiſe entwickelt haben. *)

Der

*) Wir nehmen die Benennungen: Naturbeſchreibung und
Naturgeſchichte gemeiniglich in einerley Sinne. Allein es iſt
klar,

Der Zufall, oder allgemeine mechanische Geſetze, können ſolche Zuſammenpaſſungen nicht hervorbringen. Daher
müſſen wir dergleichen gelegentliche Auswickelungen als vor-
gebildet anſehn. Allein ſelbſt da, wo ſich nichts zweckmä-
ßiges zeiget, iſt das bloße Vermögen, ſeinen beſondern angenommenen Charakter fortzupflanzen, ſchon Beweiſes genug: daß dazu ein beſonderer Keim oder natürliche Anlage
in dem organiſchen Geſchöpf anzutreffen geweſen. Denn
äußere Dinge können wohl Gelegenheits- aber nicht hervorbringende Urſachen von demjenigen ſeyn, was nothwendig
anerbet und nachartet. So wenig, als der Zufall oder
phyſiſch-mechaniſche Urſachen einen organiſchen Körper hervorbringen können, ſo wenig werden ſie zu ſeiner Zeugungskraft etwas hinzuſetzen, d. i. etwas bewirken, was ſich ſelbſt
fortpflanzt, wenn es eine beſondere Geſtalt oder Verhältniß
der Theile iſt. *) Luft, Sonne und Nahrung können einen thieriſchen Körper in ſeinem Wachsthume modificiren,
aber dieſe Veränderung nicht zugleich mit einer zeugenden
Kraft verſehen, die vermögend wäre, ſich ſelbſt, auch ohne
                                                        dieſe

klar, daß die Kenntniß der Naturdinge, wie ſie jetzt ſind, immer noch die Erkenntniß von demjenigen wünſchen laſſe, was
ſie ehedem geweſen ſind, und durch welche Reihe von Veränderungen ſie durchgegangen, um an jedem Orte in ihren gegenwärtigen Zuſtand zu gelangen. Die Naturgeſchichte, woran es uns faſt noch gänzlich fehlt, würde uns die Veränderung
der Erdgeſtalt, ingleichen die der Erdgeſchöpfe (Pflanzen und
Thiere), die ſie durch natürliche Wandrungen erlitten haben,
und ihre daraus entſprungene Abartungen von dem Urbilde der
Stammgattung lehren. Sie würde vermuthlich eine große Menge ſcheinbar verſchiedene Arten zu Racen eben derſelben Gattung zurückführen, und das jetzt ſo weitläuftige Schulſyſtem
der Naturbeſchreibung in ein phyſiſches Syſtem für den Verſtand verwandeln.

*) Krankheiten ſind bisweilen erblich. Aber dieſe bedürfen keiner
Organiſation, ſondern nur eines Ferments ſchädlicher Säfte,
die ſich durch Anſteckung fortpflanzen. Sie arten auch nicht
nothwendig an.

diese Ursache, wieder hervorzubringen; sondern, was sich
fortpflanzen soll, muß in der Zeugungskraft schon vorher gelegen haben, als vorher bestimmt zu einer gelegentlichen
Auswickelung, den Umständen gemäß, darein das Geschöpf
gerathen kann, und in welchen es sich beständig erhalten
soll. Denn in die Zeugungskraft muß nichts dem Thiere
fremdes hineinkommen können, was vermögend wäre, das
Geschöpf nach und nach von seiner ursprünglichen und wesentlichen Bestimmung zu entfernen, und wahre Ausartun-
gen hervorzubringen, die sich perpetuiren.

Der Mensch war für alle Klimaten und für jede Beschaffenheit des Bodens bestimmt; folglich mußten ihm mancherley Keime und natürliche Anlagen bereit liegen, um gelegentlich entweder ausgewickelt oder zurückgehalten zu werden, damit er seinem Platze in der Welt angemessen würde,
und in dem Fortgange der Zeugungen demselben gleichsam
angeboren und dafür gemacht zu seyn schiene. Wir wollen,
nach diesen Begriffen, die ganze Menschengattung auf der
weiten Erde durchgehen, und daselbst zweckmäßige Ursachen
seiner Abartungen anführen, wo die natürlichen nicht wohl
einzusehen sind, hingegen natürliche, wo wir die Zwecke
nicht gewahr werden. Hier merke ich nur an: daß Luft und
Sonne diejenigen Ursachen zu seyn scheinen, welche auf die
Zeugungskraft innigst einfließen, und eine dauerhafte Entwickelung der Keime und Anlagen hervorbringen, d. i. eine
Race gründen können; dahingegen die besondere Nahrung
zwar einen Schlag Menschen hervorbringen kann, dessen Un-
terscheidendes aber bey Verpflanzungen bald erlischt. Was
auf die Zeugungskraft haften soll, muß nicht die Erhaltung
des Lebens, sondern die Quelle desselben, d. i. die ersten
Principien seiner thierischen Einrichtung und Bewegung af-
fiziren.

Der Mensch, in die Eiszone versetzt, mußte nach und
nach in eine kleinere Statur ausarten, weil bey dieser, wenn
die Kraft des Herzens dieselbe bleibt, der Blutumlauf in

G   kürze-

kürzerer Zeit geschieht, der Pulsschlag also schneller und die
Blutwärme größer wird. In der That fand auch Cranz
die Grönländer nicht allein weit unter der Statur der Europäer, sondern auch von merklich größerer natürlicher Hitze
ihres Körpers. Selbst das Mißverhältniß zwischen der
ganzen Leibeshöhe und den kurzen Beinen an den nördlich-
sten Völkern ist ihrem Klima sehr angemessen, da diese Theile des Körpers wegen ihrer Entlegenheit vom Herzen in der
Kälte mehr Gefahr leiden. Gleichwohl scheinen doch die
meisten der jetzt bekannten Einwohner der Eiszone nur späte-
re Auskömmlinge daselbst zu seyn, wie die Lappen, welche
mit den Finnen aus einerley Stamme, nämlich dem Ungrischen entsprungen, nur seit der Auswanderung der letzteren
(aus dem Osten von Asien) die jetzigen Sitze eingenommen
haben, und doch schon in dieses Klima auf einen ziemlichen
Grad eingeartet sind.

Wenn aber ein nordliches Volk lange Zeitläufte hindurch genöthigt ist, den Einfluß von der Kälte der Eiszone
auszustehen, so müssen sich mit ihm noch größere Veränderungen zutragen. Alle Auswickelung, wodurch der Körper
seine Säfte nur verschwendet, muß in diesem austrocknen-
den Himmelsstriche nach und nach gehemmt werden. Daher werden die Keime des Haarwuchses mit der Zeit unter-
drückt; so, daß nur diejenigen übrig bleiben, welche zur
nothwendigen Bedeckung des Hauptes erforderlich sind. Vermöge einer natürlichen Anlage werden auch die hervorragenden Theile des Gesichts, welches am wenigsten einer Bedeckung fähig ist, da sie durch die Kälte unaufhörlich leiden,
vermittelst einer Fürsorge der Natur, allmählich flacher werden, um sich besser zu erhalten, die wulstige Erhöhung unter den Augen, die halbgeschlossenen und blinzenden Augen
scheinen zur Verwahrung derselben, theils gegen die austrock-
nende Kälte der Luft, theils gegen das Schneelicht (wogegen
die Esquimaux auch Schneebrillen brauchen), wie ver-
anstaltet zu seyn, ob sie gleich auch als natürliche Wirkungen

gen des Klima angesehen werden können, die selbst in mildern Himmelsstrichen, nur in weit geringerm Maaße; so
entspringt nach und nach das bartlose Kind, die gepletschte
Nase, dünne Lippen, blinzende Augen, das flache Gesicht,
die röthlich braune Farbe mit dem schwarzen Haare, mit einem Worte die Kalmuckische Gesichtsbildung, welche,
in einer langen Reihe von Zeugung in demselben Klima, sich
bis zu einer dauerhaften Race einwurzelt, die sich erhält,
wenn ein solches Volk gleich nachher in mildern Himmelsstrichen neue Sitze gewinnt.

Man wird ohne Zweifel fragen, mit welchem Rechte
ich die Kalmuckische Bildung, welche jetzt in einem mildern
Himmelsstriche in ihrer größten Vollständigkeit angetroffen
wird, tief aus Norden oder Nordosten herleiten könne; meine Ursache ist diese. Herodot berichtet schon aus seinen
Zeiten: daß die Argippäer, Bewohner eines Landes am
Fuße hoher Gebirge, in einer Gegend, welche man für die
des Uralgebirges halten kann, kahl und flachnasicht wären,
und ihre Bäume mit weißen Decken (vermuthlich versteht er
Filzzelte) bedeckten; diese Gestalten findet man jetzt, in größerm oder kleinerm Maaße, in Nordosten von Asien, vornehmlich aber in dem nordwestlichen Theil von Amerika, den
man von der Hudsonsbay aus hat entdecken können, wo,
nach einigen neuen Nachrichten die Bewohner, wie wahre
Kalmucken, aussehen. Bedenkt man nun, daß in der ältesten Zeit Thiere und Menschen in dieser Gegend zwischen
Asien und Amerika müssen gewechselt haben, indem man einerley Thiere in dem kalten Himmelsstriche beyder Welttheile antrift, daß diese menschliche Race sich allererst etwa 1000
Jahre vor unserer Zeitrechnung, (nach dem Desguignes)
über den Amurstrom hinaus den Chinesen zeigte, und nach
und nach andere Völker, von tatarischen, ungrischen und
andern Stämmen, aus ihren Sitzen vertrieb, so wird diese
Abstammung aus dem kalten Weltstriche auch ganz erzwun-
gen scheinen.

Was

Was aber das Vornehmste ist, nemlich die Abtheilung der Amerikaner, als einer nicht völlig eingearteten
Race, eines Volks, das lange den nordlichsten Weltstrich
bewohnt hat, wird gar sehr durch den erstickten Haareswuchs an allen Theilen des Körpers, außer dem Haupte,
durch die röthliche Eisenrostfarbe der kälteren und die dunk-
lere Kupferfarbe heisserer Landstriche dieses Welttheils bestätigt. Denn das Rothbraune scheint (als eine Wirkung
der Luftsäure) eben so dem kalten Klima, wie das Oliven-
braun (als eine Wirkung des Laugenhaft-ghlichten der Säfte) dem heissen Himmelsstriche angemessen zu seyn, ohne
einmal das Naturell der Amerikaner in Anschlag zu bringen,
welches eine halb erloschene Lebenskraft verräth, *) die am
natürlichsten für die Wirkung einer kalten Weltgegend angesehen werden kann.

Die größeste feuchte Hitze des warmen Klima muß
hingegen an einem Volke, das darinn alt genug geworden,
um seinem Boden völlig anzuarten, Wirkungen zeigen, die
den vorigen gar sehr entgegengesetzt sind. Es wird gerade
das Widerspiel der Kalmuckischen Bildung erzeugt werden.
Der Wuchs der schwammichten Theile des Körpers mußte
in einem heißen und feuchten Klima zunehmen; daher eine
dicke Stülpnase und Wurstlippen. Die Haut mußte geölt
seyn, nicht blos um die zu starke Ausdünstung zu mäßigen,
sondern die schädliche Einsaugung der faulichten Feuchtigkei-
ten der Luft zu verhüten. Der Ueberfluß der Eisentheilchen,
die sonst in jedem Menschenblute angetroffen werden, und
hier durch die Ausdünstung des phosphorischen Sauren,
(wornach alle Neger stinken) in der nezförmigen Substanz
gefäl-

---

*) Um nur ein Beyspiel anzuführen, so bedient man sich in Su-
rinam der rothen Sclaven (Amerikaner) nur allein zu häusli-
chen Arbeiten, weil sie zur Feldarbeit zu schwach sind, als wozu man Neger braucht. Gleichwohl fehlt es hier nicht an Zwangs-
mitteln, aber es gebricht den Eingebohrnen dieses Welttheils
überhaupt an Vermögen und Dauerhaftigkeit.

gefället worden, verurſacht die durch das Oberhäutchen
durchſcheinende Schwärze, und der ſtarke Eiſengehalt im
Blute ſcheint auch nöthig zu ſeyn, um der Erſchlaffung aller
Theile vorzubeugen. Das Oel der Haut, welches den zum
Haareswuchs erforderlichen Nahrungsſchleim ſchwächt, ver-
ſtattet kaum die Erzeugung einer den Kopf bedeckenden Wolle. Uebrigens iſt feuchte Wärme dem ſtarken Wuchs der
Thiere überhaupt beförderlich, und kurz, es entſpringt der
Neger, der ſeinem Klima wohl angemeſſen, nemlich ſtark,
fleiſchig, gelenk, aber unter der reichlichen Verſorgung ſei-
nes Mutterlandes, faul, weichlich und tändelnd iſt.

Der Eingebohrne von Hindiſtan kann als aus einer der
älteſten menſchlichen Racen entſproſſen angeſehen werden.
Sein Land, welches nordwärts an ein hohes Gebirge ge-
ſtützt und von Norden nach Süden, bis zur Spitze ſeiner
Halbinſel, von einer langen Bergreihe durchzogen iſt, (wozu ich nordwärts noch Tibet, vielleicht den allgemeinen Zu-
fluchtsort des menſchlichen Geſchlechts während, und deſſen
Pflanzſchule nach der letzten großen Revolution unſrer Erde,
mitrechne) hat in einem glücklichen Himmelsſtriche die voll-
kommenſte Scheitelung der Waſſer, (Ablauf nach zweyen
Meeren) die ſonſt kein im glücklichen Himmelsſtriche liegender Theil des feſten Landes von Aſien hat. Es konnte alſo
in den älteſten Zeiten trocken und bewohnbar ſeyn, da, ſowohl die öſtliche Halbinſel Indiens, als China (weil in ihnen die Flüſſe, anſtatt ſich zu ſcheiteln, parallel laufen) in
jenen Zeiten der Ueberſchwemmungen noch unbewohnt ſeyn
mußten. Hier konnte ſich alſo in langen Zeitläuften eine fe-
ſte menſchliche Race gründen. Das Olivengelb der Haut
des Indianers, die wahre Zigeunerfarbe, welche dem mehr
oder weniger dunkeln Braun anderer öſtlicheren Völker zum
Grunde liegt, iſt auch eben ſo charakteriſtiſch und in der
Nachartung beſtändig, als die ſchwarze Farbe der Neger,
und ſcheint, zuſammt der übrigen Bildung und dem verſchiedenen Naturelle, eben ſo die Wirkung einer trockenen, wie

G 3 die

die letztere der feuchten Hitze zu seyn. Nach Herrn Ives sind die gemeinen Krankheiten der Indianer verstopfte Gallen und geschwollene Lebern; ihre angebohrne Farbe aber ist gleichsam gelbsüchtig und scheint eine kontinuirliche Absonderung der ins Blut getretenen Galle zu beweisen, welche als seifenartig, die verdickten Säfte vielleicht auflöset und verflüchtigt, und dadurch wenigstens in den äussern Theilen das Blut abkühlt. Eine hierauf oder auf etwas Aehnliches hinauslaufende Selbsthülfe der Natur, durch eine gewisse Organisation, (deren Wirkung sich an der Haut zeigt,) dasjenige kontinuirlich wegzuschaffen, was den Blutumlauf reizt, mag wohl die Ursache der kalten Hände der Indianer seyn, *) und vielleicht (wiewohl man dieses noch nicht beobachtet hat), einer überhaupt verringerten Blutwärme, die sie fähig macht, die Hitze des Klima ohne Nachtheil zu ertragen.

Da hat man nun Muthmaßungen, die wenigstens Grund genug haben, um andern Muthmaßungen die Wage

zu

---

*) Ich hatte zwar sonst gelesen: daß diese Indianer die Besonderheit kalter Hände bey großer Hitze haben, und daß dieses eine Frucht ihrer Nüchternheit und Mäßigkeit seyn solle. Allein als ich das Vergnügen hatte, den aufmerksamen und einsehenden Reisenden, Herrn Caton, der einige Jahre als holländischer Konsul und Chef ihrer Etablissements zu Bassora rc. gestanden, bey seiner Durchreise durch Königsberg zu sprechen, so benachrichtigte er mich: daß, als er in Surat mit der Gemahlin eines europäischen Konsuls getanzt habe, er verwundert gewesen wäre, schwitzige und kalte Hände an ihr zu fühlen, (die Gewohnheit der Handschuhe ist dort noch nicht angenommen,) und da er andem seine Befremdung geäussert, zur Antwort bekommen habe: sie habe eine Indianerinn zur Mutter gehabt, und diese Eigenschaft sey an ihnen erblich. Eben derselbe bezeugte auch, daß wenn man die Kinder der Parsis mit denen der Indianer dort zusammen sähe, die Verschiedenheit der Racen in der weissen Farbe der ersten, und der gelbbraunen der zweyten sogleich in die Augen falle. Ingleichen, daß die Indianer in ihrem Baue noch das Unterscheidende an sich hätten, daß ihre Schenkel über das bey uns gewöhnliche Verhältniß länger wären.

zu halten, welche die Verschiedenheiten der Menschengattung
so unvereinbar finden, daß sie deßhalb lieber viele Localschöpfungen annehmen. Mit Voltären sagen: Gott, der
das Rennthier in Lappland schuf, um das Moos dieser kalten Gegenden zu verzehren, der schuf auch daselbst den Lapp-
länder, um dieses Rennthier zu essen, ist kein übler Einfall
für einen Dichter, aber ein schlechter Behelf für den Philosophen, der die Kette der Naturursachen nicht verlassen darf,
als da, wo er sie augenscheinlich an das unmittelbare Ver-
hängniß geknüpft sieht.

Man schreibt jetzt mit gutem Grunde die verschiedenen
Farben der Gewächse dem durch unterschiedliche Säfte ge-
fällten Eisen zu. Da alles Thierblut Eisen enthält, so hindert uns nichts, die verschiedene Farbe dieser Menschenracen eben derselben Ursache beyzumessen. Auf diese Art würde etwa das Salzsaure, oder das phosphorisch Saure, oder
das flüchtige Laugenhafte der ausführenden Gefäße der Haut,
die Eisentheilchen im Retikulum roth, oder schwarz, oder
gelb niederschlagen. In dem Geschlechte der Weisen würde
aber dieses in den Säften aufgelöste Eisen gar nicht nieder-
geschlagen, und dadurch zugleich die vollkommene Mischung
der Säfte und Stärke dieses Menschenschlags vor den übrigen bewiesen. Doch dieses ist nur eine flüchtige Anreizung
zur Untersuchung in einem Felde, worinn ich zu fremd bin,
um mit einigem Zutrauen auch nur Muthmaßungen zu
wagen.

Wir haben vier menschliche Racen gezählt, worunter
alle Mannigfaltigkeiten dieser Gattung sollen begriffen seyn.
Alle Abartungen aber bedürfen doch einer Stammgattung,
die wir entweder für schon erloschen ausgaben, oder aus den
vorhandenen diejenige aussuchen müssen, womit wir die
Stammgattung am meisten vergleichen können. Freylich
kann man nicht hoffen, jetzt irgendwo in der Welt, die ursprüngliche menschliche Gestalt unverändert anzutreffen.
Eben aus diesem Hange der Natur, dem Boden allerwärts

G 4

in

in langen Zeugungen anzuarten, muß jetzo die Menschenge-
stalt allenthalben mit Localmodification behaftet seyn. Allein der Erdstrich vom 31sten bis zum 32sten Grade der
alten Welt (welche auch in Ansehung der Bevölkerung den
Namen der alten Welt zu verdienen scheint) wird mit Recht
für denjenigen gehalten, in welchem die glücklichste Mischung
der Einflüsse der kältern und heißern Gegenden, und auch
der größte Reichthum an Erdgeschöpfen angetroffen wird:
wo auch der Mensch, weil er von da aus zu allen Verpflanzungen gleich gut zubereitet ist, am wenigsten von seiner Ur-
bildung abgewichen seyn müßte. Hier finden wir aber zwar
weiße, doch brünette Einwohner, welche Gestalt wir also
für die der Stammgattung nächste annehmen wollen. Von
dieser scheint die hochblonde von zarter weißer Haut, röth-
lichem Haare, bleichblauen Augen, die nächste nordliche Abartung zu seyn, welche zur Zeit der Römer die nordlichen
Gegenden von Deutschland und (andern Beweißthümern
nach) weiter hin nach Osten bis zum Altaischen Gebürge, allerwärts aber unermeßliche Wälder, in einem ziemlich kalten Erdstriche, bewohnte. Nun hat der Einfluß einer kalten und feuchten Luft, welche den Säften einen Hang zum
Scorbut zuzieht, endlich einen gewissen Schlag Menschen
hervorgebracht, der bis zur Beständigkeit einer Race würde
gediehen seyn, wenn in diesem Erdstriche nicht so häufig
fremde Vermischungen den Fortgang der Abartung unterbro-
chen hätten. Wir können diese also zum wenigsten als eine
Annäherung den wirklichen Racen beyzählen, und alsdann
werden diese, in Verbindung mit den Naturursachen ihrer
Entstehung, sich unter folgenden Abriß bringen lassen.

Stammgattung.

Weiße von brünetter Farbe.

Erste Race, Hochblonde (Nordl. Eur.) von feuchter Kälte.
Zweyte Race, Kupferrothe (Amerik.) von trockner Kälte.
Dritte Race, Schwarze (Senegambia) von feuchter Hitze.
Vierte Race, Olivengelbe (Indianer) von trockner Hitze.

4) Von

4) Von den Gelegenheitsursachen der Grün-
dung verschiedener Racen.

Was bey der Mannigfaltigkeit der Racen auf der Erd-
fläche die größte Schwierigkeit macht, welchen Erklärungsgrund man auch annehmen mag, ist: daß ähnliche Land-
und Himmelsstriche doch nicht dieselbe Race enthalten; daß
Amerika in seinem heißesten Klima keine ostindische, noch
viel weniger eine dem Lande angebohrne Negergestalt zeigt;
daß es in Arabien oder Persien kein einheimisches indisches
Olivengelb giebt, ungeachtet diese Länder in Klima und Luft-
beschaffenheit mit jenem Lande sehr übereinkommen, u. s. w.
Was die erstere dieser Schwierigkeiten betrift, so läßt sie
sich aus der Art der Bevölkerung dieses Himmelsstrichs faß-
lich genug beantworten.   Denn wenn einmal, durch den
langen Aufenthalt seines Stammvolks im N. O. von Asien
oder des benachbarten Amerika, sich eine Race, wie die je-
tzige gegründet hatte, so konnten diese durch keine fernern Einflüsse des Klima in eine andere Race verwandelt werden.
Denn nur die Stammbildung kann in eine Race ausarten;
diese aber, wo sie einmal Wurzel gefaßt, und die andern
Keime erstickt hat, widerstehet aller Umformung eben darum, weil der Charakter der Race einmal in der Zeugungskraft überwiegend geworden.

Was aber die Lokalität der Negerrace betrift, die nur
Afrika *) (in der größten Vollkommenheit Senegambia) eigen ist, ingleichen die der indischen, welche in dieses Land
eingeschlossen ist (außer wo sie ostwärts halbschlächtig ange-
artet zu seyn scheint); so glaube ich, daß die Ursache davon

G 5   in

---

*) In dem heißen südlichen Weltstriche giebt es auch einen klei-
nen Stamm von Negers, die sich bis zu den benachbarten Inseln ausgebreitet, von denen man, wegen der Vermengung mit
Menschen von indischem Halbschlag, beynahe glauben sollte, daß
sie nicht diesen Gegenden angebohren, sondern von Alters, bey
einer Gemeinschaft, darinn die Malayen mit Afrika gestanden,
nach und nach herüber geführt werden.

in einem inländischen Meere der alten Zeit gelegen habe, welches sowohl Hindistan, als Afrika, von andern sonst nahen Ländern abgesondert gehalten. Denn der Erdstrich, der von der Grenze Dauriens, über die Mungalen, kleine Burcharen, Persien, Arabien, Nubien, die Sahara bis Capo Blanco in einem nur wenig unterbrochenen Zusammenhange fortgeht, sieht seinem größten Theile nach dem Boden eines alten Meeres ähnlich. Die Länder in diesem Striche sind das, was Büache Platteform nennt, nemlich hohe und mehrentheils wagerecht gestellte Ebenen, in denen die daselbst befindlichen Gebürge nirgend einen weitgestreckten Abhang haben, indem ihr Fuß unter horizontalliegenden Sande vergraben ist: daher die Flüsse, deren es daselbst wenig giebt, nur einen kurzen Lauf haben, und im Sande versiegen. Sie sind den Bassins alter Meere ähnlich, weil sie mit Höhen umgeben sind, in ihrem Inwendigen, im Ganzen betrachtet, Wasserpas halten, und daher einen Strom weder einnehmen, noch auslassen, überdem auch mit dem Sande, dem Niederschlag eines alten ruhigen Meers, größtentheils bedeckt sind. Hieraus wird es nun begreiflich, wie der indische Charakter in Persien und Arabien nicht habe Wurzel fassen können, die damals noch zum Bassin eines Meeres dienten, als Hindistan vermuthlich lange bevölkert war; ingleichen, wie sich die Negerraçe sowohl, als die indische, unvermengt vom nordischen Blute lange Zeit erhalten konnte, weil sie davon durch eben dieses Meer abgeschnitten war. Die Naturbeschreibung (Zustand der Natur in der jetzigen Zeit) ist lange nicht hinreichend, von der Mannigfaltigkeit der Abartungen Grund anzugeben. Man muß, so sehr man auch und zwar mit Recht der Frechheit der Meynungen feind ist, eine Geschichte der Natur wagen, welche eine abgesonderte Wissenschaft ist, die wohl nach und nach von Meynungen zu Einsichten fortrücken könnte.

Bestim-

Bestimmung
des Begriffs
einer
Menschen-Race.

Abgedruckt in der Berliner Monatschrift. November. 1795,
S. 390 — 417,

Die Kenntnisse, welche die neuen Reisen über die Mannigfaltigkeiten in der Menschengattung verbreiten, haben bisher mehr dazu beygetragen, den Verstand über diesen Punkt zur Nachforschung zu reizen, als ihn zu befriedigen. Es liegt gar viel daran, den Begriff, welchen man durch Beobachtungen aufklären will, vorher selbst wohl bestimmt zu haben, ehe man seinetwegen die Erfahrung befragt; denn man findet in ihr, was man bedarf, nur alsdann, wenn man vorher weiß, wonach man suchen soll. Es wird viel von den verschiedenen Menschenracen gesprochen. Einige verstehen darunter wohl gar verschiedene Arten von Menschen. Andere dagegen schränken sich zwar auf eine engere Bedeutung ein, scheinen aber diesen Unterschied nicht viel erheblicher zu finden, als den, welchen Menschen dadurch unter sich machen, daß sie sich bemalen oder bekleiden. Meine Absicht ist jetzt nur, diesen Begriff einer Race, wenn es deren in der Menschengattung giebt, genau zu bestimmen. Die Erklärung des Ursprungs der wirklich vorhandenen, die man dieser Benennung fähig hält, ist nur Nebenwerk, womit man es halten kann, wie man will. Und doch sehe ich, daß übrigens scharfsinnige Männer in der Beurtheilung dessen, was vor einigen Jahren lediglich in jener Absicht gesagt wurde *), auf diese Nebensache, nämlich die hypothetische Anwendung des Princips, ihr Augenmerk allein richteten, das Princip selbst aber, worauf doch alles ankommt,

*) Man sehe Engels Philosophen für die Welt, Th. II. S. 125. f. (das heißt: den in unserer Sammlung nächst vor diesem abgedruckten Aufsatz.)

ankommt, nur mit leichter Hand berührten. Ein Schick-
fal, welches mehreren Nachforschungen, die auf Principien
zurückkehren, wiederfährt; und welches daher alles Strei-
ten und Rechtfertigen in spekulativen Dingen widerrathen,
dagegen aber das Näherbestimmen und Aufklären des
Mißverstandenen allein als rathsam anpreisen kann.

I.

Nur das, was in einer Thiergattung anerbt, kann zu einem Klassen-Unterschiede in derselben berechtigen.

Der Mohr (Mauritanier), der, in seinem Vaterlande von Luft und Sonne braun gebrannt, sich von dem Deut-
schen oder Schweden durch die Hautfarbe so sehr unterscheidet, und der französische oder englische Kreole in Westindien, welcher, wie von einer Krankheit kaum wieder gene-
sen, bleich und erschöpft aussieht, können um deswillen
eben so wenig zu verschiedenen Klassen der Menschengattung
gezählt werden, als der spanische Bauer von la Mancha,
der schwarz, wie ein Schulmeister, gekleidet einher geht,
weil die Schafe seiner Provinz durchgehends schwarze Wolle
haben. Denn, wenn der Mohr in Zimmern, und die Kreole in Europa aufgewachsen ist, so sind beyde von den Be-
wohnern unsers Welttheils nicht zu unterscheiden.

Der Missionar Demanet giebt sich das Ansehen, als
ob er, weil er sich in Senegambia einige Zeit aufgehalten,
von der Schwärze der Neger allein recht urtheilen könne;
und spricht seinen Landsleuten, den Franzosen, alles Urtheil
hierüber ab. Ich hingegen behaupte, daß man in Frankreich von der Farbe der Neger, die sich dort lange aufgehalten haben, noch besser aber derer, die da geboren sind, in
so fern man danach den Klassenunterschied derselben von andern Menschen bestimmen will, weit richtiger urtheilen könne, als in dem Vaterlande der Schwarzen selbst. Denn
das,

das, was in Afrika der Haut des Negers die Sonne ein-
drückte, und was also ihm nur zufällig ist, muß in Frankreich wegfallen, und allein die Schwärze übrig bleiben, die
ihm durch seine Geburt zu Theil ward, die er weiter fortpflanzt, und die daher allein zu einem Klassenunterschiede gebraucht werden kann. Von der eigentlichen Farbe der Süd-
seeinsulaner kann man sich, nach allen bisherigen Beschrei-
bungen, doch keinen sicheren Begriff machen. Denn, ob
einigen von ihnen gleich die Mahagoniholz-Farbe zugeschrie-
ben wird, so weiß ich doch nicht, wie viel von diesem Braun
einer bloßen Färbung durch Sonne und Luft, und wie viel
davon der Geburt zuzuschreiben sey. Ein Kind von einem
solchen Paare in Europa gezeugt, würde allein die ihnen
von Natur eigene Hautfarbe ohne Zweydeutigkeit entdecken.
Aus einer Stelle in der Reise Carterets (der freylich auf
seinem Seezuge wenig Land betreten, dennoch aber verschiedene Insulaner auf ihren Kanos gesehen hatte) schließe ich:
daß die Bewohner der meisten Inseln Weiße seyn müssen.
Denn auf Frevill-Eyland (in der Nähe der zu den indischen Gewässern gezählten Inseln) sah er, wie er sagt, zuerst
das wahre Gelb der indischen Hautfarbe. Ob die Bildung der Köpfe auf Malikollo der Natur oder der Künste-
ley zuzuschreiben sey, oder wie weit sich die natürliche Hautfarbe der Kaffern von der der Negern unterscheide, und andere charakteristische Eigenschaften mehr, ob sie erblich und
von der Natur selbst in der Geburt, oder nur zufällig eingedrückt seyn, wird sich daher noch lange nicht auf entscheidende Art ausmachen lassen.

2.
Man kann in Ansehung der Hautfarbe vier Klassen-unterschiede der Menschen annehmen.

Wir kennen mit Gewißheit nicht mehr erbliche Unterschiede der Hautfarbe, als die: der Weißen, der gelben
Indianer, der Neger, der kupferfarbig-rothen Amerikaner.

fåner. Merkwürdig ist: daß diese Charaktere sich erstlich darum zur Klasseneintheilung der Menschengattung vorzüglich zu schicken scheinen, weil jede dieser Klassen in Ansehung ihres Aufenthalts so ziemlich isolirt (d. i. von den übrigen abgesondert, an sich aber vereinigt) ist: die Klasse der Weißen vom Kap Finisterrá, über Nordkap, den Obstrom, die kleine Bucharey, Persien, das glückliche Arabien, Abessinien, die nördliche Gränze der Wüste Sara, bis zum weißen Vorgebirge in Afrika, oder der Mündung des Senegal; die der Schwarzen von da bis Kapo Negro, und, mit Ausschließung der Kaffern, zurück nach Abessinien; die der Gelben im eigentlichen Hindostan bis Kap Komorein, (ein Halbschlag von ihnen ist auf der andern Halbinsel Indiens und einigen nahe gelegenen Inseln); die der Kupferrothen in einem ganz abgesonderten Welttheile, nämlich Amerika. Der zweyte Grund, weswegen dieser Charakter sich vorzüglich zur Klasseneintheilung schickt, obgleich ein Farbenunterschied manchem sehr unbedeutend vorkommen möchte, ist: daß die Absonderung durch Ausdünstung das wichtigste Stück der Vorsorge der Natur seyn müß, so fern das Geschöpf — in allerley Himmels = und Erdstrich, wo es durch Luft und Sonne sehr verschiedentlich afficirt wird, versetzt, — auf eine am wenigsten der Kunst bedürftige Art ausdauren soll, und daß die Haut, als Organ jener Absonderung betrachtet, die Spur dieser Verschiedenheit des Naturcharakters an sich trägt, welche zur Eintheilung der Menschengattung in sichtbarlich verschiedene Klassen berechtigt. — Uebrigens bitte ich, den, bisweilen bestrittenen, erblichen Unterschied der Hautfarbe so lange einzuräumen, bis sich zu dessen Bestätigung in der Folge Anlaß finden wird; ingleichen zu erlauben, daß ich annehme: es gebe keine erbliche Volkscharaktere in Ansehung dieser Naturliverey mehr, als die genannten vier; lediglich aus dem Grunde, weil sich jene Zahl beweisen, außer ihr aber keine andere mit Gewißheit darthun läßt.

3. In

3.

In der Klasse der Weißen ist, außer dem, was zur
Menschengattung überhaupt gehört, keine andere charakteristische Eigenschaft nothwendig erblich; und so auch in den übrigen.

Unter uns Weißen giebt es viele erbliche Beschaffen-
heiten, die nicht zum Charakter der Gattung gehören, worinn sich Familien, ja gar Völker, von einander unterscheiden; aber auch keine einzige derselben artet unausbleiblich
an, sondern die, welche damit behaftet sind, zeugen mit andern von der Klasse der Weißen auch Kinder, denen diese unterscheidende Beschaffenheit mangelt. So ist der Unterschied
der blonden Farbe in Dännemark, hingegen in Spanien
(noch mehr aber in Asien, an den Völkern, die zu den Weißen gezählt werden) die brunette Hautfarbe (mit ihrer Folge,
der Augen- und Haarfarbe) herrschend. Es kann sogar in
einem abgesonderten Volk diese letzte Farbe ohne Ausnahme
anerben (wie bey den Sinesern, denen blaue Augen lächerlich vorkommen), weil in denselben kein Blonder angetroffen
wird, der seine Farbe in die Zeugung bringen könnte. Allein, wenn von diesen Brunetten einer eine blonde Frau hat,
so zeugt er brunette oder auch blonde Kinder, nachdem sie
auf die eine oder andere Seite ausschlagen; und so auch umgekehrt. In gewissen Familien liegt erbliche Schwindsucht,
Schiefwerden, Wahnsinn, u. s. w.; aber keines von diesen
unzählbaren erblichen Uebeln ist unausbleiblich erblich.
Denn, ob es gleich besser wäre, solche Verbindungen, durch
einige auf den Familienschlag gerichtete Aufmerksamkeit, beym
Heyrathen sorgfältig zu vermeiden; so habe ich doch mehr-
malen selbst wahrgenommen: daß ein gesunder Mann mit
einer schwindsüchtigen Frau ein Kind zeugte, das in allen
Gesichtszügen ihm ähnelte, und dabey gesund, und außer-
dem ein anderes, das der Mutter ähnlich sah, und, wie
sie, schwindsüchtig war. Eben so finde ich in der Ehe ei-

nes Vernünftigen mit einer Frau, die nur aus einer Familie, worinn Wahnsinn erblich ist; selbst aber vernünftig
war, unter verschiedenen klugen, nur ein wahnsinniges Kind.
Hier ist Nachartung: aber sie ist in dem, worinn beyde
Eltern verschieden sind, nicht unausbleiblich. — Eben diese Regel kann man auch mit Zuversicht bey den übrigen Klassen zum Grunde legen. Neger, Indianer, oder Amerikaner, haben auch ihre persönliche, oder Familien- oder pro-
vinzielle Verschiedenheiten; aber keine derselben wird, in
Vermischung mit denen, die von derselben Klasse sind,
seine respektive Eigenthümlichkeit unausbleiblich in die Zeugung bringen und fortpflanzen.

4.

In der Vermischung jener genannten vier Klassen mit einander artet der Charakter einer jeden unausbleiblich an.

Der Weiße mit der Negerin, und umgekehrt, geben
den Mulatten, mit der Indianerin, den gelben, und mit
dem Amerikaner den rothen Mestizen; der Amerikaner mit
dem Neger den schwarzen Karalben, und umgekehrt.
(Die Vermischung des Indiers mit dem Neger hat man noch
nicht versucht.) Der Charakter der Klassen artet in ungleichartigen Vermischungen unausbleiblich an, und es giebt
hievon gar keine Ausnahme; wo man deren aber angeführt
findet, da liegt ein Mißverstand zum Grunde, indem man
einen Albino oder Kakerlak (beides Mißgeburten) für
Weiße gehalten hat. Dieses Anarten ist nun jederzeit bei-
derseitig, niemals bloß einseitig, an einem und demselben
Kinde. Der weiße Vater drükt ihm den Charakter seiner
Klasse und die schwarze Mutter den ihrigen ein. Es muß
also jederzeit Mittelschlag oder Bastard entspringen; welche
Blendlingsart, in mehr oder weniger Gliedern der Zeugung
mit einer und derselben Klasse, allmählig erlöschen, wenn
                                                    sie

sie sich aber auf ihres gleichen einschränkt, sich ohne Ausnahme ferner fortpflanzen und verewigen wird.

5.
Betrachtung über das Gesetz der nothwendig
halbschlachtigen Zeugung.

Es ist immer ein sehr merkwürdiges Phänomen: daß,
da es so manche, zum Theil wichtige und so gar Familien-
weise erbliche, Charaktere in der Menschengattung giebt,
sich doch kein einziger, innerhalb einer durch bloße Hautfarbe charakterisirten Menschenklasse, findet, der nothwendig
anerbt; daß dieser letztere Charakter hingegen, so gering-
fügig er au scheinen mag, doch sowohl innerhalb dieser
Klasse, als ch in der Vermischung derselben mit einer der
drey übric , allgemein und unausbleiblich anartet. Vielleicht läßt sich aus diesem seltsamen Phänomen etwas über
die Ursachen des Anartens solcher Eigenschaften, die nicht
wesentlich zur Gattung gehören, bloß aus dem Umstande,
daß sie unausbleiblich sind, muthmaßen.

Zuerst: was dazu beytrage, daß überhaupt etwas,
das nicht zum Wesen der Gattung gehört, anerben könne?
a priori auszumachen, ist ein mißliches Unternehmen; und
in dieser Dunkelheit der Erkenntnißquellen ist die Freiheit
der Hypothesen so uneingeschränkt, daß es nur Schade um
alle Mühe und Arbeit ist, sich desfalls mit Widerlegungen
zu befassen, indem ein jeder in solchen Fällen seinem Kopfe
folgt. Ich meines Theils sehe in solchen Fällen nur auf
die besondere Vernunftmaxime, wovon ein jeder ausgeht,
und nach welcher er gemeiniglich auch Fakta aufzutreiben
weiß, die jene begünstigen; und suche nachher die meinige
auf, die mich gegen alle jene Erklärungen ungläubig macht,
ehe ich mir noch die Gegengründe deutlich zu machen weiß.
Wenn ich nun meine Maxime bewährt, dem Ver-
nunftgebrauch in der Naturwissenschaft genau ange-

messen,

messen; und zur consequenten Denkungsart allein
tauglich befinde; so folge ich ihr, ohne mich an jene vor-
geblichen Fakta zu kehren, die ihre Glaubhaftigkeit und Zu-
länglichkeit zur angenommenen Hypothese fast allein von jener
einmal gewählten Maxime entlehnen, denen man überdem
ohne Mühe hundert andere Fakta entgegensetzen kann. Das
Anerben durch die Wirkung der Einbildungskraft schwange-
rer Frauen, oder auch wohl der Stuten in Marställen; das
Ausrupfen des Barts ganzer Völkerschaften, so wie das
Stutzen der Schwänze an englischen Pferden, wodurch die
Natur genöthigt werde, aus ihren Zeugungen ein Produkt,
worauf sie uranfänglich organisirt war, nach gerade weg zu
lassen; die geplätschten Nasen, welche anfänglich von Eltern an neugebohrnen Kindern gekünstelt, in der Folge von
der Natur in ihre zeugende Kraft aufgenommen wären;
diese und andere Erklärungsgründe würden wohl schwerlich
durch die zu ihrem Behuf angeführten Fakta, denen man
weit besser bewährte entgegensetzen kann, in Kredit kommen,
wenn sie nicht von der sonst ganz richtigen Maxime der Vernunft ihre Empfehlung bekämen, nämlich dieser: eher alles im Muthmaaßen aus gegebenen Erscheinungen zu
wagen, als zu deren Behuf besondere erste Natur-
kräfte oder anerschaffene Anlagen anzunehmen (nach
dem Grundsatze: principia praeter necessitatem non sunt
multiplicanda). Allein mir steht eine andere Maxime entgegen, welche jene, von der Ersparung entbehrlicher Principien, einschränkt, nämlich: daß in der ganzen orga-
nischen Natur bey allen Veränderungen einzelner Geschöpfe die Species derselben sich unverändert erhalten (nach der Formel der Schulen: quaelibet natura est
conservatrix sui.) Nun ist es klar: daß, wenn der Zau-
berkraft der Einbildung, oder der Künstelei der Menschen
an thierischen Körpern ein Vermögen zugestanden würde, die
Zeugungskraft selbst abzuändern, das uranfängliche Modell
der Natur umzuformen, oder durch Zusätze zu verunstalten,
die gleichwohl nachher beharrlich in den folgenden Zeugun-

gen

gen aufbehalten würden; man gar nicht mehr wissen würde, von welchem Originale die Natur ausgegangen sei, oder wie weit es mit der Abänderung desselben gehen könne, und da der Menschen Einbildung keine Gränzen erkennt: In welche Fratzengestalt die Gattungen und Arten zuletzt noch verwildern dürften? Dieser Erwägung gemäß, nehm ich es mit zum Grundsatze: gar keinen in das Zeugungs-geschäft der Natur pfuschenden Einfluß der Einbildungskraft gelten zu lassen, und kein Vermögen der Menschen, durch äußere Künstelei Abänderungen in dem alten Original der Gattungen oder Arten zu bewirken, solche in die Zeugungskraft zu bringen, und erblich zu machen. Denn, lasse ich auch nur einen Fall dieser Art zu, so ist es, als ob ich auch nur eine einzige Gespenstergeschichte oder Zauberey einräumte. Die Schranken der Vernunft sind dann einmal durchbrochen, und der Wahn drängt sich bey Tausenden durch dieselbe Lücke durch. Es ist auch keine Gefahr, daß ich bey diesem Entschlusse mich vorsetzlich gegen wirkliche Erfahrungen blind, oder, welches einerley ist, verstockt ungläubig machen würde. Denn alle dergleichen abenteuerliche Eräugnisse tragen ohne Unterschied das Kennzeichen an sich, daß sie gar kein Experiment verstatten, sondern nur durch Aufhaschung zufälliger Wahrnehmungen bewiesen seyn wollen. Was aber von der Art ist: daß es, ob es gleich des Experiments gar wohl fähig ist, dennoch kein einziges aushält, oder ihm mit allerley Vorwand beständig ausweicht; das ist nichts als Wahn und Erdichtung. Dies sind meine Gründe, warum ich einer Erklärungsart nicht beytreten kann, die dem schwärmerischen Hange zur magischen Kunst, welcher jede, auch die kleinste Bemäntlung erwünscht kommt, im Grunde Vorschub thut: daß nämlich das Anarten, selbst auch nur das zufällige, welches nicht immer gelingt, jemals die Wirkung einer anderen Ursache, als der in der Gattung selbst liegenden Keime und Anlagen seyn könne.

H 3

Wenn

Wenn ich aber gleich aus zufälligen Eindrücken entspringende und dennoch erblich werdende Charaktere einräumen
wollte; so würde es doch unmöglich seyn, dadurch zu erklären, wie jene vier Farbenunterschiede unter allen anerbenden die einzigen sind, die unausbleiblich anarten.
Was kann anders die Ursache hievon seyn, als daß sie in
den Keimen des uns unbekannten ursprünglichen Stammes
der Menschengattung, und zwar als solche Naturanlagen,
gelegen haben müssen, die zur Erhaltung der Gattung, wenigstens in der ersten Epoche ihrer Fortpflanzung, nothwendig gehörten, und daher in den folgenden Zeugungen unausbleiblich vorkommen mußten?

Wir werden also gedrungen anzunehmen: daß es
einmal verschiedene Stämme von Menschen gegeben habe,
ohngefähr in den Wohnsitzen, worin wir sie jetzt antreffen,
die, damit sich die Gattung erhielte, von der Natur ihren
verschiedenen Weltstrichen genau angemessen, mithin auch
verschiedentlich organisirt waren; wovon die viererley Hautfarbe das äußere Kennzeichen ist. Diese wird nun einem
jeden Stamme nicht allein in seinem Wohnsitze nothwendig
anerben, sondern, wenn sich die Menschengattung schon genugsam gestärkt hat, (es sey, daß nur nach und nach die
völlige Entwicklung zu Stande gekommen, oder durch all-
mäligen Gebrauch der Vernunft die Kunst der Natur hat
Beihülfe leisten können), sich auch in jedem andern Erdstriche in allen Zeugungen eben derselben Klasse unverändert
erhalten. Denn dieser Charakter hängt der Zeugungskraft
nothwendig an, weil er zur Erhaltung der Art erforderlich
war. — Wären diese Stämme aber ursprünglich, so
ließe es sich gar nicht erklären und begreifen, warum nun
in der wechselseitigen Vermischung derselben unter einander
der Charakter ihrer Verschiedenheit gerade unausbleiblich
anarte, wie es doch wirklich geschieht. Denn die Natur
hat einem jeden Stamm seinen Charakter, ursprünglich in
Beziehung auf sein Klima und zur Angemessenheit mit demselben,

selben, gegeben. Die Organisation des einen hat also einen
ganz andern Zweck, als die des andern; und, daß dem
ungeachtet die Zeugungskräfte beyder, selbst in diesem Punkte ihrer charakteristischen Verschiedenheit, so zusammen pas-
sen sollten, daß daraus ein Mittelschlag nicht bloß entspringen könne, sondern sogar unausbleiblich erfolgen müsse:
dies läßt sich bey der Verschiedenheit ursprünglicher Stämme gar nicht begreifen. Nur alsdann, wenn man annimmt, daß in den Keimen eines einzigen ersten Stammes die Anlagen zu aller dieser klassischen Verschiedenheit
nothwendig haben liegen müssen, damit er zu allmäliger
Bevölkerung der verschiedenen Weltstriche tauglich sey; läßt
sich verstehen: warum, wenn diese Anlagen sich gelegentlich, und diesem gemäß auch verschiedentlich, auswickelten,
verschiedene Klassen von Menschen entstehen, die auch ihren
bestimmten Charakter in der Folge nothwendig in die Zeugung mit jeder andern Klasse bringen mußten, weil er zur
Möglichkeit ihrer eigenen Existenz, mithin auch zur Möglichkeit der Fortpflanzung der Art gehörte, und von der
nothwendigen ersten Anlage in der Stammgattung abgeleitet
war. Von solchen, unausbleiblich und zwar selbst in der
Vermischung mit andern Klassen, dennoch halbschlächtig
anerbenden Eigenschaften ist man also genöthigt, auf diese
ihre Ableitung von einem einzigen Stamme zu schließen,
weil ohne diesen die Nothwendigkeit des Anartens nicht
begreiflich wäre.

§.

Nur das, was in dem Klassenunterschiede der Menschengattung unausbleiblich anerbt, kann zu
der Benennung einer besondern Menschen-
race berechtigen.

Eigenschaften, die der Gattung selbst wesentlich ange-
hören, mithin allen Menschen als solchen gemein sind, sind
zwar unausbleiblich erblich; aber, weil darin kein Unter-

H 4 schied

ſchied der Menſchen liegt, ſo wird auf ſie in der Eintheilung
der Racen nicht Rückſicht genommen. Phyſiſche Charaktere, wodurch ſich Menſchen (ohne Unterſchied des Geſchlechts) von einander unterſcheiden, und zwar nur die,
welche erblich ſind, kommen in Betracht (ſ. §. 3.) um eine
Eintheilung der Gattung in Klaſſen darauf zu gründen.
Dieſe Klaſſen ſind aber nur alsdann Racen zu nennen,
wenn jene Charaktere unausbleiblich (ſowohl in ebenderſel-
ben Klaſſe, als in Vermiſchung mit jeder anderen) anarten.
Der Begrif einer Race enthält alſo erſtlich den Begrif eines gemeinſchaftlichen Stamms, zweytens nothwendig
erbliche Charaktere des klaſſiſchen Unterſchieds der Abkömmlinge deſſelben von einander. Durch das letztere werden
ſichere Unterſcheidungsgründe feſtgeſetzt, wornach wir die
Gattung in Klaſſen eintheilen können, die dann, wegen des
erſteren Punkts, nämlich der Einheit des Stamms, keinesweges Arten, ſondern nur Racen heißen müſſen. Die
Klaſſe der Weißen iſt nicht als beſondere Art in der Men-
ſchengattung von der der Schwarzen unterſchieden; und es
giebt gar keine verſchiedene Arten von Menſchen. Dadurch würde die Einheit des Stamms, woraus ſie hätten
entſpringen können, abgeleugnet; wozu man, wie aus der
unausbleiblichen Anerbung ihrer klaſſiſchen Charaktere bewieſen worden, keinen Grund, vielmehr einen ſehr wichtigen zum Gegentheil hat. *)

Der

*) Anfänglich, wenn man bloß die Charaktere der Vergleichung
(der Aehnlichkeit oder Unähnlichkeit nach) vor Augen hat, erhält man Klaſſen von Geſchöpfen unter einer Gattung.
Sieht man ferner auf ihre Abſtammung, ſo muß ſich zeigen,
ob jene Klaſſen eben ſo viel verſchiedene Arten, oder nur Racen ſeyen. Der Wolf, der Fuchs, der Jakal, die Hyäne, und
der Haushund ſind ſo viele Klaſſen vierfüßiger Thiere.
Nimmt man an: daß jede derſelben eine beſondere Abſtammung
bedurft habe, ſo ſind es ſo viel Arten; räumt man aber ein,
daß ſie auch von einem Stamme haben entſpringen können, ſo
ſind ſie nur Racen deſſelben. Art und Gattung ſind in
der

Der Begrif einer Race ist also: der Klassenunterschied der Thiere eines und desselben Stamms, so
fern er unausbleiblich erblich ist.

Dies ist die Bestimmung, die ich in dieser Abhandlung zur eigentlichen Absicht habe; das Uebrige kann man
als zur Nebenabsicht gehörig, oder bloße Zuthat ansehen,
und es annehmen oder verwerfen. Nur das erstere halte
ich für bewiesen, und überdem zur Nachforschung in der
Naturgeschichte als Princip brauchbar, weil es eines Experiments fähig ist, welches die Anwendung jenes Begrifs
sicher leiten kann, der ohne jenes, schwankend und unsicher
seyn würde. — Wenn verschiedentlich gestaltete Menschen
in die Umstände gesetzt werden, sich zu vermischen, so giebt
es, wenn die Zeugung halbschlächtig ist, schon eine starke
Vermuthung, sie möchten wohl zu verschiedenen Racen gehören; ist aber dieses Produkt ihrer Vermischung jederzeit
halbschlächtig, so wird jene Vermuthung zur Gewißheit.
Dagegen, wenn auch nur eine einzige Zeugung keinen Mittelschlag darstellt, so kann man gewiß seyn, daß beyde Eltern von derselben Gattung, so verschieden sie auch aussehen mögen, dennoch zu einer und derselben Race gehören.

*Ich habe nur vier Racen der Menschengattung ange-
nommen: nicht als ob ich ganz gewiß wäre, es gebe nirgend eine Spur von noch mehreren; sondern weil bloß an
diesen das, was ich zum Charakter einer Race fordere,
nämlich die halbschlächtige Zeugung, ausgemacht, bey
keiner andern Menschenklasse aber genugsam bewiesen ist.
So sagt Herr Pallas in seiner Beschreibung der mongoli-
schen Völkerschaften: daß die erste Zeugung von einem

H 5

Russen

---

der Naturgeschichte (in der es nur um die Erzeugung und
den Abstamm zu thun ist) an sich nicht unterschieden. In der
Naturbeschreibung, da es bloß auf Vergleichung der
Merkmale ankommt, findet dieser Unterschied allein statt. Was
hier Art heißt, muß dort öfter nur Race genannt werden.

Ruffen mit einer Frau der letzteren Völkerschaft (einer Bu-
rätin) schon so fort schöne Kinder gebe; er merkt aber nicht
an, ob gar keine Spur des kalmükischen Ursprungs an denselben anzutreffen sey. Ein merkwürdiger Umstand, wenn
die Vermengung eines Mongolen mit einem Europäer die
charakteristischen Züge des erstern gänzlich auslöschen sollte,
die doch in der Vermengung mit südlichern Völkerschaften
(vermuthlich mit Indianern) an den Sinesen, Avanern,
Malaien, u. s. w. mehr oder weniger kenntlich noch immer
anzutreffen sind. Allein die mongolische Eigenthümlichkeit
betrifft eigentlich die Gestalt, nicht die Farbe; von welcher
allein die bisherige Erfahrung eine unausbleibliche Anartung,
als den Charakter einer Race, gelehrt hat. Man kann
auch nicht mit Gewißheit ausmachen, ob die Kafferngе-
stalt der Papuas und der ihnen ähnlichen verschiedenen In-
selbewohner des stillen Meers, eine besondere Race anzeige,
weil man das Produkt aus ihrer Vermischung mit Weissen
noch nicht kennt; denn von den Negern sind sie durch ihren
buschichten, obzwar gekräuselten, Bart hinreichend unterschieden.

Anmerkung.

Gegenwärtige Theorie, welche gewisse ursprüngliche
in dem ersten und gemeinschaftlichen Menschenstamm auf die
jetzt vorhandenen Racenunterschiede ganz eigentlich angeleg-
te Keime annimmt, beruht gänzlich auf der Unausbleiblichkeit ihrer Anartung, die bey den vier genannten Racen durch alle Erfahrung bestätigt wird. Wer diesen
Erklärungsgrund für unnöthige Vervielfältigung der Principien in der Naturgeschichte hält, und glaubt, man könne
dergleichen specielle Naturanlagen gar wohl entbehren, und,
indem man den ersten Elternstamm als weiß annimmt, die
übrigen sogenannten Racen aus den in der Folge durch Luft
und Sonne auf die spätern Nachkömmlinge geschehenen Eindrücken erklären; der hat alsdenn noch nichts bewiesen,
wenn er anführt: daß manche andere Eigenthümlichkeit
bloß

bloß aus dem langen Wohnsitze eines Volkes in eben demselben Landstriche auch wohl endlich erblich geworden sey,
und einen physischen Volkscharakter ausmache. Er muß
von der Unausbleiblichkeit der Anartung solcher Eigenthümlichkeiten und zwar nicht in demselben Volke, sondern
in der Vermischung mit jedem andern (das darin von ihm
abweicht), so daß die Zeugung ohne Ausnahme halbschlächtig ausfalle, ein Beyspiel anführen. Dieses ist er aber
nicht im Stande zu leisten. Denn es findet sich von keinem
andern Charakter, als dem, dessen wir erwähnt haben,
und wovon der Anfang über alle Geschichte hinausgeht, ein
Beyspiel zu diesem Behuf. Wollte er lieber verschiedene
erste Menschenstämme mit dergleichen erblichen Charak-
teren annehmen; so würde erstlich dadurch der Philosophie wenig gerathen seyn, die alsdenn zu verschiedenen
Geschöpfen ihre Zuflucht nehmen müßte, und selbst dabey
doch immer die Einheit der Gattung einbüßte. Denn Thiere,
deren Verschiedenheit so groß ist, daß zu deren Existenz eben
so viel verschiedene Erschaffungen nöthig wären, können
wohl zu einer Nominalgattung (um sie nach gewissen Aehnlichkeiten zu klassificiren), aber niemals zu einer Realgat-
tung, als zu welcher durchaus wenigstens die Möglichkeit
der Abstammung von einem einzigen Paar erfordert wird,
gehören. Die letztere aber zu finden, ist eigentlich ein Geschäft der Naturgeschichte; mit der ersteren kann sich der
Naturbeschreiber begnügen. Aber auch alsdenn würde
zweytens doch immer die sonderbare Uebereinstimmung
der Zeugungskräfte zweyer verschiedenen Gattungen, die,
da sie in Ansehung ihres Ursprungs einander ganz fremd
sind, dennoch mit einander fruchtbar vermischt werden können, ganz umsonst, und ohne einen andern Grund, als
daß es der Natur so gefallen, angenommen werden. Will
man, um dieses letztere zu beweisen, Thiere anführen, bey
denen dieses, ungeachtet der Verschiedenheit ihres ersten
Stamms, dennoch geschehe; so wird ein jeder in solchen
Fällen die letztere Voraussetzung leugnen, und vielmehr eben
daraus,

daraus, daß eine solche fruchtbare Vermischung statt findet, auf die Einheit des Stamms schließen, wie aus der Vermischung der Hunde und Füchse u. s. w. Die unausbleibliche Anartung beyderseitiger Eigenthümlichkeiten der Eltern ist also der einzig wahre und zugleich hinreichende Probierstein der Verschiedenheit der Racen, wozu sie gehören, und ein Beweis der Einheit des Stamms, woraus sie entsprungen sind: nämlich der in diesem Stamm gelegten sich in der Folge der Zeugungen entwickelnden ursprünglichen Keime, ohne welche jene erblichen Mannigfaltigkeiten nicht würden entstanden seyn, und vornehmlich nicht hätten nothwendig erblich werden können.

Das Zweckmäßige in einer Organisation ist doch der allgemeine Grund, woraus wir auf ursprünglich in die Natur eines Geschöpfs in dieser Absicht gelegte Zurüstung, und, wenn dieser Zweck nur später hin zu erreichen war, auf anerschaffene Keime schließen. Nun ist dieses Zweckmäßige zwar an der Eigenthümlichkeit keiner Race so deutlich zu beweisen möglich, als an der Negerrace; allein das Beyspiel, das von dieser allein hergenommen worden, berechtigt uns auch, nach der Analogie eben dergleichen von den übrigen wenigstens zu vermuthen. Man weiß nämlich jetzt: daß das Menschenblut, blos dadurch, daß es mit Phlogiston überladen wird, schwarz werde (wie an der untern Seite eines Blutkuchens zu sehen ist). Nun giebt schon der starke und durch keine Reinlichkeit zu vermeidende Geruch der Neger Anlaß zu vermuthen, daß ihre Haut sehr viel Phlogiston aus dem Blute wegschaffe, und daß die Natur diese Haut so organisirt haben müsse, daß das Blut sich bey ihnen in weit größerm Maaße durch sie dephlogistisiren könne, als es bey uns geschieht; wo das letztere am meisten ein Geschäft der Lunge ist. Allein die ächten Neger wohnen auch in Landstrichen, worinn die Luft durch dicke Wälder und sumpfigte bewachsene Gegenden so phlogistisirt wird, daß nach Lind's Berichte Todesgefahr für die englischen Matro-

trofen dabey ift, auch nur auf einen Tag den **Gambiaſtrom**
hinauf zu fahren, um daſelbſt Fleiſch einzukaufen. Alſo
war es eine von der Natur ſehr weißlich getroffene Anſtalt,
ihre Haut ſo zu organiſiren, daß das Blut, da es durch die
Lunge noch lange nicht Phlogiſton genug wegſchafft, ſich
durch jene bey weitem ſtärker, als bey uns, dephlogiſtiſi-
ren könne. Es müßte alſo in die Enden der Arterien ſehr
viel Phlogiſton hinſchaffen, mithin an dieſem Orte, das iſt,
unter der Haut ſelbſt, damit überladen ſeyn, und alſo
ſchwarz durchſcheinen, wenn es gleich im Innern des Körpers
roth genug iſt. Ueberdem iſt die Verſchiedenheit der Organiſation der Negerhaut von der unſrigen, ſelbſt nach dem
Gefühle, ſchon merklich. — Was aber die Zweckmäßigkeit der Organiſation der andern Racen, ſo wie ſie ſich aus
der Farbe ſchließen läßt, betrifft; ſo kann man ſie freylich
wohl nicht mit gleicher Wahrſcheinlichkeit darthun: aber es
fehlt doch auch nicht ganz an Erklärungsgründen der Hautfarbe, welche jene Vermuthung der Zweckmäßigkeit unter-
ſtützen können. Wenn der Abt Fontana in dem, was er
gegen den Ritter Landriani behauptet, nämlich: daß die
fire Luft, die bey jedem Ausathmen aus der Lunge geſtoßen
wird, nicht aus der Atmoſphäre niedergeſchlagen, ſondern
aus dem Blute ſelbſt gekommen ſey, recht hat; ſo könnte
wohl eine Menſchenrace ein mit dieſer Luftſäure überladenes
Blut haben, welche die Lungen allein nicht fortſchaffen könnten, und wozu die Hautgefäße noch das ihrige beytragen
müßten (freylich nicht in Luftgeſtalt, ſondern mit anderem
ausgedünſtetem Stoffe verbunden.) Auf dieſem Fall würde gedachte Luftſäure den Eiſentheilchen im Blute die röthliche Roſtfarbe geben, welche die Haut der Amerikaner unterſcheidet; und die Anartung dieſer Hautbeſchaffenheit kann
ihre Nothwendigkeit daher bekommen haben, daß die jetzigen Bewohner dieſes Welttheils aus dem Nordoſten von
Aſien, mithin nur an den Küſten und vielleicht gar nur über
das Eis des Eismeers in ihre jetzigen Wohnſitze haben gelangen können. Das Waſſer dieſer Meere aber muß in ſei-

nem

nem kontinuirlichen Gefrieren auch kontinuirlich eine unge-
heure Menge fixer Luft fahren laſſen, mit welcher alſo die
Atmoſphäre dort vermuthlich mehr überladen ſeyn wird, als
irgend anderwärts; für deren Wegſchaffung daher (da ſie,
eingeathmet, die fixe Luft aus den Lungen nicht hinreichend
wegnimmt) die Natur zum Voraus in der Organiſation der
Haut geſorgt haben mag. Man will in der That auch weit
weniger Empfindlichkeit an der Haut der urſprünglichen Amerikaner wahrgenommen haben, welches eine Folge jener
Organiſation ſeyn könnte, die ſich nachher, wenn ſie ſich einmal zum Racenunterſchiede entwickelt hat, auch in wärmern
Klimaten erhält. Zur Ausübung ihres Geſchäfts kann es
aber auch in dieſen an Stoffe nicht fehlen; denn alle Nah-
rungsmittel enthalten eine Menge fixer Luft in ſich, die
durchs Blut eingenommen und durch den gedachten Weg fort-
geſchafft werden kann. — Das flüchtige Alkali iſt noch
ein Stoff, den die Natur aus dem Blute wegſchaffen muß;
auf welche Abſonderung ſie gleichfalls gewiſſe Keime zur beſondern Organiſation der Haut für diejenigen Abkömmlinge
des erſten Stamms angelegt haben mag, die in der erſten
Zeit der Auswicklung der Menſchheit ihren Aufenthalt in einem trocknen und heißen Landſtriche finden würden, der ihr
Blut vorzüglich zu übermäßiger Erzeugung jenes Stoffs fähig machte. Die kalten Hände der Indier, ob ſie gleich mit
Schweiß bedeckt ſind, ſcheinen eine von der unſrigen verſchiedene Organiſation zu beſtätigen. — Doch es iſt wenig
Troſt für die Philoſophie in Erkünſtlung von Hypotheſen.
Sie ſind indeſſen dazu gut, um allenfalls einem Gegner, der,
wenn er gegen den Hauptſatz nichts tüchtiges einzuwenden
weiß, darüber frohlockt, daß das angenommene Princip
nicht einmal die Möglichkeit der Phänomene begreiflich machen könne, — ſein Hypotheſenſpiel mit einem gleichen,
wenigſtens eben ſo ſcheinbaren, zu vergelten.

Man mag aber ein Syſtem annehmen, welches man
wolle; ſo iſt doch ſo viel gewiß, daß die jetzt vorhandenen
Racen,

Racen; wenn alle Vermischung derselben unter einander ver-
hütet würde, nicht mehr erlöschen können. Die unter uns
befindlichen Zigeuner, von denen erwiesen ist, daß sie ihrem Abstamme nach Indier sind, geben davon den deutlichsten
Beweis. Man kann ihrer Anwesenheit in Europa weit über
dreyhundert Jahre nachspüren; und noch sind sie nicht im
mindesten von der Gestalt ihrer Vorfahren ausgeartet. Die
am Gambia in Neger ausgeartet seyn sollende Portugisen
sind Abkömmlinge von Weißen, die sich mit Schwarzen ver-
bastert haben; denn wo steht es berichtet, und wie ist es
auch nur wahrscheinlich, daß die ersten hieher gekommenen
Portugisen eben so viel weiße Weiber mitgebracht hätten,
diese auch alle lange genug am Leben geblieben, oder durch
andere Weiße ersetzt worden wären, um einen reinen Abstamm
von Weißen in einem fremden Welttheile zu gründen? Dagegen sind bessere Nachrichten davon: daß König Johann
II. der von 1481 bis 1495 regierte, da ihm alle nach St.
Thomas abgeschickte Kolonisten ausstarben, diese Insel
durch lauter getaufte Judenkinder (mit portugisisch-christli-
chem Gewissen) bevölkerte, von welchen, so viel man weiß,
die gegenwärtigen Weißen auf derselben abstammen. Die
Negerkreolen in Nordamerika, die Holländer auf Java, bleiben ihrer Race getreu. Die Schminke, die die Sonne auf
ihrer Haut hinzuthut, eine kühlere Luft aber wieder wegnimmt, muß man nur nicht mit der der Race eigenen Farbe
verwechseln; denn jene erbt doch niemals an. Also müssen
sich die Keime, die ursprünglich in den Stamm der Menschengattung zu Erzeugung der Racen gelegt waren, schon
in der ältesten Zeit nach dem Bedürfniß des Klima, wenn
der Aufenthalt lange dauerte, entwickelt haben, und, nachdem eine dieser Anlagen bey einem Volke entwickelt war, so
löschte sie alle übrigen gänzlich aus. Daher kann man auch
nicht annehmen, daß eine in gewisser Proportion vorgehen-
de Mischung verschiedener Racen auch noch jetzt die Gestalt
des Menschenstamms aufs neue herstellen könne. Denn sonst
würden die Blendlinge, die aus dieser ungleichartigen Be-

gat-

gattung erzeugt werden, sich auch noch jetzt (wie ehemals der erste Stamm) von selbst in ihren Zeugungen bey ihrer Verpflanzung in verschiedenen Klimaten wiederum in ihre ursprüngliche Farben zersetzen, welches zu vermuthen man durch keine bisherige Erfahrung berechtigt wird; weil alle diese Bastarderzeugungen in ihrer eigenen weitern Fortpflanzung sich eben so beharrlich erhalten, als die Racen, aus deren Vermischung sie entsprungen sind. Wie die Gestalt des ersten Menschenstamms (der Hautbeschaffenheit nach) beschaffen gewesen seyn möge, ist daher jetzt unmöglich zu errathen; selbst der Charakter der Weißen ist nur die Entwicklung einer der ursprünglichen Anlagen, die, nebst den übrigen, in jenem anzutreffen waren.

Gedan-

Gedanken

von der wahren Schätzung

der

lebendigen Kräfte

und

Beurtheilung der Beweise

deren sich

Herr von Leibniz und andere Mechaniker

in

dieser Streitsache

bedienet haben,

nebst einigen vorhergehenden Betrachtungen,

welche

die Kraft der Körper

überhaupt betreffen,

durch

Immanuel Kant.

Königsberg 1746.

J

Vorrede.

Nihil magis praeſtandum eſt, quam ne pecorum ritu ſe-
quamur antecedentium gregem, pergentes, non
qua eundum eſt, ſed qua itur.

SENECA de vita beata. Cap. I.

I.

Ich glaube, ich habe Urſache von dem Urtheile der Welt,
dem ich dieſe Blätter überliefere, eine ſo gute Meynung zu faſſen, daß diejenige Freyheit, die ich mir heraus-
nehme, großen Männern zu widerſprechen, mir vor kein
Verbrechen werde ausgelegt werden. Es war eine Zeit, da
man bey einem ſolchen Unterfangen viel zu befürchten hatte,
allein ich bilde mir ein, dieſe Zeit ſey nunmehro vorbey,
und der menſchliche Verſtand habe ſich ſchon der Feſſeln glücklich entſchlagen, die ihm Unwiſſenheit und Bewunderung
ehemals angelegt hatten. Nunmehro kann man es kühnlich
wagen, das Anſehen derer Newtons und Leibnitze für nichts
zu achten, wenn es ſich der Entdeckung der Wahrheit entgegen ſetzen ſollte, und keinen andern Ueberredungen als dem
Zuge des Verſtandes zu gehorchen.

II.

Wenn ich es unternehme, die Gedanken eines Herrn
von Leibnitz, Wolfen, Herrmanns, Bernoulli, Bülfingers und anderer zu verwerfen, und denen meinigen den
Vorzug einzuräumen, ſo wollte ich auch nicht gerne ſchlech-
tere Richter als dieſelben haben, denn ich weiß, ihr Urtheil,
wenn es meine Meynungen verwürfe, würde die Abſicht derſelben doch nicht verdammen. Man kann dieſen Männern

J 2 kein

kein vortreflicher Lob geben, als daß man alle Meynungen,
ohne ihre eigene davon auszunehmen, vor ihnen ungescheut
tadeln dürfe. Eine Mäßigung von dieser Art war, obzwar
bey einer andern Gelegenheit, einem großen Mann des Al-
terthums sehr ruhmwürdig. Timoleon wurde, ohngeachtet
der Verdienste, die er um die Freyheit von Syracus hatte,
einsmal vor Gericht gefordert. Die Richter entrüsteten sich
über die Vermessenheit seiner Ankläger. Allein Timoleon
betrachtete diesen Zufall ganz anders. Ein solches Unternehmen konnte einem Manne nicht mißfallen, der sein ganzes
Vergnügen darinn setzte, sein Vaterland in der vollkommen-
sten Freyheit zu sehen. Er beschützte diejenigen, die sich ihrer Freyheit so gar wider ihn selber bedienten. Das ganze
Alterthum hat dieses Verfahren mit Lobsprüchen begleitet.

Nach so großen Bemühungen, die sich die größesten
Männer um die Freyheit des menschlichen Verstandes gegeben haben, sollte man da wohl Ursache haben zu befürchten, daß ihnen der Erfolg derselben mißfallen werde?

III.

Ich werde mich dieser Mäßigung und Billigkeit zu meinem Vortheil bedienen. Allein ich werde sie nur da antreffen, wo sich das Merkmal des Verdienstes und einer vorzüglichen Wissenschaft hervorthut. Es ist außer diesem noch
ein großer Haufe übrig, über den das Vorurtheil und das
Ansehen großer Leute annoch eine grausame Herrschaft führet. Diese Herren, die gerne für Schiedsrichter in der
Gelehrsamkeit angesehen seyn wollten, scheinen sehr geschickt
zu seyn von einem Buche zu urtheilen, ohne es gelesen zu
haben. Um es dem Tadel preis zu geben, darf man ihnen
nur den Titel desselben zeigen. Wenn der Verfasser unbekannt, ohne Charakter und Verdienste ist, so ist das Buch
nicht werth, daß die Zeit damit verdorben werde; noch mehr
aber, wenn er sich großer Dinge unternimmt, berühmte
Männer zu tadeln, Wissenschaften zu verbessern, und seine
eigene Gedanken der Welt anzupreisen. Wenn es vor dem

Rich-

Richterstuhle der Wissenschaften auf die Anzahl ankäme, so würde ich eine sehr verzweifelte Sache haben. Allein diese Gefahr macht mich nicht unruhig. Dieß ist diejenige, die, wie man sagt, nur unten am Parnaß wohnen, die kein Eigenthum besitzen, und keine Stimme in der Wahl haben.

IV.

Das Vorurtheil ist recht für den Menschen gemacht, es thut der Bequemlichkeit und der Eigenliebe Vorschub, zweyen Eigenschaften, die man nicht ohne die Menschheit ablegt. Derjenige, der von Vorurtheilen eingenommen, erhebet gewisse Männer, die es umsonst seyn würde zu verkleinern und sich herunter zu lassen, über alle andre zu einer unersteiglichen Höhe. Dieser Vorzug bedecket alles übrige mit dem Scheine einer vollkommenen Gleichheit, und läßt ihn den Unterschied nicht gewahr werden, der unter diesen annoch herrschet, und der ihn sonst der verdrüßlichen Beobachtung aussetzen würde, zu sehen, wie vielfach man noch von denenjenigen übertroffen werde, die noch innerhalb der Mittelmäßigkeit befindlich sind.

So lange also die Eitelkeit der menschlichen Gemüther noch mächtig seyn wird, so lange wird sich das Vorurtheil auch erhalten, d. i. es wird niemals aufhören.

V.

Ich werde in dem Verfolg dieser Abhandlung kein Bedenken tragen, den Satz eines noch so berühmten Mannes freymüthig zu verwerfen, wenn er sich meinem Verstande als falsch darstellt. Diese Freyheit wird mir sehr verhaßte Folgen zuziehen. Die Welt ist sehr geneigt zu glauben: daß derjenige, der in einem oder dem andern Falle eine richtigere Kenntniß zu haben glaubt, als etwa ein großer Gelehrter, sich auch in seiner Einbildung gar über ihn setze. Ich unterstehe mich zu sagen, daß dieser Schein sehr betrüglich sey, und daß er hier wirklich betrüge.

Es befindet sich in der Vollkommenheit des menschlichen Verstandes keine solche Proportion und Aehnlichkeit, als

J 3   etwa

etwa in dem Baue des menschlichen Körpers, bey diesem ist
es zwar möglich, aus der Größe eines und des andern Glie-
des einen Schluß auf die Größe des Ganzen zu machen; allein bey der Fähigkeit des Verstandes ist es ganz anders.
Die Wissenschaft ist ein unregelmäßiger Körper, ohne Eben-
maaß und Gleichförmigkeit. Ein Gelehrter von Zwerggrö-
ße übertrift öfters an diesem oder jenem Theile der Erkenntniß einen andern, der mit dem ganzen Umfange seiner Wiß-
senschaften weit über ihn hervorraget. Die Eitelkeit des
Menschen erstreckt sich allem Ansehen nach nicht so weit, daß
sie diesen Unterschied nicht sollte gewahr werden, und die
Einsicht einer und der andern Wahrheit, mit dem weiten In-
begriffe einer vorzüglichen Erkenntniß für einerley halten sollte; zum wenigsten weiß ich, daß man mir Unrecht thun
würde, wenn man mir diesen Vorwurf machte.

VI.

Die Welt ist so ungereimt nicht, zu denken, ein Gelehrter von Range sey der Gefahr zu irren gar nicht mehr
unterworfen. Allein, daß ein niedriger und unbekannter
Schriftsteller diese Irrthümer vermieden habe, aus denen
einen großen Mann alle seine Scharfsinnigkeit nicht hat retten können, das ist die Schwierigkeit, die so leicht nicht zu
verdauen ist. Es steckt viel Vermessenheit in diesen Wor-
ten: Die Wahrheit, um die sich die größesten Meister der menschlichen Erkenntniß vergeblich beworben
haben, hat sich meinem Verstande zuerst dargestellt.
Ich wage es nicht, diesen Gedanken zu rechtfertigen, allein
ich wollte ihm auch nicht gerne absagen.

VII.

Ich stehe in der Einbildung, es sey zuweilen nicht unnütze, ein gewisses edles Vertrauen in seine eigne Kräfte zu
setzen. Eine Zuversicht von der Art belebt alle unsre Bemühungen, und ertheilet ihnen einen gewissen Schwung, die
der Untersuchung der Wahrheit sehr beförderlich ist. Wenn

man

man in der Verfassung steht, sich überreden zu können, daß
man seiner Betrachtung noch etwas zutrauen dürfe, und
daß es möglich sey, einen Herrn von Leibnitz auf Fehler zu
ertappen, so wendet man alles an seine Vermuthung wahr
zu machen. Nachdem man sich nur tausendmal bey einem
Unterfangen verirret hat, so wird der Gewinnst, der hieburch
der Erkenntniß der Wahrheiten zugewachsen ist, dennoch viel
erheblicher seyn, als wenn man nur die Heeresstraße gehalten hätte.

Hierauf gründe ich mich. Ich habe mir die Bahn schon
vorgezeichnet, die ich halten will. Ich werde meinen Lauf
antreten, und nichts soll mich hindern, ihn fortzusetzen.

VIII.

Es ist noch ein neuer Einwurf, den man mir machen
wird, und dem ich, wie es scheint, zuvor kommen muß. Man
wird mich zuweilen in dem Tone eines Menschen hören, der
von der Richtigkeit seiner Sätze sehr wohl versichert ist, und
der nicht befürchtet, daß ihm werde widersprochen werden,
oder daß ihn seine Schlüsse betrügen können. Ich bin so e-
tel, nicht mir dieses in der That einzubilden, ich habe auch
nicht Ursache, meinen Sätzen den Schein eines Irrthums
so sorgfältig zu benehmen; denn nach so vielen Fehltritten,
denen der menschliche Verstand zu allen Zeiten unterworfen
gewesen, ist es keine Schande mehr, geirret zu haben. Es
steckt eine ganz andre Absicht unter meinem Verfahren. Der
Leser dieser Blätter ist ohne Zweifel schon durch die Lehrsätze
die itzo von den lebendigen Kräften im Schwange gehen, vor-
bereitet, ehe er sich zu meiner Abhandlung wendet. Er weiß
es, was man gedacht hat, ehe Leibnitz seine Kräftenschätzung
der Welt ankündigte, und der Gedanke dieses Mannes muß
ihm auch schon bekannt seyn. Er hat sich ohnfehlbar durch
die Schlüsse einer von beyden Partheyen gewinnen lassen,
und allem Ansehen nach ist dieses die Leibnitzische Parthey,
denn ganz Deutschland hat sich itzo zu derselben bekannt. In
dieser Verfassung liest er diese Blätter. Die Vertheidigun-

gen

gen der lebendigen Kräfte haben unter der Gestalt geometrischer Beweise seine ganze Seele eingenommen. Er siehet meine Gedanken also nur als Zweifel an, und wenn ich sehr glücklich bin, noch etwa als scheinbare Zweifel, deren Auflösung er der Zeit überläßt, und die der Wahrheit dennoch nicht hinderlich fallen können. Hingegen muß ich meine ganze Kunst anwenden, um die Aufmerksamkeit des Lesers etwas länger bey mir aufzuhalten. Ich muß mich ihm in dem ganzen Lichte der Ueberzeugung darstellen, das meine Beweise mir gewähren, um ihn auf die Gründe aufmerksam zu machen, die mir diese Zuversicht einflößen.

Wenn ich meine Gedanken nur unter dem Nahmen der Zweifel vortrüge, so würde die Welt, die ohnedem geneigt ist, sie für nichts besseres anzusehen, sehr leicht über dieselbige hinweg seyn; denn eine Meynung, die man einmal glaubt erwiesen zu haben, wird sich noch sehr lange im Beyfalle erhalten, wenn gleich die Zweifel, durch die sie angefochten wird, noch so scheinbar sind, und nicht leichtlich können aufgelöset werden.

Ein Schriftsteller zieht gemeiniglich seinen Leser unvermerkt mit in diejenige Verfassung, in der er sich bey Verfertigung seiner Schrift selber befunden hatte. Ich wollte ihm also, wenn es möglich wäre, lieber den Zustand der Ueberzeugung, als des Zweifels mittheilen; denn jener würde mir, und vielleicht auch der Wahrheit, vortheilhafter seyn, als dieser. Dieses sind die kleinen Kunstgriffe, die ich itzo nicht verachten muß, um das Gleichgewicht der Waage nur einigermaßen herzustellen, in der das Ansehen großer Männer einen so gewaltigen Ausschlag giebt.

IX.

Die letzte Schwierigkeit, die ich noch wegräumen will, ist diejenige, die man mir wegen der Unhöflichkeit machen wird. Es scheinet: daß ich denen Männern, die ich mich unterfangen habe zu widerlegen, mit mehr Ehrerbietigkeit hätte begegnen können, als ich wirklich gethan habe. Ich
hätte

hätte mein Urtheil, daß ich über ihre Sätze fälle, in einem
viel gelindern Tone aussprechen sollen. Ich hätte sie nicht
Irrthümer, Falschheiten oder auch Verblendungen
nennen sollen. Die Härte dieser Ausdrücke scheinet denen
großen Nahmen verkleinerlich zu seyn, gegen die sie gerichtet sind. Zu der Zeit der Unterscheidungen, welche auch die
Zeit der Rauhigkeit der Sitten war, würde man geantwortet haben: daß man die Sätze von allen persönlichen Vor-
zügen ihrer Urheber abgesondert beurtheilen müsse. Die Höf-
lichkeit dieses Jahrhunderts aber legt mir ein ganz ander Gesetz auf. Ich würde nicht zu entschuldigen seyn, wenn die
Art meines Ausdrucks die Hochachtung, die das Verdienst
großer Männer von mir fordert, beleidigte. Allein ich bin
versichert, daß dieses nicht sey. Wenn wir neben den größesten Entdeckungen offenbare Irrthümer antreffen; so ist
dieses nicht sowohl ein Fehler des Menschen, als vielmehr
der Menschheit; und man würde dieser, in der Person der
Gelehrten gar zu viel Ehre anthun, wenn man sie von denenselben gänzlich ausnehmen wollte. Ein großer Mann,
der sich ein Gebäude von Sätzen errichtet, kann seine Aufmerksamkeit nicht auf alle mögliche Seiten gleich stark kehren.
Er ist in einer gewissen Betrachtung insbesondre verwickelt;
und es ist kein Wunder, wenn ihm alsdenn von irgend einer andern Seite Fehler entwischen, die er ohnfehlbar vermieden haben würde, wenn er außerhalb dieser Beschäfti-
gung nur seine Aufmerksamkeit auf dieselbe gerichtet hätte.

Ich will die Wahrheit nur ohne Umschweife gestehen.
Ich werde nicht ungeneigt seyn, diejenigen Sätze für wirkliche Irrthümer und Falschheiten zu halten, welche in meiner
Betrachtung unter dieser Gestalt erscheinen; und warum sollte ich mir den Zwang anthun, diesen Gedanken in meiner
Schrift so ängstlich zu verbergen, um dasjenige zu scheinen,
was ich nicht denke, was aber die Welt gerne hätte, daß
ich es dächte?

Und überhaupt zu reden, würde ich mit der Ceremonie
auch schlecht zurechte kommen, allen meinen Urtheilen, die

ich

ich über große Männer ausspreche, einen gewissen Schwung
der Artigkeit zu ertheilen, die Ausdrücke geschickt zu mildern,
und überall das Merkmal der Ehrerbietigkeit sehen zu lassen;
diese Bemühung würde mich wegen der Wahl derer Wörter
öfters in eine verdrüßliche Enge bringen, und mich der Nothwendigkeit unterwerfen, über den Fußsteig der philosophischen Betrachtung von allen auszuschweifen. Ich will
mich also der Gelegenheit dieses Vorberichts bedienen, eine öffentliche Erklärung der Ehrerbietigkeit
und Hochachtung zu thun, die ich gegen die großen
Meister unserer Erkenntniß, welche ich jetzo die Ehre
haben werde meine Gegner zu heißen, jederzeit hegen
werde, und der die Freyheit meiner schlechten Urtheile nicht den geringsten Abbruch thun kann.

X.

Nach den verschiedenen Vorurtheilen, die ich mich jetzo
berühmt habe, wegzuräumen, bleibt dennoch endlich noch
ein gewisses rechtmäßiges Vorurtheil übrig, dem ich dasjenige, was in meiner Schrift etwa noch überzeugendes anzutreffen wäre, insbesondere zu verdanken habe. Wenn viele große Männer von bewährter Scharfsinnigkeit und Urtheilskraft, theils durch einerley Wege zur Behauptung eben
desselben Satzes geleitet werden, so ist eine weit wahrschein-
lichere Vermuthung, daß ihre Beweise richtig sind, als daß
der Verstand irgend eines schlechten Schriftstellers die Schärfe in denenselben genauer sollte beobachtet haben. Es hat
dieser daher große Ursache, den Vorwurf seiner Betrachtung
sich besonders klar und eben zu machen, denselben so zu zergliedern und aus einander zu setzen, daß, wenn er vielleicht
einen Fehlschluß begienge, derselbe ihm doch alsbald in die
Augen leuchten müßte; denn es wird vorausgesetzt: daß,
wenn die Betrachtung gleich verwickelt ist, derjenige eher die
Wahrheit entdecken werde, der dem andern an Scharfsinnigkeit vorgehet. Er muß seine Untersuchung also so viel
möglich einfach und leicht machen, damit er nach dem Maaße

ße seiner Urtheilskraft in seiner Betrachtung eben so viel Licht und Richtigkeit vermuthen könne, als der andre nach dem Maaße der seinigen in einer viel verwickeltern Untersuchung.

Diese Beobachtung habe ich mir in der Ausführung meines Vorhabens ein Gesetz seyn lassen, wie man bald wahrnehmen wird.

XI.

Wir wollen, ehe wir diesen Vorbericht endigen, uns den jetzigen Zustand der Streitsache von den lebendigen Kräften annoch kürzlich bekannt machen.

Der Herr von Leibnitz hat allem Ansehen nach die lebendigen Kräfte in denen Fällen nicht zuerst erblickt, darinn er sie zuerst der Welt darstellte. Der Anfang einer Meynung ist gemeiniglich viel einfacher, besonders einer Meynung, die etwas so kühnes und wunderbares mit sich führt, als die von der Schätzung nach dem Quadrat. Man hat gewisse Erfahrungen, die sehr gemein sind, und dadurch wir wahrnehmen: daß eine würkliche Bewegung, z. E. ein Schlag oder Stoß, immer mehr Gewalt mit sich führe, als ein todter Druck, wenn er gleich stark ist. Diese Beobachtung war vielleicht der Saame eines Gedankens, der unter den Händen des Herrn von Leibnitz nicht unfruchtbar bleiben konnte, und der nach der Hand zu der Größe eines der berühmtesten Lehrgebäuden erwuchs.

XII.

Ueberhaupt zu reden, scheinet die Sache der lebendigen Kräfte so zu sagen recht dazu gemacht zu seyn, daß der Verstand einmal, es hätte auch zu einer Zeit seyn mögen, welche es wollte, durch dieselbe mußte verführet werden. Die überwältigten Hindernisse der Schwere, die verrückten Materien, die zugedrückte Federn, die bewegte Massen, die in zusammengesetzter Bewegung entspringende Geschwindigkeiten, alles stimmt auf eine wunderbare Art zusammen, den Schein der Schätzung nach dem Quadrat zuwege zu bringen. Es giebt eine Zeit, darinn die

die Vielheit der Beweise dasjenige gilt, was zu einer andern
ihre Schärfe und Deutlichkeit ausrichten würde. Diese Zeit
ist izo unter den Vertheidigern der lebendigen Kräfte vorhanden. Wenn sie bey einem oder dem andern von ihren
Beweisen etwa wenig Ueberzeugung fühlen, so befestiget der
Schein der Wahrheit, der sich dagegen von desto mehr Seiten hervorthut, ihren Beyfall und läßt ihn nicht wankend
werden.

XIII.

Es ist schwerer zu sagen, auf welcher Seite sich bis
daher in der Streitsache der lebendigen Kräfte die Vermuthung des Sieges am meisten gezeiget habe. Die zwey Herren Bernoulli, Herr von Leibniz und Herrmann, die an
der Spitze der Philosophen ihrer Nation standen, konnten
durch das Ansehen der übrigen Gelehrten von Europa nicht
überwogen werden. Diese Männer, die alle Waffen der
Geometrie in ihrer Macht hatten, waren allein vermögend
eine Meynung empor zu halten, die sich vielleicht nicht hätte zeigen dürfen, wenn sie sich in den Händen eines minder
berühmten Vertheidigers befunden hätte.

Sowohl die Parthey des Cartesius, als die des Herrn
von Leibniz, haben für ihre Meynung alle die Ueberzeugung
empfunden, der man in der menschlichen Erkenntniß gemeiniglich nur fähig ist. Man hat von beyden Theilen über
nichts als das Vorurtheil der Gegner geseufzet, und jedwede Parthey hat geglaubt, ihre Meynung würde unmöglich
können in Zweifel gezogen werden, wenn die Gegner derselben sich nur die Mühe nehmen wollten, sie in einem rechten
Gleichgewichte der Gemüthsneigungen anzusehen.

Indessen zeigt sich doch ein gewisser merkwürdiger Unterschied, unter der Art, womit sich die Parthey der lebendigen Kräfte zu erhalten sucht, und unter derjenigen, womit die Schätzung des Cartesius sich vertheidigt. Diese beruft sich nur auf einfache Fälle, in denen die Entscheidung
der Wahrheit und des Irrthums leicht und gewiß ist, jene
im

im Gegentheil macht ihre Beweise so verwickelt und dunkel als möglich, und rettet sich so zu sagen durch Hülfe der Nacht aus einem Gefechte, darinn sie vielleicht bey einem rechten Lichte der Deutlichkeit allemal den kürzern ziehen würde.

Die Leibnitzianer haben auch noch fast alle Erfahrungen auf ihrer Seite; dies ist vielleicht das einzige, was sie vor den Cartesianern voraus haben. Die Herren Poleni, s' Gravesande, und van Musschenbroeck haben ihnen diesen Dienst geleistet, davon die Folgen vortreflich seyn würden, wenn man sich derselben richtiger bedient hätte.

Ich werde in diesem Vorberichte keine Erzählung von demjenigen machen, was ich in gegenwärtiger Abhandlung in der Sache der lebendigen Kräfte zu leisten gedenke. Dieses Buch hat keine andre Hoffnung gelesen zu werden, als diejenige, die es auf seine Kürze baut; es wird also dem Leser leicht seyn, sich seinen Inbegriff selber bekannt zu machen.

Wenn ich meiner eigenen Einbildung etwas zutrauen dürfte: so würde ich sagen, meine Meynungen könnten einige nicht unbequeme Handleistungen thun, eine der größten Spaltungen, die ietzo unter den Geometern von Europa herrscht, beyzulegen. Allein diese Ueberredung ist eitel: das Urtheil eines Menschen gilt nirgends weniger als in seiner eigenen Sache. Ich bin für die meinige so sehr nicht eingenommen, daß ich ihr zum besten einem Vorurtheile der Eigenliebe Gehör geben wollte. Indessen mag es hiemit beschaffen seyn, wie es wolle, so unterstehe ich es mir doch mit Zuversicht vorauszusagen: dieser Streit werde entweder in kurzen abgethan werden, oder er werde niemals aufhören.

Erstes

Erſtes Hauptſtück.
Von der Kraft der Körper überhaupt.

§. 1.
Jedweder Körper hat eine weſentliche Kraft.

Weil ich glaube, daß es etwas zu der Abſicht beytragen kann, welche ich habe, die Lehre von den lebendigen Kräften einmal gewiß und entſcheidend zu machen, wenn ich vorher einige metaphyſiſche Begriffe von der Kraft der Körper überhaupt feſtgeſetzt habe; ſo werde ich hiervon den Anfang machen.

Man ſagt, daß ein Körper, der in Bewegung iſt, eine Kraft habe. Denn Hinderniſſe überwinden, Federn ſpannen, Maſſen verrücken; dieſes nennt alle Welt würken. Wenn man nicht weiter ſieht, als etwa die Sinne lehren, ſo hält man dieſe Kraft für etwas, was dem Körper ganz und gar von drauſſen mitgetheilet worden, und wovon er nichts hat, wenn er in Ruhe iſt. Der ganze Haufe der Weltweiſen vor Leibnitzen, war dieſer Meynung, den einzigen Ariſtoteles ausgenommen. Man glaubt, die dunkele Entelechie dieſes Mannes ſey das Geheimniß für die Würkungen der Körper. Die Schullehrer insgeſammt, die alle dem Ariſtoteles folgten, haben dieſes Räßel nicht begriffen, und vielleicht iſt es auch nicht dazu gemacht geweſen, daß es jemand begreifen ſollte. Leibniß, dem die menſchliche Vernunft ſo viel zu verdanken hat, lehrete zuerſt, daß dem Körper eine weſentliche Kraft beywohne, die ihm ſogar noch vor der Ausdehnung zukommt. Eſt aliquid praeter extenſionem imo extenſione prius; dieſes ſind ſeine Worte.

§. 2.

Diese Kraft der Körper nannte Leibnitz überhaupt die würkende Kraft.

Der Erfinder nennte diese Kraft, mit dem allgemeinen Nahmen der würkenden Kraft. Man hätte ihn in den Lehrgebäuden der Methaphysik nur auf dem Fuße nachfolgen sollen; allein man hat diese Kraft etwas näher zu bestimmen gesucht. Der Körper, heißt es, hat eine bewegende Kraft, denn man sieht ihn sonsten nichts thun als Bewegungen hervorbringen. Wenn er druckt, so strebt er nach der Bewegung, allein alsdenn ist die Kraft in der Ausübung wenn die Bewegung würklich ist. Ich behaupte aber, daß wenn man dem Körper eine wesentliche bewegende Kraft (vim motricem) beylegt, damit man eine Antwort auf die Frage von der Ursache der Bewegung fertig habe, so übe man in gewisser Maaße den Kunstgriff aus, dessen sich die Schullehrer bedienten, indem sie in der Untersuchung der Gründe der Wärme, oder der Kälte, zu einer vi calorifica oder frigifaciente ihre Zuflucht nahmen.

§. 3.

Man sollte billig die wesentliche Kraft vim motricem nennen.

Man redet nicht richtig, wenn man die Bewegung zu einer Art Würkungen macht, und ihr deswegen eine gleichnamige Kraft beylegt. Ein Körper, dem unendlich wenig Widerstand geschieht, der mithin fast gar nicht würket, der hat am meisten Bewegung. Die Bewegung ist nur das äusserliche Phänomenon des Zustandes des Körpers, da er zwar nicht würket, aber doch bemühet ist zu würken, allein wenn er seine Bewegung durch einen Gegenstand plötzlich verliert, das ist, in dem Augenblicke, darin er zur Ruhe gebracht wird, darin würkt er. Man sollte daher die Kraft einer Substanz nicht von demjenigen benennen, was gar keine

ne Würkung ist, noch viel weniger aber von den Körpern
die im Ruhestande würken, (z. E. von einer Kugel, die den
Tisch, worauf sie liegt, durch ihre Schwere drücket,) sagen,
daß sie eine Bemühung haben sich zu bewegen. Denn weil sie
alsdenn nicht würken würden, wenn sie sich bewegten, so
müßte man sagen: indem ein Körper würket, so hat er
eine Bemühung in den Zustand zu gerathen, darin er nicht
würkt. Man wird also die Kraft eines Körpers viel eher
eine vim activam überhaupt, als eine vim motricem nennen
sollen.

§. 4.
Wie die Bewegung aus der würkenden Kraft
überhaupt kann erkläret werden.

Es ist aber nichts leichter, als den Ursprung dessen,
was wir Bewegung nennen, aus den allgemeinen Begriffen
der würkenden Kraft herzuleiten. Die Substanz A, deren
Kraft dahin bestimmt wird außer sich zu würken, (das ist,
den innern Zustand anderer Substanzen zu ändern,) findet
entweder in dem ersten Augenblicke ihrer Bemühung sogleich
einen Gegenstand, der ihre ganze Kraft erduldet, oder er
findet einen solchen nicht. Wenn das erstere allen Substanzen begegnete, so würden wir gar keine Bewegung kennen,
wir würden also auch die Kraft der Körper von derselben
nicht benennen. Wenn aber die Substanz A in dem Augenblicke ihrer Bemühung ihre ganze Kraft nicht anwenden
kann, so wird sie nur einen Theil derselben anwenden. Sie
kann aber mit dem übrigen Theile derselben nicht unthätig
bleiben. Sie muß vielmehr mit ihrer ganzen Kraft würken,
denn sie würde sonsten aufhören eine Kraft zu heissen, wenn
sie nicht ganz angewandt würde. Daher weil die Folgen
dieser Ausübung in dem coexistirenden Zustande der Welt
nicht anzutreffen sind, wird man sie in der zweyten Abmessung derselben, nehmlich in der successiven Reihe der Dinge
finden müssen. Der Körper wird daher seine Kraft nicht

auf

auf einmal, sondern nach und nach anwenden. Er kann
aber in den nachfolgenden Augenblicken in eben dieselben
Substanzen nicht würken, in die er gleich anfänglich würkte, denn diese erbulten nur den ersten Theil seiner Kraft,
das übrige aber sind sie nicht fähig anzunehmen; also würket A nach und nach immer in andre Substanzen.
Die Substanz C aber in die er im zweyten
Augenblicke würket, muß gegen A eine ganz andre Relation
des Orts und der Lage haben, als B, in welches er gleich
anfangs würkte, denn sonst wäre kein Grund, woher A
nicht im Anfange auf einmal so wohl in die Substanz C als
in B gewürkt hätte. Eben so haben die Substanzen, in
die er in den nachfolgenden Augenblicken wirket, jedwede eine verschiedene Lage gegen den ersten Ort des Körpers A.
das heißt, A verändert seinen Ort, indem er successive würkt.

§. 5.

**Was für Schwierigkeiten daraus, in die Lehre, von
der Würkung des Körpers in die Seele fließen; wenn
man diesem keine andre Kraft, als die vim
motricem beylegt.**

Weil wir nicht deutlich gewahr werden, was ein Körper thut, wenn er im Zustande der Ruhe würket, so denken
wir immer auf die Bewegung zurück, die erfolgen würde,
wenn man den Widerstand wegräumte. Es wäre genug,
sich derselben dazu zu bedienen, daß man einen äusserlichen
Charakter von demjenigen hätte, was in dem Körper vorgehet, und was wir nicht sehen können — Allein gemeiniglich wird die Bewegung als dasjenige angesehen, was
die Kraft thut, wenn sie recht losbricht, und was die einzige
Folge derselben ist. Weil es so leicht ist sich von diesem
kleinen Abwege auf die rechte Begriffe wieder zu finden, so
sollte man nicht denken, daß ein solcher Irrthum von Folgen wäre. Allein er ist es in der That, obgleich nicht in
der Mechanik und Naturlehre. Denn eben daher wird es

K   in

in der Metaphysik so schwer, sich vorzustellen, wie die Materie im Stande sey, in der Seele des Menschen auf eine in der That würksame Art, (das ist, durch den physischen Einfluß) Vorstellungen hervorzubringen. Was thut die Materie anders, sagt man, als daß sie Bewegungen verursache? daher wird alle ihre Kraft darauf hinaus laufen, daß sie höchstens die Seele aus ihrem Orte verrücke. Allein wie ist es möglich, daß die Kraft, die allein Bewegungen hervorbringt, Vorstellungen und Ideen erzeugen sollte? Dieses sind ja so unterschiedene Geschlechter von Sachen, daß es nicht begreiflich ist, wie eine die Quelle der andern seyn könne.

§. 6.

Die Schwierigkeit, die hieraus entspringet, wenn von der Würkung der Seele in den Körper die Rede ist. Und wie diese durch die Benennung einer vis activae überhaupt könne gehoben werden.

Eine gleiche Schwierigkeit äussert sich, wenn die Frage ist, ob die Seele auch im Stande sey, die Materie in Bewegung zu setzen. Beyde Schwierigkeiten verschwinden aber, und der physische Einfluß bekommt kein geringes Licht, wenn man die Kraft der Materie, nicht auf die Rechnung der Bewegung, sondern der Würkungen in andre Substanzen, die man nicht näher bestimmen darf, setzet. Denn die Frage, ob die Seele Bewegungen verursachen könne, das ist, ob sie eine bewegende Kraft habe, verwandelt sich in diese: ob ihre wesentliche Kraft zu einer Würkung nach draussen könne bestimmet werden, das ist, ob sie ausser sich in andre Wesen zu würken und Veränderungen hervorzubringen fähig sey? Diese Frage kann man auf eine ganz entscheidende Art dadurch beantworten: daß die Seele nach draussen aus diesem Grunde müsse würken können, weil sie in einem Orte ist: Denn wenn wir den Begriff von demjenigen

jenigen zergliedern, was wir den Ort nennen, so findet man, daß er die Würkungen der Substanzen in einander andeutet. Es hat also einen gewissen scharffinnigen Schriftsteller nichts mehr verhindert, den Triumph des phyſiſchen Einfluſſes über die vorher beſtimmte Harmonie vollkommen zu machen, als dieſe kleine Verwirrung der Begriffe, aus der man ſich leichtlich heraus findet, ſo bald man nur ſeine Aufmerkſamkeit darauf richtet.

Wenn man die Kraft der Körper überhaupt nur eine würkende Kraft nennet, ſo begreift man leicht, wie die Materie die Seele zu gewiſſen Vorſtellungen beſtimmen könne.

Eben ſo leicht iſt es auch die Art vom paradoxen Satze zu begreifen, wie es nehmlich möglich ſey: daß die Materie, von der man doch in der Einbildung ſteht, daß ſie nichts als nur Bewegungen verurſachen könne, der Seele gewiſſe Vorſtellungen und Bilder eindrücke. Denn die Materie, welche in Bewegung geſetzt worden, würket in alles, was mit ihr dem Raum nach verbunden iſt, mithin auch in die Seele; das iſt, ſie verändert den innern Zuſtand derſelben, in ſo weit er ſich auf das äuſſere beziehet. Nun iſt der ganze innerliche Zuſtand der Seele nichts anders, als die Zuſammenfaſſung aller ihrer Vorſtellungen und Begriffe, und in ſo weit dieſer innerliche Zuſtand ſich auf das äuſſerliche beziehet, heißt er der Status repraeſentativus univerſi; dahero ändert die Materie, vermittelſt ihrer Kraft, die ſie in der Bewegung hat, den Zuſtand der Seele, wodurch ſie ſich die Welt vorſtellet. Auf dieſe Weiſe begreifet man, wie ſie der Seele Vorſtellungen eindrücken könne.

§. 7.

Es können Dinge würklich exiſtiren, dennoch aber nirgends in der Welt vorhanden ſeyn.

Es iſt ſchwer, in einer Materie, die von ſo weitem Umfange iſt, nicht auszuſchweifen; allein ich muß mich doch

nur

nur wieder zu dem wenden, was ich von der Kraft der Körper habe anmerken wollen. Weil alle Verbindung und Relation, ausser einander existirender Substanzen, von den gewechselten Wirkungen, die ihre Kräfte gegen einander ausüben, herrührt, so laßt uns sehen, was für Wahrheiten aus diesem Begriffe der Kraft können hergeleitet werden. Entweder ist eine Substanz mit andern ausser ihr in einer Verbindung und Relation, oder sie ist es nicht. Weil ein jedwedes selbstständiges Wesen die vollständige Quelle aller seiner Bestimmungen in sich enthält, so ist nicht nothwendig zu seinem Daseyn, daß es mit andern Dingen in Verbindung stehe. Daher können Substanzen existiren, und dennoch gar keine äusserliche Relation gegen andre haben, oder in einer würklichen Verbindung mit ihnen stehen. Weil nun ohne äusserliche Verknüpfungen, Lagen und Relationen kein Ort statt findet, so ist es wohl möglich, daß ein Ding würklich existire, aber doch nirgends in der ganzen Welt vorhanden sey. Dieser paradoxe Satz, ob er gleich eine Folge und zwar eine sehr leichte Folge der bekanntesten Wahrheiten ist, ist, so viel ich weiß, noch von niemanden angemerkt worden. Allein es fließen noch andre Sätze aus derselben Quelle, die nicht minder wunderbar sind, und den Verstand so zu sagen wider seinen Willen einnehmen.

§. 8.

Es ist im recht metaphysischen Verstande wahr, daß mehr wie eine Welt existiren könne.

Weil man nicht sagen kann, daß etwas ein Theil von einem Ganzen sey, wenn es mit den übrigen Theilen in gar keiner Verbindung stehet; (denn sonsten würde kein Unterschied unter einer würklichen Vereinigung, und unter einer eingebildeten zu finden seyn,) die Welt aber ein würklich zusammengesetztes Wesen ist, so wird eine Substanz, die mit keinem Dinge in der ganzen Welt verbunden ist, auch zu der Welt gar

nicht

nicht gehören, es sey denn etwa in Gedanken, das heißt es wird kein Theil von derselben seyn. Wenn dergleichen Wesen viel sind, die mit keinem Dinge der Welt in Verknüpfung stehen, allein gegen einander eine Relation haben, so entspringt daraus ein ganz besonder Ganzes, sie machen eine ganz besondre Welt aus. Es ist daher nicht richtig geredet, wenn man in den Hörsälen der Weltweisheit immer lehret, es könne im metaphysischen Verstande, nicht mehr wie eine einzige Welt existiren. Es ist würklich möglich, daß Gott viel Millionen Welten, auch in recht metaphysischer Bedeutung genommen, erschaffen habe; daher bleibt es unentschieden, ob sie auch würklich existiren, oder nicht. Der Irrthum, den man hierinn begangen, ist ohnfehlbar daher entstanden, weil man auf die Erklärung von der Welt nicht genau Acht gehabt hat. Denn die Definition rechnet nur dasjenige zur Welt, was mit den übrigen Dingen in einer würklichen Verbindung stehet, *) das Theorem aber vergißt diese Einschränkung, und redet von allen existirenden Dingen überhaupt.

§. 9.

Wenn die Substanzen keine Kraft hätten ausser sich zu würken, so würde keine Ausdehnung, auch kein Raum seyn.

Es ist leicht zu erweisen, daß kein Raum und keine Ausdehnung seyn würden, wenn die Substanzen keine Kraft hätten ausser sich zu würken. Denn ohne diese Kraft ist keine Verbindung, ohne diese keine Ordnung und ohne diese endlich kein Raum. Allein es ist etwas Schwerer einzusehen, wie aus dem Gesetze, nach welchem diese Kraft der Substanzen ausser sich würket, die Vielheit der Abmessungen des Raumes her folge.

K 3 　　Der

*) Mundus est rerum omnium contingentium simultanearum et successivarum inter se connexarum series.

Der Grund von der dreyfachen Dimension des Raumes ist noch unbekannt.

Weil ich in dem Beweise, den Herr von Leibniz irgendwo in der Theodicee von der Anzahl der Linien hernimmt, die von einem Punkte winkelrecht gegen einander
können gezogen werden, einen Zirkelschluß wahrnehme, so
habe ich darauf gedacht, die dreyfache Dimension der Ausdehnung, aus demjenigen zu erweisen, was man bey den
Potenzen der Zahlen wahrnimmt. Die drey ersten Potenzen derselben sind ganz einfach, und lassen sich auf keine
andre reduciren; allein die vierte, als das Quadratoquadrat, ist nichts als eine Wiederholung der zweyten Potenz.
So gut mir diese Eigenschaft der Zahlen schien, die dreyfache Raumesabmessung daraus zu erklären, so hielte sie in
der Anwendung doch nicht Stich. Denn die vierte Potenz
ist in allem demjenigen, was wir uns durch die Einbildungskraft vom Raume vorstellen können, ein Unding. Man
kann in der Geometrie kein Quadrat mit sich selber, noch
den Würfel mit seiner Wurzel multipliciren; daher beruhet die Nothwendigkeit der dreyfachen Abmessung, nicht sowohl darauf, daß wenn man mehrere setzte, man nichts
anders thäte, als daß die vorigen wiederholt würden, (so
wie es mit den Potenzen der Zahlen beschaffen ist,) sondern
vielmehr auf einer gewissen andern Nothwendigkeit, die ich
noch nicht zu erklären im Stande bin.

§. 10.

Es ist wahrscheinlich, daß die dreyfache Abmessung des Raumes von dem Gesetze herrühre nach welchem die Kräfte der Substanzen in einander würken.

Weil alles, was unter den Eigenschaften eines Din-
ges vorkömmt, von demjenigen muß hergeleitet werden können, was den vollständigen Grund von dem Dinge selber
in

in sich enthält, so werden sich auch die Eigenschaften der
Ausdehnung, mithin auch die dreyfache Abmessung derselben,
auf die Eigenschaften der Kraft gründen, welche die Substanzen, in Absicht auf die Dinge, mit denen sie verbunden
sind, besitzen. Die Kraft, womit eine Substanz in der
Vereinigung mit andern würkt, kann nicht ohne ein gewisses
Gesetz gedacht werden, welches sich in der Art seiner Würkung hervorthut. Weil die Art des Gesetzes, nach welchem die Substanzen in einander würken, auch die Art der
Vereinigung und Zusammensetzung vieler derselben bestimmen muß, so wird das Gesetz, nach welchem eine ganze
Sammlung von Substanzen (das ist ein Raum) abgemessen wird, oder die Dimension der Ausdehnung, von den
Gesetzen herrühren, nach welchen die Substanzen vermöge
ihrer wesentlichen Kräfte sich zu verhalten haben.

Die dreyfache Abmessung scheinet daher zu rühren,
weil die Substanzen in der existirenden Welt so in
einander würken, daß die Stärke der Würkung,
sich wie das Quadrat der Weiten umgekehrt
verhält.

Diesem zu folge, halte ich dafür, daß die Substanzen in der existirenden Welt, wovon wir ein Theil sind,
wesentliche Kräfte von der Art haben, daß sie in Vereinigung mit einander nach der doppelten umgekehrten Verhältniß der Weiten ihre Würkungen von sich ausbreiten; zweytens, daß das Ganze, was daher entspringt, vermöge dieses Gesetzes die Eigenschaft der dreyfachen Dimension habe;
drittens, daß dieses Gesetz willkührlich sey, und daß Gott
dafür ein anders, zum Exempel der umgekehrten dreyfachen Verhältniß hätte wählen können; daß endlich viertens
aus einem andern Gesetze, auch eine Ausdehnung von andern Eigenschaften und Abmessungen geflossen wäre. Eine
Wissenschaft von allen diesen möglichen Raumesarten, wäre
ohnfehlbar die höchste Geometrie die ein endlicher Verstand

K 4   unter-

unternehmen könnte. Die Unmöglichkeit, die wir bey uns
bemerken, einen Raum von mehr als drey Abmessungen uns
vorzustellen, scheinet mir daher zu rühren, weil unsre Seele
ebenfalls nach dem Gesetze der umgekehrten doppelten Verhältniß der Weiten die Eindrücke von draussen empfängt,
und weil ihre Natur selber dazu gemacht ist, nicht allein so
zu leiden, sondern auch auf diese Weise ausser sich zu würken.

§. 11.
Die Bedingung unter der es wahrscheinlich ist, daß es viel Welten gebe.

Wenn es möglich ist, daß es Ausdehnungen von andern Abmessungen gebe, so ist es auch sehr wahrscheinlich,
daß sie Gott würklich irgendwo angebracht hat. Denn seine
Werke haben alle die Größe und Mannigfaltigkeit, die sie
nur fassen können. Räume von dieser Art könnten nun unmöglich mit solchen in Verbindung stehen, die von ganz anderem Wesen sind; daher würden dergleichen Räume zu unsrer
Welt gar nicht gehören, sondern eigene Welten ausmachen
müssen. In dem vorigen habe ich gezeiget, daß mehr Welten im metaphysischen Sinne genommen, zusammen existiren könnten, allein hier ist zugleich die Bedingung, die,
wie mir deucht, die einzige ist, weswegen es auch wahrscheinlich wäre, daß viele Welten wirklich existiren. Denn wenn
nur die einzige Raumesart, die nur eine dreyfache Abmessung leidet, möglich ist, so würden die andern Welten, die
ich ausserhalb derjenigen setze, worinnen wir existiren, mit
der unsrigen dem Raume nach können verbunden werden;
weil sie Räume von einerley Art sind. Daher würde sich
fragen, warum Gott die eine Welt von der andern geson-
dert habe, da er doch durch ihre Verknüpfung seinem Werke
eine größere Vollkommenheit mitgetheilt haben würde; denn
je mehr Verbindung, desto mehr Harmonie und Uebereinꞓ
stimmung ist in der Welt, da hingegen Lücken und Zertren-
nungen die Gesetze der Ordnung und der Vollkommenheit
verle-

örksen. Es ist also nicht wahrscheinlich, daß viele Welten existiren, (ob es gleich an sich möglich ist,) es sey denn, daß vielerley Raumesarten, von denen ich itzo geredet habe, möglich sind.

Diese Gedanken können der Entwurf zu einer Betrachtung seyn, die ich mir vorbehalte. Ich kann aber nicht läugnen, daß ich sie so mittheile, wie sie mir beyfallen, ohne ihnen durch eine längere Untersuchung ihre Gewißheit zu verschaffen. Ich bin daher bereit sie wieder zu verwerfen, so bald ein reiferes Urtheil mir die Schwäche derselben aufdecken wird.

§. 12.

Einige Metaphysiklehrer behaupten, daß der Körper vermöge seiner Kraft, sich nach allen Gegenden zur Bewegung bestrebe.

Die neueste Weltweisheit setzet gewisse Begriffe von der wesentlichen Kraft der Körper fest, die nicht allerdings können gebilliget werden. Man nennt dieselbe eine immerwährende Bestrebung zur Bewegung. Ausser dem Fehler, den dieser Begrif, wie ich im Anfange gezeiget habe, mit sich führet, ist noch ein andrer, von dem ich anjetzt reden will. Wenn die Kraft eine immerwährende Bemühung zum Würken ist, so wäre es ein offenbarer Widerspruch, wenn man sagen wollte, daß diese Anstrengung der Kraft in Absicht auf die äussern Dinge ganz und gar unbestimmt sey. Denn vermöge ihrer Definition, ist sie ja dahin bemühet ausser sich in andre Dinge zu würken; ja nach denen angenommenen Lehrsätzen der neuesten Metaphysiklehrer würket sie würklich in dieselbe. Es scheinen daher diejenigen am richtigsten zu reden, die da sagen, daß sie vielmehr nach allen Gegenden gerichtet sey, als daß sie in Absicht auf die Richtung ganz und gar unbestimmt sey. Der berühmte Herr Hamberger behauptet daher, daß die Substantielle Kraft der Monaden sich nach allen Gegenden zur Bewegung gleich bestrebe,

ſtrebe, und ſich daher, ſo wie eine Waage, durch die Gleichheit der Gegendrücke in Ruhe erhalte.

§. 13.
Erſter Einwurf gegen dieſe Meynung.

Nach dieſem Syſtem entſtehet die Bewegung, wenn das Gleichgewicht zweyer entgegengeſetzter Tendenzen gehoben iſt, und der Körper bewegt ſich nach der Richtung der gröſſern Tendenz mit dem Uebermaße der Kraft, das dieſe über die entgegengeſetzte kleinere erhalten hat. Dieſe Erklärung befriedigt die Einbildungskraft noch zwar in dem Falle, da der bewegende Körper mit dem bewegten immer zugleich fortrücket. Denn dieſer Fall iſt demjenigen ähnlich, da jemand mit der Hand eine von zweyen gleich wiegenden Waagſchaalen unterſtützet, und hierdurch die Bewegung der andern verurſachet. Allein ein Körper, dem ſeine Bewegung durch einen Stoß mitgetheilet worden, ſetzet dieſelbe ins Unendliche fort, ungeachtet die antreibende Gewalt aufhöret in ihm zu würken. Nach dem angeführten Lehrgebäude aber, würde er ſeine Bewegung nicht fortſetzen können, ſondern ſobald der antreibende Körper abließe in ihn zu würken, würde er auch plötzlich in Ruhe gerathen. Denn weil die nach allen Gegenden gerichtete Tendenzen der Kraft des Körpers, von ſeiner Subſtanz unzertrennlich ſind, ſo wird das Gleichgewicht dieſer Neigungen ſich den Augenblick wieder herſtellen, ſo bald die äuſſerliche Gewalt, die ſich der einen Tendenz entgegengeſetzt hatte, zu würken aufhöret.

§. 14.
Zweyter Einwurf gegen dieſelbe Meynung.

Es iſt dieſes aber nicht die einzige Schwierigkeit. Weil ein Ding durchgängig beſtimmt ſeyn muß, ſo wird die Beſtrebung zur Bewegung, welche die Subſtanzen nach allen Gegenden ausüben, einen gewiſſen Grad der Intenſität haben müſſen. Denn unendlich kann ſie nicht ſeyn;

allein

allein eine endliche Bemühung zum Würken ohne eine gewisse
Größe der Anstrengung ist unmöglich: daher weil der Grad
der Intensität endlich, und bestimmt ist, so setze man:
daß ein Körper A von gleich großer Masse, gegen ihn mit
einer Gewalt anlaufe, die dreymal stärker ist, als alle die
Bemühung zur Bewegung, die dieser in der wesentlichen
Kraft seiner Substanz hat, so wird er dem anlaufenden nur
den dritten Theil seiner Geschwindigkeit durch seine vim inertiae benehmen können: Er wird aber auch selber keine
größere Geschwindigkeit erlangen, als die dem Drittheil
von der Geschwindigkeit des bewegenden Körpers gleich ist.
Nach verrichtetem Stoße also wird A als der anlaufende
Körper sich mit zwey Graden Geschwindigkeit, B aber nur
mit einem Grade, in ebenderselben Richtung fortbewegen
sollen. Weil nun B dem Körper A im Wege steht, und so
viele Geschwindigkeit nicht annimmt als er nöthig hat, damit er der Bewegung des Körpers A nicht hinderlich sey;
weil er diesem ungeachtet dieses seine Bewegung doch nicht
vermögend ist aufzuhalten, so wird sich A würklich nach
der Richtung A C Fig. I. mit der Geschwindigkeit 2, B aber,
welches dem Körper A im Wege ist, nach eben dieser Richtung mit der Geschwindigkeit wie I bewegen, beyderseits
Bewegungen aber werden dennoch ungehindert vor sich gehen.
Dieses ist aber unmöglich, es sey denn, daß man setzen
wollte, B würde von A durchdrungen, welches aber eine
metaphysische Ungereimtheit ist. *)

§. 15.

Doppelte Eintheilung der Bewegung.

Es ist Zeit, daß ich diese metaphysische Vorbereitung
endige. Ich kann aber nicht umhin noch eine Anmerkung
bey-

*) Man begreifet dieses noch deutlicher, wenn man erwäget, daß
der Körper A nach verrichtetem Stoße werde in C seyn, wenn
B den Punkt D, der die Linie A C auf die Hälfte theilet; noch
nicht

beyzufügen, die ich zum Verstande des folgenden für unent-
behrlich halte. Die Begriffe von dem todten Drucke und
von dem Maaße desselben, die in der Mechanik vorkommen,
setze ich bey meinen Lesern voraus, und überhaupt werde
ich in diesen Blättern keine vollständige Abhandlung von allen dem, was zu der Lehre der lebendigen und todten Kräfte
gehöret, vortragen; sondern nur einige geringe Gedanken
entwerfen, die mir neu zu seyn scheinen, und meiner Haupt-
absicht beförderlich seyn, das Leibnitzische Kräftenmaaß zu
verbessern. Daher theile ich die Bewegungen in zwey
Hauptarten ein. Die eine hat die Eigenschaft, daß sie sich
in dem Körper, dem sie mitgetheilt werden, selber erhält, und
ins unendliche fortdauert, wenn kein Hinderniß sich entgegen setzt. Die andre ist eine immerwährende Würkung
einer stets antreibenden Kraft, bey der nicht einmal ein Widerstand nöthig ist, sie zu vernichten, sondern die nur auf
die äusserliche Kraft beruhet, und eben so bald verschwindet,
als diese aufhöret sie zu erhalten. Ein Exempel von der ersten Art, sind die geschossene Kugeln und alle geworfene
Körper; von der zweyten Art, ist die Bewegung einer Kugel, die von der Hand sachte fortgeschoben wird, oder sonst
alle Körper, die getragen oder mit mäßiger Geschwindigkeit
gezogen werden.

§. 16.
Die Bewegung von der ersten Art ist vom todten Drucke nicht unterschieden.

Man begreift leicht, ohne sich in eine tiefe Betrachtung der Metaphysik einzulassen, daß die Kraft, die sich in
der Bewegung von der ersten Art äussert, in Vergleichung
der Kraft von dem zweyten Geschlechte, etwas unendliches
hat.

nicht überschritten hat; mithin werde jener diesen haben durch-
bringen müssen, denn sonst hätte er vor ihm keinen Vorsprung
erlangen können.

hat. Denn diese vernichtet sich zum Theile selber, und hö-
ret von selber plötzlich auf, so bald man ihr die antreibende Kraft
entziehet; man kann Sie dahero ansehen als wenn sie jeden
Augenblick verschwände, aber auch eben so oft wieder erzeuget werde. Da hingegen jene eine innerliche Quelle, eine
an sich unvergängliche Kraft ist, die in einer fortdaurenden
Zeit ihre Würkung verrichtet. Sie verhält sich also zu jener
wie ein Augenblick zur Zeit oder wie der Punkt zur Linie.
Es ist daher eine Bewegung von dieser Art von dem todten
Drucke nicht unterschieden, wie Herr Baron Wolf in seiner
Cosmologie schon angemerket hat.

§. 17.

Die Bewegung von der zweyten Art setzet eine Kraft voraus, die sich wie das Quadrat der Geschwin- digkeit verhält.

Weil ich von der Bewegung eigentlich reden will, die
sich in einem leeren Raume in Ewigkeit von selber erhält,
so will mit wenigem die Natur derselben, nach den Begriffen der Metaphysik, ansehen. Wenn ein Körper, in freyer
Bewegung, in einem unendlich subtilen Raume läuft, so
kann seine Kraft nach der Summe aller der Würkungen, die
er in Ewigkeit thut, abgemessen werden. Denn wenn dieses Aggregat seiner ganzen Kraft nicht gleich wäre, so würde man, um eine Summe zu finden, die der ganzen Iten-
sität der Kraft gleich sey, eine längere Zeit nehmen müssen,
als die unendliche Zeit ist, welches ungereimt ist. Man
vergleiche nun zweene Körper A, und B, von denen A eine
Geschwindigkeit wie 2, B aber eine solche wie 1 hat, so
drucket A, von dem Anfange seiner Bewegung an, in
Ewigkeit, die unendlich kleine Massen des Raums, den er
durchläuft, mit doppelt mehr Geschwindigkeit wie B, allein
er legt auch in dieser unendlichen Zeit einen zweymal grössern
Raum zurück als B, also ist die ganze Grösse der Würkung,
welche A verrichtet, dem Product aus der Kraft, womit er

denen

denen kleinen Theilen des Raumes begegnet, in die Menge
dieser Theile, proportionirt, und eben so ist es mit der Kraft
von B beschaffen. Nun sind beyder ihre Würkungen, in
die kleine Moleculas des Raumes, ihren Geschwindigkeiten
proportionirt, und die Menge dieser Theile sind ebenfalls
wie die Geschwindigkeiten, folglich ist die Größe der ganzen
Würkung eines Körpers zu der ganzen Würkung des andern,
wie das Quadrat ihrer Geschwindigkeiten, und also sind
ihre Kräfte auch in dieser Verhältniß. *)

§. 18.

Zweyter Grund hiervon.

Zum bessern Begriffe dieser Eigenschaft der lebendigen
Kräfte, kann man auf dasjenige zurück denken, was im 16ten
§. gesagt worden. Die todten Drucke können nichts mehr
als die einfache Geschwindigkeit zum Maaße haben, denn
weil ihre Kraft auf den Körpern, die sie ausüben, selber
nicht beruhet, sondern durch eine äussere Gewalt verrichtet
wird, so hat der Widerstand, der dieselbe überwältiget, nicht
in Absicht auf die Stärke, mit der sich diese Kraft in dem
Körper zu erhalten sucht, eine gewisse besondre Bemühung
nöthig, (denn die Kraft ist in der würkenden Substanz auf
keinerley Weise eingewurzelt und bemühet, sich in derselben
zu erhalten,) sondern sie hat nur die einzige Geschwindigkeit zu vernichten nöthig, die der Körper gebraucht, den
Ort zu verändern. Allein mit der lebendigen Kraft ist es
ganz anders. Weil der Zustand, in welchem die Substanz
sich befindet, indem sie in freyer Bewegung mit einer gewissen

*) Weil ich in dieser Schrift eigentlich der Meynung des Herrn
von Leibnitz gewisse Einwürfe entgegen setzen will, so scheint es,
daß ich mir selber widerspreche, da ich in diesem §. einen Beweiß zur Bestätigung seiner Meynung darbiete. Allein in dem
letzten Capitel werde ich zeigen, daß des Herrn von Leibnitz
Meynung, wenn sie nur auf gewisse Weise eingeschränkt wird,
wirklich statt habe.

sen Geschwindigkeit fortläuft, sich auf den innerlichen Bestimmungen vollkommen gründet; so ist dieselbe Substanz
zugleich dahin bemühet, sich in diesem Zustande zu erhalten.
Der äusserliche Widerstand also muß zugleich neben der
Kraft, die er brauchet, der Geschwindigkeit dieses Körpers
die Wage halten, noch eine besondre Gewalt haben die Bestrebung zu brechen, mit der die innerliche Kraft des Körpers angestrengt ist, in sich diesen Zustand der Bewegung
zu erhalten, und die ganze Stärke des Widerstandes, der
die Körper, die in freyer Bewegung sich befinden, in Ruhe
versetzen soll, muß also in zusammengesetzter Verhältniß
seyn, aus der Proportion der Geschwindigkeit, und der
Kraft, womit der Körper bemühet ist diesen Zustand der
Bemühung in sich zu erhalten; d. i. weil beyde Verhältnisse
einander gleich seyn, so ist die Kraft, die der Widerstand
bedarf, wie das Quadrat der Geschwindigkeit der anlaufenden Körper.

§. 19.

Ich darf mir nicht versprechen, etwas entscheidendes
und unwidersprechliches, in einer Betrachtung zu erlangen,
die bloß metaphysisch ist, daher wende ich mich zu dem folgenden Kapitel, welches durch die Anwendung der Mathematik, vielleicht mehr Ansprüche auf die Ueberzeugung wird
machen können. Unsre Metaphysik ist wie viele andre Wissenschaften in der That nur an der Schwelle einer recht gründlichen Erkenntniß; Gott weiß, wenn man sie selbige wird
überschreiten sehen. Es ist nicht schwer ihre Schwäche in
manchem zu sehen, was sie unternimmt. Man findet sehr
oft das Vorurtheil als die größte Stärke ihrer Beweise.
Nichts ist mehr hieran Schuld, als die herrschende Neigung
derer, die die menschliche Erkenntniß zu erweitern suchen.
Sie wollten gerne eine große Weltweisheit haben, allein es
wäre zu wünschen, daß es auch eine gründliche seyn möchte.
Es ist einem Philosophen fast die einzige Vergeltung für
seine Bemühung, wenn er nach einer mühsamen Untersuchung

chung sich endlich in dem Besitze einer recht gründlichen Wissenschaft beruhigen kann. Daher ist es sehr viel, von ihm zu verlangen, daß er nur selten seinem eignen Beyfall traue, daß er in seinen eigenen Entdeckungen die Unvollkommenheiten nicht verschweige, die er zu verbessern nicht im Stande ist, und daß er niemals so eitel sey, dem Vergnügen, das die Einbildung von einer gründlichen Wissenschaft macht, dem wahren Nutzen der Erkenntniß hie hintan zu setzen. Der Verstand ist zum Beyfalle sehr geneigt, und es ist freylich sehr schwer, ihn lange zurück zu halten; allein man sollte sich doch endlich diesen Zwang anthun, um einer gegründeten Erkenntniß alles aufzuopfern, was eine weitläuftige reizendes an sich hat.

Zweytes Hauptstück.

Untersuchung der Lehrsätze der Leibnitzischen Parthey von den lebendigen Kräften.

§. 20.

Ich finde in der Abhandlung, die Herr Bülfinger der Petersburgischen Academie überreicht hat, eine Betrachtung, der ich mich jederzeit als einer Regel in der Untersuchung der Wahrheiten bedienet habe. Wenn Männer von gutem Verstande, bey denen entweder auf keiner oder auf beyden Theilen die Vermuthung fremder Absichten zu finden ist, ganz wider einander laufende Meynungen behaupten, so ist es der Logik der Wahrscheinlichkeiten gemäß, seine Aufmerksamkeit am meisten auf einen gewissen Mittelsatz zu richten, der beyden Partheyen in gewisser Maaße Recht läßt.

§. 21.

§. 21.

Ich weiß nicht, ob ich sonst in dieser Art zu denken bin glücklich gewesen, allein in der Streitsache von den lebendigen Kräften hoffe ich es zu seyn. Niemals hat sich die Welt in gewisse Meynungen gleicher getheilet als in denen, die das Kräftenmaaß der bewegten Körper betreffen. Die Partheyen sind allem Ansehen nach gleich stark, und gleich billig. Es können sich freylich fremde Absichten mit einmischen, allein von welcher Parthey sollte man sagen können, daß sie hievon ganz frey wäre? Ich wähle also den sichersten Weg, indem ich eine Meynung ergreife, wobey beyde große Partheyen ihre Rechnung finden.

§. 22.

Leibnitzens und Cartesens Schätzung der Kräfte.

Die Welt hatte vor Leibnitzen dem einzigen Satze des Cartes gehuldigt, der überhaupt den Körpern, auch denen, die sich in würklicher Bewegung befinden, zum Maaße ihrer Kraft nur die bloße Geschwindigkeiten ertheilte. Niemand ließe es sich beyfallen, daß es möglich wäre in dasselbe einen Zweifel zu setzen; allein Leibnitz brachte die menschliche Vernunft durch die Verkündigung eines neuen Gesetzes plötzlich in Empörung, welches nach der Zeit eines von denen geworden ist, die denen Gelehrten den größten Wettstreit des Verstandes dargebothen haben. Cartes hatte die Kräfte der bewegten Körper nach den Geschwindigkeiten schlechthin geschätzet, allein der Herr von Leibnitz setzte zu ihrem Maaße das Quadrat ihrer Geschwindigkeit. Diese seine Regel trug er nicht, wie man denken sollte, nur unter gewissen Bedingungen vor, die der vorigen annoch einigen Platz verstatten; nein, sondern er läugnete Cartesens Gesetze absolut und ohne Einschränkung, und setzte das seinige so fort an dessen Stelle.

L

§. 23.

Erster Fehler des Leibnitzischen Kräftenmaaßes.

Es sind eigentlich zwey Stücke, die ich an des Herrn von Leibniz Regel auszusetzen finde. Dasjenige, wovon ich jetzo handeln werde, ziehet in der Sache der lebendigen Kräfte keine Folgen von Wichtigkeit nach sich; man kann es aber dennoch nicht unterlassen anzumerken, damit bey einem so großen Satze nichts versäumet werde, was ihn von allen kleinen Vorwürfen, die man ihm etwan machen möchte, befreyen kann:

Das Leibnitzische Kräftenmaaß ist jederzeit in dieser Formul vorgetragen worden: Wenn ein Körper in würklicher Bewegung begriffen ist, so ist seine Kraft, wie das Quadrat seiner Geschwindigkeit. Also ist, nach diesem Satze, das Kennzeichen von diesem Maaße der Kraft nichts wie die würkliche Bewegung. Es kann aber ein Körper sich würklich bewegen, obgleich seine Kraft nicht größer ist, als diejenige, die er etwa mit dieser Anfangsgeschwindigkeit bloß durch den Druck ausüben würde. Ich habe dieses in dem vorigen Capitel schon erwiesen, und wiederhole es nochmals.

Eine Kugel, die ich auf einer glatten Fläche ganz sachte fortschiebe, hört so gleich auf sich ferner zu bewegen, wenn ich die Hand abziehe. Es verschwindet also in einer solchen Bewegung die Kraft des Körpers alle Augenblicke; sie wird aber eben so oft durch einen neuen Druck wieder hergestellet. In demselben Augenblicke also, da der Körper den Gegenstand antrift, ist ihm seine Kraft nicht von der vorigen Bewegung noch eigen, nein, diese ist schon alle vernichtet, nur diejenige Kraft besitzt er, welche ihm die antreibende Gewalt in eben diesem Augenblick mittheilet, da er den Gegenstand berühret. Man kann ihn also ansehen, als wenn er sich gar nicht bewegt hätte, und als wenn er den Widerstand bloß im Ruhestande druckte. Ein solcher Körper ist mithin

mithin von demjenigen nicht unterschieden, der einen todten Druck ausübet, und daher ist seine Kraft nicht wie das Quadrat seiner Geschwindigkeit, sondern wie die Geschwindigkeit schlechthin. Dieses ist also die erste Einschränkung, die ich dem Leibnitzischen Gesetze mache. Er hätte nicht eine würkliche Bewegung allein, als das Kennzeichen der lebendigen Kraft angeben sollen, es war auch nöthig eine freye Bewegung hinzuzusetzen. Denn wenn die Bewegung nicht frey ist, so hat der Körper niemals eine lebendige Kraft. Nach dieser Bestimmung wird das Leibnitzische Gesetz, wo es sonsten nur richtig ist, in dieser Formul erscheinen müssen: Ein Körper, der sich in würklicher und freyer Bewegung befindet, hat eine Kraft, die dem Quadrat ꝛc. ꝛc.

§. 24.
Was eine würkliche Bewegung sey?

Nunmehro mache ich die zweyte Anmerkung, die uns die Quelle des berüchtigten Streits entdecken wird, und die vielleicht auch das einzige Mittel darbiethet, denselben wieder beyzulegen.

Die Vertheidiger von der neuen Schätzung der lebendigen Kräfte sind hierinn noch mit den Cartesianern einig, daß die Körper, wenn ihre Bewegung nur im Anfange ist, eine Kraft besitzen, die sich wie ihre bloße Geschwindigkeit verhalte. Allein so bald man die Bewegung würklich nennen kann, so hat der Körper, ihrer Meynung nach, das Quadrat der Geschwindigkeit zum Maaße.

Lasset uns nun untersuchen, was eigentlich eine würkliche Bewegung sey. Denn dieses Wort war die Ursache des Abfalls von Cartesen, allein vielleicht kann sie auch eine Ursache der Wiedervereinigung werden.

Man nennt eine Bewegung alsdenn würklich, wenn sie sich nicht bloß in dem Punkte des Anfangs befindet, son-

dern

dern wenn, indem sie währet, eine Zeit verflossen ist. Diese verflossene Zeit, die zwischen dem Anfange der Bewegung,
und dem Augenblicke, darinn der Körper würket, darzwischen
ist, die macht es eigentlich, daß man die Bewegung würklich nennen kann.

Man merke aber wohl, daß diese Zeit [*] nicht etwas
von gesetzter und gemessener Größe sey, sondern daß sie gänzlich undeterminiert ist, und nach Belieben kann bestimmt
werden. Das heißt: man kann sie annehmen so klein man
will, wenn man sie dazu brauchen soll, eine würkliche Bewegung damit anzuzeigen. Denn es ist nicht die und die
Größe der Zeit, welche die Bewegung eigentlich würklich
macht, nein, die Zeit überhaupt ist es, sie sey so klein oder
so groß, wie sie wolle.

§. 25.
Zweyter Hauptfehler des Leibnitzischen Kräftenmaaßes.

Demnach ist die in der Bewegung aufgewandte Zeit,
der wahre und einzige Character der lebendigen Kraft; und
sie allein ist es, wodurch diese ein besonderes Maaß vor der
todten erhält.

Laßt uns nun die Zeit, die von dem Anfange der Bewegung an verfließet, bis der Körper einen Gegenstand antrifft, in den er würket, durch die Linie A B vorstellig machen, wovon der Anfang in A ist. [**] In B hat der Körper
also eine lebendige Kraft, aber im Anfangspunkte A hat er
sie nicht, denn daselbst würde er einen Wiederhalt, der ihm
entgegenstünde, bloß mit einer Bemühung zur Bewegung
drucken. Laßt uns aber ferner folgender Gestalt schließen.
Vors

1ste

[*] In der Formul des Leibnitzischen Kräftenmaaßes.
[**] Fig. II.

1ste ist die Zeit A B eine solche Bestimmung des Körpers, der sich in B befindet, wodurch in ihn eine lebendige
Kraft gesetzt wird, und der Anfangspunkt A (wenn ich nehmlich den Körper in demselben setze,) ist eine Bestimmung,
die ein Grund der todten Kraft ist. Vors

2te. Wenn ich in Gedanken diese Bestimmung, die
durch die Linie A B ausgedruckt wird, kleiner mache; so setze ich den Körper dem Anfangspunkte näher, und es läßt
sich leicht verstehen, daß wenn ich dieses fortsetzte, der Körper endlich sich gar in A selber befinden würde; folglich wird
die Bestimmung A B durch ihre Abkürzung, der Bestimmung
in A immer näher gesetzt werden; denn wenn sie sich dieser
gar nicht näherte, so könnte der Körper durch die Abkürzung
der Zeit, wenn ich sie gleich unendlich fortsetzte, doch niemals den Punkt A gewinnen, welches ungereimt ist. Es
kömmt also die Bestimmung des Körpers in C, denen Bedingungen der todten Kraft näher, als in B, in D noch näher als in C, und so ferner, bis er in A selber alle Bedingungen der todten Kraft hat, und die Bedingungen zur lebendigen gänzlich verschwunden sind. Wenn aber

3tens gewisse Bestimmungen, die die Ursache einer Eigenschaft eines Körpers seyn, sich nach und nach in andere
Bestimmungen verwandeln, die ein Grund einer entgegengesetzten Eigenschaft sind, so muß die Eigenschaft, die eine
Folge der ersteren Bedingungen war, sich zugleich mit ändern, und sich nach und nach in diejenige Eigenschaft verwandeln, die eine Folge der letztern ist. *) Da nun, wenn
ich die Zeit A B, (die eine Bedingung einer lebendigen
Kraft in B ist,) in Gedanken abkürze, diese Bedingung der
lebendigen Kraft, der Bedingung der todten Kraft nothwendig näher gesetzt wird, als sie in B war, so muß auch der
Körper in C würklich eine Kraft haben, die der todten näher
kommt, als die in B, und noch näher, wenn ich ihn in D

L 3 setzte.

*) Nach der Regel posita ratione ponitur rationatum.

ſetzte. Es hat demnach ein Körper, der unter der Bedingung der verfloſſenen Zeit eine lebendige Kraft beſitzet, dieſelbe nicht in jedweder Zeit, die ſo kurz ſeyn kann, als man
will; nein, ſie muß determinirt und gewiß ſeyn, denn wenn
ſie kürzer wäre, ſo würde er dieſe lebendige Kraft nicht mehr
haben. Es kann alſo Leibnitzens Geſetze, von der Schätzung der Kräfte, nicht ſtatt finden; denn es legt den Körpern, die ſich überhaupt eine Zeit lang bewegt haben, (dies
will ſo viel ſagen, als die ſich würklich bewegen) ohne
Unterſchied eine lebendige Kraft bey, dieſe Zeit mag nun ſo
kurz oder lang ſeyn, wie man wolle. *)

§. 26.

Beweiß eben deſſelben aus dem Geſetze der Continuität.

Was ich jetzo erwieſen habe, iſt eine ganz genaue Folge aus dem Geſetze der Continuität, deſſen weitläuftigen
Nutzen man vielleicht noch nicht genug hat kennen gelernet.
Der Herr von Leibnitz, der Erfinder deſſelben, machte ihm
zum Probierſtein, an dem die Geſetze des Cartes die Probe nicht hielten. Ich halte es für den größten Beweiß ſeiner Vortreflichkeit, daß er faſt allein ein Mittel darbietet,

das

*) Der kurze Inhalt dieſes Beweiſes iſt folgender. Die Zeit, die
ſich zwiſchen dem Anfange der Bewegung, und dem Augenblicke, darinn der Körper anſtößt, befindet, kann ſo viel kürzer
gedacht werden, als beliebig iſt, ohne daß ſich dadurch verſtehen läßt, daß die Bedingung der lebendigen Kraft ſich dadurch
verlieren werde, §. 24; nun iſt aber dieſe Abkürzung ein Grund,
woraus verſtanden werden kann, daß wenn man ſie fortſetzete,
der Körper endlich werde im Anfangspunkte ſeyn, wo die lebendige Kraft ſich würklich verlieret, und dagegen die Bedingung zur todten einfindet; es iſt alſo die Verkleinerung dieſer
Zeit, kein Grund, der der Bedingung der lebendigen Kraft etwas entziehet, und iſt doch zugleich ein Grund hiezu: welches
ſich widerſpricht.

das berufenſte Geſetze der ganzen Mechanik recht aufzudecken, und in der wahren Geſtalt zu zeigen.

Man darf nur ſeine Aufmerkſamkeit auf die Art und Weiſe richten, wie Herr von Leibnitz ſich dieſes Grundſatzes gegen Carteſen bedienet hat, ſo wird man leicht wahrnehmen, wie er hier müſſe angewandt werden. Er beweiſet, diejenige Regel, die da ſtatt hat, wenn ein Körper gegen einen ſtößt, der in Bewegung iſt, müſſe auch bleiben, wenn er wider einen anläuft, der in Ruhe iſt; denn die Ruhe iſt von einer ſehr kleinen Bewegung nicht unterſchieden. Was da gilt, wenn ungleiche Körper gegen einander laufen, das muß auch gelten, wenn die Körper gleich ſind; denn eine ſehr kleine Ungleichheit, kann mit der Gleichheit verwechſelt werden.

Auf dieſe Weiſe ſchließe ich auch: was da überhaupt gilt, wenn ein Körper ſich eine Zeitlang beweget hat, das muß auch gelten, wenn gleich nur die Bewegung im Anfange iſt, denn eine ſehr kleine Dauer der Bewegung, iſt von dem bloßen Anfange derſelben nicht unterſchieden, oder man kann ſie füglich verwechſeln. Hieraus folgere ich: wenn der Körper überhaupt alsdenn eine lebendige Kraft hat, wenn er ſich eine Zeitlang, (ſie ſey ſo kurz als man will) beweget hat, ſo muß er ſie auch haben, wenn er ſich erſt anfängt zu bewegen. Denn es iſt einerley, ob er eben erſt anfängt, oder etwa ſchon eine ungemein kleine Zeit fortfährt ſich zu bewegen. Und alſo ſchließe ich, weil aus dem Leibnitziſchem Geſetze der Kräftenſchätzung dieſe Ungereimtheit folget, daß ſelber im Anfangspunkte der Bewegung die Kraft lebendig ſeyn würde, ſo könne man ihm nicht beypflichten.

Es iſt leicht wahrzunehmen, wie ſehr ſich der Verſtand dawider ſetzet, wenn dieſes Geſetz ihm in dem rechten Lichte der Deutlichkeit vorgelegt wird. Es iſt unmöglich ſich zu überreden, daß ein Körper, der im Punkte A eine todte Kraft hat, eine lebendige, die unendlichmahl größer iſt, wie die todte haben ſollte, wenn er ſich nur um eine unmerklich

L 4　　　　　Arti-

kleine Linie von diesem Punkte entfernet hat. Dieser Sprung der Gedanken ist zu plötzlich, es ist kein Weg, der uns von der einen Bestimmung zur andern überführet.

§. 27.

Die in der Bewegung verflossene Zeit, mithin auch die Würklichkeit der Bewegung, ist nicht die wahre Bedingung unter der dem Körper eine lebendige Kraft zukommt.

Man habe wohl auf das Acht, was hieraus fließet. Die verflossene Zeit, wenn sie undeterminirt vorgetragen wird, kann keine Bedingung zur lebendigen Kraft seyn; und dies habe ich vorher erwiesen, aber wenn sie gleich determinirt, und auf eine gewisse Größe eingeschränkt vorgetragen wird, so kann sie doch nicht die eigentliche Bedingung der lebendigen Kraft abgeben, und dieses beweise ich jetzt folgendergestalt.

Gesetzt, man könnte erweisen, daß ein Körper, der diese Geschwindigkeit hat, nach einer Minute eine lebendige Kraft haben werde, und daß diese Minute diejenige Bedingung sey, unter der ihm diese Kraft zukommt; so würde, wenn die Größe dieser Zeit verdoppelt würde, alles dasjenige in dem Körper doppelt seyn, was vorher, nur einzeln genommen, in ihm schon eine lebendige Kraft setzte. Er setzte aber die Größe der ersten Minute zu der Kraft des Körpers eine neue Dimension hinzu; (per hypothesin) also wird die Größe von zwey Minuten, weil sie die Bedingungen, die die erstere in sie enthielte, verdoppelt in sich begreift, zu der Kraft des Körpers eine Dimension mehr hinzusetzen. Der Körper also, der seine Bewegung frey fortsetzet, wird im Anfangspunkte derselben zwar nur eine Kraft von einer Dimension, und nach Verfließung einer Minute, eine Kraft von zwey Abmessungen haben; allein bey der zweyten Minute hat seine Kraft drey Abmessungen, bey der dritten vier,

bey

bey der vierten fünf, und so ferner. Das heißt: seine Kraft wird bey einförmiger Bewegung bald die Geschwindigkeit schlechthin, bald das Quadrat derselben, bald den Würfel, bald das Quadratoquadrat u. s. w. zum Maaße haben; welches solche Ausschweifungen sind, die niemand unternehmen wird zu vertheidigen. Man darf an der Richtigkeit dieser Schlüsse nicht zweifeln. Denn wenn man verlangt, daß eine Zeit von bestimmter Größe, die von dem Anfange der Bewegung eines Körpers, bis zu einem gewissen Punkte verfließet, die Bedingungen der lebendigen Kraft ganz und gar in sich fasse; so kann man auch nicht leugnen, daß in einer zweymal größern Zeit auch zweymal mehr von diesen Bedingungen seyn würden, denn die Zeit hat keine andere Bestimmungen wie ihre Größe. Und wenn daher eine einfache Zeit der zureichende Grund ist, eine neue Dimension in die Kraft eines Körpers hineinzubringen, so wird eine zweyfache Zeit zwey solcher Dimensionen setzen (nach der Regel: rationata sunt in proportione rationum suarum.) Man kann noch hinzusetzen: daß die Zeit nur deswegen eine Bedingung zur lebendigen Kraft seyn konnte, weil der Körper bey der Verfließung derselben sich von der Bedingung der todten, welche in dem Anfangsaugenblicke bestehet, entfernet; und deswegen diese Zeit eine bestimmte Größe haben müsse, weil er in weniger Zeit sich von den Bestimmungen der todten Kraft nicht genugsam entfernet haben würde, als die Größe einer lebendigen Kraft erfordert. Da er sich nun in einer größeren Zeit, von dem Anfangsaugenblicke, d. i. von der Bedingung der todten Kraft, immer weiter entfernet: so müßte die Kraft des Körpers ins unendliche, je länger er sich beweget, auch bey seiner einförmigen Geschwindigkeit immer mehr und mehr Abmessungen erlangen; welches ungereimt ist.

Es ist also erstens die Abwesenheit der Würklichkeit der Bewegung nicht die wahre und rechte Bedingung, welche der Kraft eines Körpers die Schätzung der schlechten Geschwindigkeit zueignet.

£ 5

Zwey-

Zweytens, weder die Würklichkeit der Bewegung überhaupt, und die damit verknüpfte allgemeine und unbestimmte Betrachtung der verflossenen Zeit, noch die bestimmte und gesetzte Größe der Zeit, ist ein zureichender Grund der lebendigen Kräft, und der Schätzung derselben nach dem Quadrat.

§. 28.
Die Mathematik kann die lebendigen Kräfte nicht erweisen.

Wir wollen aus dieser Betrachtung zwey Folgen von Wichtigkeit ziehen.

Die erste ist: daß die Mathematik niemals einige Beweise zum Vortheil der lebendigen Kräfte darbiethen könne, und daß eine auf diese Weise geschätzte Kraft, wenn sie sonsten gleich statt hat, dennoch zum wenigsten außerhalb dem Gebiethe der mathematischen Betrachtung sey. Jedermann weiß es, daß, wenn man in dieser Wissenschaft die Kraft eines mit einer gewissen Geschwindigkeit bewegten Körpers schätzen will, man an keinem bestimmten Augenblick, der in der Bewegung verflossenen Zeit, gebunden sey, sondern daß, in Absicht auf diese Einschränkung alles unbestimmt und gleichgültig sey. Es ist also die Schätzung der Kraft bewegter Körper, die die Mathematik darreicht, von der Art, daß sie sich über alle Bewegungen überhaupt erstreckt, die Zeit, die darüber verflossen ist, mag so kurz seyn, wie man wolle, und daß sie uns hierinn gar keine Grenzen setzt. Eine Schätzung von der Art aber gehet auch auf die Bewegung der Körper, die im Anfange ist, §. 25. 26. und die also todt ist, und die schlechte Geschwindigkeit zu ihrem Maaße hat. Und da die lebendigen Kräfte mit den todten zugleich unter einerley Schätzung nicht begriffen seyn können, so siehet man leicht, daß die erstere von einer mathematischen Betrachtung gänzlich ausgeschlossen seyn.

Ueber-

Ueberdem betrachtet die Mathematik in der Bewegung eines Körpers nichts wie die Geschwindigkeit, die Maße, und noch etwa die Zeit, wenn man sie dazu nehmen wollte. Die Geschwindigkeit ist niemals ein Grund der lebendigen Kraft; denn der Körper, wenn er gleich nach der Meynung der Leibnizianer eine lebendige Kraft besäße, würde sie doch nicht in allen Augenblicken seiner Bewegung haben können, sondern es würde eine Zeit nach dem Anfange derselben seyn, darinnen er sie noch nicht hätte, ob in ihm gleich alle Geschwindigkeit schon vorhanden wäre. §. 25. 26. Die Maße ist noch viel weniger ein Grund zu derselben. Endlich haben wir eben dasselbe auch von der Zeit erwiesen. Es hat hat also die Bewegung eines jeden Körpers besonders genommen, nichts in sich, was in einer mathematischen Erwegung eine ihr beywohnende lebendige Kraft anzeigte. Weil nun alle Schlüsse, die man von demjenigen macht, was ein Körper thut, der in Bewegung ist, aus denen Notionen müssen hergeleitet werden, die in der Betrachtung der Geschwindigkeit, der Maße, und der Zeit begriffen sind, so werden sie, wenn sie richtig herausgezogen sind, keine Folgerungen darbiethen, die die lebendigen Kräfte festsetzen. Und wenn es scheinet, daß sie ihnen diesen Dienst leisten, so traue man diesem Scheine nicht, denn es würde alsdenn in den Folgerungen mehr enthalten seyn, als die Grundsätze in sich faßeten, d. i. das rationatum würde größer seyn, als seine ratio.

Nach so vielfältigen und großen Bemühungen, die sich die Geometer dieser beyden Jahrhunderte gemacht haben, die Streitsache des Cartes und des Herrn von Leibniz durch die Lehren der Mathematik abzuthun, scheinet es sehr seltsam zu seyn, daß ich anfange dieser Wissenschaft die Entscheidung derselben abzusprechen. Man hat zwar eine Zeit her gestritten, ob diese Wissenschaft Cartesens Gesetze günstig sey, oder ob sie die Parthey des Herrn von Leibniz vertheidige. Allein bey diesem Zwiespalte ist jedermann darinn einig: daß man es, um die Streitfrage der Kräftenschätzung recht

recht aufzulösen, auf den Ausspruch der Mathematik müsse ankommen laſſen. Es iſt wunderbar genug: daß große Schlußkünſtler auf ſolche Abwege gerathen ſeyn ſollten, ohne wahrzunehmen, oder auch nur daran zu gedenken, ob dieſes auch der Weg ſey, der ſie zum Beſitz der Wahrheit führen könne, welcher ſie nachgeſpüret haben. Allein hier dünkt mich, daß ich Gründe finde, die mich nöthigen, alles das Wunderbare in den Wind zu ſchlagen, und wohin ſollte ich mich nach ihrem Ausspruche weiter wenden?

Die zweyte Folge, die ich aus den vorhergehenden Betrachtungen ziehe, iſt dieſe: daß die Gründe der Mathematik, anſtatt den lebendigen Kräften günſtig zu ſeyn, vielmehr Carteſens Geſetze immer beſtätigen werden. *) Dieſes muß aus den Sätzen dieſes Sphi ſchon klar ſeyn, und ich kann noch hinzuſetzen: daß die mathematiſchen Größen, die Linien, Flächen, u. ſ. w. eben dieſelben Eigenſchaften haben, wenn ſie noch ſo klein ſeyn, als wenn ſie, wer weiß, was für eine Größe haben; und daher aus den kleineſten mathematiſchen Größen, aus dem kleinſten Parallelogram, aus dem Fall eines Körpers durch die kleinſte Linie, eben dieſelben Eigenſchaften und Folgerungen müſſen hergeleitet werden können, als dem größeſten von dieſen Gattungen. Wenn nun eine Linie, die eine Bewegung anzeiget, wie ſie alsbald nach dem Anfange beſchaffen iſt, eben dieſelbe Beſtimmungen und Eigenſchaften, auch eben dieſelben Folgerungen hat, als diejenige Linie, die eine Bewegung lange nach dem Anfange andeutet: ſo wird die Kraft, die man in einer mathematiſchen Betrachtung der Bewegung eines Körpers herausbringt, niemals andere Eigenſchaften haben, als diejenige hat, die auch in der kleineſten Zeit, das iſt, in einer unendlich kleinen Zeit, von dem Anfangsaugenblicke an in dem Körper vorhanden iſt. Da dieſes nun eine todte Kraft iſt, und daher das Maaß der ſchlechten Geſchwindigkeit an ſich hat, ſo werden alle und jede mathmatiſch erwogene Bewegungen keine andere Schätzung als

ein-

*) Die Mathematik beſtätigt ſchon ihrer Natur nach Carteſens Geſetze.

einzig und allein die nach der bloßen Geschwindigkeit darlegen.

§. 29.

Wir wissen demnach, noch ehe wir uns in eine nähere
Untersuchung der Sache einlassen, daß Leibnitzens Anhänger, weil sie sich mit solchen Waffen vertheidigen wollen,
die von der Natur ihrer Sache weit entfernet sind, in dem
berüchtigten Streite wider Cartesen unterliegen werden.
Nach dieser allgemeinen Betrachtung wollen wir die Beweise
insbesondere in Erwägung ziehen, deren sich Leibnitzens
Parthey hauptsächlich in dieser Streitsache bedienet hat.

Der Herr von Leibnitz ist durch dasjenige, was man
bey dem Falle der Körper durch ihre Schwere wahrnimmt,
zuerst auf seine Meynung geleitet worden. Allein es war
ein unrecht angewandter Grundsatz des Cartes, der ihn zu
einem Irrthum führete, welcher nach der Zeit vielleicht der
scheinbarste geworden, welcher sich jemals in die menschliche
Vernunft eingeschlichen hat. Er setzte nehmlich folgenden
Satz fest: Es ist einerley Kraft nöthig, einen vier Pfund
schweren Körper einen Schuh hoch zu heben, als einen ein-
pfündigen vier Schuhe.

§. 30.
Der Satz, der den Herrn von Leibnitz zuerst auf die lebendigen Kräfte gebracht hat.

Weil er sich auf den Beyfall aller Mechaniker seiner
Zeit beruft, so dünkt mich, er habe diesen Satz aus einer
Regel des Cartes gefolgert, deren dieser sich bediente, die
Natur des Hebels zu erklären. Cartes nahm an, daß die
an einem Hebel angehangene Gewichte, die unendlich kleinen Räume durchliefen, die in ihrer Entfernung vom Ruhepunkte können beschrieben werden. Nun sind zwey Körper
alsdenn im Gleichgewichte, wenn diese Räume gegen einander umgekehrt wie die Gewichte der Körper sind; und al-

so schloß Leibniß, ist nicht mehr Kraft nöthig, einen Körper von einem Pfunde zur Höhe vier zu erheben, als einen
andern, dessen Masse vier ist, zur einfachen Höhe. Man
wird leicht gewahr, daß diese Schlußfolge aus Cartesens
Grundregel nur alsdenn herfließe, wenn die Zeiten der Bewegung gleich seyn. Denn bey der Schnellwage sind diese
Zeiten einander gleich, darinn die Gewichter ihre unendlich
kleinen Räume durchlaufen würden. Der Herr von Leibniß ließ diese Bedingung aus der Acht, und schloß auch auf
die Bewegung in Zeiten, die einander nicht gleich seyn.

§. 31.

Des Herrn Herrmanns Beweiß, daß die Kräfte wie die Höhen sind, die sie durch dieselben errei-chen können.

Die Vertheidiger dieses Mannes scheinen den Einwurf
gemerkt zu haben, den man ihnen wegen der Zeit machen
könnte. Daher haben sie ihre Beweise so einzurichten gesucht, als wenn der Unterschied der Zeit bey der Kraft, welche die Körper durch den Fall erlangen, durchaus für nichts
anzusehen sey.

Es sey die unendliche Feder A B, *) welche die Schwe-
re vorstellet, die den Körper in währendem Fallen aus A in
B verfolget; so, sagt Herr Herrmann, werde die Schwere dem Körper in jedem Punkte des Raumes einen gleichen
Druck mittheilen. Diese Drucke bildet er durch die Linien
A C, D E, B F, u. s. w. ab, die zusammen das Rektan-
gulum A F ausmachen. Der Körper hat also nach seiner
Meynung, wenn er den Punkt B erreicht hat, eine Kraft,
die der Summe aller dieser Drucke, d. i., dem Rectangulo
A F gleich ist. Es verhält sich also die Kraft in D, zur
Kraft in B, wie das Rectangulum A E, zum Rectangulo A F,
d. i. wie der durchgelaufene Raum A D, zum Raum A B,
mithin wie die Quadrate der Geschwindigkeiten in D und B.

So

*) Fig. III.

So schließt Herr Herrmann, indem er behauptet, daß die Würkung, welche die Schwere in einem Körper thut, welcher frey fällt, sich nach dem Raume richte, den er im Fallen zurücklegt.

Die Cartesianer hingegen behaupten, daß die Würkung der Schwere, nicht denen, in aufgehaltener Bewegung, zurückgelegten Raumen, sondern den Zeiten proportionirt seyn, in welchen der Körper entweder fällt oder zurücksteigt. Ich werde itzo einen Beweiß geben, der die Meynung der Cartesianer außer Zweifel setzen wird, und daraus man zugleich wird einsehen lernen, worinn der scheinbare Beweiß des Herrn Herrmanns fehle.

§. 32.
Beweiß, der den Fall des Herrn Herrmanns widerlegt.

Es ist gleich viel Kraft nöthig, eine einzige von den fünf gleich gespannten Federn *) A, B, C, D, E, eine Secunde lang zuzudrücken, als sie alle fünfe nach und nach binnen eben dieser Zeit zuzudrücken. Denn man theile die Secunde als die Zeit, wie lange der Körper M die Feder A zugedrückt hält, in fünf gleiche Theile, anstatt daß nun M alle diese fünf Theile der Secunde hindurch, auf die Feder A losdrückt, so nehme man an, daß er die Feder A nur in dem ersten Theil der Secunde drücke, und daß in dem zweyten Theil der Secunde, anstatt der Feder A, die andere B, die gleichen Grad der Spannung hat, untergeschoben werde, so wird in der Kraft die M zu drücken brauchet, bey dieser Verwechselung kein Unterschied anzutreffen seyn. Denn die Federn B und A sind in allem vollkommen gleich, und also ist einerley, ob in dem zweyten Secundtheile annoch dieselbe Feder A oder ob B gedruckt werde. Eben so ist es gleich viel, ob M in dem dritten Theil der Secunde, die dritte Feder

*) Fig. IV.

der C ſpanne, oder ob er in dieſem Zeittheile annoch auf die vorige B drückte; denn man kann eine Feder an der andern Stelle ſetzen, weil ſie nichts unterſchieden ſeyn. Es wendet alſo der Körper M ſo viel Kraft an, die einzige Feder A eine ganze Secunde lang zugedrückt zu halten, als er braucht fünf ſolcher Federn binnen eben dieſer Zeit nach und nach zu ſpannen. Eben dieſes kann geſagt werden, man mag die Menge der Federn auch ins unendliche vermehren, wenn die Zeit des Druckes nur gleich iſt. Es iſt alſo nicht die Menge der zugedrückten Federn, wornach die Kraft des Körpers, der ſie alle ſpannet, abgemeſſen wird, ſondern die Zeit der Druckung iſt das rechte Maaß.

Jetzt laßt uns die Vergleichung, die Herr Herrmann zwiſchen der Würkung der Federn und dem Druck der Schwere anſtellet, annehmen, ſo werden wir finden, daß die Zeit, wie lange die Kraft des Körpers der Schwere widerſtehen kann, und nicht der zurückgelegte Raum, dasjenige ſey, wornach die ganze Würkung des Körpers müſſe geſchätzt werden.

Dieſes iſt alſo der erſte Verſuch, der, wie ich glaube, dasjenige beſtätigt, was ich oben geſagt habe, daß nehmlich Carteſens Meynung in mathematiſchen Beweiſen das Geſetz des Herrn von Leibnitz übertreffe.

§. 33.

Der Carteſianer Fehler in Behauptung eben derſelben Sache.

Ich finde in dem Streite der Carteſianer, wider die Vertheidiger der lebendigen Kräfte, den die Frau Marquiſin Chaſtelet mit vieler Beredſamkeit ausgeführet hat, daß ſich jene auch des Unterſchiedes der Zeit bedienet haben, um die Schlüſſe der Leibnitzianer von dem Falle der Körper unkräftig zu machen. Allein aus demjenigen, was ſie aus der Schrift des Herrn von Mairan, gegen die neue Schätzung

zung der Kräfte anführet, sehe ich, daß ihm der wahre Vortheil unbekannt gewesen sey, den er aus dem Unterschiede der Zeit hätte ziehen können, und den ich im vorhergehenden §. angezeigt zu haben glaube, welcher gewiß so einfach und deutlich ist, daß man sich wundern muß, wie es möglich gewesen, ihn bey einem solchen Lichte des Verstandes nicht wahrzunehmen.

Es ist gewiß recht seltsam, wie weit sich diese Männer verirret haben, indem sie einem wahren Gesetze der Natur nachgiengen, daß nemlich die Kraft, die die Schwere einem Körper raubet, der Zeit und nicht dem Raume proportionirt sey. Nachdem sie sich so weit vergangen, daß sie den Leibnitzianern zugegeben, ein Körper könne mit doppelter Geschwindigkeit vierfache Wirkung thun, nachdem sie, sage ich, ihre Sache so verdorben haben, so sind sie genöthigt, sich mit einer ziemlich schlechten Ausflucht zu retten, daß nehmlich der Körper zwar eine vierfache Wirkung, aber nur in doppelter Zeit thue. Sie dringen daher ungemein ernstlich darauf, daß die Kräfte zweyer Körper nach denen Wirkungen geschätzt werden müssen, die sie in gleichen Zeiten thun, und daß man darauf gar nicht zu sehen habe, was sie etwa in ungleichen Zeiten ausrichten können. Man hat dieser Ausflucht mit unendlicher Deutlichkeit begegnet, und ich begreife nicht, wie es möglich gewesen ist, sich dem Zwange der Wahrheit noch ferner zu widersetzen.

Wir sehen aber auch hieraus, daß es eigentlich nur die Fehlschlüsse der Cartesianer seyn, welche Leibnitzens Parthey triumphiren machen, und daß sie den Streit gar nicht durch die Schwäche ihrer Sache verlieren. Sie würden allemal die Oberhand behalten, wenn sie die rechten Waffen ergreifen möchten, die ihnen die Natur der Sache eigentlich darbiethet.

M   §. 34.

§. 34.
Ein Zweifel des Herrn Lichtscheids wird gehoben.

Ich habe erwiesen, daß die Würkungen, welche die Schwere ausübet, und der Widerstand, den sie im Hinauf-steigen verübet, sich wie die Zeit verhalte, welche die Körper in der Bewegung zubringen. Allein, ich besinne mich auf einen Fall, der vielleicht scheinbar genug ist, diesen Satz bey einigen zweifelhaft zu machen. Herr Lichtscheid bemer-ket in den Actis Erudit., wenn man einen Perpendikel *) aus D auf eine solche Art fallen läßt, daß sich der Faden an dem Widerhalte E anleget, mithin indem er aus B in C wieder in die Höhe steiget, einen kleinern Circul beschreibet, so erlan-ge er doch, vermöge seiner in B erhaltenen Geschwindigkeit, wieder die Höhe C F, welche der Höhe D G gleich ist, von der er heruntergefallen. Es ist aber die Zeit, die der Per-pendikel, im Falle durch den Bogen D B, zubringt, länger, als die Zeit in der er bis C wieder in die Höhe steigt. Also hat die Schwere dorten in dem Perpendikel länger, als wie hier gewirket. Man sollte nun denken, wenn es wahr ist, was ich vorher erwiesen habe, daß die Schwere in größern Zeiten größere Würkung thue, so habe der Körper in B eine größere Geschwindigkeit erhalten müssen, als die Schwere in der Bewegung aus B in C ihm wieder zu nehmen im Stande ist. Er müßte also vermittelst dieser Geschwindig-keit vermögend seyn, sich noch über den Punkt C hinauf zu schwingen, welches doch nach den Beweisen des Herrn Lichtscheids falsch ist.

Wenn man aber nur bedenket, daß der Faden A B, dem Körper, indem er sich aus D in B beweget, stärker ent-gegen gesetzt ist, und den Fall durch seine Schwere mehr hindert, als der Faden E B, oder E C, in dem Falle aus C in B; so läßet sich auch leicht begreifen, daß das Element der Kraft, welches sich in allen Augenblicken des Hinabstei-gens aus D in B in den Körper häufet und sammlet, kleiner

sey

sey wie die elementarische Kraft, die die Schwere im Gegentheil in den Körper C jedweden Augenblick hineinbringt, wenn
er aus C in B hinabsinket. Denn da es einerley ist, ob
ein Körper, der an einem Faden befestiget ist, durch den
Zurückhalt A genöthiget werde, den Cirkelbogen D B oder
C B durchzulaufen, oder ob er auf einer eben so gekrümmten
Fläche B D C B frey hinab kugele, so kann man sich vorstellen, als wenn der Fall, von dem wir reden, auf zwey
solchen holen mit einander verbundenen Flächen würklich geschehe. Nun ist die Fläche D B stärker gegen die Horizontallinie geneigt, als die andere C B, mithin ist in jener der
Körper zwar den Antrieben der Schwere länger ausgesetzt,
als in dieser, allein die Fläche hindert dafür auch einen gröf-
fern Theil der Schwere, die bemühet ist sich dem Körper
einzuverleiben, als es die andere C B thut.

Ich hätte der Auflösung dieses Einwurfs überhoben
seyn können, weil die Anhänger des Herrn von Leibnitz seine Schwäche selber wahrgenommen zu haben scheinen, da
ich nirgends finde, daß sie sich desselben bedienet hätten.
Allein Herr von Leibnitz, der von Herrn Lichtscheid zum
Richter seiner Abhandlungen erwählt worden war, ertheilet
derselben einen rühmlichen Beyfall, und sein Ansehen ist es,
welches ihm einiges Gewicht beylegen könnte.

§. 35.

Ehe ich die Materie, von dem Falle der Körper
durch ihre Schwere verlasse, will ich den Vertheidigern
der lebendigen Kräfte noch einen Fall aufzulösen geben, der,
wie mich dünkt, hinlänglich darthun soll: daß die Betrachtung der Zeit von der Schätzung der Kraft, die die Schwere
in einen Körper hineinbringt, unmöglich ausgeschlossen werden könne, wie Herr von Leibnitz, und die Vertheidiger
desselben, uns bis daher haben überreden wollen.

M 2 §. 36.

§. 36.

Neuer Fall, der darthut, daß in der Schätzung der Kraft, die durch die Schwere entstehet, die Zeit nothwendig mit müsse in Erwegung gezogen werden.

Der Fall ist folgender: Ich stelle mir auf die, den Cartesianern und Leibnitzianern gewöhnliche Art, die Drucke der Schwere, die einem Körper von der Höhe *) ab, bis zur Horizontallinie b c mitgetheilet werden, durch die unendliche Anzahl Blechfedern, AB, CD, EF, GH, vor. Ferner setze ich einen Körper m auf die schiefe Fläche a c und einen andern l lasse ich von a in b frey herunter fallen. Wir werden nun die Leibnitzianer die Kraft des Körpers m, der durch den Druck der Federn die schiefe Fläche a c herunter getrieben wird, am Ende dieses schrägen Falles in c schätzen? Sie können nicht anders, als das Produkt, aus der Menge Federn, die den Körper aus a bis in c antreiben, in die Kraft, die jede Feder demselben nach der Richtung a c eindrücket, zum Maaße angeben, denn dieses erfordert ihr Lehrgebäude, wie wir aus dem Falle des Herrn Herrmanns, §. 31. gesehen haben. Und eben so werden sie auch die Kraft, die sich in dem andern Körper l findet, der von a bis in c frey fällt, durch das Factum, aus der Menge Federn von denen er fortgetrieben worden, in die Intensität, womit jede ihn fortgestoßen hat, zu schätzen genöthiget. Es ist aber die Anzahl Federn von beyden Seiten, sowohl die schiefe Fläche a c, als die Höhe a b hindurch, gleich, also bleibt nur die Stärke der Kraft, die jede Feder in beyden Fällen in ihren Körper hineinbringt, zum wahren Maaße der in b und c erlangten Kräfte der Körper l und m übrig. Diese Stärke, womit eine jede von denen Blechfedern den Körper m nach der Richtung der schiefen Fläche a c drucket, verhält sich zu der Intensität des Druckes eben dieser Blech-

*) Fig. VI.

federn

federn auf den Körper l nach der Richtung seiner Bewegung
ab, wie a b zu a c; wie uns die ersten Anfangsgründe der
Mathematik lehren. Es wird also die Kraft, die der Körper l am Ende des Perpendikularfalles in b hat, zu der
Kraft, die m am Ende des schiefen Falles in c hat, sich
gleichfalls wie a c zu a b verhalten; welches ungereimt ist,
denn beyde Körper haben in b und c gleiche Geschwindigkeiten, und also auch gleiche Kräfte.

Die Cartesianer entgehen diesem Einwurfe, indem sie
die Zeit mit herbeyziehen. Denn obgleich jede Feder in den
Körpern m auf der schiefen Fläche a c weniger Kraft hineinbringt, (weil ein Theil durch den Widerstand der Fläche verzehret wird,) so würken dafür diese Federn in den Körper m
viel länger als in den Körper l, der ihrem Drucke eine viel
kürzere Zeit ausgesetzet ist.

§. 37.

Nachdem ich erwiesen habe, daß die Betrachtung derer durch die Schwere fallenden Körper den lebendigen Kräften auf keinerley Weise vortheilhaft sey, so ist es Zeit, eine
andere Gattung von Beweisen in Erwegung zu ziehen, auf
die sich die Vertheidiger der lebendigen Kräfte jederzeit sehr
viel zu gute gethan haben. Es sind diejenigen, die ihnen die
Lehre von der Bewegung elastischer Körper darzubieten scheinet.

§. 38.

Es sind in der Trennung, die des Herrn von Leibnitz
Kräftenschätzung in der Welt veranlasset hat, so viel Verblendungen und Abwege unter den Geometern entstanden, als
man bey großen Schlußkünstlern kaum vermuthen sollte. Die
Nachrichten, die man uns von allen den Vorfällen dieses berüchtigten Streites aufbehalten wird, werden dereinst in der
Geschichte des menschlichen Verstandes eine sehr nutzbare
Stelle einnehmen. Keine Betrachtung ist siegreicher über
die Einbildung derjenigen, die die Richtigkeit unsrer Ver-
nunftschlüsse so sehr erheben, als solche Verführungen, de-

M 3 nen

nen die scharfsinnigsten Meister der Geometrie in einer Untersuchung nicht haben entgehen können, die ihnen vor andern Deutlichkeit, und Ueberzeugung hätte gewähren sollen.

Es wäre unmöglich gewesen auf solche Abwege zu gerathen, wenn die Herren Leibnitzianer sich hätten die Mühe
geben wollen, auf die Construction derer Beweise selber ihre Aufmerksamkeit zu richten, die sie jetzt als unüberwindliche Beweißthümer vor die lebendigen Kräfte ansehen.

§. 39.
Die Summe aller Beweise, die aus der Bewegung elastischer Körper hergenommen sind.

Fast alle Beweise, zum wenigsten die scheinbarsten,
unter denen, die man für die lebendigen Kräfte, von der
Bewegung elastischer Körper durch den Stoß, entlehnet hat, sind auf folgende Art entsprungen. Man hat
die Kraft, die sich in ihnen nach verübtem Stoße befindet,
mit der Kraft vor dem Anstoße verglichen. Jene ist größer
befunden worden, als diese, wenn man sie nach dem Produkt aus der Masse in die Geschwindigkeit geschätzet hat, allein nur alsdenn zeigte sich eine vollkommene Gleichheit,
wenn man anstatt der schlechten Geschwindigkeit, das Quadrat derselben setzte. Hieraus haben die Herren Leibnitzianer geschlossen, ein elastischer Körper würde nie vermögend
seyn in diejenige, die er stößt, so viel Bewegung hineinzubringen, als würklich geschiehet, wenn seine Kraft nur schlechthin wie seine Geschwindigkeit wäre; denn nach diesem Maaße sey die Ursache immer kleiner, als die hervorgebrachte
Würkung.

§. 40.
Die Leibnitzianer widerlegen ihre Schlüsse durch ihre eigene mechanische Lehrgebäude.

Dieser Schluß wird durch die Lehrsätze dererjenigen
selber, die sich derselben bedienet haben, vollkommen widerleget.

leget. Ich will Wrens, Wallis, Huygens, und anderer mechanische Entdeckungen nicht anführen. Der Herr Regierungsrath und Freyherr von Wolf soll mein Gewährsmann seyn. Man sehe seine Mechanik, die in aller Hände ist, man wird darinn Beweise finden, die keinen Zweifel mehr übrig lassen, daß die elastische Körper dem Gesetze, von der Gleichheit der Würkungen und der Ursache, ganz gemäß, alle die Bewegungen andern Körpern ertheilen, ohne daß man nöthig hat in ihnen eine andere Kraft, als die bloße Geschwindigkeit zu setzen. Ich kann noch dazu thun, daß man die lebendigen Kräfte gar nicht, auch nicht dem Rahmen nach, kennen darf, ohne daß dieses im geringsten hinderlich seyn sollte, zu erkennen, daß von der Kraft eines federharten Körpers, in dem Anlaufe gegen andere gleichartige, die und die Bewegungen herfliessen werden, die jedweder aus derselben herleitet. Ist es nicht seltsam, nach einem geometrischen Beweise, darinn man die nach der bloßen Geschwindigkeit geschätzte Kraft, hinlänglich befunden, eine gewisse Größe der Bewegung in andern Körpern daraus herzuleiten, ich sage nach einem solchen Beweise, sich noch den Gedanken einkommen zu lassen, daß diese Kraft nicht groß genug dazu sey? Heißt dieses nicht, alles widerrufen, was einmal in aller Strenge erwiesen worden, und das bloß wegen einer geringen Anscheinung zum Gegentheil? Ich bitte diejenigen, die diese Blätter lesen, nur die Mechanik, die ich angeführt habe, hiermit zusammen zu halten, sie können nichts anders als die größeste Ueberzeugung fühlen: daß sie gar keinen Begriff von der Schätzung nach dem Quadrate nöthig haben, um in aller Strenge diejenigen Folgen und Bewegungen zu finden, die man den federharten Körpern zuzueignen pflegt. Wir wollen uns also von diesem Fußsteige durch alle Verführungen nicht ableiten lassen. Denn was in einem geometrischen Beweise als wahr befunden wird, das wird auch in Ewigkeit wahr bleiben.

M 4 §. 41.

§. 41.

Der Fall des Herrn Herrmanns von dem Stoße dreyer elaſtiſcher Körper.

Laſſet uns dasjenige in einem beſondern Falle darthun, was wir überhaupt erwieſen haben. Herr Herrmann läſſet in der Abhandlung, die er zur Vertheidigung der lebendigen Kräfte verfertiget hatte, einen Körper *) A, deſſen Maſſe 1, und die Geſchwindigkeit 2 iſt, auf einer vollkommen glatten Fläche, eine Kugel B, die ruhig, und deren Maſſe 3 iſt, nachher aber, indem A von der Kugel B abprellet und mit einem Grade Geſchwindigkeit wieder zurück kehret, eine Kugel C, die 1 zur Maſſe hat, ſtoßen. Die Kugel A wird der Kugel B einen Grad Geſchwindigkeit, und dem Körper C auch einen mittheilen, und alsdenn wird ſie ſich in Ruhe befinden. Herr Herrmann ſchließt hieraus, wenn die Kräfte nur wie die Geſchwindigkeiten wären, ſo würde A vor dem Stoße eine Kraft wie 2 haben, nach dem Stoße aber würde ſich in den Körpern B und C zuſammen eine vierfache Kraft befinden, welches ihm ungereimt zu ſeyn ſcheinet.

Wir wollen unterſuchen, wie der Körper A mit einer Kraft wie 2, in die Körper B und C eine vierfache Kraft ohne ein Wunderwerk hineinbringen könne, oder ohne daß es nöthig ſey die lebendigen Kräfte zu Hülfe zu rufen. Man ſtelle ſich die elaſtiſche Kraft des Körpers *) A, die durch den Stoß würkſam wird, durch die Feder A D und die Elaſticität der Kugel B, durch die Feder D B vor. Wir wiſſen nun aus den erſten Gründen der Mechanik: daß der Körper A in die Kugel B vermittelſt der Federn ſo lange noch immer neue Drückungen und Kräfte hineinbringe, bis ſich B und A mit gleichen Geſchwindigkeiten fortbewegen, welches alsdenn geſchiehet, wenn die Geſchwindigkeit dieſer Körper ſich zur Geſchwindigkeit der Kugel A vor dem Anlaufe verhält, wie die Maſſe A zur Summe beyder Maſſen

A

*) Fig. VII.

A und B zusammen; d. i. in dem gegenwärtigen Falle, wenn sie sich mit ½ Geschwindigkeit in der Richtung BE fortbewegen: Niemand leugnet es, daß hierinn noch die Würkung der nach der Geschwindigkeit geschätzten Kraft proportional befunden werde. Allein laßt uns auch untersuchen, was denn mit den Federn AD und BD geschehe, indem der Körper A vermittelst ihrer in die Kugel B würket. Weil die Feder AD in dem Puncte D eben so viel Kraft gegen die Feder DB anwenden muß, als diese dem Körper B eindrücken soll; die Kugel B aber der Würkung, welche in sie geschiehet eben so stark widerstehet, so ist klar, daß die Feder DB, durch die Anstrengung der andern Feder, mit eben demselben Grade Kraft werde zusammen gedrückt werden, als sie in die Kugel B hinein bringet. Eben desgleichen wird die Kugel A ihre Feder AD mit eben demselben Grade zusammen halten, womit diese im Punkte D in die Feder DB würket; weil nehmlich diese Feder der Feder AD eben so stark entgegen drücket, als diese in sie würket, mithin auch eben so stark als die Kugel A diese seine Feder zusammen zu drücken bemühet ist. Da nun die Kraft, womit die Feder DB gespannet wird, dem Widerstande der Kugel B, mithin auch der Kraft, welche diese Kugel hiedurch empfängt, gleich ist; die Kraft der Zusammendrückung der Feder AD aber jener auch gleich ist: so sind beyde so groß, als die Kraft, die der Körper B hiebey erhalten hat, d. i. womit er sich mit einer Masse wie 3, und ½ Grad Geschwindigkeit beweget. Wenn daher diese beyde Federn auffspringen; so giebt die Feder DB der Kugel B eine Geschwindigkeit, die der, vor dem Auffspringen gleich ist, nehmlich ½; und die Feder AD dem Körper B, weil er dreymal weniger Masse hat als B, auch dreymal so viel Geschwindigkeit, nehmlich 1 $+$ ½ Grad; denn wenn die Kräfte gleich seyn, so sind die Geschwindigkeiten in umgekehrter Verhältniß der Massen, per hypothesin. Also hat die Kugel B von dem Anlaufe des Körpers A, und hernach auch von dem Auffspringen ihrer Feder, zusammen 1 Grad Geschwindigkeit, in der Rich-

tung

tung BE. Die Kugel A aber, weil die Geschwindigkeit
½, die in ihr nach dem Anlaufe in der Richtung AE noch
übrig war, von derjenigen, welche die Auffspringung der
Feder in sie nach der Richtung AC hineinbrachte, muß abgezogen werden, empfängt auch ein Grad Geschwindigkeit,
womit sie sich in der Richtung AC fortbeweget, *) welches
gerade der Fall ist, den Herr Herrmann für unmöglich gehalten hat nach dem Cartesianischen Gesetze zu erklären.

Ich schließe hieraus: der Körper A könne mit 2 Graden Geschwindigkeit, und auch mit 2 Graden Kraft, die
Würkung vollkommen ausrichten, die Herr Herrmann ihm
abstreiten wollen; und man verletze das Gesetz, von der
Gleichheit der Ursachen und Würkungen, wenn man
behauptet, er habe 4 Grade Kraft gehabt, und doch nur
so viel ausgerichtet, als er mit 2 ausrichten können.

§. 42.

Der Grund des Irrthums in der Schlußrede des Herrn Herrmanns.

Wir wollen in dem Schlusse des Herrn Herrmanns
noch den rechten Punkt der Falschheit aufsuchen, der sich
zugleich fast allenthalben findet, wo man nur die elastischen
Körper zum Behuf der lebendigen Kräfte hat brauchen wollen. Man hat also geschlossen: die Kräfte der Körper nach
dem Stoße müssen der Kraft vor demselben gleich seyn;
denn die Würkungen sind so groß wie die Ursachen, die sich
erschöpfet haben sie hervorzubringen. Hieraus ersehe ich,
daß sie dafür gehalten haben, der Zustand und die Größe
der Kraft, nach geschehenen Stoße, sey einzig und allein
eine Würkung der Kraft, die in dem anlaufenden Körper

. vor

*) Den Körper C mische ich hiebey nicht mit ein, denn weil seine
Geschwindigkeit und Masse in nichts von der Masse und Ge-
schwindigkeit der Kugel B unterschieden ist, so wird er von
Herrn Herrmann ohne Noth anstatt des Körpers B eingeschoben.

vor dem Anstoße befindlich war. Dieses ist der Fehltritt,
deffen Folgen wir gesehen haben. Denn die Bewegungen,
die eigentlich, und auf eine vollständige Art, von der Kraft
des anlaufenden Körpers A herrühren, sind nichts mehr,
als daß sich A und B da wie die Feder zusammen gedrückt
war, mit $\frac{1}{2}$ Geschwindigkeit beyde fortbewegten, die Zusammendrückung der Feder war nicht so wohl eine besondere
Würkung der Kraft, womit A gegen B fortrückte, als vielmehr eine Folge von der Trägheitskraft beyder Körper.
Denn B konnte die Kraft $1 + \frac{1}{2}$ nicht erlangen, ohne eben
so stark gegen die drückende Feder DB zurück zu würken,
und die Feder AD könnte also keine Kraft in B hineinbringen, ohne daß der Zustand der Gleichheit des Druckes und
Gegendruckes nicht zugleich die Feder BD gespannet hätte.
Ferner könnte der Körper A die Feder DB vermittelst seiner
Feder AD nicht drücken, ohne daß diese eben hiedurch mit
einem gleichen Grade der Intensität wäre gespannet worden.
Man darf sich darüber nicht wundern, daß auf diese Weise
zwey ganz neue Kräfte in die Natur kommen, die vorher in
A alleine nicht befindlich waren. In dem Augenblicke, darinnen auch unelastische Körper sich stoßen, ist mehr Kraft
in der Ausübung, als vor dem Stoße war. Dieses geschiehet würklich, wenn auch ein unelastischer Körper in einen
andern würket, nur daß in diesem Falle die Folgen dieser
neuen Kraft, nicht wie bey federharten Körpern, aufbehalten werden, sondern verlohren gehen. Denn in dem Augenblicke, darinn A mit der Kraft x in B würket, empfängt
nicht allein B diese Kraft nach der Richtung Bc, sondern B
würkt zugleich noch mit der Intensität x in A wieder zurück.
Es sind also vors erste z x in der Natur vorhanden; nehmlich x vor dem Druck der Kugel A gegen B, und ebenfalls x
vor dem Gegendruck der Kugel B: zweytens noch x, als
die Kraft, die aus A in B nach der Richtung Bc übertritt.
Die beyden ersten Gewalten werden in dem Zusammenstoße
elastischer Körper angewandt, zwey Federn zu spannen, die
hernach, wenn sie aufspringen, denen Körpern ihre Kräfte
mit-

mittheilen. Die elastischen Körper sind daher diejenige Maschinen der Natur, welche angelegt seyn, die ganze Größe der Kraft aufzubehalten, die in dem Augenblicke des Zusammenstoßes in der Natur befindlich ist; denn ohne diese würde ein Theil der Kräfte verlohren gehen, die der Conflictus der Körper in die Welt gebracht hat.

§. 43.

Ich habe, in der Auflösung des Herrmannischen Falles, nichts gesagt, was diesem Philosophen im Grunde des Beweises hätte unbekannt seyn können; oder was die ansehnlichsten Verfechter der lebendigen Kräfte würden zu leugnen verlangen, wenn es darauf ankäme, daß sie sich deswegen erklären sollten. Herr Herrmann mußte nothwendig wissen, wie man die Bewegungen, die in dem Stoße elastischer Körper entsprungen, aus ihrer bloßen Geschwindigkeit herleiten können; denn ohne dieses hätte es ihm unmöglich a priori bekannt seyn können: daß eine Kugel von einfacher Masse, in dem Stoße gegen eine dreyfache, mit zwey Graden Geschwindigkeit, vier Grade Kraft hervorbringe. Ich sage, dieser Fall hätte ihm selber, ohne die Art der Auflösung, welche wir gegeben haben, nicht bekannt seyn können; denn jedermann weiß: daß man in einer mechanischen Untersuchung, die Bewegungen, die ein elastischer Körper durch den Stoß hervorbringe, finde, indem man dasjenige zuerst insbesondere suchet, was er ohne seine Federkraft thut, und hernach die Würkung der Elasticität dazu nimmt, Aydes aber nach demjenigen bestimmet, was er nach Proportion seiner Masse und seiner schlechten Geschwindigkeit thun kann. Man kann nichts stärkeres, in der Art der Schlußrede, die man ein argumentum ad hominem kennt, gegen den Herrn Herrmann und die Leibnitzianer überhaupt vorbringen. Denn sie müssen entweder bekennen: daß alle Beweise, darinn sie bis daher einig gewesen, den Grund von den Bewegungen zugeben, welche in dem Stoße elastischer Körper entspringen, falsch gewesen;

oder

ober sie müssen gestehen: daß ein solcher Körper, allein
mit der, der Masse und Geschwindigkeit schlechthin zusammen genommen proportionirten Kraft, die Bewegungen hervorgebracht habe, weswegen sie ihn das Quadrat der Geschwindigkeit nöthig zu haben glaubten.

§. 44.

Der Frau von Chastelet ist diese Auflösung unbe-
kannt gewesen.

Ich werde durch den Streit der Frau Marquisin
von Chastelet mit dem Herrn von Mairan überführet,
daß es nicht überflüßig gewesen sey, jetzo eine ausführliche
Entwickelung, der Art und Weise, wie die elastische Körper durch den Stoß eine größere Quantität der Bewegung
in die Welt bringen, als vor dem Stoß darinn gewesen,
gegeben zu haben. Denn wenn Herr von Mairan saget:
Die elastische Kraft sey eine wahre Maschine der Natur, rc. daß wenn man alle Würkungen des Stoßes
elastischer Körper besonders betrachten will, indem
man dasjenige als positiv summiret, was sie in den
beyden entgegengesetzten Richtungen geben, man die
neue Kraft, die daraus in der Natur zu entspringen
scheinet, und sich durch den Stoß äussert, keinesweg-
ges der Thätigkeit des stoßenden Körpers zuschreiben
müsse, als wenn er dieselbe nur in den gestoßenen
übertrüge, sondern einer fremden Quelle der Kraft rc.
Mit einem Worte einer gewissen physicalischen Ursache der Elasticität, welche es auch immer sey, deren
Würksamkeit der Stoß nur losgemacht, und so zu
sagen die Feder abgedrückt hat rc. ich sage, wenn Herr
von Mairan dieses saget, so antwortet ihm die Frau von
Chastelet: es sey unnütze es zu untersuchen, bis der
Urheber dieser Meynung sich die Mühe genommen,
dasjenige, was er hier behaupten wollen auf einigen
Beweiß zu gründen. Ich habe mir die Ehre genommen,

mich

mich dieser Mühe anstatt des Herrn von Maltan zu unterziehen, und dieses ist die Rechtfertigung, womit ich meine Weitläuftigkeit in dieser Materie entschuldige.

§. 45.

Herrn Jurins Einwurf von dem Gegenstoße zweener unelastischer und ungleicher Körper.

Es ist den Leibnitzianern durch Herrn Jurin, und andere, noch dieser Einwurf gemacht worden: daß zweene unelastische Körper, die sich einander mit solchen Geschwindigkeiten begegnen, welche sich umgekehrt wie ihre Masse verhalten, doch nach dem Stoß in Ruhe verbleiben. Hier sind nun, nach der Lehre von den lebendigen Kräften, zweene Kräfte, die man so ungleich machen kann, als man will, und die sich dennoch einander im Gleichgewicht erhalten.

Des Herrn Bernoulli Widerlegung dieses Einwurfs durch Vergleichung mit der Zudrückung der Federn.

Ich finde in der Frau von Chastelet Naturlehre eine Antwort auf diesen Einwurf, die, wie ich aus der Anführung ersehe, den berühmten Herrn von Bernoulli zum Urheber hat. Der Herr Bernoulli ist nicht glücklich gewesen, eine Schutzwehre vor seine Meynung ausfindig zu machen, welche seines Nahmens würdig gewesen wäre. Er sagt: daß die unelastischen Körper in einander durch den Eindruck ihrer Theile eben dieselbe Würkung thun, als wenn sie eine Feder, die sich zwischen ihnen befände, zusammen drückten: daher nimmt er eine Feder R *) an, die sich zu gleicher Zeit auf beyde Seiten ausdehnet, und von beyden Seiten Körper von ungleicher Masse treibet. Er beweiset, daß die Ge-

schwin-

*) Fig. IX.

Schwindigkeiten, die den Körpern durch diese Feder mitgetheilet werden, in gegenseitiger Verhältniß ihrer Massen
sind, und daß also, wenn die Kugeln A und B mit diesen
Geschwindigkeiten zurückkehrten, sie die Feder wieder in den
ersten Stand der Zusammendrückung setzen würden. Bis so
weit ist alles richtig, und mit den Lehrsätzen der Cartesianer
vollkommen übereinstimmend. Allein lasset uns sehen, wie
er seinen Schluß verfolget. Die Theile der Feder, indem
sie aus einanderspringt, bewegen sich theils nach der Seite
von A, theils nach der Seite von B, der Punct der Thei-
lung aber ist in R, der die Feder nach der umgekehrten Proportion der Massen A und B theilet. Es würket also der
Theil RB von der Feder R in den Körper B, dessen Masse
3 ist, hingegen theilet der andere Theil RA, der Kugel A
deren Masse 1. ist seine Kraft mit. Es verhalten sich aber
die Kräfte, welche in diese Körper gebracht werden, wie die
Anzahl der Federn, die ihren Druck an sie angewandt haben; folglich sind die Kräfte derer Kugeln A und B ungleich, obgleich ihre Geschwindigkeiten in umgekehrter Proportion ihrer Massen stehen. Wenn nun die Feder R sich
völlig ausgedehnet hat, und die Körper kämen mit eben denselben Geschwindigkeiten gegen sie zurück, welche sie ihnen
beym Losspringen mitgetheilet hat, so siehet man leicht,
daß einer den andern vermittelst der Zusammendrückung der
Feder in Ruhe versetzen würde. Nun sind ihre Kräfte ungleich, folglich erkennet man hieraus, wie es möglich sey,
daß sich zwey mit ungleichen Kräften einander in Ruhe versetzen können. Hievon macht er die Anwendung auf den
Zusammenstoß der unelastischen Körper.

§. 46.

Des Herrn Bernoulli Gedanken werden widerlegt.

Ich erkenne in dieser Schlußrede nicht den Herrn Bernoulli, der gewohnt war, seine Beweise in viel vollkommener

ner Schärfe zu bilden. Es ist unstreitig gewiß, daß die von einander springende Feder einem von denen Körpern A und B eben so viel Kraft ertheilen müsse, als wie dem andern. Denn sie bringet so viel Kraft in die Kugel A als die Intensität groß ist, mit der sie sich gegen die andere Kugel B steifet. Wenn sie sich gar nicht an irgend einen Widerhalt steifete, so würde sie der Kugel A gar keine Kraft ertheilen, denn alsdenn würde sie ohne einzige Würkung losspringen. Daher kann diese Feder keine Kraft an A anwenden, ohne von der andern Seite der beweglichen Kugel B eben demselben Grad der Gewalt einzudrücken. Es sind also die Kräfte der Kugeln A und B einander gleich, und nicht, wie die Länge AR zu RB.

Man siehet leicht, wie der Irrthum in dem Schlusse des Herrn Bernoulli entsprungen sey. Der Satz auf den die Leibnitzische Parthey so sehr dringet, ist die Quelle desselben: nemlich, daß die Kraft eines Körpers sich wie die Anzahl Federn verhalte, die in ihn gewürket haben. *) Wir haben denselben schon oben widerlegt, und der Fall des Herrn Bernoulli bestätiget unseren Gedanken.

§. 47.
Der Gedanke des Herrn Bernoulli bestätigt unsre Meynung.

Man kann nicht ohne Vergnügen wahrnehmen, wie vortreflich diese Erklärung, der man sich zur Vertheidigung der lebendigen Kräfte hat bedienen wollen, uns zu Waffen dienet, dieselbe vielmehr völlig niederzuschlagen. Denn da es einmal gewiß ist, daß die Feder R den Körpern, deren Massen 1 und 3 sind, gleiche Kräfte ertheilet, §. 46. ferner

daß

---

*) Die Körper A und B haben also deswegen gleiche Kräfte, weil die Federn RA und RB in sie gleich lange gewürket haben; und weil die Theile dieser Federn alle gleich stark gespannet waren.

daß die Geschwindigkeit der Kugel deren Masse 1 ist dreyfach, und die Geschwindigkeit der andern einfach sey, wie die Leibnitzianer selber gestehen; so fließen daraus zwey Folgen, die beyde den lebendigen Kräften schnurstracks widerstreiten. Erstlich, daß die Kraft, die ein Körper durch den Druck der Federn erhält, sich nicht wie die Anzahl der Federn verhalte, welche ihn fortgestoßen haben, sondern vielmehr wie die Zeit der Würkung derselben; zweytens, daß ein Körper, der eine einfache Masse, und eine dreyfache Geschwindigkeit hat, nicht mehr Kraft habe, als ein anderer, der dreymal mehr Massen, aber nur eine einfache Geschwindigkeit hat.

§. 48.
Vertheidigung der lebendigen Kräfte durch die beständige Erhaltung einerley Größe der Kraft in der Welt.

Bis hieher haben wir gesehen, wie sich Leibnitzens Anhänger des Zusammenstoßes elastischer Körper bedienet haben, die lebendige Kraft dadurch zu vertheidigen. Allein die Anwendung derselben war bloß mathematisch. Sie haben aber auch einen metaphysischen Grund in diesem Stücke der Phoronomie zum Behuf ihrer Meynung zu finden vermeynet. Herr von Leibnitz ist selbst der Urheber desselben, und sein Ansehen hat ihm kein geringes Gewichte ertheilet.

Er nahm Cartesens Grundsatz willig an; daß sich in der Welt immer einerley Größe der Kraft erhalte, allein nur einer solchen Kraft, deren Quantität nach dem Quadrate der Geschwindigkeit geschätzt werden muß. Er zeigte, daß das alte Maaß der Kraft diese schöne Regel nicht verstatte. Denn wenn man dasselbe annimmt, so vermindere oder vermehre sich die Kraft in der Natur unaufhörlich, nachdem die Stellung der Körper gegen einander verändert wird. Leibnitz glaubte, es sey der Macht und Weisheit Gottes unanständig, daß er genöthiget seyn sollte, die Be-

N   wegung

wegung, die er seinem Werke mitgetheilet, ohne Unterlaß wieder zu erneuern, wie Herr Newton sich einbildete, und dieses trieb ihn an, ein Gesetz zu suchen, wodurch er dieser Schwierigkeit abhelfen könnte.

§. 49.
Erste Auflösung dieses Einwurfs.

Weil wir in dem vorigen erwiesen haben, daß die lebendigen Kräfte, in der Art wie sie von ihren Vertheidigern selber gebraucht werden, nehmlich im mathematischen Verstande, nirgends Platz finden können; so rettet sich hier die Macht und Weisheit Gottes schon selber durch die Betrachtung der gänzlichen Unmöglichkeit der Sache. Wir können uns allemal hinter diese Schutzwehre verbergen, wenn wir etwa in einer andern Art der Antwort auf diesen Einwurf den kürzern ziehen sollten. Denn wenn es gleich nach dem Gesetze der Bewegung, welches wir behauptet haben, nothwendig wäre, daß der Weltbau, nach einer allmähligen Erschöpfung seiner Kräfte, endlich völlig in Unordnung geriethe, so kann dieser Streich die Macht und Weisheit Gottes doch nicht treffen. Denn man kann es dieser nimmer verdenken, daß sie nicht ein Gesetz in die Welt gebracht hat, wovon wir wissen, daß es absolut unmöglich sey, und daher auf keine Weise statt haben könne.

§. 50.
Zweyte Antwort auf gedachten Einwurf.

Allein man erhohle sich nur. Wir sind noch nicht gezwungen eine so verzweifelte Ausflucht zu ergreifen. Dies würde heissen den Knoten abhauen, wir wollen ihn aber lieber auflösen.

Wenn die Leibnitzianer es zur Erhaltung der Weltmaschine für unumgänglich nöthig halten, daß die Kraft der Körper der Schätzung nach dem Quadrat unterworfen sey, so können wir ihnen diese kleine Forderung zugestehen. Alles, was ich bis daher erwiesen habe, und noch bis zum Beschlusse dieses Hauptstückes zu erweisen gedenke, geht nur dahin, sie zu überzeugen: daß weder in einer abstrakten Betrachtung, noch in der Natur, die Kraft der Körper, auf eine solche Art wie die Leibnitzianer es thun, nemlich, mathematisch erwogen, eine Schätzung nach dem Quadrat geben werde. Ich habe aber deswegen noch nicht den lebendigen Kräften gänzlich abgesagt. In dem dritten Hauptstücke dieser Abhandlung werde ich darthun, daß in der Natur würklich diejenigen Kräfte zu finden seyn, deren Maaß das Quadrat ihrer Geschwindigkeit ist; nur mit der Einschränkung, daß man sie auf die Art, wie man es bis daher angefangen hat, niemals entdecken werde; daß sie sich vor dieser Gattung der Betrachtung (nemlich der mathematischen) auf ewig verbergen werden, und daß nichts, wie irgend eine metaphysische Untersuchung, oder etwa eine besondere Art von Erfahrungen, selbige uns bekannt machen können. Wir bestreiten hier also nicht eigentlich die Sache selbst, sondern den modum cognoscendi.

Demnach sind wir mit den Leibnitzianern in der Hauptsache einig, wir könnten es also vielleicht auch in den Folgerungen derselben werden.

§. 51.
Die Quelle des Leibnitzischen Schlusses von Erhaltung eben derselben Größe der Kraft.

Es gründet sich aber der Einwurf des Herrn von Leibnitz auf einer falschen Voraussetzung, die seit langer Zeit in die Weltweisheit schon viel Unbequemlichkeit hineingebracht hat. Es ist nemlich zu einem Grundsatze in der Naturlehre geworden, daß keine Bewegung in der Natur entstehe, als vermittelst einer Materie, die auch in würklicher Bewegung ist; und daß also die Bewegung, die in einem Theile der Welt ver-

N 2

lohren

lohren gegangen, durch nichts anders, als, entweder durch eine andre würkliche Bewegung, oder die unmittelbare Hand Gottes könne hergestellet werden. Dieser Satz hat denenjenigen jederzeit viel Ungelegenheit gemacht, die demselben Beyfall gegeben haben. Sie sind genöthiget worden ihre Einbildungskraft mit künstlich ersonnenen Wirbeln müde zu machen, eine Hypothese auf die andre zu bauen, und anstatt, daß sie uns endlich zu einem solchen Plan des Weltgebäudes führen sollten, der einfach, und begreiflich genug ist, um die zusammengesetzte Erscheinungen der Natur daraus herzuleiten; so verwirren sie uns mit unendlich vielseltsamen Bewegungen, die viel wunderbarer und unbegreiflicher sind, als alles dasjenige ist, zu dessen Erklärung selbige angewandt werden sollen.

Wie man dieser Schwierigkeit abhelfen könne.

Herr Hamberger hat, so viel ich weiß, zuerst Mittel dargebothen, diesem Uebel abzuhelfen. Sein Gedanke ist schön, denn er ist einfach, und also auch der Natur gemäß. Er zeiget (aber noch in einem sehr unvollkommnen Risse,) wie ein Körper eine würkliche Bewegung durch eine Materie empfangen könne, die doch selber nur in Ruhe ist. Dieses beuget unzehligen Abwegen, ja öfters so gar Wunderwerken vor, die mit der entgegengesetzten Meynung vergesellschaftet sind. Es ist wahr, der Grund dieses Gedankens ist metaphysisch, und also auch nicht nach dem Geschmacke der itzigen Naturlehrer; allein es ist zugleich augenscheinlich: daß die allerersten Quellen von den Würkungen der Natur, durchaus ein Vorwurf der Metaphysik seyn müssen. Dem Herrn Hamberger ist sein Vorsatz nicht gelungen, der Welt einen neuen Weg anzuweisen, der kürzer und bequemlicher ist, uns zur Erkenntniß der Natur zu führen. Dieses Feld ist ungebaut geblieben; man hat sich von dem alten Wege noch nicht losreissen können, um sich auf den neuen

zu

zu wagen. Ist es nicht wunderbar, daß man sich einem
unermeßlichen Meere von Ausschweifungen und willkührli-
chen Erdichtungen, der Einbildungskraft anvertrauet, und
dagegen die Mittel nicht achtet, die einfach und begreiflich,
aber eben daher auch die natürlichen sind? Allein dieses ist
schon die gemeine Seuche des menschlichen Verstandes. Man
wird noch sehr lange von diesem Strohme hingerissen werden. Man wird sich an der Betrachtung belustigen, die
verwickelt und künstlich ist und wobey der Verstand seine eigene Stärke wahrnimmt. Man wird eine Physik haben,
die von vortreflichen Proben der Scharffinnigkeit, und der
Erfindungskraft voll ist; allein keinen Plan der Natur selbst
und ihrer Würkungen. Aber endlich wird doch diejenige
Meynung die Oberhand behalten, welche die Natur, wie
sie ist, das ist einfach und ohne unendliche Umwege schildert.
Der Weg der Natur ist nur ein einziger Weg. Man muß
daher erstlich unzählig viel Abwege versucht haben, ehe man
auf denjenigen gelangen kann, welcher der wahre ist.

Die Leibnitzianer sollten mehr als andere die Meynung
des Herrn Hambergers ergreifen. Denn sie sind es, welche behaupten, daß ein todter Druck, der sich in dem Körper, welchem er mitgetheilt worden, erhält, ohne daß ihn
eine unüberwindliche Hinderniß wieder vernichtet, zu einer
würklichen Bewegung erwachse. Sie werden also auch nicht
leugnen können: daß ein Körper, der sich an die Theile
einer Flüßigkeit, die ihn umgiebt, nach einer Richtung mehr
anhängt, als nach der andern, alsdenn eine würkliche Bewegung erhalte, wenn diese Flüßigkeit von der Art ist, daß
sie ihm seine Kraft durch ihren Widerstand nicht wieder vernichtet. Dieses muß sie von demjenigen überzeugen, was
ich ißt behaupte, nehmlich: daß ein Körper eine würkliche
Bewegung von einer Materie empfangen könne, welche selber in Ruhe ist.

N 3   Ent-

Entſcheidung des Einwurfs, den der Herr von Leibnitz machet.

Wie werden wir alſo dem Streiche ausweichen, den der Herr von Leibnitz dem Carteſianiſchen Geſetze, durch die Betrachtung der Weisheit Gottes beybringen wollen? Es kommt alles darauf an, daß ein Körper eine würkliche Bewegung erhalten könne, auch durch die Würkung einer Materie, welche in Ruhe iſt. Hierauf gründe ich mich. Die allererſten Bewegungen in dieſem Weltgebäude ſind nicht durch die Kraft einer bewegten Materie hervorgebracht worden; denn ſonſt würden ſie nicht die erſten ſeyn. Sie ſind aber auch nicht durch die unmittelbare Gewalt Gottes, oder irgend einer Intelligenz, verurſachet worden, ſo lange es noch möglich iſt, daß ſie durch Würkung einer Materie, welche im Ruheſtande iſt, haben entſtehen können; denn Gott erſparet ſich ſo viele Würkungen, als er ohne, den Nachtheil der Weltmaſchine thun kann, hingegen macht er die Natur ſo thätig und würkſam, als es nur möglich iſt. Iſt nun die Bewegung, durch die Kraft, einer an ſich todten und unbewegten Materie, in die Welt zu allererſt hineingebracht worden; ſo wird ſie ſich auch durch dieſelbe erhalten und, wo ſie eingebüſſet hat, wieder herſtellen können. Man müßte alſo eine große Luſt zum Zweifeln haben, wenn man noch ferner Bedenken tragen wollte, zu glauben: daß das Weltgebäude keinen Abbruch erleiden dürfe, wenn gleich in dem Stoße der Körper gewiſſe Kräfte verlohren giengen, welche vorher darinn waren.

§. 52.

Nach Leibnitzens Geſetze iſt die Kraft in dem Anſtoße eines kleinen elaſtiſchen Körpers gegen einen größern vor und nach dem Stoße gleich.

Ich erhohle mich wieder von einer Ausſchweifung, die mich von der Hauptſache, darinn ich verwickelt bin, etwas ent-

entfernet hat. Ich habe schon angemerkt, daß die Verfechter der lebendigen Kräfte sich insbesondere mit derjenigen
Beobachtung sehr viel dünken lassen, dadurch sie befunden
haben: daß, wenn die Kraft der Körper nach dem Gesetze
des Herrn von Leibnitz geschätzet wird, sich in dem Anlaufe
elastischer Körper vor und nach dem Stoße allemal einerley
Größe der Kraft befände. Dieser Gedanke, der auf eine
so wundersame Art den lebendigen Kräften geneigt zu seyn
scheinet, soll uns vielmehr behülflich werden dieselbe niederzuschlagen. Laßt uns folgender Gestalt schließen: Dasjenige Gesetz, nach welchem, in dem Anlaufe eines
kleinern elastischen Körpers gegen einen größern, nach
dem Stoße nicht mehr Kraft befunden wird, als vor demselben, ist falsch. Nun ist Leibnitzens Gesetze von der Art,
Ergo etc. etc.

§. 53.

**Die angeführte Beobachtung ist Leibnitzianern, ist den
lebendigen Kräften gänzlich entgegen.**

Unter den Vordersätzen dieser Schlußrede ist nur der
major zu erweisen. Wir wollen dieses auf folgende Weise
bewerkstelligen. Indem die Kugel A *) gegen eine größere
B anläuft, so empfängt in dem Augenblicke, darin A den
Stoß ausübet, und die Feder zudrückt, die wir die Elasticität nennen, der Körper B nicht mehr Kraft, als er durch
seine Trägheitskraft in A vernichtet, und der Körper A im
Gegentheil verlieret nicht mehr von seiner Kraft durch den
Widerstand der Masse B, der sich vermittelst der Intensität
der Feder, die er spannet, in ihn fortpflanzet, als er in eben
diese Kugel hineinbringt. Wenn man dieses leugnen wollte,
so würde auch nicht mehr gewiß seyn, daß die in einen Körper übertragene Würkung mit seiner Gegenwürkung gleich
sey. Es ist also die Feder gespannet, und in beyden Kör-

N 4   pern

*) Fig. VIII.

pern zusammen genommen ist eben dieselbe Kraft vorhanden, die vorher in der Kugel A allein befindlich war. Wenn diese Federn der beyderseitigen Elasticität nun losspringen, so dehnen sie sich gegen beyde Kugeln gleich stark aus. Nun ist es klar, daß wenn A noch nach verübter Zudrückung der Federn in der Richtung A E eine so große Kraft besäße, als die ist, womit nun die ihm zugehörige Feder aufspringet; so würde die Aufspringung dieser Feder eben so viel Kraft der Kugel A benehmen können, als auf der andern Seite die Feder D B in B hineinbringt; und also würde freylich, nachdem alles vollbracht ist, in denen Körpern A und B, so wohl durch den Stoß, als durch die Elasticität, keine Kraft mehr befindlich seyn, als vorhero in A allein war. Allein es ist vergeblich dieses vorauszusetzen. Wenn der Stoß geschehen, und die Feder eben zugedrückt ist, so hat A eben so viel Geschwindigkeit als B, nach der Richtung A E, aber weniger Masse, als auch weniger Kraft, als die Feder in ihrer Losspringung ausübet; denn diese hat eine Kraft der Spannung, die so groß ist, als die Kraft der Kugel B. Hieraus folget, daß die Elasticität nicht so viel von der Kraft, die in A befindlich ist, rauben kann, als sie dem Körper B mittheilet. Denn A hat nicht so viel Kraft, folglich kann sie ihm auch nicht genommen werden. Demnach muß durch die Würkung der Elasticität in B ein neuer Grad Kraft hinzukommen, ohne daß dafür eben so viel auf der andern Seite abgienge; ja es erzeuget sich so gar noch dazu ebenfalls in A eine neue Kraft. Denn da die Elasticität nichts mehr von Kraft fand, was sie in A verrichten konnte, so setzte die Kugel sich derselben mit nichts als der Trägheitskraft entgegen, und empfieng den Grad der Gewalt, den die Feder über die Kraft der Kugel A noch in sich hatte, um damit gegen C zurück zu kehren.

Es ist also klar: daß in dem Falle, da ein kleiner federharter Körper gegen einen größern anläuft, nach dem Stoße mehr Kraft vorhanden seyn müsse, als vor demselben

ben

ben. Nun würde man das Gegentheil setzen müssen, nemlich: daß nach dem Stoße nur eben dieselbe Größe der Kraft sich finde, als vor demselben, wenn Leibnitzens Kraftenmaaß wahr wäre. Also müssen wir entweder dieses Gesetz leugnen, oder aller der Ueberzeugung absagen, die uns in diesem §. dargethan worden.

§. 54.

Das vorige erhellet noch deutlicher, wenn man den Fall nimmt, darin ein größerer elastischer Körper, einen kleineren stößet.

Wir werden von der Richtigkeit desjenigen, was itzo gesagt worden, vollkommen überführet werden, wenn wir den vorigen Fall umkehren, und annehmen, daß die Kugel B *) von größerer Masse gegen die kleinere A anläuft. Denn hier verlieret erstlich die Kugel B durch den Stoß gegen A nicht mehr auch nicht weniger Kraft, als sie eben hierdurch in A erzeuget, (wenn wir nemlich dasjenige allein erwägen, was vorgehet, bevor die Elasticität sich hervorthut,). Also ist, ehe die Federkraft ihre Würkung thut, die Kraft in diesen Körpern weder vermehret, noch kleiner geworden. Nun ist die Federkraft mit demjenigen Grade gespannet, womit der Körper A gegen C fortrücket, also ist ihre Intensität kleiner, als die Kraft, die in B nach der Richtung BC übrig ist, sie wird sie also, wenn sie aufspringt, niemals erschöpfen, wenn sie gleich ihre ganze Gewalt anwendet. Und wenn nun also die Feder, die in dem Stoße gespannet worden, aufspringt, so wird sie zwar in den Körper A eine neue Kraft bringen, allein sie wird auch eben so viel in B vernichten, als sie jener Kugel mittheilet. Also wird auch durch die Federkraft die ganze Kraft nicht größer werden; weil allemal von der andern Seite eben so viel geraubet wird, als auf der einen hineinkommt.

Wir sehen hieraus, daß einzig und allein in dem Falle, da ein größerer Körper einen von kleinerer Masse stößt, allerley

R 5

merley Grad Kraft in dem Stoße aufbehalten werde; und daß in allen andern Fällen, wo die Elasticität nicht an der einen Seite so viel Kraft zu vernichten findet, als sie an der andern erzeuget, jederzeit die Kraft nach dem Stoße größer werde, als vor demselben; welches das Leibnitzische Gesetz zerstöhret. Denn in demselben bleibt in allen nur möglichen Fällen immer eben dieselbe Größe der Kraft in der Natur, ohne einigen Abgang oder Vermehrung.

§. 55.

Die Berechnung bestätigt es, daß in dem Falle, da ein größerer Körper einen kleineren stößt, nach dem Cartesianischen Gesetze eben dieselbe Größe der Kraft verbleibe.

Die Leibnitzianer sollten uns also, wenn sie könnten, einen Fall vorlegen, da ein größerer elastischer Körper einen kleinern anstößt, und der der Schätzung des Cartesius widerstritte; so würde niemand dagegen was aussetzen können. Denn nur einzig und allein ein solcher Fall würde entscheidend und ohne Ausnahme seyn; weil man in demselben nach dem Stoße gewiß immer die ganze Größe der Kraft vor demselben antrift. Allein niemalen hat sich irgend ein Vertheidiger der lebendigen Kräfte gewaget, in dieser Art des Stoßes das Cartesianische Gesetz anzugreifen; denn er würde nothwendig ohne Mühe wahrgenommen haben: daß die mechanischen Regeln mit der Cartesianischen Schätzung hier ganz wohl übereinstimmen. Man nehme z. E. an: daß die Masse der Körper B dreyfach, und A einfach sey, und daß B mit 4 Graden Geschwindigkeit gegen A anlaufe. Man argumentire alsdenn nach der bekannten phoronomischen Regel: Wie der Unterschied der Massen A und B zur Summe derselben; so verhält sich die Geschwindigkeit der Kugel B noch nach dem Stoße, zur Geschwindigkeit vor demselben. Sie hat also 2 Grade, ferner wie 2 B: A + B; so ist die Geschwindigkeit der Kugel A nach dem Stoße, zur

Geschwin-

Geschwindigkeit, die in B vor demselben war. A erlange
also 6 Grade Geschwindigkeit. Mithin ist, nach Cartesia-
nischer Schätzung die Kraft nach dem Conflictu in beyden
Körpern zusammen 12; vor demselben war sie aber auch
12. Und das ist es, was man verlanget hat.

§. 56.

Die Kraft, womit der kleinere Körper von dem größern abprallt, hat das Zeichen Minus.

Wenn man die Quantität einer Kraft messen will, so
muß man sie in ihren Würkungen verfolgen. Man muß
aber diejenigen Phänomena vorhero davon absondern, die
mit denen Würkungen zwar verbunden sind, aber keine eigentliche Folge der Kraft seyn, die da geschätzet werden soll.

Wenn nun ein elastischer Körper, einen andern von
größerer Masse anstößt; so wissen wir aus den Gesetzen
der Bewegung, daß der kleinere, mit einem gewissen Grade
Kraft nach dem Schlage zurück kehre. Wir haben auch
aus den letzten Paragraphis gelernet, daß diese Kraft, womit der kleinere Körper von dem größeren abprellet, dem
Ueberschusse derjenigen Kraft gleich sey, den die Anstrengung der lebendig gemachten Elasticität, über die Kraft des
Körpers A hat, womit dieser ehe die Federkräfte beyder
Kugeln würksam wurden, mit der Kugel B zusammen nach
der Richtung AE fortrückte. Nun war, (nach demjenigen,
was vorher erwiesen worden,) so lange die Elasticität noch
in dem Körper A eine Kraft antraf, die nach AB gerichtet
war, welche sie nach ebendemselben Maaße vernichten konnte, als sie in die Kugel B Kraft hineinbrachte, ich sage,
so lange war nichts in beyden Körpern zusammen genommen, was nicht ganz genau dieselbe Quantität der Kraft in
sich enthielte, die vorher in A, als der Ursache, allein vorhanden gewesen; folglich war so lange der Zustand beyder
Körper als eine rechtmäßige Würkung der Kraft die A von
dem

dem Anstoße hatte, anzusehen. Denn die Würkung ist jeder
zeit weder größer noch kleiner als die Ursache. Wir wissen
aber ferner; daß, wenn die Federkraft schon alle Kraft
vernichtet hat, die in A nach der Richtung AE noch übrig
war; sie in beyde Körper A und B neue Kräfte hineinbringe, welche über diejenigen also hinzukommen, welche ge-
nuine und vollständige Würkung der Kugel A ausmachten.
Wir werden also diese aus der Bewegung beyder Kugeln auf
die Weise wieder herausziehen können: wenn wir dem Körper A die Kraft nehmen, mit dem er nach dem Schlage zurückkehret, und auch eben so viel von der Kraft abziehen,
welche die Kugel B erlanget hat: Hieraus ist leicht zu ersehen: daß die Kraft, womit eine kleiner elastische Kugel
von einer größern, an welche sie anläuft, abprallet, von
einer verneinenden Art sey, und das Zeichen minus vor sich
habe. Wenn, z. E. eine Kugel A mit 2 Graden Geschwindigkeit gegen eine von dreyfacher Masse B anläuft; so pral-
let sie nach dem Stoße mit einem Grade Geschwindigkeit
ab, und giebt der Kugel B auch einen Grad. Die Kraft
nun, womit A nach dem Stoße zurück kehret, kann man
nicht zu der Kraft der Kugel B hinzuthun, wenn man die
ganze Größe der Würkung haben will, welche A verübet
hat. Nein, sie muß so wohl dem Körper A weggenommen,
als auch von der Kraft, die in B ist, abgezogen werden.
Der Ueberrest, welcher 2 ist, wird die ganz vollständige
Würkung seyn, die durch die Kraft der Kugel A vollzogen
worden. Also hat eine Kugel, die 2 zur Masse, und 1 zur
Geschwindigkeit hat, eben die Kraft als eine andere, welche eine einfache Masse, und eine zwiefache Geschwindigkeit
besitzet.

§. 57.

Die Frau von Chastelet hat hierüber zur Unzeit gescherzet.

Es hat also der erleuchteten Frau Marquisin von
Chastelet gegen den Herrn von Mairan, zur Unzeit gefal-

len

fen scherzhaft zu seyn. Sie antwortet ihm auf eben die
Beobachtung, die wir izo angeführt haben: Sie glaubte, er würde nicht leichtlich einen Versuch machen,
und sich auf dem Wege eines Körpers befinden wollen, der mit dem Zeichen Minus bemerket, mit 500 oder
1000 Graden Kraft zurückschlüge. Ich glaube es auch;
und ich würde mich sehr betrügen, wenn ich besorgte, daß
Herr von Mairan sich einlassen würde, die Wahrheit auf
diese Weise auszumachen. Allein die Sache kommt nicht
darauf an; daß die Kraft, welche mit dem Zeichen Minus
bemerket worden, nicht eine würkliche Kraft sey, wie die Frau
Marquisin daraus zu schließen scheinet. Der Herr von
Mairan hat dieses ohne Zweifel hiermit nicht sagen wollen.
Sie ist in der That eine würkliche Kraft, und würde auch
Würkungen ausüben, wenn man sie auf die Proben stellen
wollte. Nur dieses wird hiedurch angedeutet: daß sowohl
diese Kraft als auch ein Theil in der Kraft der Kugel B, welcher ihr gleich ist, nicht zu der vollständigen Würkung der
Kugel A könne gerechnet werden; sondern daß man sie vielmehr so ansehen müsse, als wenn sie in A gar nicht vorhanden wäre, und dagegen noch von B abgezogen würde, und
daß die nach diesem übrigbleibende Kraft, alsdenn allererst
die vollständige Würkung, der Kraft die vor dem Anlaufe
war, eigentlich darbiethe. Wenn man aber eine Größe
so ansiehet; so gilt sie in der Summirung weniger, wie
nichts, und erfordert das verne. Zeichen.

§. 58.

Die Leibnitzianer fliehen vor der Untersuchung der lebendigen Kräfte durch den Stoß unelastischer
Körper.

Nun werden meine Leser vermuthen, auch aus der Lehre von der Bewegung unelastischer Körper durch den
Stoß, gewisse Beweise angeführt zu finden, deren die Anhänger der Leibnitzischen Schätzung sich bedienet hätten, die
lebeu-

lebendigen Kräfte zu vertheidigen. Allein sie betrügen sich. Diese Herren finden die Bewegungen von der Art nicht für gar zu vortheilhaft für ihre Meynung; sie suchen sie also von dieser Untersuchung gänzlich auszuschließen. Dies ist eine Krankheit, woran diejenigen ordentlicher Weise darnieder liegen, die in der Erkenntniß der Wahrheiten Unternehmungen machen. Sie schließen, so zu sagen, die Augen bey demjenigen zu, was dem Satze, den sie sich in den Kopf gesetzt haben, zu widerstreiten scheinet. Eine kleine Ausflucht, eine frostige und matte Ausrede, ist fähig ihnen genug zu thun, wenn es darauf ankommt, eine Schwierigkeit wegzuschaffen, die der Meynung, für die sie eingenommen sind, hinderlich ist. Man hätte uns in der Philosophie viel Fehler ersparen können, wenn man in diesem Stücke sich hätte einigen Zwang anthun wollen. Wenn man auf dem Wege ist, alle Gründe herbeyzuziehen, welche der Verstand zu Bestätigung einer Meynung, die man sich vorgesetzet hat, darbiethet, so sollte man mit eben der Aufmerksamkeit und Anstrengung, sich bemühen, das Gegentheil auf allerley Arten von Beweisen zu gründen, die sich nur irgend hervorthun, eben so wohl als man für eine beliebte Meynung immer thun kann. Man sollte nichts verachten, was dem Gegensatze im geringsten vortheilhaft zu seyn scheinet, und es in der Vertheidigung derselben aufs höchste treiben. In einem solchen Gleichgewichte des Verstandes, würde öfters eine Meynung verworfen werden, die sonsten ohnfehlbar wäre angenommen worden, und die Wahrheit, wenn sie sich endlich hervorthäte, würde sich in einem desto größern Lichte der Ueberzeugung darstellen.

§. 59.

Der Stoß unelastischer Körper ist in Absicht auf die lebendigen Kräfte entscheidender, als der Stoß der elastischen.

Es ist denen Vertheidigern der lebendigen Kräfte schon öfters eingeschärft worden: daß die Bewegungen unelasti-

scher

ſcher Körper durch den Stoß viel geſchickter ſind es auszumachen: ob die lebendigen Kräfte ſtatt haben oder nicht, als
die Bewegung der elaſtiſchen. Denn in dieſen miſchet ſich
die Federkraft immer mit ein, und macht die Verwirrungen
unendlich, da hingegen jener ihre Bewegung durch nichts als
die Würkung und Gegenwürkung allein beſtimmet wird. Es
iſt kein Zweifel, daß die Leibnitzianer ſich durch die Deutlichkeit dieſes Gedankens würden überzeugen laſſen, wenn er
nur nicht das ganze Gebäude der lebendigen Kräfte um-
kehrte.

§. 60.

Die Ausflucht der Leibnitzianer in Abſicht auf den Einwurf, der ihnen von dem Stoße unelaſti-ſcher Körper gemacht wird.

Sie ſind daher genöthiget worden, zu einer Ausnahme ihre Zuflucht zu nehmen, welche vielleicht die ſchlechteſte
iſt, der man ſich jemals bedienet hat. Sie behaupten nehmlich: daß ſich ſtets in dem Stoße unelaſtiſcher Körper ein
Theil der Kraft verliere, indem derſelbe angewandt wird, die
Theile des Körpers einzudrücken. Daher gehet die Hälfte
der Kraft, die ein unelaſtiſcher Körper hat, verlohren, wenn
er an einen andern von gleicher Maſſe, der in Ruhe iſt, anſtößt, und verzehret ſich bey dem Eindrücken derer Theile.

§. 61.

Der Urſprung dieſes irrigen Gedankens.

Dieſer Gedanke hat mehr wie eine ſchlimme Seite.
Wir wollen einige derſelben betrachten.

Es kann uns gleich beym erſten Anblicke nicht ſchwer
werden, die Quelle dieſes Irrthums wahrzunehmen. Man
weiß es theils durch die Erfahrung, theils durch die Gründe der Naturlehre: daß ein harter Körper, der im Stoße
ſeine

feine Figur nur fehr wenig oder gar nicht ändert, allemal
elastisch sey, und daß im Gegentheil die Theile unelastischer
Körper so zusammen gefügt sind, daß sie beym Stoße weichen und eingedrückt werden. Diese Eigenschaften hat die
Natur gemeiniglich zusammen verbunden; allein in einer mathematischen Betrachtung sind wir nicht genöthiget, sie zusammen zu nehmen.

Die Anhänger der lebendigen Kräfte haben sich hiemit verwirret. Sie bilden sich ein, weil in der Natur ein
unelastischer Körper gemeiniglich einen solchen Bau hat, daß
feine Theile beym Stoße weichen und eingedrückt werden, so
können die Regeln, die eine pur mathematische Betrachtung
der Bewegung solcher Körper darbiethet, ohne diese Eigenschaft auch nicht bestehen. Dieß ist der Ursprung derjenigen
Schwierigkeit, die wir §. 60. gesehen, und die ganz ohne
Grund ist, wie wir izo lernen werden.

§. 62.
Erste Antwort auf die Ausnahme der Leibnißianer.

In der Mathematik verstehet man unter der Federkraft
eines Körpers nichts anders, als diejenige Eigenschaft,
durch die er einen andern Körper, der an ihn anläuft, mit
eben demselben Grade Kraft wieder zurückstößet, mit welcher dieser an ihn angelaufen war. Daher ist ein unelastischer Körper ein solcher, der diese Eigenschaft nicht hat.

Die Mathematik bekümmert sich nicht um die Art und
Weise, wie sich diese Eigenschaft in der Natur hervorthut.
Es ist und bleibt bey ihr gänzlich unbestimmt, ob die Elasticität aus der Aendrung der Figur, und einer plötzlichen
Herstellung derselben herfließe, oder ob eine verborgene Entelechie, eine qualitas occulta, oder Gott weiß, was noch
sonst für eine Ursache mehr, die Quelle derselben sey. Wenn
man in den Mechaniken die Elasticität so beschrieben findet,

daß

daß sie aus der Eindrückung und Zurückspringung der Theile eines Körpers entstehe, so merke man: daß die Mathematiker, die sich dieser Erklärung bedienen, sich in dasjenige mengen, was sie nicht angeht, was zu ihrer Absicht nichts thut, und was eigentlich ein Vorwurf der Naturlehre ist.

Wenn demnach die Betrachtung eines unelastischen Körpers in der Mathematik nichts weiter voraußsetzet, als nur daß er in sich keine Kraft habe, einen Körper, der an ihn stößt, wieder zurück zu prellen, und wenn diese einzige Bestimmung dasjenige ist; worauf das ganze Hauptstück der Bewegung unelastischer Körper gebauet ist; so ist es ungereimt zu behaupten: daß die Regeln dieser Bewegungen deßwegen so beschaffen seyn, weil die Eindrückung der Theile, derer sich stoßenden Körper, solche und keine andere Gesetze zulassen. Denn in denen Grundsätzen, daraus man diese Gesetze gezogen, findet man keine Spur von dem Eindrücken der Theile. Alle Begriffe, worauf man dieselbe gebauet hat, sind so unbestimmt in Absicht auf diese Einschränkung, daß man unter die unelastischen Körper, ohne jenen Eintrag zu thun, eben so wohl diejenigen zählen kann, die in dem Stoße ihre Figur nicht ändern, als die, welche eine Zusammendrückung ihrer Theile erdulden. Hat man nun in der Construction dieser Gesetze, gar nicht auf diese Eindrückung Acht gehabt, um die Regeln der Bewegung derselben gemäß einzurichten, oder auch nicht einmal solche Begriffe zum Grunde gelegt, welche diese Eindrückung mit einschließen: so ist es ja sehr seltsam, auf diese die Schuld davon zu schieben, daß gedachte Gesetze so beschaffen seyn, wie sie würklich sind.

§. 63.

Zwente Antwort. Weil man einen Körper unelastisch nennen kann, wenn er gleich vollkommen hart ist.

Wir haben gesagt, daß in der Betrachtung, welche uns die Mathematik von der Bewegung unelastischer Körper darbiethet, man diese auch als vollkommen hart ansehen

O   kön-

könne, als wenn ihre Theile durch den Stoß nicht eingedrückt würden. Die Natur biethet uns auch Exempel dar, daß nicht eben derjenige Körper allemal unelastischer sey, dessen Theile mehr weichen, als die Theile eines andern, sondern daß öfters ein Körper, dessen Theile durch den Stoß in Vergleichung gegen einen andern fast gar nicht eingedrückt werden kann, und gegen welche zu rechnen, jene ungemein hart genannt werden kann. Hieraus sehen wir: daß der Körper sogar in der Natur nicht deswegen unelastisch sey, weil seine Theile eingedrückt werden, sondern nur deswegen, weil sie sich nicht mit eben dem Grade Kraft wiederherstellen, mit welchem sie eingedrückt worden. Also können wir auch Körper setzen, deren Theile in dem Stoße unendlich wenig weichen, die aber zugleich so beschaffen seyn, daß sie sich auch von dieser unendlich kleinen Zusammendrückung nicht wieder herstellen, oder wo sie es thun, doch nur lange nicht mit dem Grade der Geschwindigkeit, womit sie eingedrückt worden. Wie etwa eine hölzerne Kugel thun würde, wenn man kleine Dinge mit großen vergleichen darf. Dergleichen Körper, von denen ich rede, würden vollkommen hart *) aber doch unelastisch seyn. Man würde sie also von den Gesetzen des Stoßes unelastischer Körper nicht ausnehmen können, und ihre Theile würden dennoch nicht eingedruckt werden. Wie würde hier die Ausnahme der Herren Leibnitzianer bestehen?

§. 64.

Dritte Antwort. Das Eindrücken der Theile ist kein Grund, weswegen in dem Stoße unelastischer Körper ein Theil der Kraft sollte verlohren gehen.

Wir können den Leibnitzianern noch ihre Voraussetzung schenken, daß die unelastischen Körper immer eine Eindrückung

---

*) Denn ein Körper, der nur unendlich wenig sich eindrücken läßt, kann ohne einen Irrthum vollkommen hart genannt werden.

ckung ihrer Theile erleiden, und es soll uns doch nichts schaden. Ein Körper thut in einen andern beweglichen, dessen Theile er durch den Stoß eindrückt, eben dieselbe Würkung, die er etwa ausüben würde, wenn sich zwischen beyden eine Feder befände, welche er durch den Anlauf zusammendrückte. Ich kann mich dieses Gedankens frey bedienen, weil er nicht allein plan und überzeugend ist, sondern weil er auch von einem großen Schutzgotte der lebendigen Kräfte, dem Herrn Bernoulli, in eben demselben Falle gebrauchet worden.

Wenn nun eine Kugel A *) gegen eine andere B bewegt wird, und die Feder R im Anlauf zudrücket; so, sage ich, treten alle die kleinen Grade der Kraft, welche angewandt werden, die Federn zusammen zu drücken, in die Masse des Körpers B über, und häufen sich so lange, bis sie in gedachten Körper B, die ganze Kraft hineingebracht haben, womit die Feder ist zugedrückt worden. Denn der Körper A verlieret keinen einzigen Grad der Kraft, und die Feder wird auch nicht um den geringsten Theil zugedrückt, als nur in so fern sie sich an den Körper B steifet. Sie steifet sich aber mit eben derselben Gewalt gegen diese Kugel, mit welcher sie nach dieser Seite aufspringen würde, wenn die Kugel plötzlich weiche, das ist: mit der Kraft, womit A sie von der andern Seite zugedrückt, und welche dieser Körper in ihrer Zusammendrückung aufwendet und verzehret. Nun ist es augenscheinlich, daß eben derselbe Grad Kraft, mit der die Feder sich gegen B auszudehnen bemühet ist, und dem die Trägheitskraft der Kugel B widerstehet, in dieselbe Kugel hineinkommen müsse. Also empfängt B die ganze Kraft sich nach der Richtung BE zu bewegen, welche in A verzehret ist, indem er die Feder R zusammendrücket.

Die Anwendung ist leicht zu machen. Denn die Feder R deutet die Theile der unelastischen Kugeln A und B an, die durch den Stoß eingedrückt werden. Es verzehret also der

D 2   Körper

*) Fig. IX.

Körper A, indem er in seinem Stoße gegen B, von beyden
Seiten die Theile eindrücket, nichts von seiner Kraft bey
diesem Eindrucke, was nicht der Körper B überkommt, und
womit er sich nach dem Stoße beweget. Es gehet also kein
Theil verlohren, noch viel weniger ein so großer Theil, als
die Leibnißianer fälschlich vorgeben.

§. 65.

Ich werde müde, alle Unrichtigkeiten und Widerspre-
chungen auszukramen, die in dieser Schwierigkeit begriffen
sind, welche die Leibnißianer uns in der Sache von dem
Stoße unelastischer Körper haben machen wollen. Die einzige, die ich noch anführen will, könnte allein genug seyn,
sie unnütze zu machen.

Vierte Antwort. Von der Proportion der
Härte unelastischer Körper, und dem Grade der
Kraft des Anlaufs, der bey der Ausnahme der
Leibnißianer bestimmt seyn müsse.

Wenn man gleich unsern Gegnern alles übrige verstattete, so kann man ihnen doch die Kühnheit nicht verzeihen;
die in der Forderung stecket: daß sich in dem Stoße unelastischer Körper nicht mehr auch nicht weniger, sondern nur
gerade so viel, von der Kraft durch das Eindrücken derer
Theile verzehren solle, als sie es selber in jedwedem Falle
nach ihrer Schätzung nöthig finden. Es ist eine Verwegen-
heit, die unmöglich zu verdauen ist: daß man uns ohne allen
Beweiß zu glauben aufdringen will: ein Körper müsse in einem Stoße gegen einen gleichen gerade die Hälfte, in dem
Stoße gegen einen dreyfachen gerade ¼ der Kraft ꝛc. durch
den Eindruck der Theile verlieren, ohne daß man uns einen
Grund angeben kann, woher denn eben genau, so viel und
nicht mehr oder weniger drauf gehe; denn gesetzt, daß der
Begriff eines unelastischen Körpers nothwendig einigen Verlust

luſt der Kraft beym Eindrücken erfordert, ſo weiß ich
doch nicht, woraus man denn ſchließen wollte, daß dieſe
Abweſenheit der Elaſticität erfordere, daß gerade ſo viel und
nicht weniger Kraft verzehret werden müſſe. Die Leibnitzianer können doch nicht leugnen, daß je geringer die Feſtigkeit der Maſſe der unelaſtiſchen Körper in Vergleichung mit
der Kraft des Anlaufenden iſt, deſto ſtärker werde ſich die
Kraft beym Eindrücken der Theile verzehren, je härter aber
beyde Körper ſeyn, um deſto weniger müſſe ſich von derſelben verlieren; denn wenn ſie vollkommen hart wären, ſo
würde kein Verluſt der Kraft ſtatt finden. Es wird alſo eine gewiſſe beſtimmte Verhältniß der Härte zweener gleicher
und unelaſtiſcher Körper dazu erfordert, wenn ſich in dem
Stoße gerade die Hälfte von der Kraft des Anlaufenden verzehren und vernichtet werden ſoll. Und ohne dieſe Proportion würde mehr oder weniger herauskommen, nachdem man
die ſich ſtoßende Körper, weicher oder härter machte. Nun
iſt in den Regeln der Bewegung unelaſtiſcher Körper, wider
welche die Leibnitzianer eine Ausnahme ſuchen, der Grad der
Feſtigkeit, und noch vielmehr die Proportion derſelben zur
Stärke des Anlaufs, gänzlich indeterminirt, folglich läßt
ſich aus denenſelben gar nicht verſtehen, ob ein Eindruck der
Theile geſchehe, ob ſich hiedurch eine Kraft verzehren, und
wie viel von derſelben verlohren gehe. Denn dieſes geſchiehet nicht, ohne eine gewiſſe ganz genaue beſtimmte Verhältniß unter der Härte dieſer Körper und der Gewalt des An-
ſtoßes. Da nun keine ſolche Beſtimmung in den Grundſä-
tzen anzutreffen iſt, daraus die Geſetze des Stoßes unelaſtiſcher Körper hergeleitet werden, die irgend einen Grund eines beſtimmten Verluſtes der Kraft in ſich enthielte, ſo iſt
die Urſache, weswegen dieſe Regeln ſo und nicht anders beſchaffen ſeyn, nicht in der Eindrückung der Theile zu ſetzen,
die gerade ſo viel Kraft in jedwedem Falle verluſtig macht,
als die Leibnitzianer für gut befunden, aufzuheben.

Anwen-

Anwendung unfrer Schlüsse.

Nachdem nun der Vorwand, durch den sich die Vertheidiger der lebendigen Kräfte dem Schlage entziehen wollen, den ihnen alle Gesetze des Stoßes unelastischer Körper beybringen, auf mehr als eine Art unkräftig befunden worden; so hindert uns nichts ferner, dieselbe zu dem Dienste zu gebrauchen, den sie uns allemal vortreflich leisten werden, nehmlich die lebendigen Kräfte aus dem Gebiethe der Mathematik hinweg zu räumen, worinn sie sich unrechtmäßiger Weise eingedrungen haben.

§. 66.

Der Stoß unelastischer Körper hebet die lebendigen Kräfte gänzlich auf.

Es ist aber überflüßig, die Art und Weise hier weitläuftig aus einander zu setzen, wie die Bewegung unelastischer Körper die lebendigen Kräfte aufhebe. Ein jedweder Fall, den man nimmt, thut dieses ohne die geringste Ausnahme oder Schwierigkeit. Z. E. wenn ein unelastischer Körper A einen andern gleichartigen und gleich schweren B, der in Ruhe ist, anstößt, so bewegen sich beyde nach dem Stoße mit $\frac{1}{2}$ Grade der Geschwindigkeit, die vor dem Anstoße war. Es ist also, nach der Leibnitzischen Schätzungsart, ein jedwedem nach verübtem Stoße $\frac{1}{4}$ Kraft, und also alles zusammen $\frac{1}{2}$ Grad Kraft, da doch vor demselben ein ganzer Grad in der Natur vorhanden gewesen. Es ist also die Hälfte verlohren gegangen, ohne eine Wirkung gethan zu haben, welche ihr gleich ist, oder auch ohne einen einzigen Widerstand erlitten zu haben, durch den sie etwan hätte verzehret werden können, welches auch so gar nach dem Geständnisse unserer Gegner, eine der größten Ungereimtheiten ist, die man nur begehen kann.

§. 67.

§. 67.

Allgemeiner Beweiß: daß der Zusammenstoß elastischer Körper immer den lebendigen Kräften
entgegen seyn müsse.

Ich will diesen Abschnitt, darinn wir die lebendigen
Kräfte durch den Zusammenstoß der Körper widerlegt haben,
nicht endigen, ohne vorher eine allgemeine Betrachtung beygefügt zu haben, die alles in sich begreifet, was man in dieser Art wider die lebendigen Kräfte nur immer wird sagen
können. Ich werde in derselben darthun: daß wenn man
gleich den Leibnitzianern ihre Kräftenschätzung schenken wollte, so sey es doch der Natur der Sache ganz entgegen, selbige aus dem Zusammenstoße der Körper erweisen zu wollen,
und daß diese niemals ein anderes Maaß als die schlechte
Geschwindigkeit darbiethen würde, oder auch könnte, wenn
gleich die Schätzung nach dem Quadrat eine ganz wahre
und ungezweifelte Sache wäre. Es ist unmöglich, sage ich,
daß sie aus dem Zusammenstoße der Körper sollte erkannt
werden können, sie mag sich auch sonsten in tausend andern
Fällen so offenbar zeigen als man immer will.

§. 68.

Ausführung dieses Beweises.

Mein Beweiß beruhet auf folgendem.

Man ist darinnen eins, daß man sich der Bewegung
der Körper durch den Stoß, auf keine andere Art zu dem
Endzwecke, davon wir reden, bedienen könne, als daß man
die Kraft, welche ein bewegter Körper durch den Stoß in
andere hineinbringt, wie die Würkung ansieht, mit der man
die Quantität der Ursache abmessen muß, die sich erschöpfet
hat, sie hervorbringen. Das ist, man muß die Größe der
Ursache in denen Würkungen aufsuchen, welche eine Folge
derselben sind. Es versteht sich also schon von selbsten; daß

D 4 man

man sich hiebey insbesondere darinn wohl vorzusehen habe,
daß man in denen gestoßenen Körpern nur diejenige Kraft
nimmt, welche würklich nichts anders ist, als die durch den
Anlauf des andern Körpers unmittelbar hervorgebrachte
Würkung; denn sonst ist das ganze Maaß, was man gesucht
hat, betrüglich und unnütze. Es ist aber augenscheinlich,
daß unmittelbar nach dem Augenblicke, darinn der stoßende
Körper in dem gestoßenen seine Würkung verübt hat, alle
Kraft, die sich alsdenn in diesem befindet, eine ungezweifelte Würkung des Stoßes sey. Daher muß man sich nothwendig derselben und keiner andern bedienen, um sie zum
Maaße der Kraft, die der anlaufende Körper, in Hervorbringung derselben aufgewandt hat, zu machen. Nun hat
ein Körper, der seine Bewegung durch den Anstoß eines andern überkommt, so fort nach dem Augenblicke, darinn der
Stoß die Kraft in ihn hineingebracht hat, und wenn er also
sich von der Berührung des anstoßenden noch nicht eine endliche Weite hat entfernen können, zwar schon alle die Kraft,
die dieser ihm hat mittheilen können, allein noch keine würkliche Bewegung, weil man ihm keine Zeit dazu gelassen hat,
sondern nur eine bloße Bemühung zu derselben, mithin eine
Kraft, die da todt ist, und die schlechte Geschwindigkeit zu
ihrem Maaße hat. Also hat sich die Kraft, die in dem
stoßenden Körper befindlich war, erschöpfet, um in dem andern eine Kraft zu erwecken, deren ganz genaue Schätzung
niemals etwas anders, als die bloße Geschwindigkeit seyn
kann, wenn man auch gleich durch eine Hypothese in dem
Stoßenden eine setzen wollte, die, ich will nicht sagen das
Quadrat, sondern gar den Würfel, das Quadratoquadrat,
und wer weiß was für Potenzen der Geschwindigkeit mehr,
zum Maaße hätte.

Nun wäre es eine Ungereimtheit, die das Gesetz, von
der Gleichheit der Würkung und der Ursache gänzlich
umkehren würde, wenn man setzen wollte, daß eine Kraft,
die die Schätzung nach dem Quadrat erfordert, eine andere
hervorzubringen aufgewandt wäre, die nach der Geschwin-

dig-

digkeit allein geschätzet würde: Denn weil jene unendlichemal größer als diese ist; so würde es eben so viel seyn, als
wenn man sagen wollte, der ganze Inhalt eines Quadrats
wäre angewandt worden, eine Linie und zwar eine endliche
Linie hervorzubringen. Daher ist es klar, daß alle Gesetze,
so wohl elastischer, als unelastischer Körper, niemals einen
Beweiß einer andern Schätzung, als der schlechten Geschwindigkeit darbiethen werden, und daß sie schon ihrer Natur
nach den lebendigen Kräften allemal müssen entgegen seyn,
man mag gleich alle seine Erfindungskraft erschöpfen, Fälle
zu erdenken, die das Ansehen haben ihnen geneigt zu seyn.

§. 69.

Weil im vorigen §. alles darauf ankommt, daß man
nur diejenige Kraft des fortgestoßenen Körpers zum Maaße
der Kraft des anlaufenden annimmt, welche unmittelbar
nach dem Augenblicke der mitgetheilten Würkung in jenem
anzutreffen ist, und eben da er sich von der Berührung des
Anstoßenden losmachet, allein dennoch, noch ehe diese Bewegung schon würklich geschehen ist, so zweifle ich nicht, daß
dieses der Punkt seyn werde, dawider die Herren, die ich
itzo die Ehre habe, meine Gegner zu heißen, am meisten sich
empören werden: Ich wollte, daß ich so glücklich wäre, ihnen mit folgendem zuvorzukommen.

Fortgesetzter Beweiß, daß man in dem Stoß der Körper nichts, wie die Anfangsgeschwindigkeit des Gestoßenen zu erwegen habe.

Entweder ist die Kraft, die der gestoßene Körper hat,
den Augenblick zuvor, ehe er sich von dem Stoßenden entfernet, derjenigen Kraft gleich, die er hat, nachdem er sich
schon würklich beweget, und von demselben entwichen ist,
oder sie ihr nicht gleich. Ist das erste, so bedarf es nicht
einmal meiner Einschränkung, sondern man kann die Kraft
des gestoßenen Körpers nehmen, in welchem Augenblicke der

D 5 Bewe-

Bewegung man will, man wird sie aber allenthalben der Geschwindigkeit schlechthin gemäß finden, *) weil sie derjenigen
gleich ist, die er hatte, ehe seine Bewegung würklich war.
Ist sie ihr nicht gleich, so will man unfehlbar hiemit so viel
sagen, daß die Kraft, die in dem gestoßenen Körper befindlich ist, nachdem er sich schon von dem anstoßenden entfernet hat, größer sey, als sie in der Berührung war. Wenn
aber dieses ist, so gestehe ich, daß dieses die Ursache sey,
weswegen ich mich derselben nicht bedienen könne, um die
Kraft des Anlaufs darnach zu schätzen. Denn wenn in dem
gestoßenen Körper, da er sich von dem Anlaufenden nach
dem Stoße schon entfernet hat, ein Grad Kraft mehr ist,
als wie in ihm war, so lange er diesen noch berührte: so
ist dieser neue Grad Kraft auch keine Würkung des anlaufenden Körpers, denn die Körper würken nur so lange in einander, als sie sich berühren; sondern der erstere ist es allein.
Daher kann man jene auch am füglichsten dazu brauchen,
diejenige Kraft zu messen, die sich verzehrt hat, um sie hervorzubringen.

§. 70.

Wir haben die Schwierigkeiten glücklich überstiegen, die
der Zusammenstoß der Körper dem alten Gesetze des Cartesius hätte machen können. Ich bilde mir, daß ich itzo kühnlich sagen könne, daß die Parthey des Herrn von Leibnitz
ihm von dieser Seite nichts abgewinnen werde. Wir wollen uns bemühen, daß wir uns von denen übrigen dieses
auch rühmen können.

§. 71.

*) Denn so lange die Bewegung des gestoßenen Körpers noch
nicht würklich geworden ist, (so lange er nemlich sich von dem
stoßenden noch nicht entfernet hat,) so lange ist seine Kraft,
selber nach dem Geständnisse der Leibnizianer, noch todt.

§. 71.

Von der Vertheidigung der lebendigen Kräfte durch die Zusammensetzung der Bewegung.

Lasset uns itzo diejenigen Fälle in Erwegung ziehen, welche die Vertheidiger der lebendigen Kräfte von den zusammengesetzten Bewegungen der Körper zu Befestigung ihrer Schätzung entlehnet haben. Gleichwie eine schlimme Sache jederzeit das Merkmal an sich hat; daß sie sich gerne hinter dunkele und verwickelte Fälle verstecket: so hat auch die Parthey der lebendigen Kräfte sich die Verwirrung zu Nutze machen wollen, in die man leichtlich bey der Betrachtung der zusammengesetzten Bewegungen gerathen kann. Wir wollen uns bemühen, ihr die Decke der Dunkelheit abzuziehen, die den lebendigen Kräften bis daher einzig und allein geneigt gewesen. Herr Bülfinger hat sich um diese Art der Beweise am meisten verdient gemacht, und seine Gedanken sollen daher die ersten seyn, die wir auf die Probe stellen wollen.

Wir finden seine Abhandlung in dem ersten Bande des Commentarii Petropolitani. Der Satz, der seinem ganzen Gebäude zum Grunde liegt, ist folgender. *) Ein Körper A, der zwey Bewegungen zu gleicher Zeit empfängt, eine nach der Richtung AB mit der Geschwindigkeit AB, und eine andere, nach einer Richtung, welche mit der vorigen senkrecht verbunden ist, mit der Geschwindigkeit AC, bewegt sich die Diagonallinie dieses rechtwinklichten Parallelograms in eben der Zeit hindurch, darinn er eine jedwede von denen Seiten insbesondere durchlaufen würde. Es sind aber die nach den Seiten des Parallelograms gerichteten Kräfte einander nicht entgegen gesetzt, mithin kann die eine der andern auch nichts entziehen, und also wird die Kraft, die der Körper hat, wenn er beyden nachgiebt, nehmlich, wenn er sich in der Diagonallinie beweget, denen Kräften nach

*) Fig. X.

nach den Seiten zusammen genommen gleich seyn. Nun würde dieses nach Cartesens Schätzung nicht statt finden. Denn die Diagonallinie A D ist immer kleiner, wie die zwey Seiten A B und A C zusammen genommen; allein auch in allen andern möglichen Schätzungen, würde die Kraft, die der Körper mit der Geschwindigkeit A D hat, der Summe der Kräfte mit denen Geschwindigkeiten A B und A C niemalen gleich seyn, als nur in dem einzigen Falle, da dieselben nach den Quadraten ihrer Geschwindigkeiten geschätzt werden. Hieraus schließt Herr Bülfinger: die Kraft eines Körpers der in würklicher Bewegung ist, könne durch nichts anders, als mit dem Quadrate seiner Geschwindigkeit abgemessen werden.

§. 72.

Herr Bülfinger hat in seinem Beweise nicht gänzlich geirret. Seine Schlüsse sind im Grunde der Sache vollkommen richtig; allein die Anwendung derselben ist eigentlich nur fehlerhaft, und hat das Merkmal eines übereilten Urtheils an sich.

In welchem Verstande der Bülfingerische Beweiß richtig sey.

Wenn man die Bewegung, die der Körper nach *) der Seite A C hat, so ansiehet, wie gewöhnlich ist, nehmlich: daß der Körper mit derselben bemühet ist, die Fläche C D perpendicular zu stoßen, so ist gewiß; daß die andere Seitenbewegung in der Linie A B derselben in dieser Absicht gar nicht entgegen gesetzet sey, weil sie mit der Fläche C D parallel läuft, folglich den Körper weder zu derselben hinzu, noch von ihr abziehet. Eben desgleichen wird die Seitenbewegung A C, der Bewegung in der andern Seite A B, in Absicht auf die Würkung, die der Körper mit ihr gegen

*) Fig. X.

gen die Fläche B D zu thun bemühet ist, gar nicht entgegen seyn, weil sie mit dieser Fläche gleichfalls parallel läuft. Was folget aber hieraus? Nichts weiter, als daß der Körper, wenn er diesen beyden Seitenbewegungen zugleich nachgiebt, und die Diagonallinie durchläuft, gegen die Flächen C D und B D eben die Würkungen auf einmal ausüben werde, als er in abgesonderter Bewegung durch die Seiten würde gethan haben. Der Körper hat also in der Bewegung durch die Diagonallinie in Absicht auf die beyden Flächen C D und B D eine Kraft in sich, die der Summe beyder Kräfte nach den Seiten gleich ist. Allein diese Gleichheit ist in ihm nur unter dieser Bedingung, die ich gesagt habe, anzutreffen.

§. 75.
Herr Bülfinger hat über den Sinn der Streitfrage hinausgeschlossen.

Herr Bülfinger band sich nicht an diese Bedingung; ohngeachtet er sich dazu durch die Natur seines Beweises hätte genöthiget finden sollen. Er schloß gerade zu: Also hat der Körper in der Bewegung durch die Diagonallinie eine Kraft in sich, die der Summe beyder Seitenkräfte gleich ist.

Dieser so uneingeschränkt vorgebrachte Satz, nimmt ordentlicher Weise eine Bedeutung an, die von dem Sinne der Schlußfolge, in dem Bülfingerischen Beweise, weit entfernet ist. Denn wenn man sagt: ein Körper, der die oder jene Geschwindigkeit besitzet, hat diese oder jene Kraft in sich; so verstehet man darunter die Kraft, die er in der geraden Richtung seiner Bewegung, und auf einen Gegenstand, den er perpendicular anstößet, ausüben würde. Man muß also, wenn auf eine so eingeschränkte Weise die Rede von der Kraft eines Körpers ist, ihre Größe in keiner andern Bedeutung, als in dieser, zu bestimmen suchen, sonst glaubt man: der Körper habe in der geraden Richtung seiner Be-

bewegung

wegung eine gewiſſe Kraft in ſich, die er doch nur zur Seite bey einer gewiſſen Lage des Gegenſtandes, den er anſtößt, ausüben kann. Herr Bülfinger, der dieſes aus der Acht gelaſſen hat, iſt hiedurch der Beſchuldigung einer fallaciae ignorationis elenchi ausgeſetzet worden. Denn er hat den Sinn der Streitfrage verlaſſen, und anſtatt, daß er hätte beweiſen ſollen: der Körper werde in der Bewegung durch die Diagonallinie einen Gegenſtand, der der Richtung dieſer ſeiner Bewegung perpendicular entgegen geſetzt iſt, mit einer Kraft ſtoßen, die der Summe der Kräfte, womit er durch die abgeſonderten Seitenbewegungen, die ihm unterliegende Flächen anſtoßen würde, gleich iſt: ſo bewies er, daß derſelbe das Aggregat dieſer Kräfte zwar ausübe, aber nur gegen die zwey Seitenflächen C D und B D, und nicht gegen die, ſeiner Bewegung gerade entgegen geſetzte Perpendicularfläche.

§. 74.
Eben derſelbe Beweiß iſt in Abſicht auf den Punkt, warum geſtritten wird, fehlerhaft.

Es kommt alſo alles nur darauf an, daß ich beweiſe, ein in der Diagonallogie A D bewegter Körper habe, in der geraden Richtung A D nicht die Summe derer Seitenkräfte zuſammen in ſich. Ich brauche hiezu nichts weiter: als daß ich eine jedwede von den Seitenbewegungen als zuſammengeſetzt anſehe, wie die Mathematiker es zu thun gewohnt ſind. *) Die Seitenbewegung A B ſey demnach aus der Bewegung A F und A H, die Seitenbewegung A C im Gegentheil, aus den Bewegungen A E und A G zuſammengeſetzt. Weil nun ſowohl die Bewegung A F, als auch A E einander gerade widerſtreiten, mithin weil ſie gleich ſind, ſich auch aufheben; ſo ſind nur die Bewegung mit der Geſchwindigkeit A H, und die mit der Geſchwindigkeit A G übrig, womit der Körper in der Richtung der Diagonallinie fortfähret; und

*) Fig. XI.

und also ist nicht die ganze Kraft der beyden Seitenbewegungen in der Richtung der Diagonallinie vorhanden; sondern es ist in dieser Absicht nur ein Theil von derselben anzutreffen. Ferner, weil die Bewegungen A F und A E ohnedem mit der Fläche B H, die der Körper in der Diagonalbewegung perpendicular anstößt, parallel laufen, mithin keine von beyden dieselbe treffen kann, so siehet man sowohl aus diesem als dem vorhergehenden, der Körper werde den, seiner Bewegung durch A D senkrecht entgegengesetzten Gegenstand, nicht mit der Summe der Kräfte nach den Seiten A C und A B anstoßen.

§. 75.
Schluß hieraus.

Es ist jetzo alles abgethan. Denn nunmehro wissen wir: daß ein Körper in der Bewegung durch die Diagonallinie gegen einen senkrecht entstehenden Vorwurf nicht die ganze Summe beyder Seitenkräfte ausübe, die der Körper mit jedweder von seinen Seitenbewegungen, gegen die, ihnen gleichfalls perpendikular entgegengesetzte Flächen, besitzet. Hieraus folget nothwendig: die Kraft sey in der Bewegung durch die Diagonallinie kleiner, als beyde Seitenkräfte zusammen genommen; folglich könne die Kraft eines Körpers nicht nach dem Quadrat seiner Geschwindigkeit geschätzet werden: Denn in dieser Art der Schätzung würde gedachte Gleichheit nothwendig müssen angetroffen werden, die doch in der That nicht anzutreffen ist.

§. 76.
Aus dem Bülfingerischen Falle werden die lebendigen Kräfte selber widerleget.

Wir wollen uns hieran nicht begnügen. Anstatt daß wir uns vor die Schlüsse des Herrn Bülfingers fürchten sollten, wollen wir sie lieber willig ergreifen, um des Cartesens

tefens Gefeße dadurch zu beweifen. Eine gute Sache hat
allemal diefes Merkmal an fich: daß felbft die Waffen der
Gegner zur Vertheidigung derfelben dienen müffen, und wir
haben mehr wie einmal gefehen, daß die Unfrige fich auch
diefes Vorzuges rühmen könne. *). Die Seitenbewegung
A B, bringet, nach dem, was itzo erwiefen worden, in die
Richtung der Diagonallinie keine andere Gefchwindigkeit, als
nur die Gefchwindigkeit A H, womit der Körper in abgefon-
derter Bewegung die Fläche B H perpendicular treffen würde. Ferner bringt die Seitenbewegung A C für fich allein
in die Richtung der Diagonallinie nur die Gefchwindigkeit
A G, womit der Körper die Fläche C G fenkrecht anftoßen
würde. Aus denen Kräften, welche diefe beyden Bewegungen A H und A G mit fich führen, ift nun die ganze Kraft
der Diagonallinie zufammengefetzt, und was alfo in jenen
beyden nicht anzutreffen ift, das wird in diefer auch nicht
vorhanden feyn; denn fonft würde in der Summe mehr enthalten feyn können, als in denen fummandis zufammen. Es
foll alfo die Kraft mit der Gefchwindigkeit A D, der Kraft
mit der Gefchwindigkeit A H, plus der Kraft mit der Gefchwindigkeit A G gleich feyn; und es fragt fich, was für
Potenzen von A H, von A G, und von A D, man nehmen müffe, damit die Summe der beyden erften, der letztern gleich fey. Hier ift es aus den leichteften Gründen der
Arithmetik klar, daß wenn man die Kräfte durch eine Potenz
der Linien A H, A G, und A D fchätzen wollte, die größer
ift als die erfte Potenz, die, auf diefe Weife gefchätzte Kraft
des Körpers, mit der Gefchwindigkeit A D größer feyn werde, als die Summe der Kräfte mit denen Gefchwindigkeiten
A H und A G; wenn man aber eine kleinere Function (wie
Herr Bülfinger fich ausdrückt,) als die Function der
fchlechten Gefchwindigkeit nehmen wollte, fo würde das Aggregat der Theilkräfte größer feyn, als die ganze daraus
entfprungene Kraft, welche die Gefchwindigkeit A D zum
Merk-

*) Fig. XI.

Merkmal hat, im Gegentheil werden sie gleich befunden werden, wenn alles zusammen nach der bloßen Geschwindigkeit geschätzet wird. Hieraus folget: man müsse entweder die Kräfte in Proportion der Geschwindigkeiten A H, A G, und A D setzen, oder zugeben: daß das Aggregat kleiner oder größer seyn könne, als die Aggregandi zusammen.

§. 77.
Eben dieselbe Widerlegung: auf eine andere Art.

Wir können eben dasselbe auch auf eine andere Art darthun. Wir nehmen wie Herr Bülfinger an: daß die Seitenkräfte *) A B und A C dem Körper a, durch den Stoß zweyer gleicher Kugeln, mit den Geschwindigkeiten b A = A B, und c a = A C, mitgetheilet werden, und daß diese beyde zugleich geschehene Antriebe, die Bewegung und Kraft durch die Diagonallinie veranlassen. Wir wollen aber, weil es einerley ist, annehmen: daß diese Kugeln aus C und B ausliefen, und den Körper a im Punkte D, mit den Geschwindigkeiten C D = b a, und B D = c a, anstießen. Es ist unläugbar, daß der Körper a in diesem Orte von gedachten Kugeln eben die Kraft erhalten werde, als er im Punkte A erhalten konnte; denn der Ort macht gar keinen Unterschied, da alles übrige sonst gleich ist. Es frägt sich also: was für eine Kraft die Kugel a im Punkte D, von diesen zweyen, zu gleicher Zeit in ihn geschehenen Stößen, B D und C D, gegen die Perpendikularfläche F C erhalten wird? Ich antworte: die Kugel B wird dem Körper a mit der Bewegung B D, eigentlich nur die Geschwindigkeit B E, in Absicht auf die Würkung in diese Fläche, ertheilen, und von dem Anlaufe der Kugel C, mit der Geschwindigkeit C D, wird eben derselbe Körper A nur die Geschwindigkeit C F erlangen, womit er im Punkte D, in die Fläche C F würten

*) Tab. II. Fig. IXII.

P

ken kann. Denn die andern zwey Bewegungen, B g und
C h, welche a annoch von diesem zwiefachen Stoße erhalten
hat, gehen mit der Fläche parallel, folglich treffen sie dieselbe nicht, sondern vernichten sich vielmehr einander, weil
sie einander entgegen gesetzt und gleich seyn. Es haben alle
beyde Seitenkräfte BD und CD, oder, welches eben so
viel ist, AC und AB, dem Körper, in Absicht auf die
Fläche, die er in der Diagonalbewegung perpendikular trift,
nur eine solche Kraft ertheilet, die der Summe der Kräfte
mit den Geschwindigkeiten BE und CF gleich ist; folglich,
erstlich nicht ihre ganze Kräfte, zweytens eine solche Kraft,
von der hier eben so augenscheinlich, als im vorigen §. erhellet, daß sie sich zu denen, aus welchen sie zusammen gesetzet ist, wie die Geschwindigkeit AD zu den Geschwindigkeiten CF und BE, und nicht wie die Quadrate derselben
verhalten müsse.

§. 78.

Die gerade Kraft in der Diagonallinie ist nicht der Summe der Kräfte nach den Seiten gleich.

Wir sehen aus der bisherigen Betrachtung, daß, wenn
man voraussetzet, die nach den Seiten des Parallelogramm
in der Diagonalbewegung ausgeübten Kräfte wären zusammen der Kraft in der Richtung der Diagonallinie gleich,
hieraus folge: daß man die Kräfte nach den Quadraten
der Geschwindigkeit schätzen müsse. Allein wir haben zugleich erwiesen: daß diese Voraussetzung falsch sey, und
daß diejenige Würkungen, die ein Körper in schräger Bewegung ausübet, bis alle seine Kraft in ihm erschöpfet ist,
allemal größer sey, als dasjenige, was er durch einen perpendikularen Stoß ausrichten würde.

Diese Beobachtung hat das Ansehen eines paradoxen
Satzes. Denn es folget hieraus, ein Körper könne in An-
sehung gewisser ihm auf eine besondere Art entgegenstehender
Flächen

Flächen mehr Kraft ausüben, als man voraus setzet, daß er gar bey sich habe. Denn so viel Kraft sagt man, daß ein Körper habe, als er durch einen senkrechten Stoß gegen eine unüberwindliche Hinderniß aufwendet.

Wegen der metaphysischen Auflösung dieser Schwierigkeit dörfen wir nur immerhin unbekümmert seyn, denn es mag hiemit beschaffen seyn, wie es wolle, so thut die Mathematik doch einmal den Ausspruch, und nach ihrem Urtheile kann man nicht länger zweifeln.

§. 79.

In der Leibnitzischen Kräftenschätzung ist die Summe der in schräger Richtung ausgeübten Kräfte, der Diagonalkraft gleich; allein bey der Cartesianischen ist jene oftermals unendlichemal größer als diese.

Aus der Zertheilung der Bewegung ist klar, daß, wenn ein Körper nach einander gegen viele Flächen in schräger Richtung anläuft, er seine Bewegung alsdenn gänzlich verliere, wenn die Summe derer Quadrate aller sinuum angulorum incidentiae dem Quadrate des sinus totius, der die erste Geschwindigkeit seiner Bewegung anzeiget, gleich ist. Bis dahin sind alle Mechaniker einig, die Cartesianer hievon nicht ausgenommen. Allein hieraus folget für die Leibnitzianer insbesondere: daß der Körper, wenn man die Schätzung nach dem Quadrat statt finden lässet, alsdenn alle seine Bewegung verlohren habe, wenn die in schräger Richtung ausgeübten Kräfte alle zusammen der Kraft, die ihm in gerader Bewegung beywohnet, gleich sind. Hingegen nach der Cartesianischen Schätzung verhält es sich hiemit ganz anders. Die Kräfte, die der Körper durch viele nach einander folgende Stöße in schräger Richtung ausübet, bis alle seine Bewegung verzehret ist, sind nach derselben zusammen viel größer, als die einzige unzertheilte Kraft,

P 2   die

die er in gerader Bewegung befitzet. Also hat alsdenn der Körper seine Bewegung noch nicht verlohren, wenn die Summe aller in zertheilter Bewegung ausgeübten Kräfte seiner ganzen unzertheilten Kraft schon gleich ist. Denn ein Körper kann in Ansehung vieler schiefen Flächen weit mehr ausrichten, als gegen diejenige, die er in gerader Richtung perpendikular anstößt, und zwar dergestalt: daß, (wenn man annimmt, die Neigung des Stoßes geschehe auf alle schiefe Flächen in gleichen Winkeln,) sich die Größe der Kraft, die da nöthig ist, um einem Körper durch schräg entgegengesetzte Hindernisse seine Kraft zu verzehren, zu derjenigen, welche in gerader Richtung dieselbe aufheben würde, verhalte, wie der sinus totus zu dem sinui des Einfallswinkels. Sie ist also z. E. wenn der sinus totus zum sinu anguli incidentiae wie 2: 1 ist, achtmal, und wenn dieser unendlich klein ist, auch unendlich mal größer, als die Gewalt der Hindernisse, die genug gewesen wäre, um ihn in gerader entgegengesetzter Richtung seine ganze Bewegung zu verzehren. Also nimmt nach der Leibnitzischen Schätzung eine gewisse Hinderniß einem Körper seine Kraft gänzlich, die ihm doch von eben derselben in eben derselben Richtung nach der Schätzung des Cartesius nur unendlich wenig zu vernichten vermag, d. i. bey der Schätzung nach dem Quadrat ist der Verlust der Kraft des bewegten Körpers, wenn die ganze Gewalt der summirten Hindernisse, die er überwunden hat endlich ist, auch endlich, der Körper mag nun diese Hindernisse in so schiefer Bewegung überwältigt haben als man wolle; hingegen bey der Schätzung nach den Geschwindigkeiten, kann die gesammte Kraft der ausgeübten Würkungen eines Körpers endlich seyn, und der Verlust der Kraft des Körpers dennoch unendlich klein, wenn nur der Winkel, in welchem er alle diese Hindernisse überwindet, unendlich klein ist.

Dieser Unterschied ist erstaunlich. Es muß sich hievon irgendwo in der Natur eine Würkung zeigen, sie sey auch

auch wo ſie wolle, und es wird ſich der Mühe verlohnen ſie aufzuſuchen. Denn die Folge derſelben wird nicht allein dieſe ſeyn: daß man entſcheiden könne, ob die Kraft eines Körpers in der Diagonallinie eines rechtwinklichten Paralelogramms der Summe der Seitenkräfte. gleich ſey oder nicht, ſondern auch, ob die Schätzung des Herrn v. Leibnitz, oder die des Carteſius, die wahre ſey; denn die eine Frage iſt mit der andern unzertrennlich verbunden.

§. 80.
Die lebendigen Kräfte werden durch einen neuen Fall widerlegt.

Die Bewegung eines Körpers in einer Cirkellinie um einen Mittelpunkt, gegen den er durch ſeine Schwere gezogen wird, von welcher Art, (von welcher Art die Bewegungen der Planeten ſeyn,) iſt der Fall, den wir ſuchen.

Laſſet uns einen Körper annehmen, der einen hinlänglichen Centrifugalſchwung erhalten hätte, um die Erde in einer Cirkellinie zu laufen. Laſſet uns auch von allen Hinderniſſen auſſer der Schwere abſtrahiren, die ſeine Bewegung vermindern könnten; ſo iſt gewiß: daß erſtlich die Geſchwindigkeit ſeiner Bewegung endlich ſeyn, hernach zweytens mit eben demſelben Grade, in eben derſelben Linie unvermindert ins unendliche fortwähren werde. Dieſe zwey Lehnſätze ſetze ich zum Grunde, denn ſie ſind von beyden Partheyen, der Leibnitziſchen ſo wohl als der Carteſianiſchen, gebilliget. Ich ſetze ferner drittens zum Grunde, daß die Schwere in einem Körper, der ſich frey beweget, in einer endlichen Zeit eine endliche Kraft hineinbringe, oder auch in demſelben verzehre, wenn die beyden Kräfte, die welche dem Körper beywohnet, und die, womit die Schwere drücket, einander entgegen würken. Nun iſt der angenommene Körper, der um den gegebenen Mittelpunkt in einem Cirkel läuft, dem Drucke der Schwere unaufhörlich ausgeſetzet,

P 3

feßet, und erleibet also durch die Summe aller unendlich
kleinen Schwerdrückungen in einer endlichen Zeit eine endliche Kraft, womit er gegen den Mittelpunkt seiner Unwen-
dung getrieben wird, per Lemma 3. Indeſſen hält der
Körper, durch ſeine eigenthümliche Kraft, allen dieſen in
ihn geſchehenen Drückungen das Gleichgewicht, indem er
ſich immer in eben derſelben Entfernung von dem Mittelpunkte erhält. Alſo hat er in jedweder endlichen Zeit auch
eine endliche Kraft in Anſehung der überwundenen Hinderniſſe der Schwere ausgeübet. Nun iſt aus dem, was wir
§. 79. erſehen haben, klar, daß: wenn ein Körper in
ſchiefer Richtung eine gewiſſe Anzahl Hinderniſſe überwunden hat, die zuſammen eine endliche Gröſſe der Kraft betragen, er hieben zugleich, (wenn man die Leibnitzianiſche
Schätzung zugiebt,) an ſeiner ihm beywohnenden Kraft einen Verluſt von einer endlichen Gröſſe erleiden müſſe. Folglich verlieret der angenommene Körper in jedweder endlichen
Zeit ſeines Zirkellaufes durch die Zurückhaltungen der
Schwere eine endliche Kraft, und alſo in einer gewiſſen beſtimmten Zeit ſeine ganze Kraft und Geſchwindigkeit; denn
die Geſchwindigkeit, die er in ſeinem Kreislaufe beſitzet, iſt
nur endlich. Lemma I.

Er kann alſo entweder gar nicht in einem Cirkel laufen, es ſey denn, daß er eine unendliche Geſchwindigkeit
habe, oder man muß zugeben: daß ein Körper durch die
Summe aller ſchrägen Würkungen hier unendlich viel mehr
ausrichten könne, als er in geradem Anlaufe Kraft beſitzet,
und daß das Leibnitziſche Kräftenmaaß, das dieſes nicht
zugiebt, falſch ſey.

§. 81.

Weil der Gedanke, den wir hier ausgeführet haben,
ſehr fruchtbar von Folgen iſt, ſo wollen wir alle kleine
Schwierigkeiten um ihn wegräumen, und denſelben ſo viel
möglich iſt, klar und eben machen.

Er

Er weiß: daß ein in einen Cirkel laufender Körper gegen die Schwere eben so eine Würkung ausübe, als wenn er gegen eine schiefe Fläche anliefe.

Man muß zuerst deutlich begreifen lernen: daß die Kraft, die der bewegte Körper in der Cirkelbewegung anwendet der Schwere das Gleichgewicht zu halten, eine schräge Würkung ausübe, und mit dem Anlaufe eines Körpers gegen eine schiefe Fläche zu vergleichen sey, so wie wir es würklich im vorigen §. gethan haben.

Man stelle sich zu diesem Endzwecke die unendlich kleine Bogen, die der Körper in seiner Cirkelbewegung durchläuft, als so viel unendlich kleine gerade Linien vor, so wie man auch in der Mathematik gewöhnlich den Cirkel als ein Polygon von unendlich viel Seiten ansiehet. *) Der Körper, der nun die unendlich kleine Linie a b durchgelaufen ist, würde, wenn ihm die Schwere keine Hinderniß entgegen setzte, die gerade Richtung dieser Bewegung fortsetzen, und in dem zweyten unendlich kleinen Zeittheile in d seyn. Allein durch den Widerstand der Schwere wird er genöthiget diese Richtung zu verlassen, und die unendlich kleine Linie b c zu beschreiben. Diese Hinderniß der Schwere hat ihm, per resolutionem virium, also die Seitenbewegung a c genommen, welche durch die perpendikellinie a c ausgedruckt wird, die auf die, bis in c verlängerte Linie b e gefället worden. Es erleidet also der Körper durch die Hinderniß der Schwere im Punkte b eben denselben Widerstand, den er von einer Fläche c c würde erlitten haben, gegen die er, unter dem Winkel a b c, angelaufen wäre; denn die Hinderniß, welche diese Fläche ihm entgegen setzet, wird, eben so wie hier, durch die kleine Perpendikellinie a c ausgedrücket. Also kann man die Kraft die ein Körper in seiner

P 4

ner

*) Fig. XIII.

ner Cirkelbewegung gegen die Schwere ausübet, welche ihn
herunter ziehet, mit dem Anlaufe desselben gegen schiefe
Flächen ganz wohl vergleichen, und auch auf eben die Weise
wie diese schätzen. W. Z. E.

§. 82.

Der dritte von den angenommenen Grundsätzen unseres Beweises im 80ten §., scheinet zweytens noch einiger
Bestätigung zu bedürfen; zum wenigsten kann man, wenn
man mit solchen Gegnern zu thun hat, auch in Ansehung
der augenscheinlichsten Wahrheiten nicht behutsam genug
seyn, denn der Streit von den lebendigen Kräften hat uns
hinlänglich überführet, wie viel die Partheylichkeit in Ansehung gewisser Meynungen gewaltiger und einnehmender seyn
könne, als die nackte Stärke der Wahrheit, und wie weit
sich die Freyheit des menschlichen Verstandes erstrecke, bey
den augenscheinlichsten Wahrheiten annoch zu zweifeln, oder
sein Urtheil aufzuschieben.

Der Kreisläufende Körper thut in jedweder endlichen Zeit gegen die Hindernisse der Schwere eine Würkung einer endlichen Kraft.

Ich könnte mich wegen des Satzes: daß die Schwere
in einen Körper der sich frey beweget, in jedweder gegebenen
endlichen Zeit auch eine endliche Kraft hineinbringe, auf den
32ten §. berufen; allein derselbe hat an denen Vertheidigern der lebendigen Kräfte schon seine Gegner, und es ist
besser, sie mit ihren eigenen Waffen niederzuschlagen. Der
angenommene Körper, der in seiner Kreisbewegung in einer
endlichen Zeit den Bogen a f durchgelaufen ist, empfängt
die Drucke aller der Federn der Schwere, welcher er in dem
ganzen endlichen Raume a f unaufhörlich ausgesetzet ist. Nun
bringen, selbst nach dem Geständnisse derer Leibnitzianer,
die, in einem gewissen endlichen Raume befindliche Federn,
der schwermachenden Materie, die ihren Druck einem Körper

per durchgehends mittheilen, in denselben eine endliche Kraft:
Ergo etc.

§. 83.
Der Schluß.

Demnach bestehet die, in zertheilter Bewegung ausgeübte Kraft, wenn sie dem Quadrate der Seiten des rechtwinklichten Parallelogramms proportional geschätzet wird,
so gar nicht mit den allerbekanntesten Gesetzen der Kreisbewegung der Körper, und mit den Centralkräften, die sie
verüben. Es sind also die Seitenkräfte in jedweder zusammengesetzter Bewegung nicht, so wie die Leibnitzische Schätzung es erfordert, in der Proportion der Quadrate von ihren Geschwindigkeiten, und eben daher ist der Schluß auch
allgemein: daß die Schätzung nach dem Quadrat gänzlich
irre; denn eine jede Bewegung kann als zusammengesetzt
angesehen werden, wie aus den ersten Grundlehren der Mechanik bekannt ist.

§. 84.
Wie die Cartesianische Schätzung dieser Schwierig-
keit abhelfe.

Es ist noch nöthig anzumerken, wie vortreflich die
Cartesianische Kräftenschätzung der Schwierigkeit abhilft,
unter der die Leibnitzische erliegt, wie wir itzo ersehen haben.

Es ist aus der Mathematik bekannt: daß die kleine
Linie a c, *) die dem sinui verso b i, des unendlich kleinen
Bogens a b, parallel und gleich ist, ein unendlich kleines
vom zweyten Grade sey, und also unendliche mal kleiner als
die unendlich kleine Linie a b. Nun ist aber a c der sinus
des Winkels, womit der Körper allenthalben in seiner Kreisbewegung dem Drucke der Schwere entgegen würket, und
$\mathfrak{P}$ 5   a b,

*) Fig. XIII.

ab, als ein unendlich kleiner Theil der absoluten Bewegung des Körpers selber, ist der sinus totus desselben. Es ist aber aus dem vorher erwiesenen §. 79. bekannt, daß: wenn ein Körper in schiefer Bewegung dergestalt gegen eine gewisse Hinderniß würket, daß der sinus des Einfallswinkels, in Ansehung des sinus totius, durchgehends unendlich klein ist, die, durch die Hindernisse, verlohrne Kraft gegen die gesammte Gewalt aller überwundenen Hindernisse bey der Cartesianischen Schätzung unendlich klein sey. Also verlieret der Körper in seinem Cirkellaufe durch die Drucke der Schwere nicht eher eine endliche Kraft, als bis er in der ganzen Summe aller derer Zurückhaltungen der Schwere eine Kraft die unendlich groß ist, überwunden hat. Nun beträget aber die Summe aller Schwerdrückungen eine endliche Zeit hindurch nur eine endliche Kraft, §. 80. Lemma 3. und folglich nicht eher eine unendliche Kraft als nach einer unendlichen Zeit: Also verlieret der Körper, der um einen Mittelpunkt, gegen welchen er durch seine Schwere gezogen wird, in einem Cirkel läuft, durch die Hindernisse der Schwere nur in einer unendlichen Zeit eine endliche Kraft, und folglich in jedweder endlichen Zeit unendlich wenig. Hingegen würde der Verlust bey der Leibnitzischen Schätzung in eben diesen Umständen in jeder endlichen Zeit etwas endliches betragen, §. 80. folglich ist die Cartesianische Schätzung, in diesem Falle der Schwierigkeit nicht unterworfen, welcher die Leibnitzische, wie wir gesehen haben, allemal ausgesetzet ist.

§. 85.
Noch ein neuer Widerspruch, welchem die lebendigen Kräfte hier ausgesetzet seyn.

Der Einwurf, den wir itzo den lebendigen Kräften gemacht haben, entdecket zugleich eine seltsame Art des Widerspruchs in der Schätzung der Kräfte nach dem Quadrat. Denn jedermann ist darinn einig; daß die, nach dem Re-

Ctan-

Œangulo, der in sich selbst multiplicirten Geschwindigkeit, geschätzte Kraft, unendlich mehr Gewalt haben müsse, als diejenige, die nur durch das schlechte Maaß der Geschwindigkeit ausgedrücket wird, und daß sie in Ansehung dieser letztern dasjenige sey, was die Fläche gegen die Linie ist. Allein hier zeiget sich gerade das Gegentheil, nemlich: daß in dem Falle, den wir gesehen haben, da beyde Arten von Kraft in ganz gleiche Umstände zu würfen gesetzet werden, die Leibnitzische unendlich weniger vermöge als die Cartesianische, und durch unendlich weniger Hindernisse verzehret werde, als diese, welches ein Widerspruch ist, der nicht größer kann gedacht werden.

§. 86.

Die Zerstörung des allgemeinen Grundsatzes, von der in zusammengesetzter Bewegung befindlichen gleichen Größe der Kraft mit der einfachen, wirft zugleich viele Fälle mehr über den Haufen, die die Verfechter der lebendigen Kräfte auf eben diesem Grunde erbauet haben.

Widerlegung des Bernoullischen Falles von der Spannung 4 gleicher Federn.

Der Bernoullische Fall, den Herr von Wolf in seiner Mechanik anführet, ist einer von den ansehnlichsten unter denselben. Er nimmt 4 Federn an, die alle gleiche Kraft nöthig haben, gespannet zu werden. Er lässet ferner einen Körper mit 2 Graden Geschwindigkeit unter einem Winkel von 30 Graden, dessen sinus wie 1 ist, gegen die erste, hernach mit dem Ueberreste der Bewegung, unter einem Winkel, dessen sinus gleichfalls wie 1 ist, gegen die zweyte, und so auch gegen die dritte, und endlich gegen die vierte Feder perpendikular anlaufen. Eine jedwede von diesen Federn nun spannet dieser Körper; er übet also mit 2 Graden Geschwindigkeit 4 Grade Kraft aus, folglich hat er sie gehabt, denn sonst hätte er sie nicht ausüben können. Daher ist die

Kraft

Kraft dieses Körpers nicht wie seine Geschwindigkeit 2, sondern wie das Quadrat derselben.

Ich verlange es nicht zu behaupten: daß der Körper mit 2 Graden Geschwindigkeit, unter keinerley Umständen 4 Grade Kraft ausüben könne. Allein er kann sie nur in schiefem Anlaufe ausüben, und es ist genug, daß wir bewiesen haben, seine Kraft sey in geradem Anlaufe doch jederzeit nur wie 2, und in schräger Bewegung allemal größer als in der perpendikularen. Jedermann schätzet aber die Kraft eines Körpers nach der Gewalt die im senkrechten Stoße in ihm anzutreffen ist. Also ist in derjenigen Art der Würkung, die ohne Zweydeutigkeit ist, darinn alle Gegner zusammen stimmen, daß sie das wahre Maaß der Kraft sey, der Vortheil auf der Seite des Cartesius gegen die Parthey der lebendigen Kräfte.

§. 87.

Es gründet sich endlich auf die Zusammensetzung der Bewegung noch ein Fall, den man wohl den Achilles unsrer Gegner nennen könnte.

Des Herrn von Mairans Einwendung gegen den Herrmannschen Fall.

Er bestehet hierinn: Ein Körper A, der 1 zur Masse, und 2 zur Geschwindigkeit hat, stößet auf einmal unter einem Winkel von 60 Graden, zweene Körper B und B, die jeder zur Masse 2 haben. Hier bleibet der stoßende Körper A nach dem Stoße in Ruhe, und die Körper B und B bewegen sich jeder mit einem Grade Geschwindigkeit, folglich beyde zusammen genommen mit 4 Graden Kraft.

Der Herr von Mairan hat sehr wohl wahrgenommen wie seltsam und paradox es heraus komme, daß ein besonderer und nur auf gewisse Umstände eingeschränkter Fall eine neue Kräftenschätzung beweisen sollte, die sich doch wenn sie

wahr

wahr wäre ohne Unterschied bey allen und jeden Umständen hervorthun müßte. Die Leibnitzianer sind jederzeit so kühn zu verlangen: daß wenn ein Körper 4 Grade Kraft ausübet, es sey auch in welcher Art es wolle, man allemal sicher sagen könne, er werde eben dieselbe Kraft auch in senkrechter Richtung ausüben; allein in diesem gegenwärtigen Falle ist es augenscheinlich: daß alles auf eine bestimmte Anzahl der Elemente, welche bewegt werden sollen, und auf eine bestimmte Lage derselben gegen den stoßenden Körper ankomme, daß folglich die Sache sich ganz anders verhalten werde, wenn diese Bestimmungen geändert würden, mithin daß man sich sehr betrüge, wenn man so schließet: der Körper hat in diesen Umständen diese oder jene Kraft verübet, also muß er, (gerade zu ohne alle Einschränkung zu reden,) auch diese oder jene Kraft haben, und sie wenn man will auch in senkrechter Würkung heraus laßen.

Ich habe mich itzt nur bemühen wollen, den Sinn, des Gedankens des Herrn von Mairan auszudrücken, welchen er in seiner Antwort auf die Einwürfe, die ihm die Frau von Chastellet in ihrer Naturlehre gemacht hatte, dem Herrmannschen Falle entgegen setzte. Allein mich dünkt, die ganze Sache könne viel leichter und überzeugender, vermittelst desjenigen, was wir bis daher in Ansehung der Zusammensetzung und Zertheilung der Kräfte angemerkt haben, abgethan werden, und sie sey auch größtentheils hieburch schon abgethan; weswegen ich glaube, der Leser dieser Blätter werde mich leichtlich durch Herbeyziehung dessen, was ich hiebey erinnert habe, einer ferneren Weitläuftigkeit überheben.

§. 88.

Der Herr von Mairan ist der einzige unter denen Vertheidigern des Cartesius, der über die Wahl der Gründe, worauf die Leibnitzianer eine neue Kräftenschätzung bauen wollen, einige Betrachtungen angestellet hat; allein er hat es auch nur in dem einzigen Falle gethan, den wir im vorigen

rigen Spho angezogen haben. Diese Gattung der Untersuchung scheinet von nicht großer Erheblichkeit zu seyn, wenn man sie obenhin ansiehet, allein sie ist in der That von ganz vortreflichem Nutzen, so wie irgend nur eine Methode in der Kunst zu denken seyn mag.

Nutzbarkeit dieser Methode des Herrn von Mairan.

Man muß eine Methode haben, vermittelst welcher man in jedwedem Falle, durch eine allgemeine Erwegung der Grundsätze, worauf eine gewisse Meynung erbauet werden, und durch die Vergleichung derselben mit der Folgerung, die aus denselben gezogen wird, abnehmen kann, ob auch die Natur der Vordersätze alles in sich fasse, was in Ansehung der hieraus geschlossenen Lehren erfordert wird. Dieses geschiehet, wenn man die Bestimmungen, die der Natur des Schlußsatzes anhängen, genau bemerket, und wohl darauf Acht hat, ob man auch in der Construction des Beweises solche Grundsätze gewählet habe, die auf die besondern Bestimmungen eingeschränkt sind, welche in der Conclusion stecken. Wenn man dieses nicht so befindet, so darf man nur sicher glauben: daß diese Schlüsse, die auf eine solche Art mangelhaft sind, nichts beweisen, ob man gleich noch nicht entdecken kann, worinn der Fehler eigentlich liege, und wenn dieses gleich niemals bekannt würde. Also habe ich z. E. aus der allgemeinen Erwegung der Bewegungen elastischer Körper geschlossen, daß die Phänomena, die sich durch ihren Zusammenstoß hervorthun, unmöglich eine neue Kräftenschätzung, die von der Cartesianischen verschieden ist, beweisen könnten. Denn ich erinnerte mich, daß ja alle diese Phänomena von den Mechanikern aus der einzigen Quelle des Produkts der Masse in die Geschwindigkeit, zusammt der Elasticität aufgelöset werden, wovon man den Leibnizianern hundert Proben aufzeigen kann, die alle die größesten Geometer zu Urhebern haben, und welche man

sie

sie selber unzählige mal durch ihren eigenen Beyfall bestätigen siehet. Also schloß ich, kann dasjenige, was bloß durch die, nach dem schlechten Maaße der Geschwindigkeit, geschätzte Kraft, hergebracht worden, auch von keiner andern Schätzung, als nur von der, nach der Geschwindigkeit, ein Beweißthum abgeben. Ich wuste damals noch nicht, wo eigentlich der Fehler in den Schlüssen der Leibnitzianer, über den Zusammenstoß elastischer Körper, zu suchen sey, allein, nachdem ich auf die angezeigte Art übergeführet worden, es müsse irgendwo in denenselben ein Fehlschluß stecken, er sey auch so verborgen, wie er wolle, so wandte ich alle Aufmerksamkeit an, ihn aufzusuchen, und mich deucht, daß ich ihn an mehr wie einem Orte angetroffen habe.

Mit einem Worte: diese ganze Abhandlung ist einzig und allein ein Geschöpfe von dieser Methode zu denken. Ich will es aufrichtig gestehen: ich habe alle diejenige Beweise für die lebendigen Kräfte, deren Schwäche ich itzo vollkommen zu begreifen glaube, anfänglich als so viel geometrische Demonstrationen angesehen, in denen ich nicht den geringsten Fehler vermuthete und auch vielleicht nie einen einzigen gefunden hätte, wenn die allgemeine Erwegung der Bedingungen, unter welchen die Schätzung des Herrn von Leibnitz festgesetzet wird, meiner Betrachtung nicht einen ganz andern Schwung ertheilet hätte. Ich sahe, daß die Wärklichkeit der Bewegung die Bedingung dieses Kräftenmaaßes sey, und daß sie die eigentliche Ursache ausmache, weswegen man die Kraft des bewegten Körpers nicht so wie die Kraft des zur Bewegung strebenden schätzen solle. Allein als ich die Natur dieser Bedingung erwogen, begriff ich leicht, daß da man sie mit der Bedingung der todten Kraft unter einerley Geschlecht setzen kann, und sie sich von ihr nur durch die Größe unterscheidet, sie unmöglich eine Folgerung haben könne, die von der Folgerung derer Bedingungen einer todten Kraft toto genere unterschieden ist, und auch

auch eben so unendlich sehr von dieser unterschieden bleibet, wenn gleich die Bedingung, die eine Ursache dieser Folgerung ist, der andern Bedingung so nahe gesetzt wird, daß sie sich schon beynahe mit ihr vermenget. Also sahe ich, mit einer Gewißheit, die der Geometrischen gar nicht weichet, ein, daß die Würklichkeit der Bewegung kein hinlänglicher Grund seyn könne, zu schließen: daß die Kräfte der Körper in diesem Zustande wie das Quadrat ihrer Geschwindigkeit seyn müßten, da sie bey einer unendlich kurz gedauerten Bewegung, oder, welches einerley ist, bey der bloßen Bestrebung zu derselben, nichts wie die Geschwindigkeit zum Maaße haben. Ich schloß hieraus: wenn die Mathematik die Würklichkeit der Bewegung als den Grund der Schätzung nach dem Quadrat vor sich hat, und sonst nichts, so müssen ihre Schlüsse sehr hinken. Mit diesem gegründeten Mißtrauen in Ansehung aller Leibnizianischen Beweise bewapnet, griff ich die Schlüsse der Vertheidiger dieser Schätzung an, um, ausser dem, daß ich nunmehro wußte, es müßten in denenselben Fehler vorhanden seyn, auch zu wissen, worinnen sie bestehen. Ich bilde mir ein, mein Vorhaben habe mir nicht gänzlich fehl geschlagen.

§. 89.

Der Mangel dieser Methode ist eine Ursache mit gewesen, woher gewisse offenbare Irrthümer sehr lange sind verborgen geblieben.

Wenn man sich jederzeit dieser Art zu denken beflissen hätte, so hätte man sich in der Philosophie viel Irrthümer ersparen können, zum wenigsten wäre es ein Mittel gewesen, sich aus denenselben viel zeitiger herauszureissen. Ich unterstehe mich gar zu sagen, daß die Tyranney der Irrthümer über den menschlichen Verstand, die zuweilen ganze Jahrhunderte hindurch gewähret hat, vornemlich von dem Mangel dieser Methode, oder anderer, die mit derselben eine Ver-

Verwandschaft haben, hergerühret hat, und daß man sich
also dieser nunmehro vor andern zu befleißigen habe, um jenem Uebel inskünftige vorzubeugen. Wir wollen dieses beweisen.

Wenn man vermittelst gewisser Schlüsse, die irgendwo
einen Fehler versteckt halten, der sehr scheinbar ist, eine gewisse Meynung erwiesen zu haben glaubet, und man hat
hernach kein anderes Mittel, die Ungültigkeit des Beweises
gewahr zu werden, als nur so, daß sich zuerst der Fehler
entdecke, der in demselben verborgen lieget, und daß man
also vorher wissen müsse, was es für ein Fehler sey, der
den Beweiß verwerflich macht, eher man sagen kann, daß
einer in demselben befindlich sey, wenn man, sage ich, keine
andere Methode als diese hat, so behaupte ich, der Irrthum werde ungemein lange unentdeckt bleiben, und der Beweiß werde unzähligemal betrügen, ehe der Betrug offenbar
wird. Die Ursache hievon ist folgende: Ich setze voraus,
daß wenn die in einem Beweise vorkommende Sätze und
Schlüsse vollkommen scheinbar sind, und das Ansehen der
allerbekanntesten Wahrheiten an sich haben, so werde der
Verstand demselben Beyfall geben, und sich in keine mühsame und langwierige Aufsuchung eines Fehlers in demselben
einlassen; denn alsdenn gilt der Beweiß, in Ansehung der
Ueberzeugung, die dem Verstande daher entstehet, eben so
viel, wie einer der eine geometrische Schärfe und Richtigkeit
hat, und der Fehler, der unter den Schlüssen versteckt liegt,
thut, weil er nicht wahrgenommen wird, eben so wenig
Würkung zu der Verminderung des Beyfalles, als wenn er
in dem Beweise gar nicht anzutreffen wäre. Also müßte der
Verstand, entweder niemalen dem Beweise einen Beyfall geben, oder er muß es in diesem thun, wo er nichts erblicket,
was einem Fehler ähnlich siehet, d. i. wo er keinen vermuthet, wenn gleich einer in ihm verborgen wäre. In einem solchen Falle also wird er niemals eine besondere Bestrebung zu Aufsuchung eines Fehlers anwenden, weil er keinen Bewegungsgrund dazu hat, folglich wird derselbe sich

Q

nicht

nicht anders, als vermittelst eines glücklichen Zufalls, hervorfinden, er wird also gemeiniglich sehr lange verborgen bleiben, ehe er entdeckt wird, denn dieser glückliche Zufall kann viele Jahre, ja oftmals ganze Jahrhunderte ausbleiben. Dieß ist beynahe der vornehmste Ursprung der Irrthümer, die zur Schande des menschlichen Verstandes viel Zeiten hindurch fortgewähret haben, und die hernach eine sehr leichte Betrachtung aufgedecket hat. Denn der Fehler, der irgendwo in einem Beweise stecket, sieht dem ersten Anblicke nach einer bekannten Wahrheit ähnlich, also wird der Beweiß als vollkommen scharf angesehen, man vermuthet mithin keinen Fehler in demselben, man suchet ihn also auch nicht, und daher findet man ihn nicht anders, als zufälliger Weise. Hieraus läßt sich leicht abnehmen, worinnen das Geheimniß werde zu suchen seyn, *) was dieser Schwierigkeit vorbeuget, und welches uns die Entdeckung der Irrthümer, die man begangen hat, erleichtert. Wir müssen die Kunst besitzen, aus denen Vordersätzen zu errathen und zu muthmaßen, ob ein, auf gewisse Weise eingerichteter Beweiß, in Ansehung der Folgerung auch werde hinlängliche und vollständige Grundsätze in sich enthalten. Auf diese Art werden wir abnehmen, ob in ihm ein Fehler befindlich seyn müsse, wenn wir ihn gleich nirgends erblicken, wir werden aber alsdenn bewogen werden ihn zu suchen, denn wir haben eine hinlängliche Ursache ihn zu vermuthen. Also wird dieses ein Wall gegen die gefährliche Bereitwilligkeit des Beyfalles seyn, der ohne diesen Bewegungsgrund alle die Thätigkeit des Verstandes von der Untersuchung eines Gegenstandes abwenden würde, indem er gar keine Ursache findet, einen Zweifel und Mißtrauen zu setzen. Diese Methode hat uns in den Paragraphis 25, 40, 62, 65, 68, geholfen, und sie wird uns auch ferner gute Dienste leisten.

§. 90.

*) Wie das Mittel beschaffen seyn muß, wodurch man der Schwierigkeit der Irrthümer vorbeuget.

§. 96.

Es würde eine Betrachtung von nicht geringem Nutzen seyn, wenn man diese Methode etwas deutlicher auseinander setzen, und die Regeln ihrer Abwendung zeigen wollte, allein diese Art der Untersuchung gehöret nicht unter die Gerichtsbarkeit der Mathematik, welcher doch eigentlich diese Abhandlung gänzlich eigen seyn sollte. Wir wollen aber annoch eine Probe ihres Nutzens in der Widerlegung der Schlüsse, die zum Vortheil der lebendigen Kräfte aus der Zusammensetzung der Bewegungen entlehnet werden, darlegen.

In der Zusammensetzung der todten Drucke, z. E. derer Gewichte, die nach schrägen Richtungen einen Knoten ziehen, werden, wenn diese Richtungen einen rechten Winkel einschließen, die Anfangsgeschwindigkeiten derselben auch durch Linien ausgedruckt, welche Seiten eines rechtwinklichten Parallelogramms sind, und der hieraus entspringende Druck, wird durch die Diagonallinie vorgestellet. Obgleich nun hier ebenfalls das Quadrat der Diagonallinie der Summe der Quadrate derer Seiten gleich ist, so folget doch hieraus keinesweges, daß sich die zusammengesetzte Kraft zu einer von den einfachen, wie das Quadrat derer Linien, die die Anfangsgeschwindigkeiten ausdrücken, verhalten werde; sondern alle Welt ist darinn einig: daß diesem unerachtet, die Kräfte in diesem Falle dennoch nur in schlechter Proportion der Geschwindigkeiten seyn. Man nehme nun auch die Zusammensetzung der würklichen Bewegungen, so wie man sie durch die Mathematik vorstellet, und vergleiche sie hiemit. Die Linien, welche die Seiten und die Diagonal des Parallelogramms ausmachen, sind nicht anders, als die Geschwindigkeiten nach diesen Richtungen, eben so, wie es in dem Falle der Zusammensetzung todter Drücke beschaffen ist. Die Diagonallinie hat eben die Verhältniß gegen die Seiten, als sie dorten hat, und der Winkel ist auch derselbe. Also ist nichts von denen Bestimmungen, die in die mathematische Vorstellung der zusammengesetzten würklichen Bewegun-

Q 2

gen

gen hineinlaufen, von denen unterschieden, unter denen man
sich in eben derselben Wissenschaft die Zusammensätze der todten Drucke vorstellet. Da also aus diesen keine Schätzung
der Kräfte nach dem Quadrat der Geschwindigkeit herfließet,
so wird sie aus jenen auch nicht können hergefolgert werden;
denn es sind eben dieselben Grundbegriffe, mithin haben sie
auch einerley Folgerungen. Man wird noch einwenden, daß ja
ein offenbarer Unterschied unter denselben anzutreffen sey,
weil man voraußsetzet, daß die eine von denselben eine Zusammensetzung würklicher Bewegungen, die andere aber nur
eine Zusammensetzung todter Drucke sey. Allein diese Vor-
außsetzung ist eitel und vergeblich. Sie kommt nicht mit in
den Plan der Grundbegriffe, die das Theorem ausmachen;
denn die Mathematik drucket die Würklichkeit der Bewegung
nicht aus. Die Linien, die der Vorwurf der Betrachtung
sind, seyn nur Vorstellungen von der Verhältniß der Geschwindigkeiten. Also ist die Einschränkung von der Würklichkeit der Bewegung hier nur ein todter und müßiger Begriff, der nur nebenbey gedacht wird, und aus dem in der
mathematischen Betrachtung nichts hergefolgert wird. Hieraus fließet: daß aus dieser Art der Untersuchung derer zusammengesetzten Bewegungen, nichts vortheilhaftes für die
lebendigen Kräfte könne geschlossen werden, sondern, daß es
etwa untermengte philosophische Schlußreden seyn müssen,
wovon aber itzo nicht die Rede ist. Auf diese Weise haben
wir durch Hülfe unserer angerühmten Methode itzo begriffen,
daß die mathematischen Beweise für die lebendigen Kräfte
aus der Zusammensetzung der Bewegungen falsch und voller
Fehler seyn müssen, wir wissen aber noch nicht, was es für
Fehler seyn, allein wir haben doch eine gegründete Muth-
maaßung, oder vielmehr eine gewisse Ueberzeugung, daß sie
ohnfehlbar darinn seyn werden. Also dürfen wir uns die
Mühe nicht verdrüßen lassen, sie mit Ernst aufzusuchen. Ich
habe meine Leser dieser Mühe überhoben, denn mich dünkt,
daß ich diese Fehler gefunden, und in denen kurz vorhergehenden Paragraphis angezeigt habe.

§. 91.

§. 97.

Unsere Methode ist endlich noch ein Schwerdt gegen alle die Knoten der Spitzfindigkeiten und Unterscheidungen, womit Herr Bülfinger seine Schlüsse, die wir bis daher widerleget haben, gegen einen Einwurf, den ihm seine Gegner machen können, hat verwehren wollen. Es ist ein grosser Vortheil für uns, daß wir denselben abhauen können, da es sonsten sehr mühsam seyn würde, ihn aufzulösen.

Die Unterscheidungen des Bülfingers, womit er dem Einwurfe des Herrn von Mairan entgehen will, werden vermittelst dieser Methode abgethan.

Herr Bülfinger hat sehr wohl bemerkt: daß man ihm einwenden würde, seine Beweise, wenn sie richtig wären, müßten eben dasselbe auch für die todten Drucke beweisen. Er hat sich aber von dieser Seite durch ein Bollwerk von verwickelten metaphysischen Unterscheidungen, wie er sie zu machen weiß, befestiget. Er bemerket, die Würkung der todten Kraft müsse durch das Produkt der Intensität in den Weg, den sie nimmt, geschätzet werden, dieses aber werde durch das Quadrat dieser Linie ausgedrucket; also könne man den Cartesianern zwar gestehen: daß die Würkungen in der Zusammensetzung todter Drucke gleich seyn, allein hieraus folge noch nicht, daß die Kräfte deswegen auch gleich seyn müßten. Er setzet hinzu: in motibus isochronis solum actiones sunt ut vires; non in nisu mortuo. Eine metaphysische Untersuchung thut in einem mathematischen Streite eine sonderbare Würkung. Der Mathematikkundige glaubet, daß er sich auf diese Spitzfindigkeiten nicht verstehet, und wenn er sie gleich nicht aufzulösen vermögend ist, so ist es doch weit entfernet, daß er sich durch dieselbe sollte irre machen lassen. Er gehet an dem Leitfaden der Geometrie fort, und alle andere Wege sind ihm verdächtig. Die Geo-

Q 3

metter

metrer haben sich in Ansehung der Ausflüchte des Herrn Bülfingers eben so aufgeführet. Es hat sich noch niemand mit
ihm, so viel ich weiß, auf diese Waffen eingelassen. Man
hat sich diese Mühe mit gutem Bedachte ersparet; denn eine
metaphysische Untersuchung, insbesondere eine die so verwickelt und zusammengesetzet ist, verstattet nach allen Seiten
noch immer unzählige Schlupfwinkel, wohin der eine von
den Gegnern sich retten kann, ohne daß ihn der andere zu
verfolgen oder hervorzuziehen im Stande ist. Wir haben
sehr wohl gethan, daß wir die Schlüsse des Herrn Bülfingers gleich anfangs von derjenigen Seite angegriffen haben,
wo nach seinem eigenen Geständniß, die Mathematik allein
den Ausspruch thut. Allein vermittelst unserer Methode, sind
wir, wie ich schon gesagt habe, auch über diese Unterscheidungen Meister, wenn sie sich gleich hinter noch so undurch-
dringliche Decken der Dunkelheit verborgen haben.

Unsere Methode beuget den Unterscheidungen des Herrn Bülfingers vor.

Es ist hier vornemlich die Frage: ob die Unterscheidungen des Herrn Bülfingers den mathematischen Beweiß,
den er aus der Verhältniß der Diagonallinie gegen die Sei-
tenlinie in der Zusammensetzung würklicher Bewegungen für
die lebendigen Kräfte genommen hat, geltend machen können,
oder ob dieser mathematische Beweiß allem diesem ungeachtet, dennoch keine Schutzwehre der neuen Schätzung abgeben kann. Dies ist eigentlich der Punkt, warum gestritten
wird; denn wenn das Gebäude des Herrn Bülfingers nur
auf metaphysischen Grundsätzen beruhet, und nicht durch die
mathematischen Begriffe von der Zusammensetzung der Bewegungen unterstützet wird, so entschuldiget uns schon die
Absicht dieses Hauptstückes, wenn wir uns in die Untersuchung desselben nicht einlassen. Es wird aber die Verhältniß der Diagonalgeschwindigkeit gegen die Seitengeschwin-
digkeiten in der Zusammensetzung würklicher Bewegungen,

gen, aus einem und eben demselben Grunde erwiesen, woraus man dieses Verhältniß ebenfalls in der Zusammensetzung todter Drucke herleitet. Sie ist also wahr, wenn gleich in denen zusammengesetzten würklichen Bewegungen keine andere Eigenschaften und Bestimmungen anzutreffen seyn, als die sich bey denen todten Drucken befinden, weil sie hinlänglich bewiesen werden kann, ohne daß man etwas anders hiezu nöthig hat, als das, was man auch bey denen todten Drucken, die zusammen gesetzet werden, voraussetzen muß. Es kann also aus der Verhältniß der Diagonalgeschwindigkeit bey würklichen Bewegungen nicht geschlossen werden: daß die zusammengesetzten Kräfte von anderer Natur und Schätzungsart seyn müßten, als die todten Drucke, denn eben dieselbe Verhältniß hat dennoch statt, wenn gleich die Natur der zusammengesetzten Kräfte von den todten Drücken nicht unterschieden ist, weil man keine andere Gründe brauchet, um sie zu beweisen, als diejenigen, die man auch hier nöthig haben würde. Es ist also vergeblich, daß sich Herr Bülfinger derselben bedienen will, um hieraus zu schließen, daß die Kräfte nicht in Proportion der Geschwindigkeiten, sondern ihrer Quadrate stehen.

Demnach können die metaphysischen Unterscheidungen, derer sich dieser Philosoph bedienet hat, zwar vielleicht etwas darbiethen: woraus eine fortgesetzte philosophische Erwägung einige Gründe zum Vortheil der lebendigen Kräfte ziehen würde; allein zur Emporhaltung desjenigen mathematischen Beweises, von dem wir reden, sind sie nicht hinlänglich, weil er schon seiner Natur nach dasjenige unbestimmt lässet, was zu der Regel, die man daraus ziehen will, erfordert wird.

§. 92.
Ein besonderer zusammengesetzter Fall des Herrn von Leibnitz.

Nach allen diesen unterschiedenen Gattungen der Beweise, deren Unrichtigkeit wir denen Vertheidigern der leben-

digen

digen Kräfte gezeiget haben, komme ich endlich auf denjenigen, der den Herrn von Leibniz, den Vater der lebendigen Kräfte selber zum Urheber hat, und auch das Merkmal
seiner Scharfsinnigkeit bey sich führet. Er hat ihn, bey
der Gelegenheit, da er die Einwürfe des Abtes Catelan
auflösete, in den Actis Eruditorum *) der Welt zuerst dar-
gestellet. Er hat sich auch jederzeit, wenn er seiner Kräftenschätzung ein Licht geben wollen, auf dieselbe insbesondere berufen: Also werden wir ihn als eine Hauptstütze der lebendigen Kräfte anzusehen und wegzuräumen haben.

**) Eine Kugel A von vierfacher Masse, falle auf der
schiefen und gebogenen Fläche, deren Höhe 1 A E wie 1 ist,
aus 1 A in 2 A, und setze auf der Horizontalfläche E C, seine Bewegung, mit dem Grade Geschwindigkeit, den er durch
den Fall erlanget hat, und der wie 1 ist, fort. Man setze
ferner: daß er alle Kraft, welche er hat, in eine Kugel B
von einfacher Masse übertrage, und nach diesem selber im
Punkte 3 A ruhe. Was wird nun die Kugel B, die 1 zur
Masse hat, von der Kugel A, die viermal mehr Masse, und
einen einfachen Grad der Geschwindigkeit hat, für eine Geschwindigkeit erhalten sollen, wenn ihre Kraft hiedurch der
Kraft, die der Körper A hatte, gleich werden soll? Die
Cartesianer sagen: ihre Geschwindigkeit werde vierfach seyn
müssen. Es laufe also der Körper B, mit 4 Graden Geschwindigkeit, auf der Horizontalfläche aus 1 B, in 2 B,
und, nachdem er daselbst die schiefe und gebogene Fläche 2
B 3 B angetroffen, bewege er sich dieselbe hinauf, und er-
reiche mithin auf derselben, durch die ihm beywohnende Geschwindigkeit den Punkt 3 B, dessen Perpendikular-Höhe 3
B C wie 16 ist. Man nehme ferner die inclinirte Schnellwaage 3 A 3 B an, die sich an dem Punkte F beweget, und
deren ein Arm F 3 B viermal und etwas weniges drüber länger ist, als der andere Waagbalken 3 A F, die aber einander

*) Acta. 1690.
**) Fig. XIV.

der bennoch das Gleichgewicht halten. Wenn nun der Körper B den Punkt 3 B erreichet, und daselbst den Arm der Waage betritt, so ist klar, daß, weil der Balken F 3 B, in Ansehung des andern 3 AF, etwas größer ist, als die Masse des Körpers 3 A, in Vergleichung mit der Masse der Kugel 3 B, so werde das Gleichgewicht gehoben seyn, und der Körper 3 B aus 3 B in 4 B herunter sinken, zugleich aber die Kugel 3 A aus 3 A in 4 A erheben. Es ist aber die Höhe 4 A 3 A beynahe das vierte Theil der Höhe 3 B C, mithin wie 4; also hat der Körper B die Kugel A auf diese Weise zu einer beynahe vierfachen Höhe erhoben. Es kann nun durch ein leichtes mechanisches Kunststück gemacht werden: daß die Kugel 4 A aus 4 A in 1 A wieder zurückgehe, und mit der, durch seinen Zurückfall erlangten Kraft, gewisse mechanische Würkungen ausübe, hernach aber nochmals aus dem Punkte 1 A die schiefe Fläche 1 A 2 A herablaufe, und alles in den vorigen Zustand setze, auch der Kugel B, welche durch eine unmerklich kleine Neigung der Fläche 2 B 4 B, wieder in dem Punkte 1 B seyn kann, alle seine Kraft, wie vorher, übertrage, und alles noch einmal bewerkstellige. Der Herr von Leibnitz fähret fort zu schließen: also folget aus der Kräftenschätzung des Cartesius: daß ein Körper, wenn man sich seiner Kraft nur wohl bedienet, ins unendliche immer mehr und mehr Würkungen verüben, Maschinen treiben, Federn spannen, und Hindernisse überwinden könne, ohne daß seinem Vermögen etwas entgehe, eben dieses, ohne Aufhören noch ferner zu verüben; daß also die Würkung größer seyn könne, als ihre Ursache, und daß die immerwährende Bewegung, die alle Mechaniker für ungereimt halten, möglich sey.

§. 93.
Der Punkt des Fehlschlusses in diesem Beweise.

Dieser Beweiß ist der einzige unter allen Vertheidigungen der lebendigen Kräfte, dessen Scheinbarkeit die Ueberei-

Q 5　　　　　　lung

lung entſchuldigen könnte, welche die Leibnitzianer in Anſehung der Schutzgründe ihrer Schätzung verlohren haben.
Herr Bernoulli, Herr Herrmann und Wolf, haben nichts
geſagt, was demſelben an Erfindung und ſcheinbarer Stärke
gleich käme. Ein ſo großer Mann als Herr von Leibnitz
war, konnte nicht irren, ohne daß ihm ſogar derjenige Gedanke rühmlich ſeyn mußte, der ihm zum Irrthum verleite-
te. Wir wollen in Anſehung dieſes Beweiſes dasjenige ſagen, was Hektor beym Virgil von ſich rühmt:

———————— Si Pergama dextra
        defendi poſſent, etiam hac defenſa fuiſſent.

                                        Virg. Aeneid.

Ich will mein Urtheil über denſelben kurz faſſen. Der
Herr von Leibnitz hätte nicht ſagen ſollen: daß der Zurückfall der Kugel A, nachdem ſie vermittelſt der Schnellwage
zu der vierfachen Höhe 4 A 3 A erhoben worden, und aus 3
A auf die ſchiefe Fläche 1 A wieder zurückkehret, vorher aber
mechaniſche Kräfte ausübet, eine Würkung der in die Kugel B übertragenen Kraft ſey, ſo ſehr dieſelbe es auch ſcheinet zu ſeyn. Dieſe ausgeübte mechaniſche Kraft iſt, wie
wir bald ſehen werden, zwar der nachfolgende Zuſtand in
der Maſchine, der vermittelſt der in B übertretenen Kraft,
veranlaſſet worden, allein ſie iſt dennoch keine Würkung dieſer Kraft. Wir müſſen die Vermengung dieſer zweyen Be-
deutungen ſehr ſorgfältig vermeiden, denn hier iſt der rechte
Punkt des Fehlſchluſſes, worauf aller Schein, der ſich in
dem Leibnitziſchen Beweiſe hervorthut, gegründet iſt. Denn
wenn alle dieſe mechaniſchen Folgen nicht eine rechte Würkung der Kraft ſind, die der Körper A in den andern B übertragen hat, ſo verſchwindet alles Anſehen eines paradoxen
Gedankens auf einmal, wenn man gleich ſagt: daß mehr in
dem nachfolgenden Zuſtande der Maſchine enthalten ſey, als
in dem vorhergehenden. Denn es iſt deswegen noch nicht
die Würkung größer, als die Urſache, und die immerwährende Bewegung ſelber iſt in dieſem Falle keine Ungereimt-
                                                      heit,

heit, weil die hervorgebrachte Bewegung nicht die wahre
Würkung der Kraft ist, welche dieselbe eigentlich nur veranlasset hat, folglich auch immerhin größer seyn kann, als diese, ohne daß man gegen das Grundgesetze der Mechanik anstößet.

§. 94.

Die Kraft, welche A durch die Einrichtung der Maschine erhalten, ist keine hervorgebrachte Würkung der Kraft des Körpers B.

Der Körper B, in welchen man alle Kraft der Kugel A
übertragen hat, wendet dieselbe gänzlich auf, indem er die
schiefe Fläche 2 B 3 B hinauf läuft. In dem Punkte 3 B
hat er also die ganze Größe seiner Würkung vollendet, und
auch alle ihm mitgetheilte Kraft verzehret. Indem er nun
daselbst auf den Balken der Waage geräth, so ist es nicht
mehr die vorige Kraft, womit er den Körper 3 A in die Höhe hebet, sondern die erneuerte Gewalt der Schwere thut allein diese Würkung, die Kraft aber, die B von der Kugel A
erhalten hatte, hat hieran keinen Antheil. Wenn ferner
die Kugel A hiedurch bis in 4 A erhoben worden, so hat die
überwiegende Kraft der Kugel 3 B auch auf diese Art ihre
völlige Würkung ausgeübet, und die Kraft, welche der Körper B empfängt, indem er aus 4 A in 1 A zurückkehret, ist
wieder eine Würkung einer neuen Ursache, die von der Thätigkeit des Hebels gänzlich unterschieden, und auch viel größer als dieselbe ist, nemlich des Druckes der Schwere, welcher dem Körper im freyen Falle mitgetheilet wird. Also ist
diejenige Kraft, womit der Körper A mechanische Würkungen ausübet, ehe er wieder im Punkte 1 A ankömmt, etwas, was zwar durch die Kraft der Kugel B veranlasset, das
ist gewissen mechanischen Ursachen übergeben worden, aber
sie selber nicht zur hervorbringenden Ursache hat.

§. 95.

§. 95.
Dieses wird bestätiget.

Wenn die Leibnitzianer in dem nachfolgenden Zustande, der in der Natur entstehet, allemal gerade nur so viel Kraft setzen wollen, als der vorhergehende in sich enthält, so möchte ich gerne wissen, wie sie sich nur aus dem Einwurfe hinaushelfen wollten, den man ihnen aus ihrem eigenen Beweise machen kann. Wenn ich die Kugel B in 3 B auf die Schnellwaage setze, folglich sie daselbst den Balken niederdrückt, und der Körper A aus 3 A in 4 A erhebet, so ist dieses der vorhergehende Zustand der Natur, die Kraft aber, die A hernach erhält, indem er aus 4 A wieder zurückfällt, ist der nachfolgende Zustand, der durch den vorigen veranlasset wird. Es ist aber in diesem viel mehr Kraft enthalten, als in jenem. Denn die Uebermucht des Körpers 3 B über den Körper 3 A, kann in Ansehung ihres eigenthümlichen Gewichtes unvergleichbar klein seyn, also kann die Geschwindigkeit, womit 3 A gehoben wird, ungemein klein seyn, gegen die Geschwindigkeit, die er durch den freyen Zurückfall aus 4 A in 1 A erhält, denn hier häufen sich die unverminderten Drucke der Schwere, dort aber nur solche, die gegen diese unvergleichbar klein seyn. Also ist der nachfolgende Zustand der Kraft, der in der Natur ist, unstrittig größer, als der vorhergehende, der ihn veranlasset hat.

§. 96.
Eben dieses aus dem Gesetze der Continuität erwiesen.

Es kommt hier alles vornemlich darauf an: daß man überzeuget sey, die Kraft, welche B mit 4 Graden Geschwindigkeit besitzet, sey nicht die hervorbringende Ursache der Würkung, die sich hier in der Maschine hervorthut, wie die Leibnitzianer voraussetzen müssen, wenn sie in des Cartesius Gesetze eine Ungereimtheit zeigen wollen. Denn, wenn dieses

ſes wäre, ſo würde, wenn man dieſe Urſache nur um etwas weniges verminderte, die Würkung auch nur ſehr wenig kleiner werden. Allein dieſes zeiget ſich hier in der Maſchine ganz anders. Wenn wir ſetzen: daß der Körper 1 B etwas minder als 4 Grade Geſchwindigkeit habe, ſo wird er nur bis zum Punkte 2, auf der gebogenen Fläche 3 B 2 hinaufgelangen, wo die Länge 3 A F des einen Waagbalkens, gegen die Länge des andern Waagarmes ganz genau in vierfacher Verhältniß ſtehet, wo alſo das Gewichte des Körpers B den Hebel nicht beweget, noch den Körper 3 A im geringſten aus ſeiner Stelle hinausrücket. Alſo wenn B einen Theil der Kraft weniger hat, der ſo klein angenommen werden kann, daß er faſt gar nicht in Betrachtung kommt: ſo erlangt 3 A alsdenn ſchon gar keine Kraft mehr, ſo bald im Gegentheil dieſes wenige noch hinzukommt, ſo wird 3 A nicht allein die Kraft, die er anfänglich hatte, wieder bekommen, ſondern noch weit mehr drüber. Es iſt augenſcheinlich, daß dieſer Sprung ſich nicht zutragen würde, wenn die Kraft des Körpers 3 B die wahre hervorbringende Urſache desjenigen Zuſtandes wäre, der ſich in der Maſchine hervorthut.

§. 97.
Die ganze Größe des zureichenden Grundes in dem vorhergehenden Zuſtande.

Wenn man die Anlegung des Hebels in dieſer Maſchine, und ihre geometriſche Beſtimmung in Abſicht auf die Proportion der Körper erweget, wenn man hiezu noch das Uebermaaß der Verhältniß der Höhe 3 B 4 B, gegen die Höhe 1 A E, über die Proportion der Maſſe des Körpers B zur Maſſe A hinzuthut, (denn die Höhe 3 B 4 B iſt gegen die Höhe 1 A E, wie 16 zu 1, die Maſſe A aber gegen B nur wie 4 zu 1) ſo hat man die ganze Größe derjenigen Beſtimmungen, welche die Kraft in A veranlaſſet haben; hiezu nehme man noch die Druckungen der Schwere, welche ver-

vermittelſt der vortheilhaften Anlegung der geometriſchen Beſtimmungen würkſamer gemacht werden, ſo hat man die ganze Zuſammenfaſſung aller zureichenden Gründe, darinn man die Größe der Kraft die in A entſtehet, vollkommen wieder finden wird. Wenn man hievon die einzige Kraft des Körpers B abſondert, ſo iſt kein Wunder, daß ſie viel zu klein befunden wird, um in ihr den Grund der Kraft, die in A hineinkommt, darzulegen. Alles, was der Körper B hiebey thut, iſt, daß er zu gleicher Zeit, da er die Zurückhaltungen der Schwere überwindet, eine gewiſſe Modalität gewinnet, das iſt, eine gewiſſe Quantität der Höhe, die nemlich größer iſt, als nach Proportion ſeiner Geſchwindigkeit, und folglich auch ſeiner Maſſe.

So iſt denn die Kraft des Körpers B nicht die wahre würkende Urſache der Kraft, welche in A erzeuget wird: es wird in Anſehung ihrer alſo das große Geſetze der Mechanik: effectus quilibet aequipollet viribus cauſae plenae, ohne Gültigkeit ſeyn; und es kann immerhin auf dieſe Weiſe eine immerwährende Bewegung hervorgebracht werden, ohne daß dieſes Grundgeſetze im geringſten verletzet wird.

§. 98.
Die einzige Schwierigkeit, die noch in dem Leibnitziſchen Argumente ſtecken könnte.

Es beſtehet alſo alles, was der Herr von Leibnitz mit ſeinem Argumente uns entgegen ſetzen kann, darinn, daß es, wenn man gleich die gänzliche Unmöglichkeit der Sache nicht darthun kann, dennoch ſehr unregelmäßig und widernatürlich herauskomme, daß eine Kraft eine andere größere, als ſie iſt, erwecke, es mag nun auf eine Art geſchehen, wie ſie wolle. Der Herr von Leibnitz lenket ſich ſelber auf dieſe Seite: *) Sequeretur etiam cauſam non poſſe iterum reſtitui ſuoque effectui ſurrogari; quod quantum abhorreat a

more

*) Act. Erud. 1691. p. 542.

more naturae et rationibus rerum facile intelligitur. Et consequens esset: decrescentibus semper effectibus, neque unquam crescentibus, ipsam continue rerum naturam declinare, perfectione imminuta, neque unquam resurgere atque amissa recuperare posse sine miraculo. Quo in Physicis certe abhorrent a sapientia constantiaq. conditoris. Er würde so gelinde nicht geredet haben, wenn er nicht gesehen hätte, daß die Natur der Sache ihm diese Mäßigung auferlege. Man mag nur gewiß versichert seyn: daß er mit dem ganzen Donner seines geometrischen Bannes, und aller Gewalt der Mathematik wider seinen Feind aufgezogen wäre, wenn seine Scharfsinnigkeit diese Schwäche nicht wahrgenommen hätte. Allein er sahe sich genöthiget, die Weisheit Gottes zu Hülfe zu rufen, ein gewisses Merkmal, daß die Geometrie ihm keine tüchtigen Waffen dargebothen hätte.

Nec DEVS intersit, nisi dignus vindice nodus
Inciderit ——— ——— ———

Horat. de arte poët.

Wird beantwortet.

Allein auch die kleine Schutzwehre ist von keiner Beständigkeit. Es ist hier blos von der Schätzung der Kräfte, welche durch die Mathematik erkannt wird, die Rede, und es ist kein Wunder, wenn dieselbe der Weisheit Gottes nicht vollkommen genug thut. Dies ist eine, aus dem Mittel aller Erkenntnisse herausgenommene Wissenschaft, die für sich allein nicht mit den Regeln des Wohlanständigen und Geziemenden gnugsam bestehet, und die mit den Lehren der Metaphysik zusammen genommen werden muß, wenn sie auf die Natur vollkommen angewendet werden soll. Die Harmonie, die sich unter den Wahrheiten befindet, ist wie die Uebereinstimmung in einem Gemählde. Wenn man einen Theil insbesondere herausnimmt, so verschwindet das Wohlanständige, das Schöne und Geschickte; allein sie müssen alle zugleich gesehen werden, um dasselbe wahrzunehmen. Die Cartesianische Schätzung ist den Absichten der Natur
zuwi-

zuwider: also iſt ſie nicht das wahre Kräftenmaaß der Natur, allein dieſes hindert dennoch nicht, daß ſie nicht das
wahre und rechtmäßige Kräftenmaaß der Mathematik ſeyn
ſollte. Denn die mathematiſchen Begriffe von den Eigenſchaften der Körper und ihrer Kräfte, ſind noch von den Begriffen, die in der Natur angetroffen werden, weit unterſchieden, und es iſt genug, daß wir geſehen haben: die
Carteſianiſche Schätzung ſey jenen nicht entgegen. Wir
müſſen aber die metaphyſiſchen Geſetze mit den Regeln der
Mathematik verknüpfen, um das wahre Kräftenmaaß der
Natur zu beſtimmen; dieſes wird die Lücke ausfüllen und
den Abſichten der Weisheit Gottes beſſer Gnüge leiſten.

§. 99.
Der Einwurf des Herrn Papins.

Herr Papin, einer von den berüchtigſten Widerſa-
chern der lebendigen Kräfte, hat die Sache des Carteſius
gegen dieſen Beweisgrund des Herrn von Leibniz ſehr unglücklich geführet. Er hat ſeinem Gegner das Schlachtfeld
geräumet, und iſt querfeldein gelaufen, um irgendwo einen
Poſten zu behaupten, der ihn ſchützen ſollte. Er giebt dem
Herrn von Leibniz zu: daß, wenn man vorausſetzet, der
Körper A habe ſeine ganze Kraft in den Körper B übertragen, nach Carteſianiſcher Schätzung eine immerwährende
Bewegung erfolge, und geſtehet ihm ſehr gutherzig zu, daß
dieſe Art der Bewegung eine Ungereimtheit ſey: Quomodo
autem per translationem totius potentiae corporis A in corpus B juxta Carteſium obtineri poſſit motus perpetuus evi-
dentiſſime demonſtrat, atque ita Carteſianos ad abſurdum
reductos arbitratur. Ego autem et motum perpetuum abſurdum eſſe fateor, et Cl. Vir. demonſtrationem ex ſuppo-
ſita translatione eſſe legitimam; nachdem er ſeine Sache
auf dieſe Weiſe verdorben hat, ſo ſuchet er ſeine Ausflucht
darinn: daß er die Vorausſetzung ſeines Gegners, die ein
ſehr zufällig Stück ſeines Arguments iſt, leugnet, und ihn

her-

herausfodert, ihm diesen Knoten aufzulösen. Folgende
Worte gaben seine Meynung zu erkennen: Sed Hypothesis
ipsius possibilitatem translationis nimirum totius potentiae
ex corpore A in corpus B pernego, etc. — — *)

§. 100.

Der Herr von Leibnitz hat seinen Gegner auf einmal
entwaffnet, und ihm nicht die geringste Ausflucht übrig gelassen. Er hat ihm gezeiget: daß die würkliche Uebertra-
gung der Kraft kein wesentliches Stück seines Beweises
sey, und daß es genug sey in B eine Kraft zu setzen, die
der Kraft in A substituirt werden könne. Man kann alles
in der Abhandlung, die er den Actis einverleibet hat, und
die wir schon angezogen haben, bewiesen antreffen. Ich
kann aber nicht unterlassen, ein Vergehn des Herr von Leibnitz anzuführen, welches in einer öffentlichen Disputation
seinem Gegner den Sieg würde in die Hände gespielet haben.
Es bestehet darinn: daß er etwas, was, wie er selber erinnert, eigentlich zur Hauptsache nicht gehöret, zugiebt,
um einen Nebenumstand im Argumente darzuthun, was
aber, wenn es angenommen wird, zwar diese Nebenbedin-
gung bewähret, allein den Hauptpunkt im Beweise gänzlich
umkehret.

Die Sache verhält sich also **): Herr Papin, der es
sich in den Kopf gesetzet hatte, keine andere Ausnahme in
dem Einwurfe seines Gegners zu machen, als diejenige:
daß es unmöglich sey, daß ein Körper seine ganze Kraft einem andern mittheile, suchte dem Herrn von Leibnitz alle die
Kunststücke verdächtig zu machen, wodurch er dieses zu leisten vermeynete. Daher widerstritte er ihm mit allem Ey-
fer: daß der vierfache Körper 1 A, ***) durch einen Stoß
auf

*) Act. 1691. pag. 9.
**) Ein Vergehen des Herrn von Leibnitz.
***) Fig. XV.

R

auf den vollkommen steifen Hebel 1 A C B, im Punkte 1 A,
deſſen Entfernung vom Ruhepunkte C, gegen die Entfernung C B viertheilig iſt, dem einfachen Körper B ſeine ganze
Kraft mittheilen könne; denn dahin laufte ſich der Herr
von Leibnitz in Behauptung ſeines mechaniſchen Falles, von
dem wir gehandelt haben. Herr Papin wurde den Vortheil
nicht gewahr, den ſeine Sache erhalten konnte; wenn er
dieſe Auflöſung ergriffen, und daraus ſelber gegen die lebendige Kräfte geſchloſſen hätte. Er faßte daher dieſelbe
an: aber mit ſo ſchwachen Gründen, die ſeinem Gegner
den Muth vermehrten auf der Behauptung deſſelben zu be-
harren. Leibnitz beſtand alſo auf der Richtigkeit dieſes
Kunſtgriffes, deſſen er ſich glaubte bedienen zu können, um
in einen Körper die ganze Kraft eines andern durch einen
einzigen Stoß zu verſetzen. Er nahm die Gründe, die Papin angeführet hatte, die Scheinbarkeit deſſelben zu zeigen,
mit Dankbarkeit an, und räumete die Schwierigkeiten weg,
womit derſelbe dieſe hinwiederum zu vereiteln vermeynete.
Ich glaube, daß er folgendes in rechtem Ernſt geſagt habe:
Cum florentiae eſſem, dedi amico aliam adhuc demonſtrationem, pro poſſibilitate translationis virium dotalium etc.
corpore majore in minus quieſcens, prorſus affinem iis ipſis,
quo Cl. Papinus ingenioſiſſime pro me juvando excogitavit,
pro quibus gratias debeo imo et ago ſinceritate ejus dignas.
Wir wollen jetzt ſehen, daß Leibnitz ſeiner Sache einen ſehr
ſchlechten Schwung gegeben habe, indem er auf der Behauptung dieſes Satzes ſteif beharrete, den er ſeinem Gegner vielmehr hätte einräumen ſollen; denn alsdenn hätte er
zwar die Nebenſache verlohren (deren Verluſt ihm aber gar
keinen Nachtheil bringen konnte,) allein die Hauptſache
würde er gewonnen haben: Herr Papin hätte auf folgende
Art argumentiren können und auch ſollen, um ſeinen Gegner
auf ſeinem eigenen Geſtändniſſe zu ertappen.

Beweiß

Beweiß, daß ein vierfacher Körper durch einen Stoß auf einen Hebel einem einfachen 4 Grade Geschwindigkeit mittheilen könne.

Wenn der vierfache Körper 1 A mit einem Grade Geschwindigkeit den Hebel in 1 A stößet, so ist augenscheinlich: daß er in einen andern 2 A, der mit ihm von gleicher Masse ist, und auch eben so weit vom Ruhepunkte des Hebels abstehet, durch diesen Stoß seine ganze Kraft und Geschwindigkeit versetzen werde. Weil aber diese Geschwindigkeit, womit 2 A weggepresset wird, eine Fortsetzung derjenigen Bewegung ist, womit der Hebel, indem er den Körper fortstößet, den unendlich kleinen Raum 2 A 2 a zurückleget, so ist die Geschwindigkeit dieser unendlich kleinen Bewegung, der Geschwindigkeit des fortgestoßenen Körpers 2 A, und also derjenigen, womit 1 A den Hebel stößet, gleich; mithin wird diese Kugel 1 A in ihrem Anlaufe den Hebel die unendlich kleine Linie 1 A 1 a hinunterdrücken, und zwar wird dieselbe mit eben derselben Geschwindigkeit, womit 1 A anläuft, zurückgelegt werden. Nun setze man anstatt des Körpers 2 A die Kugel 1 B, die viermal weniger Masse als A hat, in vierfacher Entfernung vom Ruhepunkte C, und sehe was für eine Hinderniß, alsdenn der Körper B dem Körper A, indem dieser den Hebel aus 1 A in 1 a wieder zu drücken bemühet ist, machen werde. Es ist bekannt, daß die vis inertiae, oder der Widerstand den ein Körper vermittelst seiner Trägheitskraft der Bewegung eines andern in den Weg leget, seiner Masse proportioniret sey; nun ist aber eine viertheilige Masse in vierfacher Entfernung vom Ruhepunkte, der Quantität einer einfachen in viertheiliger Entfernung gleich zu schätzen: Also thut B in B dem Stoße des Körpers 1 A auf den Hebel, gerade nur so viel Widerstand, als der Körper 2 A = 1 A in 2 A würde gethan haben. So wird denn der Körper 1 A auch in diesem Falle, da sich die Kugel B anstatt der Kugel 2 A auf dem Hebel befindet, die unendlich kleine Linie 1 A 1 a mit dem Hebel zu-

R 2

gleich

gleich durchlaufen, und zwar mit eben der Geschwindigkeit, wie im vorigen Falle, d. i. die so groß ist als diejenige, womit er auf den Punkt 1 A anlåuft. Es kann aber der Körper 1 A den Hebel aus 1 A in 1 2 nicht niederdrücken, ohne zugleich das andere Ende in B aus B in b hinauf zu bewegen; die unendlich kleine Linie B b aber ist 4 mal größer als 1 A 1 2: also wird der Körper B durch diesen Stoß des Hebels eine Geschwindigkeit erhalten, die gegen diejenige, womit A anlåuft, vierfach ist.

Eben dasselbe auf eine andere Art erwiesen.

Dieses erhellet noch auf eine andere Art. Alle harte Körper können wir uns als elastisch, das ist, als dem Stoß weichend, aber wieder zurückspringend, vorstellen; also können wir dem steifen Hebel 1 A C B auch eine solche Federkraft beylegen. Der Körper 1 A also, der auf den Hebel mit dem Grade Geschwindigkeit wie 1 anlåuft, wendet seine ganze Kraft auf, indem er die Feder 1 A C spannet, und sie um den Raum 1 A 1 2 aufdrücket. Nun sind die momenta der Geschwindigkeit, welche diese Feder die ganze Zeit dieses Druckes hindurch, durch ihren Widerstand in dem Körper 1 A verzehret, denjenigen momentis gleich, womit die Feder C 2 A, als der fortgesetzte Arm des Hebels, zu gleicher Zeit vermöge dieser Spannkugel durch den Raum 2 A 2 a aufspringet; mithin, wenn diese steife Linie bis B verlångert worden, sind die momenta der Geschwindigkeit, womit die Feder C B aufspringet, indem der Hebel 1 a C B sich in die gerade Linie 1 a C b wieder herstellet, viermal größer, als die momenta, womit er im Punkte 2 A zurück schlåget, (denn der Raum b B, den der Punkt B zu gleicher Zeit zurücke leget, ist viermal größer als 2 A 2 a.) Allein, wegen der vierfachen Entfernung des Punktes B vom Ruhepuncte C, ist die Steife der Federn C B dennoch viermal schwächer als die Steife der Feder C 2 A; daher muß man dagegen den Widerstand in B viermal kleiner machen,

als

als in 2 A, und alsdenn bleibet das momentum der Geschwindigkeit, daß die Feder CB in den viertheiligen Körper B hineinbringt, vierfach, da hingegen das momentum,
welches die Feder C 2 A an den vierfachen Körper 2 A anwenden würde, einfach ist.   Nun ist die Zeit, in der die
Feder CB würket, so groß als diejenige, darin die C 2 A
ausspringen würde, und die Geschwindigkeiten die zweene
Körper, 2 A und B, durch die Würkung zweyer Federn,
C 2 A und CB, die gleich lange würken, erhalten, sind
wie die momenta der Geschwindigkeiten, welche diese Federn
in ihre Körper hineinbringen, mithin in dem Körper B viermal größer, als in 2 A; da aber die Geschwindigkeit die
2 A von dem Fortstoße der Feder C 2 A erhalten würde, der
Geschwindigkeit, womit 1 A in 1 A anläuft, gleich ist, so
wird die Geschwindigkeit, die der Körper B durch diesen
Stoß des Körpers 1 A auf den Hebel erhält, viermal größer
seyn, als diejenige war, womit 1 A seinen Stoß verrichtete.
W. z. E.

Wie Herr Papin hieraus gegen Leibnitzen hätte argumentiren können.

Wir sehen also aus diesem zwiefachen Beweise: daß
ein vierfacher Körper, einem einfachen durch einen einzigen
Stoß eine vierfache Geschwindigkeit ertheilen könne. Dieses
ist nach denen mechanischen Grundsätzen wahr, welche selbst
die eifrigsten Vertheidiger der lebendigen Kräfte nicht würden in Zweifel zu ziehen im Stande seyn.   Herr Papin
hätte hiedurch seinen Gegner rechtschaffen in die Enge treiben
können, wenn er seines Vortheils wohl wahrgenommen
hätte.   Er hätte ihm sagen sollen: Ihr habt mir zugegeben, daß ein vierfacher Körper, vermittelst eines Hebels,
in einen einfachen, dessen Distanz vom Mittelpuncte vierfach ist, alle seine Kraft hinein bringen könne; ich kann
euch aber darthun, daß er bey diesen Umständen demselben
vier Grade Geschwindigkeit ertheile: also hat ein einfacher

Körper

Körper mit 4 Graden Geschwindigkeit alle Kraft eines vierfachen mit 1 Grade, dieses ist aber der Punkt, um welchen
gestritten wird, und den ihr mir zu leugnen verlanget.

§. 101.

So ist denn der fürchterlichste Streich unter allen,
womit die lebendigen Kräfte der Schätzung des Cartesius
gedrohet haben, leer ausgegangen. Nunmehro ist keine
Hofnung übrig, daß dieselbe nach diesem noch Mittel finden
werden, sich aufrecht zu erhalten.

— — — vires inventum effudit, et ultro
Ipse gravis graviterque ad terram pondere vasto
Concidit: ut quondam cava concidit aut Erymantho,
Aut Ida in magna, radicibus eruta pinus.

Virg. Aen. Libr. V.

§. 102.
Wir haben die vornehmsten Gründe der Leib-
nitzianer widerlegt.

Wir haben die ansehnlichste und berühmteste Gründe der Neurung von den lebendigen Kräften bis
daher angeführet, und Sorge getragen, dieser Seite, nach dem Rechte der Wiedervergeltung, alle die
Vorwürfe und Zurechtweisungen zu bezahlen, welche sie den
Schülern des Cartesius so häufig gemacht haben. Man
würde mit Unrecht von uns verlangen: daß wir alles, was
in dieser Sache auf der Seite des Herrn von Leibniz ge-
schrieben worden, herbey ziehen sollten, um unserer Parthey einen vollkommenen Triumph daraus zuzubereiten. Dieses würde heissen, von den Cedern auf dem Libanon an,
bis zu dem Ysop, der aus der Wand wächst, nichts ver-
schonen, damit man sein Werk nur bereichern könne. Wir könnten noch mehr wie einen Streif in das
Gebiete unserer Gegner thun, ihre Güter auszuplündern,
und

und dem Anhange des Cartesius so viel Siegeszeichen und Triumpfbogen errichten; allein ich glaube, meine Leser werden kein großes Verlangen darnach bezeigen. Wenn man jemals mit Grunde gesagt hat, daß ein großes Buch ein groß Uebel sey, so würde man es von einem solchen sagen können, welches wie dieses, wenig andere Dinge als lauter verschiedene Vertheidigungen eben derselben Sache, und zwar einer sehr abstrakten Sache anziehet, endlich sie nur zu einem einzigen Endzwecke anziehet, nemlich sie alle zu widerlegen.

Wir können indessen diesem Misbrauche der Weitläuftigkeit nicht so gänzlich absagen, daß wir nicht noch einen Beweiß herbey zu ziehen berechtiget seyn sollten, von dessen Verschweigung uns gleichwohl die ganze Anzahl der Gegner und Verfechter unserer Streitsache lossprechen würde. Dieser Beweiß hat nur wegen des Ranges seines Verfassers einen Anspruch auf eine Stelle in dieser Abhandlung; allein er hat nicht die geringste, in Betrachtung des Ansehens, darin er bey den Anhängern beyder Partheyen stehet. Die Leibnitzianer haben nicht geglaubet, daß er ihrer Meynung etwas nützen könne, und man hat nicht gesehen, daß sie zu demselben ihre Zuflucht genommen hätten, so sehr sie auch öfters in die Enge getrieben worden.

§. 103.
Ein Argument des Herrn Wolfen.

Herr Wolf ist derjenige, von dem wir diesen Beweiß haben, und den er, mit allem Gepränge der Methode ausgezieret, in dem ersten Bande des Petersburgischen Commentarii vorgetragen hat. Man kann sagen: daß die Hindurchführung seines Satzes durch eine große Reihe von vorhergehenden Sätzen, die vermittelst einer gestrengen Methode sehr genau zertheilet und vervielfältiget werden, der Kriegslist einer Armee zu vergleichen ist, welche, damit sie ihrem Feinde ein Blendwerk mache, und ihre Schwäche ver-

R 4

verberge, sich in viele Haufen sondert, und ihre Flügel weit ausdehnet.

Ein jeder, der seine Abhandlung in dem angeführten Werke der Akademie lesen wird, wird befinden: daß es sehr schwer sey, in ihr dasjenige heraus zu suchen, was darinn den rechten Beweiß ausmacht, so sehr ist alles, vermöge der analytischen Neigung, die sich daselbst hervorthut, gedehnet und unverständlich gemacht worden. Wir wollen uns die Beschaffenheit seines Unternehmens einigermaaßen bekannt machen.

§. 104.
Der Hauptgrundsatz dieses Arguments.

Herr Papin hatte behauptet: man könne nicht sagen, daß ein Körper etwas gethan habe, wenn er gar keine Hindernisse überwältiget, keine Massen verrücket, keine Federn spannet, u. s. w. Herr Wolf widerspricht ihm hierinn, und zwar aus diesem Grunde: Wenn ein Mensch eine Last durch einen gewissen Raum hindurch trägt, so ist jedermann darinn einig, daß er etwas gethan und ausgerichtet habe; nun träget ein Körper seine eigene Masse, vermöge der Kraft, die er in würklicher Bewegung besitzt, durch einen Raum hindurch: Eben hiedurch hat seine Kraft etwas gethan und ausgeübet. Herr Wolf verspricht im Anfange seiner Abhandlung sich dieses Grundes zu begeben, und unabhängig von demselben seinen Satz zu beweisen; allein er hat sein Wort nicht gehalten.

Nachdem er erkläret hatte, was er durch unschädliche Würkungen (effectus innocuos) verstehe, nemlich solche, in derer Hervorbringung die Kraft sich nicht verzehret; so setzet er einen Satz zum Grunde, auf welchem sein Gebäude einzig und allein errichtet ist, und den wir ihm nur nehmen dürfen, um alle Bemühung seiner Schrift fruchtlos zu machen. Si duo mobilia per spatia in aequalia transfe-
runtur

runtur, effectus innocui sunt ut spatia. Dieses ist der Satz, den wir meynen *). Lasset uns sehen, wie er es angefangen hat, ihn zu beweisen. Er schließet auf folgende Weise: Wenn der Effect durch den Raum A, wie c ist, so ist derjenige Effect, der in einem gleichen oder eben demselben Raum A geschiehet, auch c; folglich in dem Raum 2 A ist er 2 c, in dem Raum 3 A wird er 3 c seyn, d. i. die Effekten werden in der Proportion der Räume stehen.

Sein Beweiß beruhet also auf dieser Voraussetzung: Wenn der Körper durch eben denselben Raum gehet, so hat er auch eben dieselbe unschädliche Würkung ausgeübet. Dieses ist der rechte Punkt der Verführung und des Irrthums, der sich hernach über seine ganze Schrift ausbreitet. Es ist nicht genug, daß nur der Raum eben derselbe sey, wenn die Würkung, die in ihm durch einen gleichen Körper verübet worden, auch dieselbe seyn soll; man muß hiebey die Geschwindigkeit des Körpers, womit er den Raum zurückleget, mit in Erwegung ziehen. Wenn diese nicht ebenfalls gleich ist, so wird, aber der Gleichheit des Raums ungeachtet, die unschädliche Würkung dennoch unterschieden seyn. Dieses zu begreifen müssen wir uns, so wie wir im 17. §. gethan haben, den Raum, den der Körper durchläuft, nicht als vollkommen leer, sondern als mit Materie, aber mit unendlich dünner, folglich unendlich wenig widerstehender Materie erfüllet, vorstellen. Dieses geschieht nur, damit wir eine wahre Würkung und ein gewisses Subjekt derselben haben, denn im übrigen bleibt es dennoch eine unschädliche Würkung, so wie im Wolfischen Argumente. Wenn also der Körper einen eben so großen Raum

R 5   als

*) Es hat also Herr Wolf in der Bewegung durch einen Raum, darinn dem Körper nichts widerstehet, d. i. durch einen leeren Raum, demselben gewisse Würkungen beygelegt; und diese Würkungen bedienet er sich hernach zu einem Maaße der Kraft des Körpers: folglich ist er seinem Versprechen nicht nachgekommen.

als ein anderer, der ihm gleich ist, zurücke leget: so haben
sie beyde gleich viel Materie verrücket, aber deswegen noch
nicht allemal gleiche Würkung ausgeübet. Denn, wenn
der eine seinen Raum mit zweymal mehr Geschwindigkeit
durchgelaufen hat, so haben alle Theilchen seines Raumes
durch seine Würkung auch zweymal mehr Geschwindigkeit
von ihm erhalten, als die Theilchen des Raumes, den der
andere Körper mit einfacher Geschwindigkeit durchläuft, folglich hat der erstere Körper eine größere Würkung ausgeübet,
obgleich die Masse und der zurückgelegte Raum in beyden
gleich war.

§. 105.
Noch ein Hauptgrund des Wolfischen
Schediasmatis.

So ist denn der Grundsatz aller Schlüsse des Herrn
Wolfen augenscheinlich falsch, und streitet wider dasjenige,
was man von den Begriffen des Würkens und der Bewegung am allerklärsten und gewissesten beweisen kann. Wenn
man einmal geirret hat, so ist die Folge nichts anders, als
eine Kette von Irrthümern. Herr Wolf ziehet aus seinem
Grundsatze einen andern, der seinem System eigentlich alle
die große Folgerungen, die den Leser so unvermuthet über-
raschen und in Verwunderung setzen, darbiethet. Er heißt:
Weil in gleichförmiger Bewegung die Räume in zusammengesetzter Verhältniß der Geschwindigkeiten
und Zeiten sind; so sind die unschädliche Würkungen, wie die Massen, Zeiten und Geschwindigkeiten
zusammen. Hierauf bauet er das Theorem: Actiones,
quibus idem effectus producitur, sunt ut celeritates. *) In
dem Beweise dieses Lehrsatzes findet sich ein Fehlschluß, der
wo möglich noch härter ist als der, welchen wir kaum bemerket haben. Er hatte bewiesen: daß wenn zwey gleiche
Körper einerley Würkung in ungleicher Zeit ausrichten, ihre

Geschwin-

*) Wird widerlegt.

Geschwindigkeiten sich umgekehrt wie die Zeiten verhalten,
darinn diese gleiche Würkungen hervorgebracht werden, das
heißt: daß der Körper, der seine Würkung in halber Zeit
vollendet, zwey Grade Geschwindigkeit habe, da der andere
im Gegentheil, der die ganze Zeit dazu aufwenden muß,
nur einen Grad besitzet: Hieraus schließet er: Weil jedermann gestehet, diejenige Action sey zweymal gröſ-
ser, die in zweymal kürzerer Zeit als eine andere ihre
Würkung vollbringet: so werden die Actiones in diesem Falle in umgekehrter Verhältniß der Zeiten, d. i.
der geraden von den Geschwindigkeiten seyn. Hierauf gehet er weiter fort, und erweget den Fall, da zwey
verschiedene Körper einerley Würkung in gleicher Zeit ausüben. Er zeiget: daß in diesem Falle die Geschwindigkeiten in umgekehrter Verhältniß der Massen seyn werden, und
schließet ferner also: Quoniam hic eadem est ratio masſa-
rum, quae in casu priori erat temporum; ratio vero cele-
ritatum eodem modo se habeat: perinde est, sive masſae
diverſae et tempus idem, sive masſae sint eaedem et tempus
diverſum etc. Dieser Schluß ist ein Ungeheuer, nicht aber
ein Argument, das man in einer mathematischen Abhandlung finden sollte. Man erinnere sich: daß in dem vorigen Falle nur deswegen sey gesagt worden, die Actiones
zweyer gleichen Körper, welche in ungleichen Zeiten gleiche
Würkung ausrichten, seyn umgekehrt wie die Zeiten, weil
diejenige Action, die eine Würkung in kürzerer Zeit ausrichtet, eben deswegen, und auch in eben demselben Maaße
größer ist, als eine andere, welche dazu mehr Zeit aufwendet. Also hat dieser Schluß aus diesem Grunde statt, weil
die Kürze der Zeit, darinn eine Würkung vollendet wird,
jederzeit von einer desto größern Action zeuget. Allein,
wenn ich, wie hier in dem zweyten Falle, anstatt der Ungleichheit der Zeiten die Ungleichheit der Massen setze, und
dagegen die Zeiten, gleich mache; so siehet man leicht,
daß die Ungleichheit der Massen die Folge nicht habe, welche die Ungleichheit der Zeiten hat. Denn bey der erstern

hatte

hatte der Körper, der in kleinerer Zeit seine Würkung vollendete, eben deswegen, weil die Zeit kleiner war, eine
größere Action ausgeübet; allein hier hat der Körper, der
eine kleinere Masse hat, und mit derselben in gleicher Zeit
eben so viel Würkung als der andere ausrichtet, nicht wegen der Kleinigkeit seiner Masse eine größere Activität.
Dies wäre ganz ungereimt zu sagen; denn die Kleinigkeit
der Masse, ist ein wahrer und wesentlicher Grund, worauf
vielmehr die Kleinigkeit der Activität beruhet, und wenn
ein Körper ohnerachtet dieser Kleinigkeit der Masse dennoch
in gleicher Zeit eben so viel Würkung als ein anderer ausübet, so kann man nur schließen: daß das, was seiner
Actioni wegen einer geringen Masse abgehet, durch eine
größere Geschwindigkeit ersetzet und ausgefüllet, und dadurch der Actioni des andern gleich gemacht worden. Also,
wenn die Massen ungleich, die Zeiten und Würkungen aber
gleich seyn: so kann man nicht sagen, die Actiones der Körper verhalten sich umgekehrt wie ihre Massen, ob wohl in
dem Falle der ungleichen Zeiten und gleichen Massen diese
Proportion in Ansehung der Zeiten und Actionum statt hatte: Es ist daher nicht einerley: ob die Massen ungleich und die Zeiten gleich, oder ob die Zeiten ungleich und die Massen gleich seyn.

So ist denn derjenige Beweiß, worauf ein Haupt-
theorem in der Wolfischen Abhandlung gegründet worden,
ungültig und unnütze; also werden die lebendige Kräfte daselbst kein Land finden, das sie nähren kann.

Es giebt zuweilen in einer Schrift gewiße mäßige Fehler, die sich nicht sehr weit ausbreiten, und die Gültigkeit
der Hauptsache nicht gänzlich verderben. Allein in derjenigen, von welcher wir reden, laufen die Sätze an der Methode als an einem Seile herab; daher machen ein oder
zwey Irrthümer das ganze System verwerflich und un-
brauchbar.

§. 106.

§. 106.
Wir haben noch keine Dynamick.

Herr Wolf hatte in seiner Abhandlung das Vorhaben, uns die erste Grundlage zu einer Dynamick zu liefern. Sein Unternehmen ist unglücklich ausgefallen. So haben wir denn noch zur Zeit keine Dynamische Grundsätze, auf welche wir mit Recht bauen können. Unsere Schrift, welche die wahre Schätzung der lebendigen Kräfte darzulegen verspricht, sollte diesen Mangel ergänzen. Das dritte Capitel soll hievon einen Versuch machen; allein darf man wohl hoffen: daß man das Ziel treffen werde, da es einem von den versuchtesten in dieser Art der Betrachtung nicht gelungen ist, es zu erreichen.

§. 107.
Das Argument des Herrn von Muschenbröck.

Eben da ich im Begriffe bin, die Widerlegung derer Gründe, worauf die berühmteste Leibnitzianer ihre Kräftenschätzung gründen, mit dem vorhergehenden Falle zu beschließen, erhalte ich die vom Herrn Professor Gottscheden übersetzte Grundlehren der Naturwissenschaft des Herrn Peters von Muschenbröck, die in der Ostermesse dieses 1747sten Jahres an das Licht getreten sind. Dieser große Mann, der größeste unter den Naturforschern dieser Zeit, an dessen Meynungen das Vorurtheil und der Secteneifer weniger als an irgend eines andern Menschen Lehrsätzen einen Antheil hat, dieser so berühmte Philosoph, hat die Schätzung des Herrn von Leibnitz erstlich seiner mathematischen Untersuchung, hernach denen Versuchen, die er so geschickt zu machen weiß, unterworfen, und in beyden bewährt befunden. Dieser letztere Weg, den er genommen hat, gehöret nicht zu gegenwärtigem Hauptstücke; allein der erstere gehöret zu demselben. Die Absicht dieser Abhandlung erfordert es von mir, die Schwierigkeiten, die

der

der berühmte Verfasser daselbst der Schätzung des Cartesius machet, zu erwegen, und sie, wo möglich, von dem Gegenstande, dessen Vertheidigung unser Geschäfte ist, abzuwenden. Werden mir aber nicht die enge Grenzen dieser Blätter, oder damit ich mich offenherzig ausdrücke, die erstaunliche Ungleichheit, die sich hier hervorthut unüberwindliche Hindernisse setzen?

Laßt uns sehen, was für Gründe es gewesen sind, die ihm in der mathematischen Erwegung Leibnitzens Gesetze zu beweisen geschienen haben. *) Wenn eine gewisse äusserliche Ursache, die sich mit dem gedruckten Körper zugleich mit beweget, z. E. eine Feder BC, die an dem Wiederhalte AS befestiget, einen Körper F fortstößet, gegeben ist: so wird sie demselben, wenn er in Ruhe ist, 1 Grad Geschwindigkeit ertheilen. So bald aber dieser Körper diesen Grad schon besitzet, so werden zweymal mehr Federn erfordert, ihm den zweyten Grad der Geschwindigkeit zu geben. Denn wenn sich die einfache Feder noch einmal allein ausstreckete, so würde der Körper, der sich schon mit eben dem Grade Geschwindigkeit würklich beweget, womit die Feder sich ausdehnet, dieselbe fliehen, und ihre Drucke nicht in sich aufnehmen. Allein es muß die zweyte Feder *DB hinzukommen, die da machet, daß der Punkt B, an welchem sich die Feder BC steifet, dem Körper mit der Geschwindigkeit, damit er entfliehen würde, nachfolge, und daß auf diese Weise der Körper F wie anfänglich in Ansehung der Feder BC ruhe, damit er, wenn diese sich ausstrecket, den Grad Geschwindigkeit wie 1 erhalte. Eben **) so werden drey Federn ED, DB, BC, erfordert, um dem Körper F, der schon an sich 2 Grade Geschwindigkeit besitzet, nur den dritten zu ertheilen. Einem Körper, der schon 100 Grade hat, einen einzigen neuen zu ertheilen, werden 101 Federn erfordert, und so weiter. Also ist die Anzahl der Federn, die nöthig

*) Fig. XVI.
**) Fig. XVIII.

nöthig sind einem Körper einen gewiſſen Grad Geſchwindig⸗
keit zu geben, wie die Anzahl der Grade, in welche die gan⸗
ze Geſchwindigkeit des Körpers zertheilet iſt; d. i. die ganze
Kraft der Federn, die einem Körper einen Grad Geſchwin⸗
digkeit mittheilen, iſt wie die ganze Geſchwindigkeit, die
der Körper alsdenn haben würde, wenn er dieſen Grad be⸗
ſäße. Nun ſind in dem Triangel *) ABC, deſſen Cathetus
AB in gleiche Theile getheilet werden, die Linien DE, FG;
HI, etc. wie die Linien, AD, AF, AH, folglich kann
man ſich der Linie DE bedienen, um diejenige Feder anzu⸗
zeigen, die dem Körper den erſten Grad Geſchwindigkeit
AD ertheilet, die zweymal größere Linie FG, um die
zweyfache Feder anzuzeigen, die den zweyten Grad Ge⸗
ſchwindigkeit DF hervorbringt; die Linie HI, um die
dreymal größere Feder anzudeuten, die den dritten Grad
Geſchwindigkeit FH erwecket, u. ſ. w. Wenn man ſich
dieſe Linien DE, FG, etc. unendlich nahe gedenket, ſo
werden ſie nach der Methode des unendlich kleinen, die Ca⸗
valerius in die Meßkunſt eingeführet hat, den ganzen Inhalt
des Triangels ABC ausmachen. Alſo iſt die Summe al⸗
ler Federn, die in einem Körper die Geſchwindigkeit AB er⸗
zeugen, wie die Fläche ABC, d. i. wie das Quadrat der
Geſchwindigkeit AB. Dieſe Federn aber ſtellen die Kräfte
vor, welche zuſammen in dem Körper gedachte Geſchwin⸗
digkeit hervorgebracht haben, und wie ſich die Anzahl
Kräfte, die in einen Körper würken, verhält, ſo ver⸗
hält ſich auch die in demſelben hervorgebrachte Kraft;
alſo iſt die Kraft eines Körpers wie das Quadrat der Ge⸗
ſchwindigkeit, die er beſitzet.

§. 108.
Unterſuchung dieſes Argumentes.

Ich glaube ein Anhänger des Carteſius würde folgen⸗
des gegen dieſen Beweiß einwenden:

Wenn

*) Fig. XIX.

Wenn man die, in einen Körper übertragene Kraft, nach der Summe gewiſſer Federn ſchätzen will: ſo muß man nur diejenige Federn nehmen, die ihre Gewalt in den Körper würklich hineinbringen; allein diejenige, die in ihm gar nicht gewürket haben, kann man auch nicht gebrauchen, um eine ihnen gleiche Kraft in den Körper zu ſetzen. Dieſer Satz iſt einer von den allerdeutlichſten der Mechanik, und den nie ein Leibnitzianer in Zweifel gezogen hat. Der Herr von Muſchenbröck ſelber bekennet ſich zu demſelben am Ende ſeines Beweiſes; denn dieſes ſind ſeine Worte: Wie ſich die Anzahl Kräfte, die in einen Körper würken, verhält, ſo verhält ſich auch die in demſelben hervor ge-brachte Kraft. Wenn aber ein Körper F, der ſich ſchon mit 1 Grade Geſchwindigkeit beweget, durch die Ausſtre-ckung der zweyen Federn DB, BC den 2ten Grad erhält; ſo würket von dieſen zweyen Federn nur BC in ihn, DB aber bringet nichts von ihrer Spannungskraft in ihn hinein. Denn die Feder DB ſtrecket ſich mit 1 Grade Geſchwindigkeit aus; der Körper F aber beweget ſich auch ſchon würklich mit 1 Grade; alſo fliehet F den Druck dieſer Feder, und dieſelbe wird ihn in ihrer Ausbreitung nicht erreichen können, um die Kraft ihrer Ausſpannung in ihn zu übertragen. Sie thut weiter nichts, als daß ſie den Widerhalt B, an wel-chem ſich die Feder BC ſteifet, dem Körper F, mit eben der Geſchwindigkeit, womit er ſich beweget, nachjaget, damit derſelbe, in Anſehung dieſes Körpers, ruhe, und die Feder BC ihre ganze Kraft, die wie 1 iſt, in ihn hineinbringe. Sie iſt alſo keine würkende, ſondern nur eine Gelegenheits-urſache, der Kraft, die auf dieſe Weiſe in F zu der erſteren hinzu kommt; die einzige Feder BC aber iſt die würkende Urſache derſelben. Ferner, wenn dieſer Körper ſchon 2 Gra-de Geſchwindigkeit beſitzet, ſo ertheilet ihm unter den dreyen gleichen Federn ED, DB, BC, nur die einzige BC ihre Kraft und auch den dritten Grad der Geſchwindigkeit, u. ſ. w. ins unendliche. Alſo wenn DE *) die erſte Feder iſt,

deren

*) Fig. XIX.

deren Kraft in den Körper F hineingekommen, und den ersten Grad Geschwindigkeit A D in ihm erwecket hat, so hat
die Feder F G, die ihr gleich ist, ihm den zweyten Grad
Geschwindigkeit gegeben, und ihre Kraft in ihm übertragen;
die Feder h I den dritten Grad, u. s. w. folglich macht die
Summe der Federn DE + fG + hI + kM + lN +
rO + bC = BC die ganze Größe der Kraft aus, die an
den Körper F von seiner Ruhe an angewandt worden, und
die in ihm die Geschwindigkeit A B erwecket hat. Es verhält sich aber BC wie A B, und BC ist die Kraft, A B aber
die Geschwindigkeit; also ist die Kraft wie die Geschwindigkeit, und nicht wie das Quadrat derselben.

§. 109.
Neuer Fall zu Bestätigung des Cartesianischen Kräftenmaaßes.

Nunmehro sind wir über alle die Schwierigkeiten hinweg, die uns in der Behauptung des Cartesianischen Gesetzes entgegen stehen könnten. Wir wollen es aber hiemit
noch nicht gut seyn lassen. Eine Meynung, die einmal im
Besitze des Ansehens, und so gar des Vorurtheiles ist,
muß man ohne Ende verfolgen, und aus allen Schlupfwin-
keln herausjagen. Eine solche ist wie das vielköpfigte Ungeheuer, daß nach jedwedem Streiche neue Köpfe aushecket.

Vulneribus foecunda suis erat ille: nec ullum
De centum numero caput est impune recisum,
Quin gemino cervix haerede valentior esset.
Ovid. Metam.

Ich würde es mir für sehr rühmlich halten: wenn man an
diesem Werke tadelte, daß es die Leibnitzische Kräftenschätzung überflüßig und mit mehr Gründen als es nöthig gewesen wäre, widerlegt hätte; allein ich würde mich schä-
men, wenn ich es daran hätte ermangeln lassen.

S   Reh-

Nehmet eine inclinirte Stellwaage *) ACB, deren ein Arm CB gegen den andern AB vierfach, der Körper B aber, der das Ende des vierfachen Armes drücket, gegen den andern A viertheilig ist. Diese werden in der Lage, darinn wir sie gesetzet haben, ruhen und gegen einander vollkommen im Gleichgewichte stehen. Hänget zu dem Körper A noch ein kleines Gewicht e hinzu; so wird der Körper B durch den Bogen Bb gehoben, und A dagegen durch den Bogen Aa herab sinken, der Körper B aber wird in dieser Bewegung viermal mehr Geschwindigkeit als A erhalten. Nehmet das Gewichte e hinweg, und hänget dagegen ein viermal kleineres d zu dem Körper, b an das Ende des Waagarmes Cb hinzu; so wird b durch den Bogen bB niedergedrückt, a aber durch den Bogen aA hinauf gehoben werden; b aber, welches einerley mit B ist, wird hiedurch eben so viel Geschwindigkeit als in dem ersten Falle erhalten, imgleichen a, welches einerley mit A ist, wird seine Geschwindigkeit, die in ihn im erstern Falle hineingebracht wurde, nun ebenfalls bekommen; nur mit diesem Unterschiede: daß die Richtung der Bewegungen umgekehrt wird. Da nun die Würkung, welche das angehängte Gewichte e ausübet, in der Kraft, die der Körper A und B zusammen haben, bestehet, und die Würkung, die das viermal kleinere d ausrichtet, ebenfalls in derjenigen Kraft, welche b = B und a = A hiedurch zusammen erhalten, zu setzen ist; so ist klar: daß diese Gewichter e und d gleich große Wirkungen ausgeübt, folglich gleich viel Kraft müssen angewandt und also auch gehabt haben. Es sind aber die Geschwindigkeiten, womit diese Gewichter e und d wirken, (nemlich so wohl ihre Anfangsgeschwindigkeiten, als die endliche Geschwindigkeiten, die sie durch die Häufung aller dieser Druckungen erhalten) umgekehrt wie ihre Massen: also haben zwey Körper, deren Geschwindigkeiten in umgekehrter Verhältniß ihrer Massen sind, gleiche Kräfte; welches die Schätzung nach dem Quadrate umwirft.

§. 110.

*) Fig. XX.

§. 110.

Leibnitzens Zweifelsknoten.

Die Cartesianer haben den Vertheidigern des neuen Kräftenmaaßes niemals mit mehr Zuversicht Trotz biethen können, als nachdem Herr Jurin den Fall gefunden hat, dadurch man auf eine einfache Art und mit sonnenklarer Deutlichkeit einsiehet: daß die Verdopplung der Geschwindigkeit jederzeit nur die Verdoppelung der Kraft setze. Herr von Leibnitz leugnete dieses insbesondere in dem Versuche einer Dynamischen Abhandlung, die er den Actis *) einverleibet. Man höre ihn nur folgendergestalt reden: Cum igitur comparare vellem corpora diversa, aut diversis celeritatibus praedita, equidem facile vidi: si corpus A sit simplum, & B duplum, utriusque autem celeritas aequalis, illius quoque vim esse simplam, hujus duplam, cum praecise quicquid in illo ponitur semel, in hoc ponatur bis. Nam in B est bis corpus ipsi A aequale, & aequivelox nec quicquam ultra. Sed si corpora A & B sint aequalia, celeritas autem in A sit simpla, et in C dupla, videbam non praecise quod in A est duplari in C. Diesen Knoten hat Herr Jurin durch den leichtesten Fall von der Welt aufgelöset.

Auflösung des Herrn Jurins.

Er nahm eine bewegliche Fläche, z. E. **) einen Kahn A B an, der sich nach der Richtung B C, mit der Geschwindigkeit, wie 1 beweget und die Kugel E mit gleicher Bewegung mit sich wegführet. Diese Kugel hat also durch die Bewegung der Fläche die Geschwindigkeit 1, und auch die Kraft 1. Er nimmt ferner auf dieser Fläche eine Feder R an, die an dem Widerhalte D losschnellet, und der gedachten Kugel E vor sich noch einen Grad Geschwindigkeit, und also auch einen Grad Kraft ertheilet. Also hat dieselbe zusammen

S 2

zwey

*) Acta 1695. p. 155.
**) Fig. XXI.

zwey Grade Geschwindigkeit, und mit demselben zwey Grade Kraft empfangen. Es ziehet folglich die Verdoppelung
der Geschwindigkeit nichts mehr, als die Verdoppelung der
Kraft nach sich, und nicht wie die Leibnitzianer sich fälschlich überreden, die Vervierfachung derselben.

Dieser Beweiß ist unendlich deutlich, und leidet gar
keine Ausflucht, denn die Bewegung der Fläche kann nichts
mehr thun, als daß sie dem Körper eine Geschwindigkeit,
die ihr gleich ist, das ist, eine einfache Geschwindigkeit,
und folglich auch eine einfache Kraft ertheile. Die Feder R
aber, weil sie eine gemeinschaftliche Bewegung mit der Fläche und Kugel zugleich hat, würket mit nichts als ihrer
Spannungskraft. Diese nun ist gerade so groß, daß sie
einem Körper wie der unsrige ist, nicht mehr wie einen Grad
Geschwindigkeit, und also auch nur einen Grad Kraft ertheilen könne. Also wird man in allem, was in die Construction dieses Problems hineinkommt, nichts mehr als die
Ursachen zu 2 Graden Kraft antreffen, man mag sich wenden, wohin man wolle, und dennoch werden in dem Körper
würklich 2 Grade Geschwindigkeit vorhanden seyn.

§. III.
Der Frau von Chastelet Einwurf gegen Ju-
rins Argument.

Die Marquisin von Chastelet hat dieses Argument
des Herrn Jurins bestritten, aber auf eine Art, deren
Schwäche zu bemerken, sie scharfsinnig genug gewesen wäre, wenn die Neigung gegen eine Meynung, auf welche einmal die Wahl gefallen, nicht einer schlimmen Sache den
schönsten Anstrich geben konnte.

Sie hat folgendes eingewandt. Der Kahn A B ist
keine unbewegliche Fläche; folglich wenn sich die Feder R gegen den Widerhalt D steifet, so wird sie in den Kahn gewisse Kräfte hineinbringen, und man wird also in der Masse

des

des Kahns, die 2 Grade wieder finden, die man in dem Körper E, nach Leibnitzischer Schätzung vermisset.

§. 112.

In dieser Ausflucht findet sich der Fehler desjenigen Trugschlusses, den man fallaciam ignorationis elenchi nennet. Sie greift das Argument ihres Gegners nicht eigentlich da an, wo er den Nerven seines Beweises hineingeleget hat; sondern bekümmert sich um einen zufälligen Nebenumstand, der ihrer Meynung günstig zu seyn scheinet, der aber dem Jurinischen Beweise nicht nothwendig anklebet. Wir können diesen Stein des Anstoßes leicht aus dem Wege räumen. Es hindert uns nichts, uns den Kahn A B als durch eine solche Kraft getrieben, vorzustellen, die ihm nicht verstattet, vermöge der Feder gegen D, in die Richtung A F im geringsten zurück zu weichen. Man darf ihn zu diesem Ende nur von unendlich großer Masse gedenken. Der Kahn wird alsdenn durch die endliche Kraft der Feder R nur unendlich wenig, d. i. gar nicht weichen; also wird der Körper eben die Kraft von dieser Feder erhalten, als wenn dieselbe gegen einen gänzlich unbeweglichen Widerhalt gespannet, losgeschnellete, d. i. er wird ihre ganze Kraft erhalten.

§. 113.
Herrn Richters Einwurf gegen Jurins Argument.

Herr Richter, der in dem Verzeichnisse dererjenigen, welche zu der Emporhaltung des neuen Kräftenmaaßes ihren Beytrag gethan haben, keine geringe Stelle verdienet, hat einen etwas scheinbaren Einwurf gegen Jurins Argument vorgebracht. *)

S 3   Er

*) Act. Erud. 1735. p. 511.

Er glaubt, eben dieselbe Kraft könne in Relation gegen verschiedene Dinge sehr ungleich seyn. Die Feder R habe der Kugel E zwar in Ansehung derer Dinge, die sich mit dem Kahne zugleich in einer Richtung und Geschwindigkeit bewegen, eine Kraft wie 1 ertheilet, allein in Ansehung derer Gegenstände, die da außerhalb dem Kahne würklich ruhen, habe die Feder der Kugel nicht eine einfache, sondern dreyfache Kraft gegeben.

Ich möchte gerne wissen, wo doch die zwey Grade Kraft, die nach Herrn Richters Meynung der Körper E in Relation gegen die ruhende Gegenstände erhält, herkommen sollten; denn sie können doch nicht wegen einer leeren Abstraction oder eines mäßigen Gedankens in ihm entstanden seyn; sondern es müssen durchaus thätige Ursachen und Kräfte seyn, wodurch sie hätten hervorgebracht werden sollen. Wenn aber alles gegen die äussere Dinge in absoluter Ruhe ist, und der Kahn fängt an, sich mit einem Grade Geschwindigkeit zu bewegen, so entstehet in dem Körper E hiedurch ein Grad absoluter Kraft. Von da an thut der Kahn schon keine Würkung mehr in den Körper; denn er ruhet in Ansehung seiner, allein die Spannungskraft der Feder fängt an ihre Thätigkeit auszulassen. Diese hat nun gerade nur so viel, als zu Hervorbringung eines Grades Kraft erfordert wird; mehr wird man in ihr vergeblich suchen. Es ist also in dem Körper nicht mehr absolute Würkung verübt worden, als nur so viel man zu 2 Graden Kraft rechnet. Wenn nun in Relation gegen die ruhenden Dinge, d. i. in absolutem Verstande, in dem Körper 4 Grade Kraft entstanden seyn sollten, und es wäre dennoch nicht mehr wie 2 Grade absolute Würkung in demselben ausgeübet worden, so müßten 2 Grade von ohngefähr und ohne Ursache entstanden, oder aus dem Nichts hervorgekrochen seyn.

Man kann zu gänzlicher Vermeidung alles Scrupels, wenn anders in einer so klaren Sache einiger Scrupel statt hat, den Fall des Herrn Jurins so einrichten; daß, wenn

alles

alles in absoluter Ruhe ist, der Körper E zuerst von der Feder einen Grad Geschwindigkeit überkomme, indessen, daß der Kahn noch ruhet, so wird unstreitig diese erlangte Kraft des Körpers E eine absolute Kraft seyn. Wenn nun der Kahn sich alsdenn auch anfängt mit einem Grade zu bewegen, so ist dieses wiederum eine absolute Bewegung, weil er vorher gegen alle Dinge ruhete. Er theilet also allem demjenigen, was zu seiner Masse gehöret, folglich auch dem Körper E, wiederum einen Grad Kraft mit; der, weil die Ursache, die ihn erzeugete, in absoluter Bewegung gewürket hat, von derselben nicht mehr wie einfach seyn kann. Also entspringen auch auf diese Weise in allem nicht mehr wie 2 Grade Kraft für den Körper E.

Herr Richter sucht sich noch mit einer andern Ausflucht, die er von dem Stoße elastischer Körper hernimmt, herauszuwickeln. Allein seine Rechtfertigung ist auf der gemeinen Hypothese der Leibnitzianer erbauet: daß man nach dem Stoße elastischer Körper gerade die Kraft, die vor dem Stoße war, antreffen müsse. Wir haben diese Voraussetzung widerlegt, also ist es nicht nöthig, sich mit Herrn Richtern hier insbesondere einzulassen.

§. 114.

Zusätze und Erläuterungen, die einige Stücke dieses Capitels betreffen.

I.

Erläuterung zum 25ten §.

Weil das Theorem dieses §. die vornehmste Grundveste unserer gegenwärtigen Betrachtungen ist, so wollen wir es unter einer etwas deutlichern Gestalt vortragen.

Das Merkmal einer würklichen Bewegung ist eine endliche Dauer derselben. Diese Dauer aber, oder, die von dem Anfange der Bewegung verflossene Zeit ist unbestimmt, kann also nach Belieben angenommen werden. Wenn demnach

nach

nach die Linie A B *) die während der Bewegung verfließende
endliche Zeit vorstellet: So hat der Körper in B eine würkliche Bewegung, ferner in C, als der Hälfte, auch in D,
als dem Punkte des Viertheiles, **) und so fort an in allen
noch kleineren Theilen dieser Zeit, man mag sie ins unendliche so klein machen, als man will; denn dieses erlaubet
der unbestimmte Begriff ihrer Größe. Also kann ich diese
Zeit unendlich klein gedenken, ohne daß hiedurch dem Begriffe der Wirklichkeit der Bewegung etwas abgeht. Wenn
aber die Zeit dieser Dauer unendlich klein ist, so ist sie wie
nichts zu rechnen, und der Körper ist nur in dem Anfangspunkte, d. i. in einer bloßen Bestrebung zur Bewegung.
Folglich, wenn es ohne fernere Einschränkung, so wie Leibnizens Gesetze erheischet, wahr ist, daß des Körpers
Kraft in jeder wirklichen Bewegung das Quadrat zum Maaße hat: So ist sie auch bey bloßer Bestrebung zur Bewegung also beschaffen; welches sie selber doch verneinen müssen.

Woher der undeterminirte Begriff der endlichen Zeit, die unendlich kleine mit in sich schließet.

Es scheinet beym ersten Anblicke, als wenn Leibnizens
Gesetze, durch die ihm anhängende Einschränkung der endlichen verflossenen Zeit genugsam gesichert sey, daß es nicht
auf die Bewegung, deren Dauer unendlich klein ist, könne
gezogen werden; denn die endliche Zeit ist ja ein Begriff, der
ein, von der unendlich kleinen Zeit, ganz unterschiedliches
Geschlechte, andeutet: also hat es das Ansehen, daß, bey
dieser Einschränkung, dasjenige durchaus nicht könne auf die
unendlich kleine Zeit gezogen werden, was nur unter der
Bedingung der endlichen zugelassen wird. Es hat dieses auch
seine Richtigkeit: wenn man von der endlichen Zeit so redet,
daß man dabey voraussetzet, daß sie bestimmt, und ihre
Größe determinirt seyn müsse, wenn diese oder jene Eigen-

S 5

schaft

*) Tab. I Fig. 2.
**) Deutlicherer Vortrag des 25. §.

schaft aus ihr, als einer Bedingung, herfließen soll. Wenn
man aber eine endliche Zeit erfordert, aber dabey zuläſſet,
daß man sie so groß oder klein nehmen könne, als man wolle: so iſt alsdenn auch die unendlich kleine Zeit mit in ihr
Geſchlecht eingeſchloſſen. Denen Leibnitzianern kann dieſes
nicht unbekannt ſeyn. Denn ſie müſſen wiſſen, daß ihr An-
herr das Geſetze der Continuität auf dieſem Grunde erbauet
habe: daß nemlich, wenn man annimmt, A ſey größer als
B, doch ſo, daß es unbeſtimmt ſey, wie viel oder wenig
es größer ſey, ſo werde man, ohne den Geſetzen, die unter
dieſer Bedingung wahr ſeyn, Eintrag zu thun, auch ſagen
können, A ſey B gleich, oder, wenn man A gegen B anlaufen läßt, und annimmt, daß ſich B auch bewege, ſo
werde man, wenn der Grad dieſer ſeiner Bewegung unbeſtimmt iſt, auch annehmen können, daß B ruhe, ohne daß
hiedurch dasjenige könne aufgehoben werden, was unter jener Bedingung feſtgeſetzet iſt, und ſo in andern Fällen mehr.

Leibnitzens Schätzung gilt auch nicht unter der Bedingung der endlichen Geſchwin-digkeit.

Wollte man endlich noch ſagen: daß Leibnitzens Schätzung zwar nicht unter der Bedingung der endlichen Zeit,
aber dennoch unter der Vorausſetzung der endlichen Geſchwindigkeit, wahr ſey, (obgleich dieſes offenbar gegen ihre Lehre ſeyn würde,) ſo merke man, daß man die endliche
Geſchwindigkeit eben ſo wohl als die endliche Zeit, durch
die Linie A B *) vorſtellen könne, und alsdenn wird es ſich
gleichfalls ausweiſen, daß, wenn ihr Geſetz überhaupt bey
endlicher Geſchwindigkeit gilt, es auch bey unendlich kleiner
gelten müſſe, welches ſie doch ſelber nicht umhin können zu
leugnen.

S 5   II. Zu-

*) Tab. I. Fig. 2.

Zuſätze zu den §. 31, bis §. 36.

Unſre Gegner rechnen es unter die klärſten Begriffe, die man nur haben kann: daß ein Körper gerade die Kraft aller der Federn habe, die er zudrückt, bis ihm ſeine ganze Bewegung genommen worden, die Zeit, in der dieſe Federn gedrucket worden, ſey wie ſie wolle. Herr Johann Bernoulli ſagt von denen, die mit der Anzahl der überwältigten Federn allein nicht zufrieden ſeyn, ſondern noch immer nach der Zeit der Zudrückung fragen, daß ſie eben ſo ungereimt wären, als einer, der die Menge Waſſer in einem Becher meſſen will, und ſich an dem würklichen Maaße, was er vor ſich hat, nemlich der Capacität des Bechers, nicht begnüget, ſonder meynet, er müſſe noch die Zeit dazu wiſſen, in der dieſer Becher angefüllet worden. Er ſetzet vor Zuverſicht und Unwillen hinzu.**): Deſine igitur quaerere nodum in ſcirpo. Die Frau Marquiſin von Chaſtelet hat einen eben ſo ſcherzhaften Einfall in Bereitſchaft; allein ſie irren beyde, und zwar, wo mir es erlaubt iſt zu ſagen, mit eben ſo großem Nachtheile ihres Ruhms, als die Zuverſicht war, die ſie in dieſem Irrthume haben blicken laſſen.

Woher die Zeit nothwendig bey der Hinderniß der Schwere in Anſchlag kommt.

Wenn eine jede von den Federn ABCDE von ſolcher Art iſt, daß ſie nur einem einzigen Drucke des Körpers M widerſtehet, und zugleich dadurch ihre ganze Thätigkeit verlieret, folglich hernach in dem Körper M gar keine Würkung mehr thut, er mag ihr ſo lange ausgeſetzet ſeyn, als er wolle: ſo geſtehe ich ſelber, daß der Körper einerley Kraft ausgeübet habe, er mag dieſe Federn in einfacher oder vierfacher Zeit zugedrückt haben, denn nachdem er ſie einmal zugedrückt hat, ſo bringt er die übrige Zeit bey ihr müßig

zu.

**) Act. Erud. 1735. p. 210.

zu. Wenn im Gegentheil die Kraft des Körpers die Thä=
tigkeit der Feder, deren Druck er überwindet, nicht zugleich
aufhebet: so gehen aus der Feder in den entgegenwirkenden
Körper alle Augenblicke neue Grade Kraft über; denn die
Wirksamkeit dieser Feder, die in dem ersten Augenblicke die
Ursache eines in dem Körper erloschenen Grades Kraft war,
ist es auch noch, und zwar eben so stark, in dem zweyten
Augenblicke, ferner in dem dritten, und so weiter in allen
folgenden ins Unendliche. Unter diesen Bedingungen ist es
nicht einerley, ob der Körper, der den Druck dieser Feder
überwältiget, es in kürzerer oder längerer Zeit thue; denn
in der längern hat er mehr Drückungen ausgehalten, als in
der kürzeren. Nun ist aber der Druck der Schwere von die=
ser Art. Eine jede Feder derselben wirket alle Augenblicke
mit gleicher Thätigkeit, und der Körper, der ihren Druck in
dem ersten Augenblicke überwindet, hat es deswegen noch
nicht auf alle folgende Augenblicke gethan. Er wird zu dem
zweyten eben so viel Kraft brauchen, u. s. f. Die Kraft al=
so, die ein Körper aufwendet, der Drückung eines einzigen
Theiles der schwermachenden Materie Widerstand zu leisten,
ist nicht bloß wie die Intensität der Schwerdrückung, son=
dern wie das Rectangulum aus dieser in die Zeit.

Noch ein Beweiß gegen die lebendigen Kräfte.

Man kann zum überflüßigen Beweiß des Satzes: daß
nicht die Anzahl der Federn, sondern die Zeit, das Maaß
der verübten Wirkung sey, noch dieses hinzusetzen. Ein schreg
geworfener Körper, dessen Bewegung parabolisch ist, müß=
te sowohl eine gewisse Höhe weit schneller durch den Fall zu=
rücklegen, als auch eine viel größere Geschwindigkeit und
Kraft am Ende desselben überkommen, als ihm der senkrech=
te Fall von gleicher Höhe ertheilen könnte. Denn indem er
die krumme Linie beschreibt, so durchläuft er bis zum Ende
des Falles einen größern Raum, als wenn er vertikal ge=
fallen wäre. In jenem größeren Raum aber muß er noth=
wen=

wendig mehr Federn der Schwere erdulten, als er in der
kurzen geraden Linie antreffen könnte, denn die schwerdrü-
ckende Materie ist nach allen Seiten gleich verbreitet: also
müßte er, Leibnitzens Satze zufolge, in jenem mehr Kraft
und Geschwindigkeit erlangen, als in diesem, welches ungereimt ist.

Gedanken über den Streit, zwischen der Frau Marquisin von Chastelet, und dem Herrn von Mairan, von den lebendigen Kräften.

Der Herr von Mairan ist auf den Anschlag gekommen,
die Kraft eines Körpers nach den nicht überwundenen
Hindernissen, nicht zugedrückten Federn, nicht verrückten Materien zu schätzen, oder, wie sich die Frau von
Chastelet ausdrückt, nach demjenigen, was er nicht
thut. Diese Gegnerin hat so etwas wunderliches in diesem
Gedanken zu finden vermeynet, daß sie geglaubet hat, sie
dürfe, um ihn lächerlich zu machen, ihn nur anführen. Ungeachtet dieser berühmte Mann nun seinem Gedanken eine
Einschränkung beygefügt hat, worauf eigentlich alles ankommt, nemlich: daß diese Federn dennoch würden zugedrückt worden seyn, wenn man durch eine Hypothese annähme, daß er seine Kraft behalten, oder immer wieder angenommen hatte, so findet seine Gegne-
rinn dennoch so etwas unerlaubtes und unbefugtes in dieser
Hypothese, daß sie ihm deswegen einen noch viel härteren
Vorwurf machet. Ich werde kürzlich zeigen, wie gewiß
und untrüglich der Gedanke dieses vortrefflichen Mannes sey,
und daß, außer des Herrn Jurins seinem, den wir schon
angeführet haben, nicht leicht etwas entscheidenderes und
gründlicheres in dieser Sache habe ersonnen werden können.

Vertheidigung der Schätzungsart des Herrn von Mairan gegen die Frau von Chastelet.

Wenn man dasjenige nimmt, was die Kraft eines
Körpers eingebüßet hat, indem gewisse Hindernisse durch
die-

dieselbe überwunden worden, wenn man, sage ich, diese Einbuße mißt: so weiß man auf das gewisseste, wie groß die gesammte Gewalt des überwältigten Widerstandes gewesen ist; denn der Körper hätte diesen Widerstand ohne Hinderniß nicht überwinden können, ohne einen ihr gleichen Grad Kraft dabey aufzuwenden, und wie groß denn diese in dem Körper zernichtete und verzehrte Kraft ist, so stark ist auch die Hinderniß gewesen, die ihm dieselbe genommen hat, und auch die Wirkung, die auf dieselbe Weise verübet worden.

Nehmet nun einen Körper an, der mit fünf Graden Geschwindigkeit von dem Horizonte senkrecht in die Höhe steiget, und drücket den Raum, oder die Höhe, die er erreichet, wie gewöhnlich durch den Inhalt des Triangels A B C aus, in welchem die Linie A B die verflossene Zeit, B C aber die Geschwindigkeit, womit er sich zu der Höhe erhebet, ausdrücke. Die gleichen Linien A D, D F, F H, u. s. w. sollen die Elemente der ganzen Zeit A B ausdrücken, folglich die kleinen Triangel, daraus die Fläche des großen zusammengesetzt ist, und die alle so groß sind, wie A D E, die Elemente des ganzen Raums, oder die Anzahl aller Federn, die der Körper binnen der Zeit A B zudrückt. Demnach drücket unser Körper in dem ersten Zeittheilchen B K, darinn er anfängt in die Höhe zu steigen, die 9 Federn zu, die er in dem Raume K L B C antrifft. Er würde aber, wenn die Zurückhaltung dieser Federn, die ihm keine Kraft verzehret hätten, oder wenn dieser Verlust immer anders woher wäre ersetzet worden, annoch die Feder L E C dazu zugedrückt haben, die er itzo nicht zudrücken kann, weil ihm gerade so viel Kraft, als er hiezu haben muß, bey der Zudrückung der andern aufgegangen. Also ist die Feder L E C das Maaß derjenigen Kraft, die der Widerstand der zugedrückten 9 Federn in unserm Körper verzehret hat. Nachdem er nun dieses verrichtet hat, so fähret er fort, mit dem Ueberreste seiner Kraft, der ihm nach dem angezeigten Verluste übergeblieben, weiter in die Höhe zu steigen, und drücket in dem

zwey-

zweyten Zeittheilchen K H die 7 Federn, die in dem Raum
H I K L angetroffen werden, zu. Hier ist nun aufs neue
klar: daß wenn unser Körper diese 7 Federn hätte zudrücken
können, und ihm doch seine Kraft ganz verblieben wäre, so
würde er in eben derselben Minute noch die Feder I i L dazu
zugedrücket und überwältigt haben; allein, da er dieses nicht
gethan hat, so folget: daß er, durch die Zudrückung der 7
übrigen Federn, den Grad verlohren habe, dessen Ergän-
zung ihn würde in den Stand gesetzet haben, I i L noch dazu
zu überwältigen; folglich zeiget diese Feder die Größe des
Verlustes an, den der Widerstand der 7 Federn seiner Kraft
zugezogen hat. Auf eben diese Weise wird die Feder G g i
die Einbuße der Kraft, durch die Zurückhaltungen der Schwere in dem dritten Zeittheilchen F H, zu erkennen geben, und
so weiter. So ist denn also der Verlust, den der frey in die
Höhe steigende Körper erleidet, indem er die Hinderniß der
Schwere überwindet, wie die Summe der nicht zugedrückten Federn L l c, I i L, G g i, E e g, A a E, folglich auch die
Quantität der Hinderniß selber, die er bezwungen hat, und
mithin seine Kraft, in dieser Proportion. Und, da die nicht
zugedruckten Federn die Verhältniß der Zeiten oder Geschwindigkeiten haben, so ist die Kraft des Körpers auch wie diese. W. Z. E.

Es erhellet ferner hieraus, warum Herr von Mairan
befugt sey, durch eine Hypothese anzunehmen, der Körper
habe Hindernisse überwunden, und doch seine Kraft ganz behalten, welches anfänglich dem ersten Grundgesetze der Bewegungen zu widersprechen scheinet. Denn die Hindernisse
nehmen ihm freylich einen ihnen gleichen Theil der Kraft; allein es stehet dennoch frey, diesen Abgang immer in Gedanken anderswoher zu ersetzen, und den Körper dennoch schad-
los zu halten, damit man sehe, wie viel er, bey auf diese
Weise unverminderter Kraft, mehr thun würde, als wenn
dasjenige wäre verlohren geblieben, was die Hinderniß verzehret hatte. Dieses wird alsdenn das ganze Maaß derjenigen

nigen Kraft an die Hand geben, die der Widerstand wirklich
dem Körper benimmt, weil es zu erkennen giebt, was für
einen Grad man hinzuthun müsse, damit der Körper nichts
verlohren habe.

Ich kann nicht umhin, hier noch eine Anmerkung über
diejenige Art zu machen, womit die Frau Marquisin die
Lehrsätze ihres Gegners angreifet. Mich dünkt, sie habe
keine bessere Methode erwählen können, ihm den allerem-
pfindlichsten Streich beyzubringen, als, da sie seinen
Schlüssen den Zug von etwas seltsamen und ungereimten zu
geben beschäftigt ist. Eine ernsthafte Vorstellung locket den
Leser zu der gehörigen Aufmerksamkeit und Untersuchung an,
und lässet die Seele zu allen Gründen offen, die von einer
oder der andern Seite in sie eindringen können. Aber die wun-
derliche Figur, unter der sie die Meynungen ihres Gegners
auftreten läßt, bemächtigt sich sogleich der schwachen Seite
des Lesers, und vernichtet in ihm die Lust zu einer nähern
Erwegung. Diejenige Kraft der Seele, die die Beurtheilung und das Nachsinnen regieret, ist von einer trägen und
ruhigen Natur; sie ist vergnügt, den Punkt ihres Ruhe-
standes anzutreffen, und bleibt gerne bey demjenigen stehen,
was sie von einem mühsamen Nachdenken lossspricht; darum
läßt sie sich leicht von solchen Vorstellungen gewinnen, die
die eine von zweyen Meynungen auf einmal unter die Wahrscheinlichkeit heruntersetzet, und die Mühe fernerer Untersuchungen für unnöthig erkläret. Unsere Philosophie hätte also ihr ridendo dicere verum, oder den Einfall, ihrem Gegner im Lachen die Wahrheit zu sagen, mit mehrerer Billigkeit, und vielleicht auch mit besserem Erfolg gebrauchen können, wenn ihr Gegner ernsthafter Gründe unfähig gewesen
wäre, und man ihn seine Auslachenswürdigkeit hätte wollen empfinden lassen. Die Anmerkung, die ich hier mache,
würde gegen eine jede andere Person ihres Geschlechts, das
Ansehen eines ungesitteten Betragens und einer gewissen Auf-
führung, die man pedantisch nennet, an sich haben; allein
der

der Vorzug des Verstandes und der Wissenschaft an derjenigen Person, von der ich rede, der sie über alle übrige ihres Geschlechtes, und auch über einen großen Theil des andern hinwegsetzet, beraubet sie zugleich desjenigen, was das eigentliche Vorrecht des schönern Theiles der Menschen ist, nemlich der Schmeicheley und der Lobsprüche, die dieselbe zum Grunde haben.

Die Wahl des Herrn von Mgirans wird noch dadurch vortrefflich: daß die Federn, die in seiner Methode das Maaß der aufgewandten Kraft seyn, nicht allein gleich seyn, sondern auch in gleichen Zeiten würden seyn zugedrücket worden, folglich so wohl die Leibnitzianer vergnügt werden, die auf eine Gleichheit des Raumes dringen, wenn sie gestehen sollen, daß die Kraft gleich sey, als auch die Cartesianer, die dieses in Ansehung der Zeit erfordern.

III.

Zusätze zu den §. 45, 46, 47.

Mich deucht, ich habe nichts Gewisseres und Unwidersprechlicheres sagen können, als daß eine Feder einen Körper unmöglich fortstoßen kann, wenn sie sich nicht mit eben der Gewalt gegen einen Widerhalt steifet, und eben so stark anstämmet, als sie auf der andern Seite mit ihrer Spannungskraft den Körper stößt, und folglich, weil in dem Falle des Herrn Bernoulli, kein anderer Widerhalt ist, als der Körper B, sie eben dieselbe Gewalt der Anstrengung gegen ihn anwenden müsse, als sie gegen A anwenden kann, denn die Feder würde den Körper A gar nicht fortstoßen, wenn B nicht dieselbe in der Spannung erhielte, indem er ihrer Ausstreckung widerstrebet; daher empfängt derselbe, weil er kein unbeweglicher Widerhalt ist, alle Kraft gleichfalls, die die Feder in A hineinbringt. Ohngeachtet die ganze Welt auf gleiche Weise denket, so fand doch Herr Johann Bernoulli in dem Gegensatze, ich weiß nicht was für ein helles Licht, worauf er eine unüberwindliche Zuversicht gründete.

Er

Er spricht: Non capio, quid pertinacissimus adversarius, si vel scepticus esset, huic evidentissimae demonstrationi opponere queat, und bald darauf: Certe, in nostra potestate non est, aliquem eo adigere, ut fateatur, discere, quando videmus solem horizontem ascendere. Lasset uns diesen Zufall der menschlichen Vernunft, in der Person eines so großen Mannes nicht mit Gleichgültigkeit ansehen, sondern daraus lernen, auch in unsere größeste Ueberzeugung ein weises Mißtrauen zu setzen, und allemal zu vermuthen, daß wir auch alsdenn noch nicht auſer der Gefahr seyn, uns selber zu hintergehen; damit der Verstand in seinem Gleichgewichte wenigstens sich so lange erhalte, bis er Zeit gewonnen hat, die Umstände, den Beweiß und das Gegentheil in genugsamer Prüfung kennen zu lernen.

In eben dieser Abhandlung, von der wir reden, zeiget der Herr Bernoulli: Wie man einem Körper eben dieselbe Kraft, in kürzerer Zeit, durch den Druck einer gleichen Anzahl Federn ertheilen könne. Ich habe darauf, in so weit es unser Geschäft eigentlich angehet, schon genug geantwortet; allein hier will ich noch eine Beobachtung beyfügen, die zwar unser Vorhaben nicht betrift, allein dennoch ihren besondern Nutzen haben kann. Er spricht daselbst: die Kugel F werde durch die 4 Federn a b c d, allemal gleiche Kraft erhalten, man mag sie in einer Linie, wie Fig. 23, oder in zwey Theilen neben einander, wie Fig. 24, oder in 4 solchen Zertheilungen, wie die 25ste Fig. ausweiset, zusammensetzen.

Erinnerung bey der Art, wie Herr Bernoulli in einen Körper die ganze Kraft von viel Federn zu bringen vermeynet.

Hiebey merke man folgende Cautele. Der Gedanke desselben ist nur bey solchen Umständen wahr, da die hintereinander hangende Federn a b c d, dem Körper noch nicht eine größere Geschwindigkeit ertheilen, als diejenige ist, womit

mit eine dieser Federn abgesondert für sich allein auffspringen würde; denn so bald dieses ist, so schlägt es fehl, wenn man, nach dem Anschlage des Herrn Bernoulli, durch neben einander verknüpfte Federn, dem Körper eben dieselbe Geschwindigkeit geben will, als sie ihm nach einander in einer Reihe mittheilen können. Es sey nemlich die Geschwindigkeit, die die Reihe Federn in der 23sten Figur dem Körper, bis sie sich völlig ausgestrecket haben, ertheilet, wie 10, die Geschwindigkeit aber, womit eine derselben, z. E. d vor sich allein, nemlich ohne daß sie einen Körper fortstößt, auffspringet, wie 8: so ist klar, daß in der Methode der 25sten Figur, die 4 Federn dem Körper nur 8 Grade Geschwindigkeit werden ertheilen können. Denn so bald der Körper diese Grade empfangen hat, so hat er eben so viel Geschwindigkeit, als die Federn, die ihn fortstoßen sollen, selber haben, wenn sie frey auffspringen, also werden sie alsdenn nichts mehr in ihn hineinbringen können. Indessen ist doch unstrittig, daß, wenn dieser Körper F durch den Anlauf diese 4 Federn in der 25. Figur wieder zudrücken soll, er eben so wohl 10 ganze Grade Kraft hiezu nöthig habe, als in der 23sten oder 24sten. Weil aber eben diese 25ste Figur die Abbildung der elastischen Kraft eines jeden Körpers seyn kann, so erhellet hieraus, daß es möglich sey, daß ein völlig elastischer Körper gegen einen unbeweglichen Widerhalt mit einer gewissen Geschwindigkeit anlaufen könne, und daß diesem ohngeachtet die Geschwindigkeit, womit er zurückprallet, viel kleiner seyn könne, als womit er angestoßen hatte. Wenn man aber doch gerne haben will, daß diese 4 Federn dem Körper, den sie stoßen, ihre ganze Kraft mittheilen sollen, so muß man zu der Masse F noch $\frac{2}{10}$ hinzuthun, denn alsdenn werden die 4 Federn an der Menge der Materie dasjenige ersetzen, was sie mit der Geschwindigkeit nicht einbringen können.

IV. Er-

IV.

Erläuterung des 105ten §.

Ich habe mich deutlich genug erkläret, *) da ich pag. 147. den ungemeinen Fehler in dem Argumente des Herrn Baron Wolfens habe anzeigen wollen. Es scheinet beym ersten Anblicke, als wenn der Schluß darinn noch mathematisch genug herauskomme, nemlich der Regel gemäß, aequales rationes sibi substitui invicem possunt; allein er hat in der That mit derselben gar keine Gemeinschaft. Der vorhergehende Fall war dieser: Tempora, quibus duo mobilia, si sunt aequalia, eosdem effectus patrant, sunt reciproce ut celeritates. Darauf folgt in der zweyten Nummer des Beweises: Massae corporum inaequalium, quae eosdem effectus patrant, sunt reciproce ut celeritates. Hieraus folgert Herr Wolf nun, (denn so lautet sein Argument, wenn man es gehörig auflöset) weil die Verhältniß der Zeiten und der Massen in beyden Fällen der Verhältniß der Geschwindigkeiten gleich seyn: so werden sie unter einander gleich seyn. Dieses kann gebilliget werden, aber daß man nur die Bestimmungen nicht aus der Acht lasse, unter welchen sie einander gleich sind, nemlich: daß die Massen ungleicher Körper, die einerley Würkung thun, sich eben so verhalten, als die Zeiten, worinn NB. gleiche Körper eben dieselbe Würkung verüben, denn, das ist die Einschränkung, die, wie man sehen kann, den Verhältnissen anhänget. Allein der Schluß des Herrn Wolfen ist dieser: also verhalten sich die Massen dieser Körper, wie die Zeiten, darinn eben diese ungleiche Körper ihre gleiche Würkung verüben; welches eine augenscheinliche Verfälschung der gegebenen Proportion ist.

Wenn unser Autor nur auf den Gedanken gekommen wäre, die zwey Sätze, die er aus einander herleiten will,

T 2   mit

---

*) Ausführliche Darstellung der Fehler in dem Wolfischen Beweise.

mit einander zu vergleichen: so hätte er sonnenklar sehen müssen, daß sie von einander nicht allein nicht herfließen, sondern so gar sich gerade widersprechen. Nemlich der erste Satz ist dieser: Actiones, quibus corpora aequalia eosdem effectus patrant, sunt ut celeritates. Hieraus will er den andern Satz, der das Resultat der zweyten Nummer im Beweise ist, herfolgern, nemlich: Actiones, quibus corpora inaequalia eosdem effectus patrant, sunt etiam ut ipsorum celeritates; celeritates autem eorum sunt reciproce ut massae.

Wenn wir nun, nach Maaßgebung des ersten Satzes, zwey gleiche Körper nehmen A und B, so, daß B zweymal mehr Geschwindigkeit habe, als A: so ist nach dieser Regel, die Action, womit B ebendenselben Effect thut als A, zweymal größer als die Action des Körpers A; weil jener nemlich wegen seiner größeren Geschwindigkeit, diesen Effect in zweymal kleinerer Zeit verrichtet. Allein nach der zweyten Regel würde ich B zweymal kleiner machen können, und die besagte Action würde dort eben so groß seyn, wie vorher, wenn gleich die Geschwindigkeit so wie vorher verbliebe. Nun ist es aber augenscheinlich: daß, wenn B zweymal kleiner wird, als es vorher gewesen, und seine Geschwindigkeit dieselbe verbleibt, es unmöglich den gegebenen Effect in eben der Zeit thun kann, als da seine Masse zweymal größer war, sondern es wird mehr Zeit dazu brauchen; mithin, weil die Action desto kleiner wird, je größer die Zeit ist, die zu eben demselben Effect angewandt worden, so wird die Action nothwendig alsdenn kleiner seyn müssen, als wenn die Masse von B bey eben derselben Geschwindigkeit zweymal größer ist, welches also dem Resultat der zweyten Nummer widerspricht.

Alle diese Widersprüche aber sind in dem vorhabenden Wolfischen Beweise anzutreffen, wenn man ihm gleich den Satz schenket, den er zum Grunde leget, nemlich: daß die Actiones ungleich seyn können, deren Effectus doch gleich seyn.

ſeyn. Dieſer Satz, den nie ein Sterblicher ſich hat einfallen laſſen zu behaupten, iſt ein Widerſpruch in der beſten Form, ſo genau als man ſie nur immer erſinnen kann. Denn das Wort der Aktion iſt ein relatives Wort, welches die Wirkung oder Effekt in einem Dinge andeutet, in ſo weit ein anderes Ding den Grund davon in ſich enthält. Es iſt alſo der Effekt und die Aktion eben daſſelbe, und die Bedeutung unterſcheidet ſich nur darinn, daß ich es bald zu demjenigen Dinge referire, welches der Grund davon iſt, bald außer demſelben betrachte. Es würde alſo eben ſo viel geſagt ſeyn, als: eine Aktion könne ſich ſelber ungleich ſeyn. Zudem hat es nur deswegen den Nahmen der Aktion, weil von ihr ein Effekt abhänget, und wenn in dieſer Aktion ein Theil ſeyn könnte, von dem nicht ein ihm gleicher Effekt abhienge, ſo würde derſelbe Theil den Nahmen der Aktion auch nicht haben können. Wenn auch ſchon die Zeiten ungleich ſeyn, darinn eben dieſelbe Effectus hervorgebracht worden, ſo bleiben die daran gewandte Actiones dennoch gleich, und es folget nur daraus: daß bey gleichen Zeiten, die Effekte, und auch die ihnen correſpondirende Actiones, ungleich ſeyn werden.

Kurz hievon zu reden: Es leuchtet ſogleich in die Augen, daß ganz beſondere Urſachen müſſen geweſen ſeyn, welche ſo außnehmende Fehler in dieſer Abhandlung veranlaſſet haben, die mit der bekannten und hochgeprieſenen Scharfſinnigkeit des Verfaſſers, die aus allem demjenigen hervorleuchtet, was ſein Eigenthum iſt, gar nicht zuſammen ſtimmen. Es iſt nicht ſchwer zu ermeſſen: daß das rühmliche Verlangen, die Ehre des Herrn von Leibniß, welche man damals für die Ehre von ganz Deutſchland hielte, zu retten, dieſe Bemühung hervorgebracht, und die Beweiſe in einer viel vortheilhafteren Geſtalt dargeſtellet haben, als ſie auſſer dieſem Lichte ihrem Urheber würden erſchienen ſeyn. Die Sache ſelber war von ſo verzweifelter Art, daß ſie nicht konnte ohne Irrthümer vertheidigt wer-

den

ben; aber ihr Unterfangen war doch so anlockend, daß
sie der Kaltsinnigkeit der Untersuchung nicht Platz ließe.
Eben dieses will ich von den Vergehungen der hochberühmten Männer, des Herrn Herrmanns, Bernoulli ꝛc. gesagt
haben, die ich entweder schon gezeigt habe, oder noch zeigen werde, und dergleichen man außer diesem Vorwurfe
bey ihnen fast gar nicht antrifft. Die Ehre des Mannes
also, von dem wir reden, bleibt gesichert. Ich habe Freyheit mit seiner Schutzschrift so umzugehen, als mit einer
Sache, die sein Eigenthum nicht ist. Er kann mir unter-
dessen dasjenige zurufen, was ein älterer Philosoph, ob
zwar bey einer Gelegenheit, die ihn etwas näher angieng,
ausrief: Du triffst nur das Gehäuse des Ana-
xarchus.

Drittes Hauptstück,

welches eine neue Schätzung der lebendigen Kräf-
te, als das wahre Kräftenmaaß der Natur
darleget.

---

§. 114.

Woher dasjenige Gesetze, welches in der Mathematik
falsch befunden worden, in der Natur statt haben könne.

Wir haben demnach ausführlich dargethan, daß die
Schätzung der Kräfte nach dem Quadrat in der Mathematik falsch befunden werde, und daß diese kein anderes Kräftenmaaß erlaube, als nur das alte, oder Cartesianische.
Indessen haben wir doch an unterschiedlichen Stellen des
vorigen Hauptstückes dem Leser Hofnung gemacht, die

Qua-

Quadratschätzung dem ohngeachtet doch in die Natur einzu=
führen, und jetzo ist es Zeit unser Versprechen zu erfüllen.
Dieses Unterfangen wird die meisten von meinen Lesern stu=
tzig machen; denn es scheinet, als wenn daraus folge,
daß die Mathematik nicht unbetrüglich sey, und daß es an=
gehe von ihrem Ausspruche noch zu appelliren. Allein die
Sache befindet sich wirklich nicht so. Wenn die Mathema=
tik ihr Gesetze über alle Körper insgemein ausspräche; so
würden auch die natürlichen darunter begriffen seyn, und
es würde vergeblich seyn, eine Ausnahme zu hoffen. Allein
sie setzet den Begriff von ihrem Körper selber fest, vermit=
telst der Axiomatum, von denen sie fordert, daß man sie
bey ihrem Körper voraussetzen müsse, welche aber so be=
schaffen seyn, daß sie an demselben gewisse Eigenschaften
nicht erlauben und ausschliessen, die an dem Körper der Na=
tur doch nothwendig anzutreffen seyn: Folglich ist der Kör=
per der Mathematik ein Ding, welches von dem Körper
der Natur ganz unterschieden ist, und es kann daher etwas
bey jenem wahr seyn, was doch auf diesen nicht zu ziehen ist. —

§. 115.

Unterschied zwischen dem mathematischen und natür= lichen Körper, und derer, beyderseits betref= fenden Gesetze.

Wir wollen jetzt sehen, was denn dieses für eine Ei=
genschaft sey, die in dem Körper der Natur anzutreffen ist,
und die die Mathematik an dem ihrigen nicht erlaubet, und
welches hernach verursachet, daß jener ein Ding von ganz
anderem Geschlechte ist, als dieser. Die Mathematik er=
laubet nicht, daß ihr Körper eine Kraft habe, die nicht von
demjenigen, der die äusserliche Ursache seiner Bewegung ist,
gänzlich hervorgebracht worden. Also läßt sie keine andere
Kraft in dem Körper zu, als in so weit sie von draussen in
ihm verursachet worden, und man wird sie daher in den Ur=
sachen seiner Bewegung allemal genau, und in eben dem=

selben

ſelben Maaße, wieder antreffen. Dieſes iſt ein Grundgeſetze der Mechanik, deſſen Vorausſetzung aber auch keine
andere Schätzung, als die Carteſianiſche ſtatt finden läſſet.
Mit dem Körper der Natur aber hat es, wie wir es bald
erweiſen werden, eine ganz andere Beſchaffenheit. Derſelbe
hat ein Vermögen in ſich, die Kraft, welche von drauſſen
durch die Urſache ſeiner Bewegung in ihm erwecket worden,
von ſelber in ſich zu vergrößern, ſo, daß in ihr Grade
Kraft ſeyn können, die von der äuſſerlichen Urſache der Bewegung nicht entſprungen ſeyn, und auch größer ſeyn wie
dieſelbe, die folglich mit demſelben Maaße nicht können gemeſſen werden, womit die Carteſianiſche Kraft gemeſſen
wird, und auch eine andere Schätzung haben. Wir wollen
dieſe Eigenſchaft des natürlichen Körpers mit aller Genau-
heit und Gründlichkeit, die eine ſo wichtige Sache erfordert,
abhandeln.

§. 116.
Die Geſchwindigkeit iſt kein Begriff von einer Kraft.

Die Geſchwindigkeit ſchließet, wie wir §. 3. geſehen
haben, an und für ſich keinen Begriff einer Kraft in ſich.
Denn ſie iſt eine Beſtimmung der Bewegung, das iſt,
desjenigen Zuſtandes des Körpers, da er die Kraft, die er
hat, nicht anwendet, ſondern mit derſelben unthätig iſt.
Sie iſt aber eigentlich die Zahl von derjenigen Kraft, die
der Körper hat, wenn er ruhet, d. i. die er mit unendlich
kleiner Geſchwindigkeit hat; das iſt, ſie iſt die Zahl, darinn diejenige Kraft, die dem Körper bey unendlich kleiner
Geſchwindigkeit beywohnet, die Einheit iſt. Dieſes erhellet
am klärſten aus der Art der Zergliederung, nach Anweiſung
des vortreflichen Juriniſchen Falles, §. 110; wenn wir
nemlich auf die ähnliche Art, wie er die Geſchwindigkeit
aus zwey gleichen Theilen beſtehend, betrachtet, ſie in ihren unendlich kleinen Theilen erwegen.

§. 117.

§. 117.

Es würde keine Kraft seyn, wenn keine Bestrebung
wäre, den Zustand in sich zu erhalten.

Um genau zu wissen, was den Begriff der Kraft eigentlich bestimme, müssen wir auf nachfolgende Weise verfahren. Die Kraft wird mit Recht durch die Hinderniß geschätzet, welche sie bricht, und in dem Körper aufhebet.
Hieraus erhellet: daß ein Körper gar keine Kraft haben
würde, wenn in ihm nicht eine Bestrebung wäre, den Zustand, den die Hinderniß aufheben soll, in sich zu erhalten;
denn wenn dieses nicht wäre, so würde dasjenige, was die
Hinderniß zu brechen hätte, wie o seyn.

Was die Intension sey.

Die Bewegung ist das äusserliche Phänomenon der
Kraft, die Bestrebung aber, diese Bewegung zu erhalten,
ist die Basis der Activität, und die Geschwindigkeit zeigt
an, wie vielmal man dieselbe nehmen müsse, damit man
die ganze Kraft habe. Jene wollen wir hinführo die Intension nennen; also ist die Kraft dem Produkt aus der
Geschwindigkeit in die Intension gleich.

Erläuterung dieses Begriffes.

Damit man ein Beyspiel habe, davon man diese Begriffe desto deutlicher vermerken könne, so nehme man die
vierfache Feder a, b, c, d, *) an. Wenn wir nun sehen,
daß die Geschwindigkeit, womit eine jede derselben allein
sich anfängt auszurecken, wie 1 ist: so ist die Anfangsgeschwindigkeit, womit die ganze Feder a d, die aus 4 dergleichen zusammen gesetzet ist, wenn sie sich frey ausstreckte,
wie 4, und es scheinet, als wenn daraus folge, daß die
Anfangsgeschwindigkeit, die die vierfache Feder einem Körper eindrückt, viermal größer seyn werde, als diejenige,
die die einfache würket. Allein diese Intension ist in der
vierfachen Feder 4 mal kleiner als in der einfachen; denn

T 5   eben

*) Fig. XXIII.

eben dieselbe Kraft, die eine von diesen vier verbundenen Federn gegen einen unbeweglichen Widerhalt in gewisser Maaße zudrücken würde, drücket die vierfache viermal mehr zu, weil der Widerhalt der einzelnen Feder, wenn sie auf diese Weise mit 3 anderen verbunden worden, ein beweglicher Widerhalt ist, und folglich der Steifigkeit, oder welches hier einerley ist, der Intension, der vierfachen Feder dasjenige abgehet, was ihre Geschwindigkeit überträgt. Daher geschieht es denn: daß die Anfangsgeschwindigkeit, die die vierfache Feder einem Körper ertheilet, nicht größer ist, als diejenige, die er von einer einfachen haben kann, obgleich jener ihre Anfangsgeschwindigkeit, wenn sie sich frey ausdehnet, diese viermal übertrifft. Und dieses kann dienen, den Begriff der Intension verständlich zu machen, und zu zeigen, woher sie bey Schätzung der Kraft nothwendig in Anschlag kommen müsse.

§. 118.

Wenn die Intension wie ein Punkt ist, so ist die Kraft wie eine Linie, nemlich wie die Geschwindigkeit.

Wenn die Kraft eines Körpers von der Art ist, daß sie den Zustand der Bewegung nur auf einen Augenblick zu erhalten bestrebt ist, die Geschwindigkeit mag seyn, wie sie wolle: so ist diese Bestrebung, oder Intension, bey allen Geschwindigkeiten gleich; folglich ist die ganze Kraft eines solchen Körpers nur in Proportion seiner Geschwindigkeit; denn der eine von denen Faktoren ist immer gleich, folglich verhält sich das Produkt, welches die Quantität der Kraft andeutet, wie der zweyte Faktor.

§. 119.

Wenn die Intension endlich, d. i. wie eine Linie ist, so ist die Kraft wie das Quadrat.

Bey einer solchen Bewegung würde eine unaufhörliche Ersetzung der in dem Körper alle Augenblicke verschwinden-

den

den Kraft von draussen nöthig seyn, und die Kraft würde
immer fort nur eine Wirkung eines beständigen äusserlichen
Antriebes seyn, wenn der Körper auf diese Weise eine immerwährende Bewegung leisten sollte. Allein hieraus erhellet auch klärlich; daß wenn im Gegentheil die Kraft des
Körpers von der Art wäre, daß sie eine hinlängliche Bestrebung in sich enthielte, die Bewegung mit der gegebenen
Geschwindigkeit einförmig und unaufhörlich von selber ohne
eine äusserliche Machthülfe zu erhalten, diese Kraft von
ganz anderer Art, und auch unendlich viel vollkommener
seyn müßte.

Denn da jener ihre Intension bey allen Geschwindigkeiten gleich, nemlich unendlich klein ist, und nur durch die
Menge der Grade Geschwindigkeit vervielfältiget ist: so
muß dieselbe im Gegentheil in dieser allemal in Proportion
der Geschwindigkeit seyn, und auch mit dieser multipliciret
werden, wovon das Resultat das wahre Maaß der Kraft
ist. Denn die endliche Geschwindigkeit, deren Intension
unendlich klein ist, giebt eine Kraft an die Hand, wovon
diejenige, die eben diese Intension bey unendlich kleiner Geschwindigkeit ausmachet, die Einheit ist. Wenn also ein
Körper diese Geschwindigkeit und Kraft in sich selber hinlänglich gründen soll, damit er die vollständige Bestrebung
habe, sie immerwährend in sich zu erhalten; so wird seine
Intension, dieser Kraft oder Geschwindigkeit proportionirt
seyn müssen. Und hieraus entspringet alsdenn eine ganz
neue Gewalt, die das Produkt ist, aus der, der Geschwindigkeit proportionirten Kraft, in die Intension, die nun
auch wie die Geschwindigkeit ist; welches Produkt also dem
Quadrate der Geschwindigkeit gleich ist. Es ist nemlich
leicht zu begreifen: daß, da die Kraft, die der Körper mit
unendlich kleiner Intension und bey endlicher Geschwindigkeit hatte, wie eine Linie war, die diese Geschwindigkeit
vorstellet, und die Intension wie ein Punkt, nunmehro aber
die Intension ebenfalls wie eine Linie ist, die hieraus ent-
sprin-

ſpringende Kraft, wie eine Fläche ſey, die aus dem Fluſſe
der erſteren Linie erzeuget worden, und zwar wie das Quadrat, weil benannte Linien einander proportional ſeyn.

Man merke, daß ich hier durchgehends von dem Un-
terſchiede der Maſſen abſtrahire, oder ſie gleich gedenke.
Zweytens, daß ich den Raum bey denen Bewegungen, davon ich rede, als leer anſehe.

§. 120.

Der Körper, der ſeine Bewegung frey und immerwährend zu erhalten, die innerliche Beſtrebung in
ſich hat, hat eine Kraft, die wie das Quadrat
der Geſchwindigkeit iſt.

Es hat demnach derjenige Körper, der ſeine Bewegung
in ſich ſelber hinlänglich gründet, ſo, daß aus ſeiner inneren Beſtrebung hinlänglich verſtanden werden kann, daß er
die Bewegung, die er hat, frey, immerwährend und unvermindert ins unendliche ſelber in ſich erhalten werde, eine
Kraft, die das Quadrat ſeiner Geſchwindigkeit zum Maaße
hat, oder, wie wir ſie hinführo nennen wollen, eine lebendige Kraft. Im Gegentheil, wenn ſeine Kraft den Grund
nicht in ſich hat, ſich ſelber zu erhalten, ſondern nur auf
der Gegenwart der äuſſerlichen Urſache beruhet, ſo iſt ſie,
wie die bloße Geſchwindigkeit, d. i. es iſt eine todte Kraft.

§. 131.

Der Körper erhebet aus ſeinem innern Antriebe den
Eindruck von drauſſen unendlich höher und in
ein ganz anderes Geſchlechte.

Nun wollen wir aber die Kraft eines Körpers erwegen,
wie ſie beſchaffen iſt, wenn ſie durch die Wirkung einer äuſſerlichen Urſache in ihm zuerſt entſtehet. Sie iſt alsdenn
ohnfehlbar auf der Gegenwart dieſer äuſſerlichen Urſache
gegrün-

gegründet, und würde in demselben Augenblicke in dem Körper nicht vorhanden seyn, wenn jene den Antrieb nicht erweckte. Also ist in demselben Augenblicke, darinn sie auf
der Gegenwart der äusserlichen Ursache beruhet, von der
Art, daß sie augenblicklich verschwinden müßte, wenn jene
nicht gegenwärtig wäre; denn, ob der Körper diese in ihm
erweckte Kraft nach diesem Augenblicke hernach in sich selber
gründen könne, und was alsdenn hieraus fliessen würde,
davon reden wir vorißo nicht. In demselben Augenblicke
ist die Intension der Kraft also unendlich klein, und folglich
die Kraft selber, die sich nur auf den äusserlichen Antrieb
gründet, wie die bloße Geschwindigkeit, d. i. todt. Wenn
hernach aber eben derselbe Körper diese ihm ertheilte Geschwindigkeit also in seiner inneren Kraft gründet, daß aus
seiner Bestrebung eine immerwährend freye Erhaltung der
Bewegung herfolget: so ist sie alsdenn keine todte Kraft
mehr, sondern eine lebendige, die das Quadrat zum Maaße
hat, und gegen jene wie eine Fläche gegen eine Linie zu rechnen ist. Hieraus ist klar: daß ein Körper auf diese Weise,
wenn er seine ihm eingedrückte Geschwindigkeit von selber
frey fort setzet, diejenige Kraft, die er von der äusserlichen
mechanischen Ursache empfangen hat, von selber in sich unendlich vergrössere, und zu einem ganz anderen Geschlechte
erhebe, daß folglich die Anmerkung, die wir §. 115. gegeben
haben, hier erwiesen sey, und daß die lebendigen Kräfte
gänzlich aus der Gerichtsbarkeit der Mathematik ausgeschlossen werden.

Der Körper kann keine lebendige Kraft von draussen erlangen.

Ferner ersiehet man hieraus, daß die lebendige Kraft
nicht könne durch eine äusserliche Ursache, sie sey auch so
groß wie sie wolle, in einem Körper hervorgebracht werden;
denn in so fern eine Kraft von einer Ursache von draussen
abhängt, so ist sie allemal nur wie die schlechte Geschwindigkeit,

digkeit, wie wir erwiesen haben: sondern sie muß aus der
innern Quelle der Naturkraft des Körpers die zum Quadratmaaße gehörige Bestimmungen überkommen.

§. 122.

Es sind unendlich viel Zwischengrade zwischen der todten und lebendigen Kraft.

Wir haben erwiesen: daß, wenn ein Körper die Ursache seiner Bewegung in sich selber hinlänglich und vollständig gegründet hat, so, daß aus der Beschaffenheit seiner Kraft verstanden werden kann, daß sie sich in ihm unverändert und frey auf immer erhalten werde, er eine lebendige Kraft habe, wenn er aber seine Kraft in sich gar
nicht gründet, sondern damit von draussen abhängt, nur
eine todte Kraft habe, die unendlich kleiner ist als jene.
Dieses giebt sogleich die Folge an die Hand: daß, wenn
eben derselbe Körper seine Kraft zwar etwas, aber noch
nicht vollständig in sich gegründet hat, seine Kraft der lebendigen etwas näher komme, und von der todten etwas
unterscheide, und daß nothwendig zwischen diesen beyden
äussersten Grenzen, der gänzlich todten und gänzlich lebendigen Kraft, noch unendlich viel Zwischengrade seyn, die
von jener zu dieser überführen.

Die lebendige Kraft entspringet nur in einer endlichen Zeit nach dem Anfange der Bewegung.

Ferner fließet hieraus Kraft des Gesetzes der Continuität, daß eben derselbe Körper, der im Anfangsaugenblicke eine todte Kraft hat, und hernach eine lebendige überkommt, die gegen die erstere wie eine Fläche gegen die er-
zeugende Linie ist, diese Kraft erst in einer endlichen Zeit erlange. Denn, wenn man setzen wollte, er überkomme
diese letztere Kraft nicht in einer endlichen Zeit von dem Anfangsaugenblicke, sondern unmittelbar in dem unendlich klei-

nen

nen Zeittheilchen nach demselben; so würde dieses so viel sagen, daß er in dem Anfangsaugenblicke selber diese lebendige Kraft schon habe. Denn das Gesetz der Continuität, und selbst die Mathematik, beweiset; daß es einerley sey, ob ich sage der Körper befinde sich im Anfangsaugenblicke seiner Bewegung, oder in dem unendlich kleinen Zeittheilchen nach demselben. Nun ist aber die Kraft in dem Anfangspunkte der Bewegung selber todt: also kann man, ohne einen Widerspruch zu begehen, nicht sagen, daß sie hernach lebendig sey, als wenn man zugleich fest setzet, daß diese lebendige Kraft in ihr allererst nach einer endlichen Zeit, nach der Wirkung der äusserlichen Ursache, in ihr angetroffen werde.

Erläuterung desselben.

Die Naturkraft des Körpers setzet nemlich den von draussen empfangenen Eindruck in sich selber fort, und indem sie, durch eine fortgesetzte Bestrebung, die Intension, die vorher wie ein Punkt war, in sich häufet, bis sie wie eine Linie wird, die der von draussen in sie erregten Kraft, die sich wie die Geschwindigkeit verhielte, proportional ist, so häufet sie hiedurch die von draussen erlangte Kraft selber, welche vorher auch nur wie eine Linie war, daß sie itzo wie eine Fläche ist, in der die eine Seite die äusserlich ertheilte Geschwindigkeit und Kraft vorstellet, die andere aber, die aus dem inneren des Körpers von selber erwachsene Intension vorbildet, die jener proportional ist.

§. 123.
Was die Vivification ist.

Denjenigen Zustand, da die Kraft des Körpers zwar noch nicht lebendig ist, aber doch dazu fortschreitet, nenne ich die Lebendigwerdung oder Vivification derselben.

Wie

Wie die Intension während der Lebendigwerdung der Kraftbeschaffenheit sey.

In der Zwischenzeit also, darin die Kraft sich zur lebendigen erhebet, welche zwischen den beyden Punkten, dem Anfangspunkte, und demjenigen, da die Kraft schon völlig lebendig ist, begriffen wird, hat der Körper noch nicht seine Kraft und Geschwindigkeit in sich selber hinlänglich gegründet. Hie wird es vielleicht meinem Leser einfallen zu fragen, wie denn der Körper in dieser Zwischenzeit im Stande sey, seine ihm ertheilte Geschwindigkeit frey und einförmig zu erhalten und fortzusetzen, da er doch alsdenn seine Kraft und Bewegung in sich selber noch nicht hinlänglich gegründet hat, und folglich sie auch nicht selber erhalten kann. Hierauf antworte ich: die Kraft ist in dieser Zwischenzeit zwar freylich nicht so beschaffen, daß sich aus ihr eine immerwährend freye und unverminderte Bewegung verstehen ließe, wenn sie nicht durch die innere Bestrebung noch weiter erhoben würde. Allein ob die Bestrebung der Kraft sich zu erhalten in dieser Art unvollständig ist, davon ist die nicht die Rede. Es fragt sich nur: ob die Intension der Kraft, die noch nicht so weit erwachsen ist, daß sie die Bewegung unvermindert und unaufhörlich erhalten könne, doch wenigstens sie diejenige Zeit hindurch erhalten könne, die bis zur vollendeten Vivification nöthig ist. Daß dieses aber nicht allein möglich sey, sondern sich auch in der That so verhalte, erhellet hieraus, weil in dieser ganzen Zwischenzeit, jeden Augenblick ein neues Element der Intension in dem Körper entspringet, welches die gegebene Geschwindigkeit ein unendlich kleines Zeittheilchen erhält, folglich alle die Elemente dieser Intension, die die ganze Zwischenzeit hindurch in dem Körper entspringen, in allen Augenblicken derselben, das ist in der ganzen Zeit, dieselbe Geschwindigkeit erhalten, wie dieses aus der Zusammenhaltung mit dem 18ten §. klar einleuchtet.

Wenn

Wenn die Vivification aufhören sollte, ehe sie vollständig geworden, was würde alsdenn mit der Bewegung geschehen.

Wenn wir aber annehmen: daß in der Zwischenzeit der Vivification, ehe diese noch vollständig geworden, der Körper auf einmal ablasse die Elemente der Intension ferner zu häufen, und die Kraft völlig lebendig zu machen, was wird alsdenn wohl geschehen? Es ist offenbar: daß alsdenn der Körper nur diejenige Grade der Geschwindigkeit in sich gründen, und in freyer Bewegung fortan beständig erhalten werde, welcher diejenige Intension, die er in dieser Zeit der Vivification schon gewonnen hat, proportional ist, die übrigen Grade Geschwindigkeit aber, die eine größere Intension, als wirklich vorhanden ist, fordern, um zu der völligen Vivification zu gelangen, plötzlich verschwinden, und aufhören müssen. Denn die vorhandene Intension ist nur im Stande einen Theil dieser Geschwindigkeit in sich zu gründen, und es entspringen auch nicht weiter in jedem Augenblicke neue Elemente der Intension, die alle Augenblicke die gegebene Geschwindigkeit erhalten, also muß der übrige Theil von selber verschwinden.

Und wie wäre es alsdenn mit der Kraft beschaffen.

Wenn also ein frey bewegter Körper einen Widerstand trifft, an dem er seine Kraft anwendet, bevor er zur völligen Vivification mit seiner ganzen Geschwindigkeit gelanget ist: so ist diejenige Kraft, die er ausübet, wie das Quadrat desjenigen Grades Geschwindigkeit, dem seine erlangte Intension proportional und gemäß ist, und welche also in der gegebenen Zeit hat lebendig werden können, oder auch dem Quadrate dieser seiner erlangten Intension; mit den übrigen Graden ist der Körper unthätig, oder wirket doch nur nach dem Maaße der schlechten Geschwindigkeit, welches aber gegen die andere Kraft wie nichts zu achten ist.

U   §. 124.

§. 124.

Neue Schätzung der Kr.

Es hat demnach ein Körper, der seine Geschwindigkeit in freyer Bewegung ins unendliche unvermindert erhält, eine lebendige Kraft, d. i. eine solche, die das Quadrat der Geschwindigkeit zum Maaße hat.

Allein dieses sind auch die Bedingungen, *) die diesem Gesetze anhängen.

1. Muß der Körper den Grund in sich enthalten, in einem nicht widerstehenden Raume seine Bewegung gleichförmig, frey und immerwährend zu erhalten.

2. Siehet man aus dem vorher erwiesenen: daß er diese Kraft nicht von der äusserlichen Ursache herhabe, die ihn in Bewegung gesetzet, sondern, daß sie nach der äusserlichen Anreizung aus der inneren Naturkraft des Körpers selber entspringe.

3) Daß diese Kraft in ihm in einer endlichen Zeit erzeuget werde.

§. 125.

Dieses Gesetze ist der Hauptgrund der neuen Kräftenschätzung, von welcher ich sagen würde: daß ich sie an die Stelle der Schätzungen des Cartes und Leibnitzens setze, und zum Fundament der wahren Dynamick mache, wenn die Geringschätzigkeit meiner Urtheile, in Vergleichung mit so großen Männern, mit denen ich zu thun habe, mir erlaubte mit solcher Auctorität zu reden. Indessen bin ich nicht ungeneigt, mich zu überreden: daß dieses Gesetze vielleicht dasjenige Ziel bestimmen könne, dessen Verfehlung den Zwiespalt und die Uneinigkeit unter den Philosophen aller Nationen erregt hat. Die lebendigen Kräfte werden in die Natur aufgenommen, nachdem sie aus der Mathematik ver-

*) Bedingungen derselben.

verwiesen worden. Man wird keinen von beyden großen
Weltweisen, weder Leibnitzen noch Cartesen, durchaus des
Irrthums schuldig geben können. Auch so gar in der Natur wird Leibnitzens Gesetze nicht anders statt finden, als
nachdem es durch Cartesens Schätzung gemäßiget worden.
Es heißt gewissermaaßen die Ehre der menschlichen Vernunft
vertheidigen, wenn man sie in den verschiedenen Personen
scharffinniger Männer mit sich selber vereiniget und die
Wahrheit, welche dieser ihre Gründlichkeit niemals gänzlich
verfehlet, auch alsdenn heraus findet, wenn sie sich gerade
widersprechen.

§. 126.
Weil es freye Bewegungen giebt, so giebt es auch lebendige Kräfte.

Es kommt nur darauf an, daß es in der Welt freye
Bewegungen gebe: die sich immerwährend und unvermindert erhalten würden, wenn kein äußerlicher Widerstand
wäre: so ist die Sache ausgemacht, und es giebt gewiß
in der Natur lebendige Kräfte. Die freye und immerwährende Bewegung der Planeten, wie auch die unzählbare andere Erfahrungen, welche es ausweisen, daß die freybe-
wegte Körper nur nach Maaßgebung des Widerstandes ihre
Bewegung verlieren, und ohne dieselbe sie immer erhalten
würden, leisten diese Gewährung, und behaupten das Daseyn der lebendigen Kräfte in der Natur.

Die Mathematik erlaubt keine freye Bewe-
gungen.

Indessen ist hieraus auch klar: daß die Mathematik,
nach der Schärfe zu urtheilen, an ihrem Körper keine freye
Bewegung erlaube. Denn sie erlaubet dasjenige nicht,
welches nothwendig ist die Bewegung frey und immerwährend zu machen, nemlich, daß der Körper aus seinem innern eine Bestrebung und Kraft in sich erzeuge, die weder

von

von der äusserlichen Ursache entstanden ist, noch von ihr
herkommen kann. Denn sie erkennet keine andere Kräft in
einem Körper, als diejenige, die von demjenigen Körper
hervorgebracht worden, der die Ursache seiner Bewegung ist.

§. 127.
Leichtere Methode diese Betrachtungen
zu nutzen.

Obgleich die bisherige Betrachtungen und Beweise
von der Art seyn, daß sie, so viel als nur die Natur der
Sache zuläßt, den mathematischen Begriffen und ihrer Klar-
heit gleich kommen: so will ich doch denen zu gefallen, denen alles verdächtig ist, was nur den Schein einer Metaphysik an sich hat, und die durchaus eine Erfahrung fordern, sie zum Grunde der Folgerungen zu legen, eine Methode anzeigen, nach welcher sie diese Betrachtungen mit ihrer besseren Befriedigung gebrauchen können. Ich will
nemlich gegen das Ende dieses Hauptstückes aus einer Erfahrung in mathematischer Schärfe darthun: daß in der
Natur wirklich Kräfte, die das Quadrat der Geschwindigkeit haben, zu finden seyn.

Hierauf können diese Herren aus dem Resultat aller
Beweise des zweyten Hauptstückes sich überführen: daß
eine dergleichen Kraft nicht könne eine Wirkung der äusserlichen mechanischen Ursache seyn, weil, wenn man die Kraft
nur als eine Wirkung derjenigen Ursache zuläßt, die die Bewegung zuwege gebracht hat, keine andere Schätzung statt
haben könnte, als die nach der bloßen Geschwindigkeit.
Dieses wird sie hernach auf die Art und Weise leiten, wie
diese Kraft aus der inneren Naturkraft des Körpers entspringen könne, und sie allmählig in diejenige Betrachtungen hineinführen, die ich über das Wesen der lebendigen
Kräfte angestellet habe.

§. 128.

Herr Bernoulli hat schon diese Begriffe gehabt.

Ich habe gesagt, daß die freye, und aus dem innern des Körpers fortgesetzte, Dauer der Kraft, das wahrhafte Merkmal sey, woraus man einzig und allein abnehmen könne, daß dieselbe lebendig sey, und das Quadrat zum Maaße habe. Ich bin ungemein erfreut, diesen Gedanken auf das genaueste in derjenigen Abhandlung des Herrn Johann Bernoulli anzutreffen, welche wir oben angeführet haben. Er hat seine Meynung als ein bloßer Geometter, zwar nicht in der rechten Sprache der Metaphysik, aber dennoch vollkommen deutlich ausgedrücket: Vis viva, spricht er, est aliquid reale et substantiale, quod per se subsistit, et quantum in se est, non dependit ab alio; — — — Vis mortua non est aliquid absolutum, et per se durans etc. etc.

Diese Anführung gereichet meiner Betrachtung zu nicht geringem Vortheil. Der Mathematikkundige siehet sonst die Schlüsse, von denen er glaubt, daß sie aus spitzfündigen metaphysischen Unterscheidungen herfließen, mit einem gewissen Mißtrauen, welches ihn nöthiget seinen Beyfall aufzuschieben, und ich müßte besorgen, daß er es auch in Ansehung der meinigen thun möchte; allein hier liegt die Sache so am Tage, daß sie sich dem strengsten Geometter in seiner mathematischen Erwegung von selber darstellet.

Ich erstaune, *) daß, da Herr Bernoulli in dem Begriffe von der lebendigen Kraft diese Erleuchtung hatte, es ihm möglich gewesen ist, sich in der Art und Weise so sehr zu verirren, dadurch er diese Kraft beweisen wollte. Er hätte leichtlich abnehmen können, daß er sie in denen Fällen nicht finden würde, die in Ansehung dieses realis et substantialis, quod per se subsistit, et est absolutum aliquid, un-

U 3   be-

*) Aber er hat sie nicht in den tüchtigen Gründen aufgesucht.

beſtimmt ſeyn, oder in denen diejenige Beſtimmungen, welche hierauf führen ſollen, nicht anzutreffen ſind; denn daſſelbe iſt ja, wie er es ſelber einſahe, das Geſchlechtsmerk-
mal der lebendigen Kraft, und dasjenige, was in Anſehung
dieſes Charakters unbeſtimmt iſt, kann auch nicht auf die
lebendige Kraft führen. Indeſſen meynte er ſie in dem Falle
der, zwiſchen zwey ungleiche Körper ſich ausſtreckenden Feder, anzutreffen, darinn nicht allein nichts zu finden iſt,
was vielmehr auf die, durch obiges Unterſcheidungszeichen
bemerkte, lebendige Kraft, als auf die ſo genannte todte
führen ſollte, ſondern ſogar alle Kraft, die in der Einrichtung ſeines Beweiſes vorkommt, etwas iſt, quod non eſt
aliquid abſolutum, ſed dependet ab alio.

Wir werden hiedurch nochmals überführt wie gefähr-
lich es ſey, ſich dem bloßen Ausgange des Beyfalls in einem zuſammengeſetzten und ſcheinbaren Beweiſe zu überlaſ-
ſen, ohne den Leitfaden der Methode, die wir §. 88, 89, 90.
angeprieſen, und mit großem Nutzen gebraucht haben, d. i.
wie unumgänglich nothwendig es ſey, die der Sache, welche das Subjekt des Beweiſes iſt, nothwendig anhängende
Begriffe, zum voraus zu erwägen, und hernach zu unterſuchen, ob die Bedingungen des Beweiſes auch die gehörige
Beſtimmungen in ſich ſchließen, die auf die Feſtſetzung dieſer Begriffe abzielen.

§. 129.
Die lebendige Kräfte ſind von zufälliger Natur.

Wir haben erwieſen: daß das Daſeyn der lebendigen
Kräfte in der Natur ſich auf der Vorausſetzung allein gründe, daß es darinn freye Bewegungen giebt. Nun kann
man aber aus den weſentlichen und geometriſchen Eigenſchaften eines Körpers kein Argument ausfindig machen, welches ein ſolches Vermögen zu erkennen geben ſollte, als zu
Leiſtung einer freyen und unveränderten Bewegung erfordert
wird, nach demjenigen, was wir in Anſehung deſſen in

dem

dem vorhergehenden ausgemacht haben. Also folget: *) daß die lebendigen Kräfte nicht als eine nothwendige Eigenschaft erkannt werden, sondern etwas hypothetisches und zufälliges sind. Herr von Leibnitz erkannte dieses selber, wie er es insonderheit in der Theodicee bekennet, und Herr Nicolaus Bernoulli bestätiget es durch die Manier, die man, wie er meynet, brauchen muß, die lebendigen Kräfte erweißlich zu machen; nemlich daß man die Grundäquation voraussetzen müsse d v — p d t, in welcher d v das Element der lebendigen Kraft, p der Druck der die Geschwindigkeit erzeuget, und d t das Element der Zeit, darinn der Druck die unendlich kleine Geschwindigkeit hervorgebracht hat, anzeiget. Er sagt **) dieses sey etwas hypothetisches, welches man annehmen müsse. Die andern Verfechter der lebendigen Kräfte, die sich einen Gewissensscrupel daraus machten, anders zu urtheilen, als Herr von Leibnitz, haben aus demselben Tone gesungen. Und dennoch haben sie die lebendigen Kräfte in denen Fällen gesuchet, die durchaus geometrisch nothwendig seyn, und auch darinn zu finden vermeynet; welches gewiß äusserst zu verwundern ist.

Herr Herrmann ***) versuchte es auf die gleiche Art, ohne daß er sich durch die Zufälligkeit der lebendigen Kräfte irre machen ließe. Allein die vorhergefaßte gute Meynung von Leibnitzens Gedanken, und der Vorsatz durchaus zum Zwecke zu kommen, leitete ihn in einen Fehlschluß, der gewiß anmerkungswürdig ist. Mich dünkt, es sollte nicht leichtlich jemand gefunden werden, dem es einfallen sollte, also zu schließen: die zwey Größen a und b soll man zusammen nehmen, und in ihrer Verbindung betrachten, ergo muß man sie zusammen multipliciren; und dennoch geschahe

U 4   dieses

*) Dieses haben auch die Leibnitzianer erkannt.

**) Und dennoch suchen sie sie in geometrischnothwendigen Wahrheiten.

***) Sonderbarer Fehltritt des Herrn Herrmanns in dieser Materie.

dieses recht nach dem Buchstaben, von Herrn Herrmann, der ein so großer Meister im Schließen war. „Weil der, „sagt er, der im Fallen ein neues Element der Kraft em- „pfängt, doch schon eine Geschwindigkeit hat, so muß man „diese doch auch mit in Betrachtung ziehen. Man wird also „die Geschwindigkeit, die er schon hat, seine Masse M, „und das Element der Geschwindigkeit, oder welches einer- „ley ist, das Product aus der Schwere G in die Zeit, d. i. „g d t zusammen setzen. Ergo ist d v, oder das Element „der lebendigen Kraft, gleich g M d t, d. i. dem Product „aus denen hier bezeichneten Größen.

§. 130.

Die Erfahrung bestätigt die successive Lebendig-werdung.

Unser Lehrgebäude führet mit sich, daß ein frey und gleichförmig bewegter Körper in dem Anfange seiner Bewe- gung noch nicht seine größeste Kraft habe, sondern daß die- selbe größer sey, wenn er sich eine Zeitlang schon beweget hat. Mich dünkt, es sind jedermann gewisse Erfahrungen bekannt, die dieses bestätigen. Ich habe selber befunden: daß bey vollkommen gleicher Ladung einer Flinte, und bey genauer Uebereinstimmung der andern Umstände, ihre Kugel viel tiefer in ein Holz drang, wenn ich dieselbige einige Schritte vom Ziele abbrannte, als wenn ich sie nur einige Zolle davon in ein Holz schloß. Diejenige, die bessere Ge- legenheit haben als ich Versuche anzustellen, können hierüber genauere und besser abgemessene Proben machen. Indessen lehrt doch also die Erfahrung, daß die Intension eines Kör- pers, der sich gleichförmig und frey bewegt, in ihm wachse, und nur nach einer gewissen Zeit ihre rechte Größe habe, de- nen Sätzen gemäß, die wir hievon erwiesen haben.

§. 131.

Nunmehro nachdem wir das Fundament einer neuen Kräftenschätzung gelegt haben, sollten wir uns bemühen,

dieje-

diejenige Geſetze anzuzeigen, die mit derſelben inſonderheit
verbunden ſeyn, und die gleichſam das Gerüſte zu einer
neuen Dynamic ausmachen.

Ich bin in dem Beſitze, einige Geſetze darzulegen,
nach denen die Vivification oder Lebendigwerdung der Kraft
geſchiehet; allein, da dieſe Abhandlung den erſten Plan
dieſer ſo neuen und unvermutheten Eigenſchaften der Kräfte
zu entwerfen, bemühet iſt, ſo muß ich mit Recht beſorgen,
daß meine Leſer, die vornemlich begierig ſind von dem Haupt-
weſen gewiß gemacht zu werden, ſich mit Verdruß in einer
tiefen Unterſuchung einer Nebenſache verwickelt ſehen möchten, zumal, da es Zeit genug iſt, ſich darinn einzulaſſen,
wenn das Hauptwerk erſtlich genugſam geſichert, und durch
Erfahrungen bewähret iſt.

Dieſem zufolge, werde ich nur die allgemeinſten und
beobachtungswürdigſten Geſetze, die mit unſerer Kräftenſchätzung verknüpfet ſind, und ohne die ihre Natur nicht
wohl kann begriffen werden, mit möglichſter Deutlichkeit zu
eröffnen bemühet ſeyn.

§. 132.

Folgende Anmerkung leget ein ganz unbekanntes Dy-
namiſches Geſetze dar, und iſt in der Kräftenſchätzung von
nicht gemeiner Erheblichkeit.

Es gilt nicht bey allen Geſchwindigkeiten überhaupt die Lebendigwerdung der Kr.

Wir haben gelernet: daß ein Körper, der im Ruheſtande wirket, nur einen todten Druck ausübe, der von
dem Geſchlechte der lebendigen Kräfte ganz unterſchieden iſt,
und auch nur die ſchlechte Geſchwindigkeit zum Maaße hat;
womit auch ſo wohl der ganze Anhang der Carteſianer, als
Leibnitzens Schüler übereinſtimmen. Ein Körper aber, deſſen Geſchwindigkeit unendlich klein iſt, bewegt ſich eigentlich

gar

gar nicht, und hat also eine im Ruhestande bestehende Kraft; also hat sie das Maaß der Geschwindigkeit schlechthin.

Wenn wir also die, zum Geschlechte der lebendigen Kräfte gehörige, Bewegungen bestimmen wollen: so müssen wir sie nicht über alle Bewegungen ausdehnen, deren Geschwindigkeit so groß oder klein seyn kann, als man will, d. i. ohne daß ihre Geschwindigkeit dabey bestimmt ist. Denn alsdenn würde bey allen ins unendliche kleinern Graden Geschwindigkeit dasselbe Geseze wahr seyn, und die Körper würden auch bey unendlich kleiner Geschwindigkeit eine lebendige Kraft haben können, welches kurz vorher falsch befunden worden.

Die Geschwindigkeit muß hiebey bestimmt seyn.

Demnach gilt das Geseze der Quadratschäzung nicht über alle Bewegungen, ohne Betrachtung ihrer Geschwindigkeit, sondern diese kommt dabey mit in Anschlag. Daher wird bey einigen Graden Geschwindigkeit, die mit denenselben verbundene Kraft, nicht lebendig werden können, und es wird eine gewisse Größe der Geschwindigkeit seyn, mit welcher die Kraft allererst die Vivification erlangen kann, und unter welcher in allen kleinern Graden bis zur unendlich kleinen, dieses nicht angehet.

Folglich ist auch nicht ohne Unterschied mit allen Geschwindigkeiten eine freye Bewegung möglich.

Weil ferner die völlige Lebendigwerdung der Kraft die Ursache der freyen und immerwährenden Erhaltung der Bewegung ist, so folget, daß diese auch nicht bey allen Geschwindigkeiten ohne Einschränkung möglich sey, sondern daß dieselbe die gleichfalls bestimmt seyn muß, d. i. es müsse die Geschwindigkeit eine gewisse bestimmte Größe haben, wenn der Körper mit derselben eine immerwährende, un

verän

veränderte und freye Bewegung leisten soll; unter diesem bestimmten Grade würde bey allen kleineren Graden dieses nicht möglich seyn, bis bey unendlich kleinem Grade Geschwindigkeit diese Eigenschaft ganz verschwindet, und die Dauer der Bewegung nur etwas augenblickliches ist.

Also wird die Regel der freyen und unverminderten Fortsetzung der Bewegung nicht überhaupt, sondern nur von einem gewissen Grade Geschwindigkeit an, gelten, unter demselben werden alle kleinere Grade der Bewegungen sich von selber aufzehren und verschwinden, bis bey unendlich kleinen Grade die Bewegung nur einen Augenblick dauert, und einer immerwährenden Ersetzung von draussen nöthig hat. Daher gilt Newtons Regel in seiner unbestimmten Bedeutung nicht von den Körpern der Natur: Corpus quodvis pergit in statu suo, vel quiescendi, vel movendi, uniformiter, in directum, nisi a causa externa statum mutare cogatur.

§. 133.
Die Erfahrung bestätigt dieses.

Die Erfahrung bestätigt diese Anmerkung, denn wenn die unendlich kleine Geschwindigkeit lebendig werden könnte, so müßte sie, wegen der Proportion gegen die Lebendigwerdung der endlichen Kräfte, in unendlich kleiner Zeit lebendig werden, §. 122. also würden zweene Körper, wenn sie nur allein den Druck der Schwere ausübeten, zwar nur ihren Geschwindigkeiten proportionale Kräfte haben, aber, so bald sie nur von ganz unmerklich kleinen Höhen herabgelassen würden, so müßte ihre Kraft sogleich wie das Quadrat derselben seyn. Welches dem Gesetze der Continuität und der Erfahrung entgegen ist; denn wie wir schon erwähnet haben, so hat ein Körper, der ein Glas durch sein Gewicht nicht zerbricht, auch nicht die Kraft es zu zerbrechen, wenn man es eine ungemein kleine Entfernung davon auf dasselbe fallen läßt, und 2 Körper, die einander gleich wiegen, werden

sich

ſich auch das Gleichgewicht halten, wenn man ſie gleich beyde ein wenig auf die Waagſchalen fallen läßt, da doch, wofern jenes ſtatt hätte, alsdenn hier ein ungemeiner Ausſchlag
erfolgen müßte.

Anwendung auf die Bewegung in medio reſiſtente.

Dieſe Regel muß alſo in Beſtimmung der Regeln, von
dem Widerſtande des Mittelraumes, darinn Körper ſich frey
bewegen, hinführo mit in Anſchlag kommen. Denn, wenn
die Geſchwindigkeit ſchon ſehr klein zu werden anfängt, ſo
thut der Mittelraum nicht mehr ſo viel zur Verringerung der
Bewegung, als vorher, ſondern dieſelbe verliert ſich zum
Theil von ſelber.

§. 134.
Ob die Lebendigwerdung und freye Bewegung in al-len größern Graden der Geſchwindigkeit ins unendliche möglich ſey.

Wir ſind in dem Mittelpunkte der artigſten Aufgaben,
welche die abſtracte Mechanik vorher niemals hat gewähren
können.

Wir haben die Frage aufgeworfen, ob die Körper
auch bey allen Geſchwindigkeiten, ſie mögen ſo klein ſeyn,
wie ſie wollen, zur völligen Lebendigwerdung der Kraft gelangen, und ihre Bewegungen unverändert frey fortſetzen
können. Jetzt wollen wir unterſuchen, ob ſie auch dieſelbe
in allen höhern Graden der Geſchwindigkeit ins unendliche
zu leiſten, vermögend ſeyn, das iſt, ob die Körper, die,
ihnen ertheilte Bewegung frey fortſetzen und unvermindert
erhalten, folglich zur völligen Lebendigwerdung der Kraft gelangen können, die Geſchwindigkeit, die ihnen ertheilt worden, mag ſo groß ſeyn, wie ſie wolle.

Weil

Weil die Lebendigwerdung, und die darauf sich grün-
dende unvermindert freye Fortsetzung der Bewegung, ein
Erfolg der innern Naturkraft des Körpers ist, folglich allemal vorausſetzet, daß diese vermögend sey, jene in sich hervorzubringen, und zu dem erforderlichen Grade der Intension von selber zu gelangen, so kommt es bey der Leiſtung
aller ins unendliche höhern Graden der lebendigen Kraft, einzig und allein auf die Größe und das Vermögen dieſer Naturkraft an. Nun iſt aber keine Größe der Natur wirklich
unendlich, wie dieses die Metaphysik auf eine unbetrügliche
Art parthut: also muß die besagte Naturkraft eines jeden
Körpers eine beſtimmte endliche Quantität haben. Daher
iſt ihr Vermögen zu wirken auch in ein endliches Maaß ein-
geſchränkt, und es folget: daß sie ihre Fähigkeit, lebendige Kräfte bey immer größern Graden Geschwindigkeit aus
sich hervorzubringen, nur bis auf ein gewiſſes endliches Ziel
erſtrecken werde, das iſt, daß der Körpet nicht ins unendliche, bey allen Graden Geschwindigkeit, die Kraft mit derselben in sich lebendig machen, und folglich derselben unendliche und unverminderte Fortdauer in freyer Bewegung leiſten könne, sondern daß dieses Vermögen des Körpers allemal nur bis auf eine gewiſſe Größe der Geſchwindigkeit gel-
te, so daß in allen höhern Graden über dieselbe das Vermögen des Körpers weiter nicht zureicht, die derselben gemäße
Vivification zu vollführen, und eine so große Kraft aus sich
hervorzubringen.

§. 135.
Was in Ansehung der freyen Bewegung hier-
aus erfolge.

Hieraus fließet: daß, wenn dieser Grad beſtimmt iſt,
der Körper, wenn ihn eine äußerliche Ursache mit größerer
Geschwindigkeit antreibt, zwar derselben nachgeben, und so
lange, als der Antrieb von drauſſen dauert, diese Geſchwindigkeit der Bewegung annehmen werde, allein, so bald jene

abläßt,

abläßt, auch so fort denjenigen Grad von selber verlieren
müsse, der über die bestimmte Maaße ist, und nur denjenigen übrig behalten, und frey und unvermindert fortsetzen
werde, welchen der Körper nach dem Maaße seiner Naturkraft in sich lebendig zu machen vermögend ist.

Der Körper Fähigkeit in Ansehung dessen ist verschieden.

Ferner ergiebt sich hieraus: daß es möglich, und auch
wahrscheinlich sey, daß unter der großen Mannigfaltigkeit
der Körper der Natur dieser ihre Naturkraft in verschiedenen
Körpern von verschiedener Größe seyn werde, folglich, daß
einer von denselben eine gewisse Geschwindigkeit frey fortzusetzen, vermögend sey, wozu doch des andern Naturkraft
nicht zulanget.

Summa.

Es sind also zwey Grenzen, darinnen die Größe derjenigen Geschwindigkeit eingeschlossen ist, bey welcher die
Lebendigwerdung der Kraft eines gewissen Körpers bestehen
kann, die eine unter welcher, die andere über welcher, die Lebendigwerdung und freye Bewegung nicht mehr kann erhalten
werden.

§. 136.
Die lebendige Kraft kann zum Theil ohne Wir-
kung verschwinden.

Wir haben §. 121. gelernet: daß die Kraft eines Körpers, wenn sie lebendig geworden ist, viel größer sey, als
diejenige mechanische Ursache war, die ihm die ganze Bewe-
gung] gegeben hatte; und daß daher ein Körper mit 2 Graden Geschwindigkeit 4 Grade Kraft habe, obgleich die äuß-
serlichen Ursachen seiner Bewegung, nach Anweisung der
Jurinischen Methode, §. 110. in ihn nur mit 2 Graden
Kraft

Kraft gewirket hat. Jetzt wollen wir erklären: wie eine Hinderniß, deren Gewalt viel kleiner ist, als die Kraft, die der Körper hat, ihm dennoch seine ganze Bewegung nehmen könne, und daß folglich, so wie die lebendige Kraft im ersteren Falle zum Theil von selber entstehet, also auch im zweyten sich von selber in der Ueberwältigung einer Hinderniß, die viel geringer ist, als sie, verzehren könne.

Beweiß.

Dieses zu beweisen, dürfen wir nur den Jurinischen Fall §. 110. umkehren. Es bewege sich nemlich der Kahn A B von C gegen K, mit der Geschwindigkeit wie 1. Ferner wollen wir setzen: die Kugel E bewege sich in derselben Richtung, nemlich C B, aber in freyer Bewegung und mit lebendiger Kraft, mit einer Geschwindigkeit wie 2, folglich wird diese Kugel die Hinderniß R, die hier durch eine Feder vorgestellet wird, und deren Kraft wie 1 ist, nur mit einem einfachen Grade Geschwindigkeit treffen; denn was den andern Grad betrift, so bewegt er sich nicht mit demselben in Ansehung dieser Hinderniß, weil diese eben dieselbe Bewegung nach einerley Richtung gleichfalls hat, folglich dem Körper nur ein Grad Bewegung in Relation gegen dieselbe übrig bleibet. Bey einfachem Grade Geschwindigkeit aber ist die Kraft auch nur wie 1, folglich stößt die Kugel mit einer Kraft wie 1 auf die Hinderniß, welche ebenfalls eine einfache Kraft hat, und wird also durch dieselbe diesen seinen Grad Geschwindigkeit und Kraft verlieren. Es bleibt ihm alsdenn aber nur ein Grad absolute Bewegung, und folglich auch nur ein Grad Kraft übrig, die mithin wiederum durch eine andere Hinderniß, welche wie 1 ist, mag vernichtet werden; folglich kann ein Körper, in dem wir eine lebendige Kraft setzen, und der also mit 2 Graden Geschwindigkeit 4 Grade Kraft hat, von zwey Hindernissen zur Ruhe gebracht werden, die jede nur 1 Grad Kraft haben, mithin müssen auf diese Weise 2 Grade in ihm von selber ver-

schwin-

schwinden, ohne durch äußerliche Ursachen aufgehoben und gebrochen zu werden.

§. 137.

Die Umstände, unter welchen ein Körper einen Theil seiner lebendigen Kraft ohne Wirkung verschwendet, sind also diese: daß zwey oder mehr Hindernisse ihm nach einander auf solche Weise Widerstand thun, daß jedwede nicht der ganzen Geschwindigkeit des bewegenden Körpers, sondern nur einem Theile derselben sich entgegensetzet, wie die Auflösung des vorigen §. es zu erkennen giebt.

Erklärung dieses Satzes nach unseren Begriffen der lebendigen Kraft.

Wie dieses mit unsern Begriffen von der lebendigen Kraft zusammenstimme, läßt sich auf folgende Weise ohne Schwierigkeit begreifen. Wenn die Geschwindigkeit eines Körpers in ihre Grade zertheilt wird, so ist die lebendige Kraft, die bey einem von diesen Graden von den andern abgesondert anzutreffen ist, und welche also der Körper auch anwendet, wenn er mit diesem Grade ganz allein ohne die übrigen wirket, wie das Quadrat dieses Grades; wenn er aber mit seiner ganzen Geschwindigkeit unzertheilt und zugleich wirket, so ist die ganze Totalkraft, wie das Quadrat derselben, folglich derjenige Theil der Kraft, der dem benannten Grade Geschwindigkeit zukommt, wie das Rectangulum aus diesem Grade, in die ganze Geschwindigkeit, welches eine viel größere Quantität ausmacht, als die in dem vorigen Falle war. Denn, wenn wir z. E. die ganze Geschwindigkeit aus zwey Graden bestehend, annehmen, welche dem Körper eine nach der andern ertheilt worden, so erhob sich die lebendige Kraft, da die Geschwindigkeit noch 1 war, nur zu einer Größe wie 1; nachdem aber der zweyte Grad hinzu kam, so entsprang in demselben nicht allein wiederum ein Grad Kraft, der diesem zweyten Grade Geschwin-

digkeit

digkeit allein proportionirt ist, sondern die Naturkraft erhob
die Intension noch in derselben Proportion, darinn die Geschwindigkeit wuchs, und machte, daß die lebendige Kraft
bey der gesammten Geschwindigkeit 4fach wurde, da doch
die Summe der Kräfte bey allen abgesonderten Graden, nur
2 fach gewesen seyn würde, folglich, daß ein jeder Grad,
in der verbundenen Wirkung mit den übrigen, 2 Grade Kraft
ausüben konnte, da ein jeder vor sich in abgesonderter Wirkung nur eine einfache hatte. Daher wenn ein Körper, der
eine lebendige, folglich mit 2facher Geschwindigkeit 4 Grade Kraft hat, seine ganze Geschwindigkeit nicht zugleich, sondern einen Grad nach dem andern anwendet: so übet er nur
eine zwiefache Kraft aus, die übrigen 2 aber, die dem Körper bey der gesammten Geschwindigkeit beywohneten, verschwinden von selber, nachdem die Naturkraft aufhöret sie
zu erhalten, eben so, wie sie bey ihrer Erzeugung gleichfalls
aus dieser Naturkraft von selber hervorgebracht worden.

§. 138.

Diese Anmerkung belohnet unsre Mühe mit wichtigen
Folgerungen.

Folgerungen.

1. Wir werden die vollständige Wirkung der lebendigen Kraft nirgends antreffen, als wo die Hinderniß der ganzen Geschwindigkeit, des, mit lebendiger Kraft eindringenden Körpers zugleich Widerstand thut, und alle Grade derselben zusammen erduldet.

2. Wo im Gegentheil die Hinderniß sich nur einem
Grade derselben allein widersetzet, folglich die ganze Geschwindigkeit nicht anders, als in zertheilten Graden, nach und
nach erduldet, da gehet ein großer Theil der lebendigen Kraft
von selber verlustig, ohne daß er durch die Hinderniß ver-
nichtiget worden, und man würde sich betrügen, wenn man
glaubete, die Hinderniß, die auf diese Weise die ganze Bewegung verzehret, habe auch die ganze Kraft selber gebrochen.

X   Die

Dieser Verlust ist jederzeit um desto beträchtlicher, je kleiner
der Grad Geschwindigkeit, den die Hinderniß erdultet, gegen die ganze Geschwindigkeit des bewegenden Körpers ist.
Z. E. Es sey die Geschwindigkeit, in der der Körper seine
lebendige Kraft hat, in 3 gleiche Grade zertheilet, deren jedwedem allein sich die Hinderniß auf einmal nur widersetzen
kann, so ist, wenn gleich der Körper mit jedem dieser Grade besonders auch eine lebendige Kraft hat, die Kraft jeden
Grades wie 1, folglich die Gewalt der Hinderniß, die diese 3 nach einander überwindet, auch wie 3; die ganze lebendige Kraft aber dieses Körpers war wie das Quadrat von 3,
d. i. wie 9: folglich sind auf diese Weise 6 Grade Kraft, d. i.
$\frac{2}{3}$ vom ganzen ohne äußerlichen Widerstand von selber verlohren gegangen. Im Gegentheil, wenn wir eine andere Hinderniß nehmen, die nicht das Drittheil, sondern die Hälfte besagter ganzen Geschwindigkeit auf einmal erduldet, folglich die ganze Bewegung nicht in 3, sondern in 2 getrenn-
ten Graden verzehret, so ist der Verlust, den die lebendige
Kraft hiebey ausser demjenigen erduldet, was diese Hinderniß verzehret, nur wie 2, d. i. $\frac{1}{2}$ vom ganzen, folglich kleiner als im vorigen Falle. Auf gleiche Weise; wenn der
Grad, dem die Hinderniß auf einmal widerstrebet, $\frac{1}{z}$ von der
ganzen Geschwindigkeit ist, so verschwendet der Körper $\frac{z}{z}$ von
der ganzen Kraft, davon die Ursache nicht in der Hinderniß zu suchen ist, und so ins unendliche

3. Wenn der Grad Geschwindigkeit, dem die Hinderniß sich in jedem Augenblick entgegensetzet, nur unendlich
klein ist: so ist alsdenn gar keine Spur einer lebendigen
Kraft mehr in den überwältigten Hindernissen zu finden, sondern, weil alsdenn jeder einzelne Grad nur in Proportion
seiner schlechthin genommenen Geschwindigkeit wirket, und
die Summe aller Grade der ganzen Geschwindigkeit gleich ist,
so ist die ganze Wirkung der Kraft des Körpers, ob sie gleich
lebendig ist, doch nur der schlechten Geschwindigkeit proportionirt, und die ganze Größe der lebendigen Kraft verschwindet

det von selber völlig, ohne eine ihr gemäße Wirkung auszuüben, nemlich, da sie eigentlich wie eine Fläche ist, die aus
dem Flusse derjenigen Linie, die die Geschwindigkeit vorstellet, erzeuget worden, so verschwinden alle Elemente dieser
zweyten Abmessung nach und nach von selber, und es thut
sich in der Wirkung keine andere Spur einer Kraft hervor,
als die nur der erzeugenden Linie, d. i. der Geschwindigkeit
schlechthin proportionirt ist.

4. Also findet sich nirgends eine Spur einer lebendigen Kraft in den verübten Wirkungen, oder überwältigten
Hindernissen, wenn gleich der Körper wirklich eine lebendige
Kraft hat, als nur da, wo das Moment der Geschwindigkeit, womit die Hinderniß widerstrebet, von endlicher Größe ist; aber auch alsdenn doch nicht ohne diese wichtige Bedingung, nemlich, daß auch diese Größe der Geschwindigkeit nicht so klein seyn mag, als sie wolle, denn wir wissen
aus dem 132. §. daß eine gewisse Quantität derselben erfordert werde, damit der Körper, der sich mit derselben beweget, eine lebendige Kraft haben könne, und wenn das Moment der Widerstrebung der Hinderniß nach Maaßgebung
derselben zu klein ist, in derselben auch keine Wirkung der lebendigen Kraft könne verspüret werden.

Den höchst erheblichen Nutzen dieser Anmerkung, werden wir insonderheit gegen das Ende dieses Hauptstückes ver-
nehmen, woselbst sie dienen wird, die vornehmste Erfahrung, die die lebendigen Kräfte beweiset, recht zu erleuch-
ten und bewährt zu machen.

§. 139.

Die Phänomena derer Körper, die die Schwere überwinden, beweisen keine lebendige Kraft, dennoch streiten sie nicht dawider.

Da das Moment der Schwerdrückung nur mit unend-
lich kleiner Geschwindigkeit geschiehet, so erhellet vermittelst

der

der dritten Nummer des vorigen §. gar deutlich, daß ein Körper, der seine Bewegung aufwendet, indem er die Hindernisse der Schwere überwindet, gegen dieselbe nur eine Wirkung ausüben werde, die seiner Geschwindigkeit schlechthin proportionirt ist, obgleich die Kraft selber sich wie das Quadrat dieser Geschwindigkeit verhält, demjenigen ganz gemäß, was auch die Erfahrung hievon zu erkennen giebt, wie wir es im vorigen Hauptstücke ausführlich, und mehr als auf eine Weise gesehen haben.

Sehet also hier sogar eine Erfahrung, die kein anderes als Cartesens Gesetze zuzulassen scheinet, und welches auch in der That eigentlich keine Merkmale von irgend einer anderen Schätzung als von dieser von sich zeiget, gleichwohl aber bey genauer Erwegung der Quadratschätzung, wenn sie in ihrer richtigen Bedeutung genommen wird, nicht widerstreitet, sondern ihr dennoch Platz läßt.

Also widerleget die Wirkung, welche senkrecht in die Höhe steigende Körper verüben, indem sie die Hindernisse der Schwere überwinden, zwar Leibnitzens Schätzung ohne alle Widerrede, allein unsre lebendigen Kräfte beweiset sie zwar eigentlich nicht; jedennoch hebet sie dieselbe auch nicht auf. Indessen, wenn wir unsre Aufmerksamkeit nur genau hierauf richten, so werden wir auch sogar daselbst noch einige Strahlen von unserer Schätzung antreffen. Denn der Körper würde seine ihm beywohnende Bewegung nicht frey fortsetzen, und dieselbe so lange selber erhalten können, bis die äußerliche Widerstrebung sie ihm nach und nach nimmt, wo er nicht diejenige innerliche Bestrebung oder Intension aus sich selbst hervorbrächte, die zugleich der Grund der freyen Bewegung, und auch der lebendigen Kraft ist.

§. 140.
Hierauf gegründete Proben.

Aus dem bis daher erwiesenen, ersehen wir zugleich die Ursache des wohlbekannten Kunststückes, wie man fast unbezwing-

zwinglische Gewalten durch gar geringe Hinderniſſe aufheben
könne. Wenn nemlich die Gewalt, die man brechen ſoll,
auf einer lebendigen Kraft beruhet, ſo ſetzet man ihr nicht
eine Hinderniß entgegen, die ihren Widerſtand auf einmal
thut, und plötzlich muß gebrochen werden, denn dieſe müſet
oftermals unermeßlich groß ſeyn, ſondern vielmehr eine ſolche, welche die Kraft nur in ihren kleinern Graden der Geſchwindigkeit nach und nach erduldet und aufzehret; denn
auf dieſe Weiſe wird man durch ganz unbeträchtliche Wider-
ſetzungen erſtaunlich große Gewalten vereiteln; gleichwie man
z. E. die Stöße der Mauerbrecher durch Wollſäcke zernichtet
hat, welche Mauern würden zermalmet haben, wenn ſie unmittelbar auf dieſelbe getroffen hätten.

§. 141.
Weiche Körper wirken nicht mit ihrer ganzen Kraft.

Ferner erhellet: daß die Körper, welche weich ſind,
und ſich im Anlaufe leichtlich zuſammendrücken, lange nicht
alle ihre Kraft durch den Stoß anwenden werden, und daß
ſie vielmals gar geringe Wirkungen verüben, welche doch bey
eben derſelben Kraft und Maſſe, aber größerer Härtigkeit,
ungleich größer ſeyn würden. Ich weiß wohl, daß noch andere Urſachen dazu kommen, die außer derjenigen, von welcher wir reden, zu dieſem Verluſte das ihre beytragen, oder
vielmehr machen, daß einer zu ſeyn ſcheinet, aber unſere
angeführte iſt unſtrittig die vornehmſte, und zwar eines
wahrhaften Verluſtes.

§. 142.
Aufgeworfene Frage, ob die Wirkung der Körper
ohne Unterſchied ihrer Maſſe ihrer lebendigen
Kraft proportional ſeyn könne.

Nunmehro wollen wir unterſuchen, wie denn die Wirkung eines Körpers, der eine lebendige Kraft hat, deſſen

X 3   Maſſe

Maſſe man aber unendlich klein gedenket, ſeyn werde, denn dieſes giebt hernach zu erkennen, ob bey gleichen Umſtänden, wenn die Kräfte zweyer Körper beyde lebendig ſeyn, alle beyde auch die, dieſen lebendigen Kräften proportionale Wirkungen ausüben können, wenn man ſie in gleiche Umſtände ſetzet, die Maſſe des einen ſey auch ſo klein wie ſie wolle, oder ob vielmehr eines jeden Körpers Maſſe eine gewiſſe Größe haben müſſe, ſo, daß, wenn man ſie kleiner machet, die Wirkung, die er verübet, ſeiner lebendigen Kraft nicht proportional ſeyn kann.

Das iſt wohl untrüglich: daß wenn ein Körper von endlicher Maſſe eine lebendige Kraft hat, ein jegliches ſeiner Theile, ſie mögen ſo klein ſeyn, wie ſie wollen, auch eine lebendige Kraft haben müſſe, und dieſe auch haben würde, wenn es ſich gleich von den andern abgeſondert bewegte; allein hier iſt die Frage, ob ein ſolches kleines, oder wie wir es hier annehmen wollen, unendlich kleines Theilchen, für ſich allein auch eine, ſeiner lebendigen Kraft proportionale Wirkung, in der Natur ausüben könne, wenn man es in die gleiche Umſtände ſetzet, darinn ein größerer in dieſer Proportion wirken würde. Wir werden befinden, daß dieſes nicht geſchehen könne, und daß ein Körper, der eine lebendige Kraft hat, wenn ſeine Maſſe kleiner iſt, als ſie nach Maaßgebung der Regel, die wir beweiſen wollen, ſeyn muß, in der Natur keine ſolche Wirkung verübe, die dieſer ſeiner lebendigen Kraft proportional iſt, ſondern, daß er um deſto weniger dieſer Proportion beykomme, je kleiner hernach die Maſſe iſt, bis, wenn die Maſſe unendlich klein iſt, der Körper mit derſelben nur in Proportion ſeiner Geſchwindigkeit ſchlechthin wirken kann, ob er gleich eine lebendige Kraft hat, und ein anderer Körper, mit eben derſelben Geſchwindigkeit und lebendigen Kraft, aber gehörig größer Maſſe, in gleichen Umſtänden eine Wirkung ausüben würde, die dem Quadrate ſeiner Geſchwindigkeit in die Maſſe multiplicirt gemäß wäre.

§. 143.

§. 143.

Beantwortung.

Die Sache kommt einzig und allein darauf an, daß
alle Hindernisse in der Natur, die von einer gewissen Kraft
sollten gebrochen werden, derselben nicht alsofort im Berührungspunkte gleich einen endlichen Grad der Widerstrebung
entgegen setzen, sondern vorher einen unendlich kleinen, und
so fortan bis nach dem unendlich kleinen Räumchen, welches die bewegende Kraft durchbrochen hat, der Widerstand,
den sie antrift, endlich wird. Dieses setze ich, Kraft der
Uebereinstimmung der wahren Naturlehre voraus, ohne daß
ich mich einlassen will, die mancherley Gründe, die es bestätigen, hier anzuführen. Newtons Schüler nehmen daher Gelegenheit zu sagen, daß die Körper in andere wirken,
wenn sie sich gleich noch nicht berühren. Diesem zu Folge
treffen wir einen besondern Unterschied, zwischen der Wirkung, die ein Körperchen von unendlich kleiner Masse, in
solche Hindernisse der Natur ausübet, und zwischen derjeninigen, die er verrichtet, wenn seine Masse die bestimmte endliche Größe hat, wenn wir gleich den Unterschied nicht achten, der ohnedem zwischen den Kräften zweyer Körper ist,
deren Massen verschieden seyn, und der schon lange bekannt
ist, sondern nur den in Betrachtung ziehen, der aus dem
Begriffe unserer lebendigen Kräfte allein herfließet.

Wir wissen nemlich schon: daß, wenn der Körper
gleich eine lebendige Kraft hat, diese aber angewandt wird,
die Hinderniß der Schwerdrückungen zu überwinden, seine
Wirkung dennoch nur in Proportion der Geschwindigkeit
schlechthin stehe, und alle Intension, die das Merkmal der
lebendigen Kraft ist, ohne Wirkung verschwinde. Nun wirket aber der Gegendruck der Schwere mit unendlich kleiner
Sollicitation, bis in das innerste seiner Masse, d. i. unmittelbar auf die unendlich kleinen Theile des bewegenden
Körpers, also ist dieses sein Zustand dem Zustande desjenigen Körperchens gleich, der zwar mit lebendiger Kraft, aber

X 4 unend

unendlich kleiner Maſſe gegen eine jegliche Hinderniß der Natur anläuft, denn dieſer erduldet, wie wir angemerkt haben, auch hier allemal einen Widerſtand, der, eben ſo wie
bey der Schwere, mit unendlich kleiner Sollicitation ihm unmittelbar widerſtrebet, folglich wird eine ſolche unendlich
kleine Maſſe auch auf gleiche Weiſe ſeine lebendige Kraft in
ſich ſelbſt verzehren, und bey jeder Hinderniß der Natur nur
nach Proportion ſeiner Geſchwindigkeit wirken.

Daß dieſes aber nur dem unendlich kleinen Körper be-
gegne, und dagegen einer von endlicher und beſtimmter Maſſe in dieſelbe Hinderniß, eine, ſeiner lebendigen Kraft gemäße Wirkung ausüben könne, erhellet klärlich daraus, weil,
wie wir annehmen, daß die Hinderniß ihren Widerſtand nur
von auſſen thut, und nicht wie die Schwere in das innerſte
wirket; folglich der endliche Körper daſelbſt, wo die unendlich kleine Widerſtrebung der Hinderniß ihre ganze Geſchwindigkeit verlohr, nur unendlich wenig, d. i. nichts verlieret,
ſondern ſeine Kraft nur gegen die endlichen Grade der Widerſtrebung aufwendet, wozu jene nicht durchdringen kann, folglich in die Umſtände gelanget, in welchen, wie wir §. 38.
No. 4 geſehen haben, derjenige Körper ſeyn muß, der ſeine lebendige Kraft zu einer ihr proportionalen Wirkung anwenden ſoll.

§. 144.

Die Maſſe muß beſtimmt ſeyn, mit welcher ein Körper, die ſeiner lebendigen Kraft proportionirte Wirkung ausüben kann, unter dieſer Größe können
kleinere Maſſen dieſes nicht thun.

Da nun alſo die Wirkung des Körpers, der ſich mit
endlicher Kraft, aber unendlich kleiner Maſſe beweget, nirgend in der Natur dem Quadrat der Geſchwindigkeit, ſondern nur derſelben ſchlechthin proportionirt iſt, ſo folget,
vermöge der Art zu ſchließen, die uns ſchon durch die oft-
malige Ausübung bekannt ſeyn muß, daß man nicht allge-

mein

mein und ohne Einschränkung sagen könne: Dieser Körper
hat eine lebendige Kraft, folglich wird seine Wirkung bey
gehörigen *) Umständen, seiner lebendigen Kraft auch proportional seyn, die Masse mag sonsten so klein seyn, wie sie
wolle, sondern es wird eine gewisse Quantität der Masse dazu erfordert werden, daß man dieses sagen könne, und unter diesem bestimmten Maaße wird keine Wirkung eines solchen Körpers in die Hindernisse der Natur seiner lebendigen
Kraft proportionirt seyn können, sie mögen auch seyn, welche sie wollen; es wird aber die Wirkung um desto mehr von
der Verhältniß der lebendigen Kraft abgehen, je mehr die
Quantität der Massen unter diesem bestimmten Maaße ist,
in allen höhern Größen aber über dieselbe, versteht es sich
schon von selber, daß diese Abweichungen gar nicht angetroffen werde.

§. 145.

Es folgen hieraus nachstehende Anmerkungen: **)

1. Daß ein kleines Theilchen Materie, in fester Vereinigung mit einer großen Masse, mit lebendiger Kraft eine
ganz andere und ausnehmend größere Wirkung ausüben könne, als es allein und von derselben getrennet, verrichten
kann.

2. Daß dieser Unterschied dennoch nicht nothwendig
sey, sondern auf dieser zufälligen Eigenschaft der Natur be-
ruhe: daß alle ihre Hindernisse der Regel der Continuität
gemäß, schon von weitem, und mit unendlich kleinen Graden anheben, ehe sie ihre endliche Widerstrebung dem anlaufenden Körper entgegen setzen, daß aber diesem ungeachtet
die Natur schon keine andere Wirkung verstattet.

X 5

3. Daß

---

*) Nemlich in denenjenigen, darinnen ein anderer von größerer
    Masse mit derselben Geschwindigkeit seine lebendige Kraft ganz
    anwendet.

**) Folgerungen.

3. Daß es nicht ohne Unterschied wahr sey: daß die Wirkungen zweyer Körper, deren Kräfte lebendig sind; und deren Geschwindigkeit gleich ist, sich bey gleichen Umständen wie ihre Masse verhalten; denn, wenn die eine von ihnen kleiner ist, als nach Maaßgebung der angeführten Regel seyn soll, so gehet ihre Wirkung noch dazu von dem Quadratmaaße der Geschwindigkeit ab; und ist also viel kleiner als sie nach der Verhältniß der Massen allein hätte seyn sollen.

4. Daß sogar die Veränderung der Figur der Körper ohne Aenderung ihrer Masse verursachen könne, daß ihre Wirkung bey den angeregten Umständen die Proportion ihrer Geschwindigkeit habe, obgleich die Kraft die Verhältniß vom Quadrate derselben hat, und daß also ein Körper, der eine lebendige Kraft hat, eine viel kleinere Wirkung thun könne, blos deswegen, weil seine Figur geändert worden, ohne daß, weder seine Masse, noch Geschwindigkeit, noch lebendige Kraft, oder die Beschaffenheit der Hinderniß, im geringsten eine Veränderung erlitten. Z. E. So muß eine goldene Kugel mit lebendiger Kraft eine viel größere Wirkung thun, als wenn eben dieselbe goldene Masse mit gleicher Geschwindigkeit und Kraft, gegen dieselbe Hinderniß anliefe, aber so, daß sie vorher zu einem dünnen und weit ausgedehnten Goldblatt geschlagen worden. Denn obgleich hier in Ansehung der Kraft nichts verändert worden ist, so machet doch die Aenderung der Figur, daß seine kleinsten Theile die Hinderniß hier eben so treffen¹, als wenn sie von einander abgesondert, auf dieselbe gestoßen hätten, folglich, laut dem kurz vorher erwiesenen, lange nicht mit ihrer lebendigen Kraft, und derselben proportional wirken, sondern eine Wirkung ausüben, die dem Maaße der schlechten Geschwindigkeit entweder nahe kommt, oder mit ihr übereintrift; da im Gegentheil, wenn die Masse in der Figur einer soliden Kugel gegen die Hinderniß anläuft, sie auf eine so kleine Fläche derselben trift, daß die unendlich kleine Momente der Widersetzungen, welche sie in so kleinem Raume

antrift,

antrift, nicht im Stande seyn, die Bewegung dieser Masse
aufzuzehren, folglich die lebendige Kraft unversehrt bleibt,
um einzig und allein gegen die endlichen Grade der Widerstrebung dieser Hinderniß angewandt zu werden; gleichwie
es dagegen klar ist, daß sie mit ihrer ersten Figur eine überaus große Fläche der Hinderniß decket, und folglich bey einerley Masse, einen unglaublich größern Widerstand, von
der unendlich kleinen Solicitation, die in jedem Punkte der
Hinderniß anzutreffen ist, erleidet, und daher von dieser
leichter muß können aufgezehrt werden, mit, entweder gänz-
lichem, oder doch großem Verluste der lebendigen Kraft, welches auf die erstere Art nicht geschiehet.

§. 146.

Flüßigkeiten wirken in Proportion des Quadra-
tes der Geschwindigkeit.

Allein die wichtigste Folgerung, die ich aus dem jetzt
erwiesenen Gesetze ziehe, ist diejenige, welche ganz natürlicher Weise daraus herfließt, nemlich, daß flüßige Körper
durch den Stoß in Verhältniß des Quadrats ihrer Geschwindigkeit wirken, *) ob sie gleich, wenn die Wirkung hier ihren lebendigen Kräften proportional seyn sollte, solches nicht
nach dem Maaße des Quadrats, sondern des Würfels ihrer Geschwindigkeit thun müßten; und wie dieses unserer
Theorie der lebendigen Kräfte nicht entgegen sey, ob es gleich
die lebendigen Kräfte des Herrn von Leibnitz aufhebet, wie
Herr Jurin schon sehr wohl angemerket hat.

Wie dieses aus dem vorigen folge.

Denn die Flüßigkeiten sind in die feinsten Theile, welche für unendlich klein gelten können, zertheilet, und machen zusammen keinen zusammenhängenden festen Körper aus,
sondern

*) Wie es Herr Mariotte durch Versuche dargethan hat.

sondern wirken alle nach einander, ein jedes für sich, und von den übrigen abgesondert; folglich erdulden sie denjenigen Verlust der lebendigen Kraft, den die unendlich kleine Körperchen, wie wir angemerket haben, allemal erleiden, wenn sie gegen eine Hinderniß der Natur, sie sey welche sie wolle, anlaufen, und wirken also nur in Proportion ihrer Geschwindigkeit, ob ihre Kraft gleich wie das Quadrat derselben ist.

Herr Richter hat sich viel vergebliche Mühe gegeben, diesen Streich des Herrn Jurins abzuwenden. Seine Sache war hülflos, da sie an die Regel gebunden war: daß die Kräfte in keiner andern Proportion stehen, als derjenigen, darinn ihre Wirkungen sind.

Vom Widerstande des Mittelraumes.

Endlich begreifet auch jedermann hieraus leichtlich, woher die Körper mit freyer Bewegung und lebendiger Kraft, in einem flüßigen Mittelraume, nur in Proportion des Quadrates ihrer Geschwindigkeit Widerstand leiden, ohne daß hiedurch unseren lebendigen Kräften Eintrag geschiehet, obgleich es der Leibnitzischen Schätzung widerspricht, nach welcher dieser Widerstand dem Würfel der Geschwindigkeit proportioniert seyn müßte.

§. 147.
Wird durch die Erfahrung bestätigt.

Es sind unzählbare Erfahrungen, die die Regel bestätigen, von der wir bis daher geredet haben. Ob dieselbe gleich nicht so genau abgemessen seyn, so sind sie dennoch untrüglich, und haben die Uebereinstimmung eines allgemeinen Beyfalles.

Denn wofern wir unserer Regel nicht Platz einräumen, so müssen wir sagen: daß ein Körper, wenn er noch so klein und gering ist, eben so große Wirkung in gleichen Umständen durch den Anstoß thun würde, als eine große Masse,

wenn

wenn man nur ihre Geschwindigkeiten den Quadratwurzeln
ihrer Maſſen umgekehrt proportionirt machte, oder nach Carteſens Regel, wenn ſie ſich wie dieſe Maſſen ſelber umgekehrt verhielten. Allein die Erfahrung widerſpricht dieſem.
Denn jedermann iſt darinn einig, daß eine Pflaumfeder oder
ein Sonnenſtäubchen durch eine freye Bewegung nicht die
Wirkungen einer Kanonenkugel ausrichten würden, wenn
man ihnen gleich noch ſo viele Grade Geſchwindigkeit, als
man ſelber verlanget, zugeſtehen wollte; und niemand wird,
wie ich glaube, vermuthen, daß eines von denſelben die fe-
ſte Klumpen der Materie zertrümmern, und Mauern durch-
brechen könne, wenn ſie mit noch ſo großer Geſchwindigkeit
in freyer Bewegung auf dieſelbe treffen ſollten. Dieſes alles kann zwar durch keinen ordentlich angeſtellten Verſuch ge-
prüfet und beſtätiget werden, allein die unzählbaren Erfahrungen, die hievon in ähnlichen Fällen, obzwar nicht in ſo
großer Maaße vorkommen, verurſachen, daß niemand an
dem angeregten Erfolge zweifelt.

Nun iſt doch aber nicht zu leugnen, daß beſagte kleine
Körpertheilchen unter der angeführten Einrichtung ihrer Geſchwindigkeit nothwendig mit den großen Körpern gleiche Kraft
haben müßten, es ſey nach Carteſens oder Leibnitzens, oder
unſerm Kräftenmaaße: alſo bleibt kein ander Mittel übrig,
dieſes zu erklären, als, daß der kleine Körper eine viel kleinere Wirkung verüben müſſe, als nach Maaßgebung ſeiner
Kraft geſchehen ſollte, und daß ſeine lebendige Kraft größtentheils ohne Wirkung vereitelt wird, gerade ſo, wie wir
es §. 43. 44. 45. von demſelben bewieſen haben.

§. 148.

Die Bewegungen elaſtiſcher Körper heben Leibni- tzens Schätzung, aber nicht die unſri- ge auf.

Zu denjenigen Erfahrungen, welche keine Spur von
einer andern Schätzung, als nur der Carteſianiſchen, geben,

ben, und daher unserem Kräftenmaaße zu widerstreiten scheinen, gehören endlich noch die Bewegungen elastischer Körper, durch den Stoß, wovon wir im vorigen Hauptstücke
ausführlich gehandelt haben, und welche alle in ganz un-
trüglichen Versuchen wahr befunden werden. Sie heben
auch in der That die Quadratschätzung des Herrn von Leibnitz gänzlich auf, vermöge der Voraussetzung, die damit
unzertrennlich verbunden ist: nemlich, daß die Wirkungen,
in deren Hervorbringung die Kraft sich verzehret, dieser allemal gleich seyn. Unsere hat den wohlgegründeten Vorzug,
diesem Gesetz nicht unterworfen zu seyn, und entgehet daher
diesem Streiche.

Wir wissen schon aus dem vorigen: daß die lebendige
Kraft nicht so etwas ist, welches von draussen durch eine äusserliche Ursache, z. E. durch einen Stoß, in einem Körper
könne hervorgebracht werden; dieses kann uns schon unter-
weisen: daß wir die lebendigen Kräfte der gestoßenen Körper nicht für die Wirkungen der stoßenden ansehen, und diese durch jene abzumessen suchen werden. Die Realauflösung
aber der ganzen Schwierigkeit, wo man ja eine noch hierinn
anzutreffen vermeynt, bestehet im nachfolgenden.

§. 149.
B e w e i ß.

Alle Mechanikverständige müssen wissen: daß ein elastischer Körper in den andern nicht mit seiner ganzen Geschwindigkeit auf einmal wirke, sondern durch eine fortgesetzte Häufung der unendlich kleinen Grade, die er in denselben nach einander hineinbringt. Ich habe nicht nöthig,
mich in die besondern Ursachen hievon einzulassen, genug
für mich, daß ich hierinn den einstimmigen Beyfall auf meiner Seite habe, und daß jedermann es erkennet: daß ohne
diese Voraussetzung kein Bewegungsgesetze könne erklärt werden. Die wahre Ursache hievon ist wohl diese: weil die
Elasticität, nach der Natur einer Feder, sich nur demjenigen

gen Grade Geschwindigkeit entgegensetzet, welche hinlänglich
ist, sie zu spannen, folglich bey jedem unendlich kleinen Grade der Eindrückung, die sie leidet, nur immer einen unendlich kleinen Grad der Geschwindigkeit des anstoßenden Körpers erduldet, und also jeden Augenblick nicht der ganzen
Geschwindigkeit, sondern nur dem unendlich kleinen Grade
entgegengesetzt ist, und ihn in sich aufnimmt, bis die successive Häufung, die ganze Geschwindigkeit in den leidenden
Körper auf diese Weise übertragen hat.

Hieraus folget, laut dem vorhergehenden, daß, da
der anstoßende Körper hier nur nach einander mit einzelnen
unendlich kleinen Graden seiner Geschwindigkeit wirket, er
auch nur in schlechter Proportion seiner Geschwindigkeit wirken werde, ohne Nachtheil seiner lebendigen Kraft, die er
dem ungeachtet in sich haben kann.

§. 150.

Das beliebte Gesetze des Herrn von Leibnitz, von der
unveränderten Erhaltung einerley Größe der Kraft in der
Welt, ist noch ein Vorwurf, der allhier eine genaue Prüfung zu erfordern scheint. Es leuchtet sogleich in die Augen: daß, wenn in den bisherigen Betrachtungen etwas ge-
gründetes ist, es in derjenigen Bedeutung, darinn es sonsten aufgenommen worden, nicht statt finden könne. Was
aber unsere Schätzung in diesem Stücke einführen würde, und
wie sie den Regeln der allgemeinen Harmonie und Ordnung,
welche besagtes Leibnitzische Gesetze so preiswürdig gemacht
haben, Gnüge leisten könne, das erlaubet mir die Beschaffenheit unseres Vorhabens, und die Ermüdung, welche
ich in einer so rauhen und ungebahnten Materie mit Recht
von der Aufmerksamkeit meines gelehrten Lesers besorge, und
die ich vielleicht schon gar zu sehr beleidigt zu haben fürchten muß, nicht gehörig zu entwerfen, obgleich ich im Besitze
bin, einige Abrisse davon darzulegen.

§. 151.

§. 151.

Wir befinden uns jetzo in dem Lande der Erfahrungen; ehe wir aber darinn Besitz nehmen können, müssen wir erst gewiß seyn, daß diejenige Ansprüche vertilget worden, welche ein gegründeteres Recht hierauf zu haben vorschützen, und uns aus diesem Gebiete verdringen wollen. Unsere Bemühung, die wir bis daher hiezu angewandt haben, würde unvollständig seyn, wenn wir denjenigen Versuch und mechanischen Beweiß, der den hochberühmten Herrn von Muschenbröck zum Urheber hat, und folglich überredend und scharfsinnig ist, vorübergiengen, ohne unsere übernommene Kräftenlehre dawider zu schützen. Er hat durch denselben die lebendigen Kräfte in Leibnitzischer Bedeutung zu vertheidigen gedacht, und daher ist es unsere Pflicht, ihn zu prüfen.

Wir werden bey genauer Erwegung desselben belehret werden, daß er nicht den verhofften Erfolg habe, sondern vielmehr Cartesens Kräftenmaaß bestätige. Und dieses wird unsere oft erwähnte Anmerkung aufs neue bestätigen: daß man keine Spur einer nach dem Quadrat zu schätzenden Kraft antreffe, so lange man ihren Ursprung nirgend anders, als in den äusserlichen Ursachen zu finden vermeynet, und daß die wahrhafte lebendige Kraft nicht von draussen in dem Körper erzeuget werde, sondern der Erfolg, der, bey der äusserlichen Solicitation in dem Körper aus der innern Naturkraft entstehenden Bestrebung ist; daß also alle diejenigen, die nichts als das Maaß der äusserlich wirkenden mechanischen Ursachen annehmen, um das Maaß der Kraft in dem leidenden Körper, daraus zu bestimmen, wofür sie nur richtig urtheilen, niemals etwas anders, als Cartesens Schätzung antreffen werden.

§. 152.
Muschenbröckscher mechanischer Beweiß der lebendigen Kräfte.

Der Beweiß des Herrn von Muschenbröck ist folgender:

Nehmet

Nehmet einen hohlen Cylinder, an welchem eine Feder fest gemacht ist. Aus dem Cylinder muß ein Stab
hervorragen, der mit Löchern versehen ist, und der durch
die Oefnung eines steifen Bleches durchgestecket wird. Wenn
ihr nun die stählerne Feder an dieses Blech mit Gewalt an-
drücket, und spannet, so, daß der Stab durch die Oefnung
desselben weiter heraus raget, so könnet ihr sie in dieser Spannung erhalten, indem ihr auf der hervorragenden Seite desselben einen Stift durch ein Loch des Stabes durchstecket.
Endlich hänget den Cylinder als ein Pendul an zwey Fäden
an irgend einer Maschiene auf; sodann ziehet den Stift heraus, so wird die Feder losschnellen, und dem Cylinder eine
gewisse Geschwindigkeit geben, die durch die erlangte Höhe
erkannt wird. Benennet diese Geschwindigkeit mit 10.
Hierauf machet denselben Cylinder zweymal schwerer als er
vorher war, indem ihr in denselben so viel Gewichte hinein-
leget als hiezu nöthig seyn, und spannet die Feder wie zuvor.
Wenn ihr sie nun alsdenn wiederum losschnellen lasset: so
werdet ihr durch die Höhe, die er erreichet, befinden, daß
die Geschwindigkeit 7,07 Grade habe. Hieraus argumen-
tiret Herr von Muschenbroek wie folget.

Die Feder war beydemal gleich gespannet, und hat
daher in beyden Fällen gleiche Kraft gehabt, und da sie jedesmal ihre ganze Kraft anwendet, so hat sie auch beydemale gleiche Kräfte in den Cylinder hineingebracht; also
muß die Kraft, die ein Körper von einfacher Masse mit 10
Graden Geschwindigkeit besitzet, derjenigen gleich seyn, die
in einem andern, der eine zweyfache Masse und 7,07 Grade
Geschwindigkeit hat, anzutreffen ist. Dieses ist aber auf
keine andere Art möglich, als wenn man die Kraft nach
dem Produkt aus der Masse in das Quadrat der Geschwindigkeit schätzet; denn alle andere mögliche Functionen der
Geschwindigkeit lassen diese Gleichheit nicht zu, aber nach
der Quadratschätzung allein sind die Quadrate der Zahlen

10 und 7, 07, quam proxime in umgekehrter Verhältniß der Maſſen 1 und 2; folglich die Produkte derſelben in die gegenſeitige Maſſen gleich.

Es ſind alſo, ſchließt er, die Kräfte nicht nach dem Maaße der Geſchwindigkeiten, ſondern dem Quadrate derſelben zu ſchätzen.

§. 153.

Ich bin verbunden, die Erinnerung, die ich gegen dieſes Argument darlegen will, nicht gar zu weitläuftig zu machen; daher will ich von der gegründeten Einwendung, die ich hieben noch machen könnte, nichts erwehnen, daß die Momente des Druckes, der ſich ausſpannenden Feder, auch nach dem Geſtändniſſe der Leibnitzianer nur todte Kräfte ſeyn, folglich, ſowohl ſie, als die damit dem Körper ertheilte Momente der Kraft, nur ſchlechthin nach den Geſchwindigkeiten müſſen geſchätzet werden, mithin auch die ganze Kraft, die die Summe dieſer Momente iſt; ſondern ich will auf eine, jedermann bekannte mechaniſche Art, die die Deutlichkeit der Geometrie an ſich hat, verfahren, aber zugleich etwas ausführlich erläutern, nicht als wenn die Sache nicht leicht genug wäre, daß ſie auch kürzer könnte begriffen werden, ſondern damit alle Verwirrung, die in Anſehung der Wirkung der Federn bis daher in dem Streite der Kräftenſchätzung geherrſchet hat, ein für allemal gänzlich abgethan werde.

§. 154.

Herr von Muſſchenbröck ſpricht: die Feder iſt in beyden Fällen gleich geſpannet, folglich hat ſie in beyden gleiche Kraft, ſie theilet aber jedesmal ihrem Cylinder ihre ganze Kraft mit, alſo giebt ſie auch beydemale, wenn ſie

ſich

sich ausstrecket, ihrem Cylinder eine gleiche Kraft. Dieses ist das Fundament des Beweises, aber auch des Irrthums, wiewohl dieser nicht so wohl persönlich dem Herrn von Musschenbröck als vielmehr den gesammten Vertheidigern der Leibnitzischen Kräftenschätzung eigen ist.

Eine gleich gespannte Feder, theilet einem größeren Körper eine größere Kraft mit, als einem kleineren.

Wenn man von der ganzen Kraft einer Feder redet, so kann man darunter nichts anders als die Intension ihrer Spannung verstehen, welche derjenigen Kraft gleich ist, die der Körper, in den sie wirket, in einem Moment von dem Drucke derselben überkommet. In Ansehung dieser kann man wohl sagen, daß sie gleich sey, der Körper, in den die Feder wirket, mag groß oder klein seyn. Allein, wenn man auf diejenige Kraft siehet, welche dieselbe in einen Körper in einer gewissen Zeit durch ihre fortgesetzte Drückung hineinbringt, so ist offenbar: daß die Größe, der auf diese Weise in den Körper gebrachten Kraft, auf die Größe der Zeit ankomme, in welcher die gleiche Drückung sich in dem Körper gehäufet hat; und daß je größer die Zeit ist, desto größer auch die Kraft sey, die die gleichgespannte Feder in derselben dem Körper ertheilet. Nun kann man aber die Zeit, die die Feder, indem sie einen Körper fort stößet, brauchet, bis sie sich ganz ausgestrecket hat, länger machen, nachdem man will, wenn man nemlich die Masse, die da fortgestoßen werden soll, größer macht, wie dieses niemanden unbewußt ist; also kann man auch nach Belieben veranstalten, daß eben dieselbe Feder bey gleicher Spannung bald mehr bald weniger Kraft durch ihre Ausstreckung austheilet, nachdem die Masse, die durch die Feder getrieben wird, vermehret oder vermindert wird. Hieraus erhellet

Y 2

wie,

wie widernatürlich der Ausdruck ist: daß die Feder einem Körper, den sie fortstößt, durch die Ausreckung ihre ganze Kraft ertheile. Denn die Kraft, die sie dem Körper giebt, ist ein Erfolg, der nicht allein von der Kraft der Feder, sondern zugleich von der Beschaffenheit des gestoßenen Körpers abhanget, nachdem dieser sich länger, oder kürzer unter den Drückungen dieser Feder befindet, d. i. nachdem er größer, oder kleiner an Masse ist, die Kraft der Feder an sich betrachtet aber, ist nichts anders, als das Moment ihrer Ausspannung.

§. 155.

Auflösung der Musschenbröckschen Schwierigkeit.

Nunmehro ist es leicht die Verwirrung in dem Musschenbröckischen Beweise zu verhüten.

Der zweymal schwerere Cylinder ist den Drückungen der Feder länger ausgesetzet, indem diese sich ausstrecket, als der andere von einfacher Masse. Diesen stößt die Feder mit gleicher Spannungskraft geschwinder fort, und endigt den Raum ihrer Ausstreckung mit ihm in kürzerer Zeit, als mit jenem. Weil aber das Moment der Kraft, welche die Feder in jedwedem Augenblicke den Cylindern eindruckt, in beyden gleich ist, (denn das Moment ihrer Geschwindigkeit ist umgekehrt wie die Massen,) so muß der schwerere Cylinder durch den Antrieb der Feder mehr Kraft überkommen, als der leichtere. Also ist diejenige Schätzung falsch, nach welcher diese Kräfte in beyden würden gleich befunden werden, d. i. sie können nicht nach dem Quadrat der Geschwindigkeit geschätzet werden.

§. 156.

§. 156.

Woher die Quad. der Geschwindigkeiten der Cylinder in verkehrter Verhältniß der Maſſen ſeyn.

Wenn man noch die Urſache wiſſen will, woher denn hier eben die Geschwindigkeiten der Cylinder, die ſie von derſelben Feder erhalten, juſt ſo proportionirt ſeyn, daß ihre Quadrate ſich umgekehrt wie die Maſſen verhalten, (welche Verhältniß eigentlich dasjenige iſt, wodurch der Vertheidiger des Herrn von Leibnitz angelocket worden,) ſo können wir auch dieſes ohne Schwierigkeit klar machen, ohne deßhalber eine andere als Carteſens Maaß zu Hülfe zu nehmen.

Denn es iſt aus den erſten Gründen der Mechanick bekannt: daß in einförmig beſchleunigter Bewegung, (motu uniformiter accelerato) die Quadrate der erlangten Geſchwindigkeiten, ſich wie die durchgelaufene Räume verhalten; folglich, wenn die Momente der Geschwindigkeiten zweyer Körper, die beyde in motu uniformiter accelerato begriffen ſind, ungleich ſeyn, werden die Quadrate der Geſchwindigkeiten, die ſie in ſolcher Bewegung erlangen, in zuſammengeſetzter Verhältniß, aus den Räumen und dieſen Momenten ſtehen. Nun theilet aber im Muſſchenbröckiſchen Verſuche die gleichgeſpannte Feder jedwedem Cylinder ſeine Bewegung motu uniformiter accelerato mit, und die Räume ſind gleich, die ſie mit ſolcher beſchleunigten Bewegung durchlaufen, indem die Feder ſich bis zum Punkte ihrer größten Ausdehnung ausſtrecket, alſo verhalten ſich die Quadrate der hierbey überkommenen Geschwindigkeiten, wie die Momente der Geschwindigkeit, die die Drückung der Feder jedwedem Cylinder ertheilet, d. i. umgekehrt, wie die Maſſen dieſer Cylinder.

§. 157.

Nunmehro komme ich dahin, diejenige Versuche und Erfahrungen darzulegen, welche die Wirklichkeit und das Daseyn der nach dem Quadrat der Geschwindigkeit zu schätzenden Kräfte in der Natur unwidersprechlich beweisen, und meinen geneigten Leser für alle mühsame Aufmerksamkeit, die ihm gegenwärtige schlechte Aufsätze verursacht haben, mit einer siegreichen Ueberzeugung belohnen werden.

Versuche, die die lebendigen Kräfte beweisen.

Ich habe nur mit denenjenigen zu thun, welchen die Beschaffenheit der Streitsache von den lebendigen Kräften genugsam bekannt ist. Daher setze ich voraus, daß meine Leser von den berüchtigten Versuchen der Herren *Ricciolus*, *s'Gravelande*, *Poleni*, und von *Musschenbröck* hinlängliche Kundschaft haben, welche den Kräften der Körper nachforscheten, indem sie die Eindrücke maaßen, die dieselbe durch den Stoß in weiche Materien verursachten. Ich will nur kürzlich berühren: daß Kugeln von gleicher Größe und Masse, die von ungleicher Höhe in die weiche Materie z. E. Unschlitt frey herabfielen; solche Höhlen in dieselbe eingeschlagen haben, welche die Proportion der Höhen hatten, von denen sie herabgefallen waren, d. i. die Verhältniß des Quadrates ihrer Geschwindigkeiten; und daß, wenn dieselbe gleich an Größe, aber von ungleicher Masse waren, die Höhen aber, von denen man sie fallen ließ, in umgekehrter Proportion dieser Massen standen, alsdenn die in die weiche Materie eingeschlagenen Höhlen gleich befunden wurden. Wider die Richtigkeit dieser Versuche haben die Cartesianer nichts einzuwenden gewußt, es ist nur die hieraus gezogene Folgerung gewesen, darum man gestritten hat.

Die

Die Leibnitzianer haben hieraus folgendergestalt ganz richtig argumentirt. Die Hinderniß, die die weiche Materie der Kraft des hineindringenden Körpers entgegensetzet, ist nichts anders, als der Zusammenhang ihrer Theile, und daher bestehet dasjenige, was der Körper zu thun hat, indem er in dieselbe hineinbringt, einzig und allein darinn, daß er ihre Theile trennet. Es ist aber dieser Zusammenhang durch die ganze weiche Masse gleichförmig, also ist die Quantität des Widerstandes und daher auch der Kraft, die der Körper anwenden muß dieselbe zu brechen, wie die Summe der zertrennten Theile, d. i. wie die Größe der eingeschlagenen Höhlen. Diese aber verhalten sich, laut dem angeführten Versuche, wie die Quadrate der Geschwindigkeiten der eindringenden Körper, folglich sind die Kräfte von diesen wie die Quadrate ihrer Geschwindigkeiten.

§. 158.
Einwurf der Cartesianer.

Die Vertheidiger des Cartesius haben hiewider nichts tüchtiges einwenden können. Allein, weil sie ehedem mit ungezweifelter Gewißheit eingesehen hatten, daß die lebendige Kräfte durch die Mathematik verdammet würden, auf die sich gleichwohl die Leibnitzianer auch berufen, so gedachten sie sich aus dieser Schwierigkeit so gut als sie konnten heraus zu helfen, indem sie nicht zweifelten, daß derjenige Versuch betrüglich seyn müßte, welcher etwas festzusetzen schiene, was die Geometrie nicht erlaubte. Wir haben hergegen schon oben die nöthige Erinnerungen beygebracht, jetzt wollen wir nur sehen, was es für eine Ausflucht gewesen sey, deren die Cartesianer sich bedienet haben den angeführten Versuch ungültig zu machen.

Sie wandten ein, die Leibnitzianer hätten hier wiederum auf die Zeit nicht Acht, in der diese Höhlen gemacht wären.

wären. Die Zeit sey bey der Ueberwindung der Hindernisse dieser weichen Materie eben so ein Knoten, als sie bey der Ueberwindung der Schwere gewesen war. Die eingedruckte Höhlen würden nicht in gleicher Zeit gemacht. Kurz sie waren überzeugt, daß der Einwurf von wegen der Zeit bey der Ueberwältigung der Hindernisse der Schwere gültig gewesen, (wie er es denn auch in der That gewesen ist,) und nun, dachten sie, könnte man ihn hie wiederum auf die Bahn bringen, und mit eben solchem Erfolg gegen die lebendige Kräfte gebrauchen.

§. 159.

Wird widerleget.

Ich weiß wohl, daß die Leibnitzianer dieser Klage kurz abgeholfen haben, indem sie unter andern zwey Kegel von unterschiedlicher Grundfläche in die weiche Materie fallen ließen, wobey die Zeiten, darinn ihre Höhlen gemacht würden, nothwendig mußten gleich seyn, und dennoch der Erfolg so wie vorher beschaffen war; allein ich will auch diesem Vortheile absagen, und die Schwierigkeit, die die Cartesianer machen, aus dem Grunde zernichten.

Bey der Würkung der Schwere kommt die Zeit mit in Anschlag.

Man darf weiter nichts thun, als die Ursache erwegen, weswegen der Widerstand der Schwerdrückung, die ein Körper überwinden soll, nicht dem Raume, sondern der Zeit proportionirt ist. Der Grund ist aber dieser. Wenn der Körper eine Feder der Schwere überwindet, so vernichtet er nicht hiedurch ihre Wirksamkeit, sondern er leistet ihr nur das Gegengewichte, sie aber behält ihre Widerstrebung dennoch unvermindert, um in ihn so lange immerfort mit glei-

gleichem Grade zu wirken, als er ihr ausgesetzet ist. Wenn der Körper eine jede Feder der Gravität dadurch, daß er sie überwältiget, zugleich so zu sagen zersprengen und ihre Kraft vernichtigen möchte, so ist kein Zweifel, daß, weil jede Feder gleiche Kraft hat, der Widerstand, den der Körper erleidet, der Summe aller zersprengten Federn gleich seyn würde, die Zeit möchte nun seyn, wie sie wollte. Aber nun behält jede Feder, ohngeachtet sie vom Körper überwunden wird, ihre Drückungskraft, und setzet diese in ihn so lange fort, als er sich unter derselben befindet, folglich kann für die Wirkung, die eine einzige Feder thut, nicht ein einzelner und untheilbarer Druck angegeben werden, sondern sie thut eine an einander hangende Reihe von Drückungen, welche um desto größer ist, je längere Zeit der Körper ihr unterworfen ist, z. E. in denenjenigen Theilen des Raumes, da die Bewegung des Körpers langsamer ist, da ist auch das Zeittheilchen des Aufenthaltes in jedem Punkte länger, als da, wo die Bewegung geschwinder ist, folglich erduldet er dort von einer jeden einzelnen Feder eine längere Reihe gleicher Drückungen als hier.

Dieses befindet sich bey der weichen Materie ganz anders.

Allein dieses befindet sich bey der Trennung der weichen Masse ganz anders. Ein jedes Element der weichen Masse hat eine gleiche Kraft zusammen zu hängen, und hiedurch benimmt sie dem Körper, der sie trennet, einen gleichen Grad Kraft, aber eben dadurch wird sie auch zugleich zertrennet, und thut also fortan schon keinen Widerstand mehr, die Zeit, die er sich bey ihr aufhält, mag hernach so groß seyn, wie sie wolle. Denn hier wird die Feder durch eben die Wirkung, die ihrem Widerstand gleich ist, zugleich zerbrochen, und kann daher nicht noch fortfahren zu wirken, so wie die Feder der Schwere, die an sich unzerstörlich war.

Z   Daher

Daher iſt der Widerſtand, den die weiche Maſſe dem eindringenden Körper thut, wie die Summe der Federn, die
er zerbricht, d. i. wie die Höhle, die er einſchläget, ohne
daß hieben im igeringſten etwas zu thun hat.

§. 160.

Die Leibnitzianer haben Urſache über dieſe wichtige
Vergehung der Carteſianer mit nicht geringer Befriedigung
zu triumphiren. Dieſer Zufall rächet den Schimpf, den
ihnen die Verweiſung ſo mancherley Fehltritte zugezogen
hat, durch ein gleiches Schickſal an ihren Gegnern. Die
Leibnitzianer haben die lebendige Kräfte in ſolchen Fällen zu
finden vermeynet, darinn ſie nicht waren, aber was hindert dieſes? haben die Carteſianer ſie doch nicht in denen
Fällen ſehen können, darinn ſie wirklich waren, und darinn
ſie niemand ohne große Verblendung hätte überſehen
können.

§. 161.

Der angeführte Verſuch alſo, erweiſet das Daſeyn
ſolcher Kräfte in der Natur, die das Quadrat der Geſchwindigkeit zum Maaße haben; allein unſere vorhergehende Betrachtungen erklären, bey welchen Bedingungen dieſelbe nicht
ſtatt haben, und auch welche Bedingungen die einzigen ſind,
unter denen ſie Platz finden können. Wenn man ſich dieſes
alles nach unſrer Anweiſung zu Nutze macht, ſo überkommt
man nicht allein eine hinlängliche Gewißheit von den lebendigen

digen Kräften, sondern auch einen Begriff von ihrer Natur, der nicht allein richtiger, sondern auch vollständiger ist als er sonst jemals gewesen ist, oder auch hat seyn können. Die besondere Beschaffenheit dieses vorhabenden Versuches, giebt noch einige ausserordentliche Merkmale an die Hand, die zu besondern Anmerkungen Anlaß geben können; allein ich kann mich durchaus in dieselbe nicht einlassen, nachdem die Aufmerksamkeit des geneigten Lesers durch so viel verwickelte Untersuchungen ermüdet, vielleicht nichts mehr als den Schluß dieser Betrachtungen wünschet.

Es ist aber noch ein einziges, welches ich nicht unberührt lassen kann, weil es die vorhergehenden Gesetze bestätiget, und ihnen ein großes Licht ertheilet. Der Versuch, den wir vorhaben, beweiset solche Kräfte, die die Schätzung nach dem Quadrat der Geschwindigkeit an sich haben, daher müssen, nach Maaßgebung der 4ten Nummer des 138. §. die Geschwindigkeiten der Widerstrebung jedes Elementes der Hinderniß in diesem Versuche mit endlichen Graden geschehen, denn wenn sie nur mit unendlich kleinen geschehen möchten, wie die Drückungen der Schwere, so würde die Ueberwindung derselben eben so wenig als an diesen eine nach dem Quadrat zu schätzende Kraft zu erkennen geben, §. 139. Wir wollen also beweisen: daß der Renisus eines jeglichen Elementes der weichen Masse nicht mit unendlich kleiner Geschwindigkeit, wie die Schwere, sondern mit einem endlichen Grade geschehe.

Z 2   §. 162.

§. 162.

Das Moment der Hinderniß der weichen Materie geschiehet mit endlicher Geschwindigkeit.

Wenn man die Cylindrische Höhle, welche der Kugelförmige Körper in die weiche Materie einschläget, in ihre übereinander liegende Cirkelscheibchen, deren Dicke unendlich klein ist, eintheilet, so zeigt ein jegliches derselben das Element der verrückten Masse an. Ein jedes von diesen benimmt also dem eindringenden Körper einen unendlich kleinen Theil seiner Geschwindigkeit, weil sie alle insgesammt ihm die ganze Geschwindigkeit nehmen. Da aber die Quantität eines solchen Cirkelscheibchens gegen die Masse der Kugel unendlich klein ist, so folget, daß die Geschwindigkeit seiner Widerstrebung von endlicher Größe seyn müsse, damit er dem Körper einen unendlich kleinen Theil seiner Bewegung durch seinen Widerstand benehmen könne. Also leistet ein jegliches Element der weichen Materie, dem hineinschlagenden Körper ihren Widerstand, mit einer Bestrebung, die ein endliches Maaß der Geschwindigkeit hat. W. z. E.

§. 163.

So haben wir denn unser Geschäfte vollführet, welches in Ansehung des Vorwurfs, worauf es gerichtet war, groß genug gewesen ist, wenn nur die Ausführung diesem Unter-

Unterfangen gemäß gewesen wäre. Ich bilde mir ein, daß ich, insonderheit was, das Hauptwerk betrift, auf eine unwidersprechliche Gewißheit Anspruch machen könne. In Ansehung dieses Vorzuges, dessen ich mich anmaaße, kann ich die gegenwärtige Handlung nicht endigen, ohne vorher mit meinen Gläubigern die Rechnung an Gelehrsamkeit und Erfindung, zu schließen. Nach den scharfsinnigen Bemühungen der Cartesianer, war es nicht schwer, die Verwirrung der Quadratschätzung mit der Mathematik zu berhüten, und nach den sinnreichen Anstalten der Leibnitzianer, war es fast unmöglich, sie in der Natur zu vermissen. Die Kenntniß dieser zwey äußersten Grenzen, mußten ohne Schwierigkeit den Punkt bestimmen, darinnen das wahre von beyden Seiten zusammen fiel. Diesen anzutreffen, war nichts weniger als eine große Scharfsinnigkeit nöthig, es bedurfte nur einer kleinen Abwesenheit des Partheyeneifers, und ein kurzes Gleichgewicht der Gemüthsneigungen, so war die Beschwerde so fort abgethan. Wenn es mir gelungen hat, in der Sache des Herrn von Leibnitz einige Fehltritte wahrzunehmen, so bin ich dennoch auch hierinn ein Schuldner dieses großen Mannes, denn ich würde nichts vermocht haben, ohne den Leitfaden des vortreflichen Gesetzes der Continuität, welches wir diesem unsterblichen Erfinder zu danken haben, und welches das einzige Mittel war, den Ausgang aus diesem Labyrinthe zu finden. Kurz, wenn

wenn gleich die Sache aufs beste zu meinem Vortheile aus=
fällt: so ist der Antheil der Ehre, der mir übrig bleibt,
doch so gering, daß ich nicht befürchte, die Ehrsucht könne
sich so weit erniedrigen, mir dieselbe zu mißgönnen.

E n d e.

Errata.

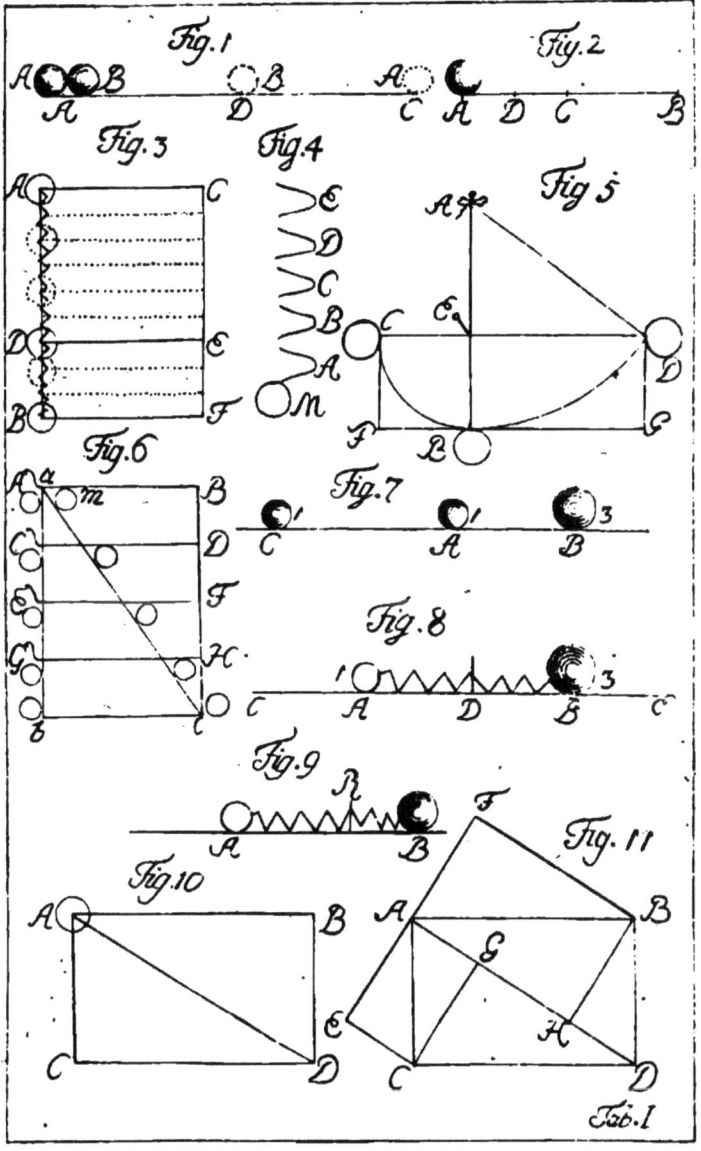

Fig. 1

Fig. 2

Fig. 3

Fig. 4

Fig. 5

Fig. 6

Fig. 7

Fig. 8

Fig. 9

Fig. 10

Fig. 11

Tab. I.

Fig. 12

Fig. 13

Fig. 14

Fig. 15

Fig. 16

Fig. 17

Fig. 18

Fig. 19

Fig. 20

Fig. 21

Fig. 22

Fig. 23

Fig. 24

Fig. 25

Tab. II.

DE
MVNDI SENSIBILIS
ATQVE
INTELLIGIBILIS
FORMA ET PRINCIPIIS.

DISSERTATIO PRO LOCO

PROFESSIONIS LOG. ET METAPH. ORDINARIAE RITE
SIBI VINDICANDO

QVAM

EXIGENTIBVS STATVTIS ACADEMICIS PVBLICE
TVEBITVR

IMMANVEL KANT.

RESP. MVNERE FVNGITVR

MARCVS HERTZ,

BEROLINENSIS, GENTE IVDAEVS, MEDICINAE ET PHILOSOPHIAE
CVLTOR.

CONTRA OPPONENTES

GEORG. WILH. SCHREIBER,

REG. BOR. ART. STVD.

IOH. AVGVSTVM STEIN,

REG. BOR. I. V. C.

ET

GEORG. DANIEL. SCHROETER,

ELBING. S. S. THEOL. C.

IN AVDITORIO MAXIMO

HORIS MATVTINIS ET POMERIDIANIS CONSVETIS DIE XX.
AVG. A. MDCCLXX.

REGIOMONTI,

(IN QVARTO,)

SECTIO I.
De Notione Mundi generatim.

§. 1.

In compofito fubftantiali, quemadmodum Analyfis non terminatur, nifi parte, quae non eft totum, h. e. Simplici; ita Synthefis non nifi toto, quod non eft pars, i. e. Mvndo.

In hac conceptus fubftrati expofitione, praeter notas, quae pertinent ad diftinctam cognitionem obiecti, etiam ad *duplicem* illius e mentis natura *genefin* aliquantulum refpexi, quae, quoniam, exempli inftar, methodo in metaphyficis penitius perfpiciendae infervire poteft, mihi haud parum commendabilis effe videtur. Aliud enim eft, datis partibus *compofitionem* totius fibi concipere, per notionem abftractam intellectus, aliud, hanc *notionem* generalem, tanquam Rationis quoddam problema, *exfequi* per facultatem cognofcendi fenfitivam, h. e. in concreto eandem fibi repraefentare intuitu diftincto. Prius fit per conceptum *compofitionis* in genere, quatenus plura fub eo (refpective erga fe invicem) continentur; adeoque per ideas intellectus et univerfales, pofterius nititur *conditionibus* temporis, quatenus partem parti fucceffive adiungendo, conceptus compofiti eft genetice i. e. per Synthesin poffibilis et pertinet ad leges *intuitus.* Pari modo, dato compofito fubftantiali facile pervenitur ad ideam fimplicium, notionem intellectualem *compofitionis* generaliter tollendo; quae enim, remota omni coniunctione, remanent, funt *fimplicia.* Secundum leges vero cognitionis intuitivae id non fit, i. e.

compo-

4

compofitio omnis non tollitur, nifi a toto dato ad *partes quascunque poſſibiles* regrediendo, h. e. per Analyſin *), quae iterum nititur conditione temporis. Cum autem ad compoſitum requiratur partium *multitudo*, ad totum *omnitudo*; nec Analyſis, nec Syntheſis erunt completae, adeoque nec per priorem, conceptus *ſimplicis*, nec, per poſteriorem, conceptus *totius* emerget; niſi utraque tempore finito et aſſignabili abſolvi poſſit.

Quoniam vero in *quanto continuo regreſſus* a toto ad partes dabiles, in *Infinito* autem *progreſſus* a partibus ad totum datum *carent termino*, ideoque ab una parte Analyſis, ab altera Syntheſis completae ſint impoſſibiles, nec totum, in priori caſu, ſecundum leges Intuitus quoad *compoſitionem*, nec in poſteriori, compoſitum, quoad *totalitatem* complete cogitari poſſunt. Hinc patet; qui fiat, ut, *cum irrepraeſentabile* et *impoſſibile* vulgo eiusdem ſignificatus habeantur, conceptus tam *Continui* quam *Infiniti* a plurimis reiiciantur, quippe quorum, *ſecundum leges cognitionis intuitivae*, repraeſentatio eſt impoſſibilis. Quanquam autem harum e non paucis ſcholis explofarum notionum, praeſertim prioris, cauſſam hic non gero **), maximi tamen

men

---

*) Vocibus Analyſis et Syntheſis duplex ſignificatus communiter tribuitur. Nempe Syntheſis eſt vel *qualitativa*, progreſſus in ſerie *ſubordinatorum* a ratione ad rationatum, vel *quantitativa*, progreſſus in ſerie coordinatorum a parte data per illius complementa ad totum. Pari modo Analyſis, priori ſenſu ſumta, eſt regreſſus a rationato ad rationem, poſteriori autem ſignificatu, regreſſus a toto ad partes ipſius *poſſibiles* ſ. mediatas, h. e. partium partes; adeoque non eſt diviſio ſed *ſubdiviſio* compoſiti dati. Tam Syntheſin quam Analyſin poſteriori tantum ſignificatu hic ſumimus.

**) Qui infinitum mathematicum actuale reiiciunt, non admodum gravi labore funguntur. Confingunt nempe talem infiniti definitionem, ex qua contradictionem aliquam exſculpere poſſint. *Infinitum* ipſis dicitur: *Quantum quo maius eſt impoſſibile*, et Mathematicum: eſt multitudo (unitatis dabilis) qua

maior

men momenti erit monuisse: gravissimo illos errore labi, qui tam perversa argumentandi ratione utuntur. Quidquid enim *repugn..t* legibus intellectus et rationis utique est impossibile; quod autem, cum rationis purae sit obiectum legibus cognitionis intuitivae tantummodo *non subest*, non item. Nam hic dissensus inter facultatem *sensitivam* et *intellectualem*, (quarum indolem mox exponam) nihil indigitat, nisi, *quas mens ab intellectu acceptas fert ideas abstractas, illas in concreto exsequi, et in Intuitus commutare saepenumero non posse.* Haec autem reluctantia *subiectiva* mentitur, ut plurimum, repugnantiam aliquam obiectivam, et incautos facile fallit, limitibus, quibus mens humana circumscribitur, pro iis habitis, quibus ipsa rerum essentia continetur.

Ceterum compositis substantialibus, sensuum testimonio, aut utcunque aliter, datis, dari tam Simplicia quam Mundum, cum facile patescat, argumento ab intellectus rationibus depromto; in definitione nostra caussas etiam in subiecti indole contentas digito monstravi, ne notio mundi

A 3 videa-

maior est impossibilis. Quia autem hic pro *infinito* ponunt *Maximum*, maxima autem multitudo est impossibilis, facile concludunt contra infinitum a semet ipsis confictum. Aut multitudinem infinitam vocant *numerum infinitum*, et hunc absonum esse docent, quod utique est in propatulo, sed quo non pugnatur nisi cum umbris ingenii. Si vero infinitum mathematicum conceperint, ceu quantum, quod relatum ad mensuram tanquam unitatem est *multitudo omni numero maior*, si porro notassent: *mensurabilitatem* hic tantum denotare relationem ad modulum intellectus humani, per quem, non nisi successive addendo unum uni, *ad conceptum multitudinis definitum* et, absolvendo hunc progressum tempore finito, *ad completum*, qui vocatur *Numerus*, pertingere licet; luculenter perspexissent: „quae non congruunt cum certa lege cuiusdam „subiecti, non ideo omnem intellectionem excedere; cum, qui „absque successiva applicatione mensurae, multitudinem uno „obtutu distincte cernat, dari possit intellectus, quanquam „utique non humanus.„

videatur mere arbitraria et, ut fit in Mathematicis, ad de-
ducenda tantum inde confectaria conficta.   Nam mens, in
conceptum compositi, tam resolvendo quam componendo,
intenta, in quibus, tam a priori quam a posteriori parte
acquiefcat, terminos fibi expofcit et praefumit.

§. 2.

Momenta, in Mundi definitione attendenda, haec funt:

I. Materia (in fenfu tranfcendentali) h. e. *partes*,
quae hic fumuntur efte *fubftantiae*.   Poteramus confenfus
noftrae definitionis cum fignificatu vocis communi plane effe incurii, cum non fit, nifi veluti quaeftio quaedam pro-
blematis, fecundum leges rationis oborti: quipote plures
fubftantiae poſint coalefcere in unum, et quibus conditionibus nitatur, ut hoc unum non fit pars alterius.   Verum
vis vocis Mundi, quatenus ufu vulgari celebratur, ultro nobis occurrit.   Nemo enim *Accidentia*, tanquam *partes*, ac-
cenfet *Mundo*, fed, tanquam *determinationes*, *ftatui*.
Hinc Mundus fic dictus *Egoifticus*, qui abfolvitur unica
fubftantia fimplici, cum fuis accidentibus, parum appofite
vocatur Mundus, nifi forte imaginarius.   Eandem ob cauffam ad totum mundanum non licet feriem fucceffivorum
(nempe ftatuum) tanquam partem referre; modificationes
enim *non* funt *partes* fubiecti, fed *rationata*.   Tandem naturam fubftantiarum, quae ·mundum conftituunt, utrum
fint *contingentes* an neceffariae, in cenfum hic non vocavi,
nec talem determinationem gratis in definitione recondo,
poftmodum, ut fit, eandem fpeciofa quadam argutandi ratione indidem depromturus, fed contingentiam e conditionibus hic pofitis abunde concludi poffe poftea docebo.

II. Forma quae confiftit in fubftantiarum *coordina-
tione*, non fubordinatione.   *Coordinata* enim fe invicem
refpiciunt, ut complementa ad totum, *fubordinata* ut cauf-
fatum et cauffa, f. generatim ut principium et principiatum.

tum. Priòr relatio eſt reciproca et *homonyma*, ita, ut quodlibet correlatum alterum reſpiciat ut determinans, ſimulque ut determinatum, poſterioe eſt *heteronyma*, nempe ab una parte non niſi dependentiae, ab altera cauſalitatis. Coordinatio haec concipitur ut *realis* et objeſtiua, non ut idealis et ſubieſti mero arbitrio fulta, per quod multitudinem quamlibet pro lubitu ſummando, effingas totum, Plura enim compleſtendo nullo negotio efficis *totum repraeſentationis*, non ideo autem *repraeſentationem totius.* Ideo, ſi forte ſint quaedam ſubſtantiarum tota, nullo ſibi nexu devinſta, complexus illorum, per quem mens multitudinem cogit in unum ideale, nihil amplius loqueretur, niſi pluralitatem mundorum una cogitatione comprehenſorum. Nexus autem, formam mundi *eſſentialem* conſtituens, ſpeſtatur ut principium *influxuum poſſibilium* ſubſtantiarum mundum conſtituentium. Aſtualis enim influxus non pertinet ad eſſentiam, ſed ad ſtatum, et vires ipſae tranſeuntes, influxuum cauſſae, ſupponunt principium aliquod, per quod poſſibile ſit, ut ſtatus plurium, quorum ſubſiſtentia ceteroquin eſt a ſe invicem independens, ſe mutuo reſpiciant, ut rationata; a quo principio ſi diſceſſeris, vim tranſeuntem in Mundo ut poſſibilem ſumere non licet. Et haec quidem *forma* mundo *eſſentialis* propterea eſt *immutabilis*, neque ulli viciſſitudini obnoxia; idque primo ob *rationem logicam;* quia mutatio quaelibet ſupponit identitatem ſubieſti, ſuccedentibus ſibi invicem determinationibus. Hinc mundus, per omnes ſtatus ſibi ſucceſſivos idem manens Mundus, eandem tuetur formam fundamentalem. Nam ad identitatem totius non ſufficit identitas *partium*, ſed requiritur *compoſitionis* charaſteriſticae identitas. Potiſſimum autem idem e ratione reali ſequitur. Nam natura Mundi, quae eſt principium primum internum determinationum variabilium quorumlibet ad ſtatum ipſius pertinentium, quoniam ipſa ſibi non poteſt eſſe oppoſita, naturaliter, h. e. a ſe ipſa, eſt immutabilis; adeoque datur in mundo quolibet forma quaedam naturae ipſius accenſenda,

con-

conſtans, invariabilis, ceu principium perenne formae cuiuslibet contingentis et tranſitoriae, quae pertinet ad mundi ſtatum. Qui hanc disquiſitionem inſuper habent, fru-
ſtrantur conceptibus *ſpatii* ac *temporis*, quaſi conditionibus
per ſe iam datis atque primitivis, quarum ope, ſcilicet,
absque ullo alio principio, non ſolum poſſibile ſit, ſed et
neceſſarium, ut plura actualia ſe mutuo reſpiciant, uti
compartes, et conſtituant totum. Verum mox docebo;
has notiones plane non eſſe *rationales* atque ullius nexus
ideas obiectivas, ſed *Phaenomena*, et teſtari quidem principium aliquod nexus univerſalis commune, non autem ex-
ponere.

III. VNIVERSITAS quae eſt omnitudo compartium *abſoluta.* Nam *reſpectu* ad compoſitum aliquod datum habi-
to, quanquam illud adhuc ſit pars alterius, tamen ſemper
obtinet omnitudo quaedam comparativa, nempe partium
ad illud quantum pertinentium. Hic autem, quaecunque
inter ſe invicem ut compartes, ad totum *quodcunque* reſpiciunt, coniunctim poſita intelliguntur. *Totalitas* haec abſoluta, quanquam conceptus quotidiani et facile obvii ſpe-
ciem prae ſe ferat, praeſertim cum negative enunciatur,
ſicuti fit in definitione, tamen penitius perpenſa crucem
figere philoſopho videtur. Nam ſtatuum univerſi in *aeter-
num* ſibi ſuccedentium nunquam abſoluenda ſeries, quomodo redigi poſſit in *Totum*, omnes omnino viciſſitudines
comprehendens, aegre concipi poteſt. Quippe per infini-
tudinem ipſam neceſſe eſt, ut careat *termino*, ideoque non
datur ſuccedentium ſeries, niſi quae eſt pars alterius, ita,
ut eandem ob cauſſam completudo omnimoda, ſ. *totalitas
abſoluta* hinc plane exulare videatur. Quanquam enim notio partis univerſaliter ſumi poſſit, et, quaecunque ſub hac
notione continentur, ſi poſita ſpectentur in eadem ſerie,
conſtituant unum; tamen omnia illa *ſimul ſumenda* eſſe per
conceptum *Totius* exigi videtur; quod in caſu dato eſt impoſſibile. Nam quoniam toti ſerici nihil ſuccedit; poſita
autem ſucceſſivorum ſerie non datur, cui nihil ſuccedat, niſi

ulti-

ultimum; erit in aeternitate ultimum, quod eſt abſonum.
Quae infiniti ſucceſſivi totalitatem premit difficultas, eam
ab *infinito ſimultaneo* abeſſe forſitan quisquam putaverit,
propterea, quod *ſimultaneitas* complexum omnium eodem
tempore diſerte profiteri videatur.   Verum ſi Infinitum
ſimultaneum admittatur, concedenda etiam eſt totalitas Infiniti ſucceſſivi, poſteriori autem negata, tollitur et prius.
Nam infinitum ſimultaneum inexhauſtam aeternitati materiam praebet, ad ſucceſſive progrediendum per innumeras
eius partes in infinitum, quae tamen ſeries omnibus nume-
ris abſoluta actu daretur in Infinito ſimultaneo, ideoque,
quae ſucceſſive addendo nunquam eſt abſolvenda ſeries, tamen *tota* eſſet dabilis.   Ex hac ſpinoſa quaeſtione ſemet ex-
tricaturus, notet: tam ſucceſſivam, quam ſimultaneam
plurium coordinationem (quia nituntur conceptibus temporis) non pertinere ad conceptum *intellectualem* totius, ſed
tantum ad conditiones *intuitus ſenſitivi;* ideoque, etiam
ſi non ſint ſenſitive conceptibiles, tamen ideo non ceſſare
eſſe intellectuales.   Ad hunc autem conceptum ſufficit: dari quomodocunque coordinata et omnia cogitari tanquam
pertinentia ad Vnum.

•S E C T I O II.

De ſenſibilium atque intelligibilium diſ-
crimine generatim.

§. 3.

Senſualitas eſt *receptivitas* ſubiecti, per quam poſſibile eſt,
ut ſtatus ipſius repraeſentativus obiecti alicuius praeſentia
certo modo afficiatur.   *Intelligentia* (rationalitas) eſt *facul-*
tas ſubiecti, per quam, quae in ſenſus ipſius per qualitatem ſuam, incurrere non poſſunt, ſibi repraeſentare valet.
Obiectum ſenſualitatis eſt ſenſibile; quod autem nihil con-

tinet, nisi per intelligentiam cognoscendum, est intelligibile. Prius scholis veterum *Phaenomenou*, posterius *Noumenon* audiebat. Cognitio, quatenus subiecta est legibus sensualitatis, est *sensitiva*, intelligentiae, est *intellectualis* s. rationalis.

§. 4.

Quum itaque, quodcunque in cognitione est sensitivi, pendeat a speciali indole subiecti, quatenus a praesentia obiectorum huius vel alius modificationis capax est, quae, pro varietate subiectorum, in diversis potest esse diversa; quaecunque autem cognitio a tali conditione subiectiva exemta est, non nisi obiectum respiciat, patet: sensitive cogitata esse rerum repraesentationes, *uti apparent*, intellectualia autem *sicuti sunt*. Repraesentationi autem sensus primo inest quiddam, quod diceres *Materiam*, nempe *Sensatio*, praeterea autem aliquid, quod vocari potest *forma*, nempe sensibilium *species*, quae prodit, quatenus varia, quae sensus afficiunt, naturali quaedam animi lege coordinantur. Porro; quemadmodum sensatio, quae sensualis repraesentationis *Materiam* constituit, praesentiam quidem sensibilis alicuius arguit, sed quoad qualitatem pendet a natura subiecti, quatenus ab isto obiecto est modificabilis; ita etiam eiusdem repraesentationis *forma*, testatur utique quendam sensorum respectum aut relationem, verum proprie non est adumbratio aut schema quoddam obiecti, sed non nisi lex quaedam menti insita, sensa ab obiecti praesentia orta sibimet coordinandi. Nam per formam seu speciem obiecta sensus non feriunt; ideoque, ut varia obiecti sensum afficientia in totum aliquod repraesentationis coalescant, opus est interno mentis principio, per quod varia illa secundum stabiles et innatas leges *speciem* quandam induant.

§. 5.

Ad sensualem itaque cognitionem pertinet: tam *materia*, quae est sensatio, et per quam cognitiones dicuntur

sensua-

fenfuales, quam *forma*, per quam, etiam fi reperiatur
absque omni fenfatione, repraefentationes vocantur *fenfitivae*. Quod ab altera parte attinet *intellectualia*, ante omnia probe notandum eft: ufum Intellectus, f. fuperioris
animae facultatis effe duplicem: quorum priori *dantur* conceptus ipfi, vel rerum vel refpectuum, qui eft vsvs realis;
pofteriori autem, undecunque dati, fibi tantum *fubordinantur*, inferiores nempe fuperioribus (notis communibus)
et conferuntur inter fe fecundum principium contradictionis, qui vsvs dicitur logicvs. Eft autem ufus intellectus
logicus omnibus fcientiis communis, realis non item. Data
enim quomodocunque cognitio fpectatur, vel contenta fub
nota pluribus communi, vel illi oppofita, idque vel immediate et proxime, ut fit in *iudiciis* ad diftinctam, vel me-
diate, ut in *ratiociniis* ad adaequatam cognitionem. Datis
igitur cognitionibus fenfitivis, per ufum intellectus logicum
fenfitivae fubordinantur aliis fenfitivis, ut conceptibus communibus et phaenomena legibus phaenomenorum generalioribus. Maximi autem momenti hic eft, notaffe: cognitiones femper habendas effe pro fenfitivis, quantuscunque
circa illas intellectui fuerit ufus logicus. Nam vocantur
fenfitivae propter genefin, non ab *collationem*, quoad identitatem vel oppofitionem. Hinc generaliffimae leges empi-
ricae funt nihilo fecius fenfuales et, quae in Geometria re-
periuntur, formae fenfitivae principia, (refpectus in fpatio
determinati) quantumcunque intellectus circa illa verfetur,
argumentando e fenfitive datis (per intuitum purum) fecundum regulas logicas, tamen non excedunt fenfitivorum claf-
fem. In fenfualibus autem et Phaenomenis, id quod ante-
cedit ufum intellectus logicum, dicitur *Apparentia*, quae
autem apparentiis pluribus per intellectum comparatis oritur
cognitio, reflexa vocatur *Experientia.* Ab apparentia itaque ad experientiam via non eft, nifi per reflexionem fecundum ufum intellectus logicum. Experientiae conceptus
communes dicuntur *empirici*, et obiecta *phaenomena*, leges autem tam experientiae quam generatim omnis cognitionis

nis fenfitivae vocantur leges phaenomenorum. Conceptus itaque empirici per reductionem ad maiorem univerfitatem non fiunt intellectuales in *fenfu reqli*, et non excedunt fpeciem cognitionis fenfitivae, fed, quousque abftrahendo afcendant, fenfitivae manent in indefinitum.

§. 6.

Quod autem *intellectualia ftricte talia* attinet, in quibus *ufus intellectus* eft *realis*; conceptus tales, tam obiectorum, quam refpectuum dantur per ipfam naturam intellectus, neque ab ullo fenfuum ufu funt abftracti, nec formam ullam continent cognitionis fenfitivae, qua talis. Neceffe autem hic eft, maximam ambiguitatem vocis *abftracti* notare, quam, ne noftram de intellectualibus disquifitionem maculet, antea abftergendam effe fatius duco. Nempe proprie dicendum effet: *ab aliquibus abftrahere*, non *aliquid abftrahere*. Prius denotat: quod in conceptu quodam ad alia quomodocunque ipfi nexa non attendamus, pofterius autem, quod non detur, nifi in concreto et ita, ut a coniunctis feparetur. Hinc conceptus intellectualis *abftrahit* ab omni fenfitivo, *non abftrahitur* a fenfitivis et forfitan rectius diceretur *abftrahens*, quam *abftractus*. Quare intellectuales confultius eft *Ideas puras*, qui autem empirice tantum dantur conceptus, *abftractos* nominare.

§. 7.

Ex hisce videre eft: fenfitivum male exponi, per *confufius* cognitum, intellectuale per id, cuius eft cognitio *diftincta*. Nam haec funt tantum difcrimina logica et quae *data*, quae omni logicae comparationi fubfternuntur, plane *non tangunt*. Poffunt autem fenfitiva admodum effe diftincta et intellectualia maxime confufa. Prius animadvertimus in fenfitivae cognitionis Prototypo, *Geometria*, pofterius in intellectualium omnium Organo, *Metaphyfica*, quae, quantum operae navet ad difpellendas, quae intellectum communem obfufcant, confufionis nebulas, quanquam non femper tam felici, quam in priori, fit fucceffu,

in

13

In propatulo est. Nihilo tamen secius harum cognitionum quaelibet stemmatis sui signum tuetur, ita, ut priores, quantumcunque distinctae, ab originem vocentur sensitivae posteriores, utut confusae, maneant intellectuales: quales v. g. sunt conceptus *morales*, non experiundo, sed per ipsum intellectum purum jcogniti. Vereor autem, ne Jv. WOLFIVS per hoc inter sensitiva et intellectualia discrimen, quod ipsi non est nisi logicum, nobilissimum illud antiquitatis *de Phaenomenorum* et *Noumenorum indole* differendi institutum, magno philosophiae detrimento, totum forsitan aboleverit, animosque ab ipsorum indagatione ad logicas saepenumero minutias averterit.

§. 8.

Philosophia autem *prima* continens *principia* usus *intellectus puri* est .METAPHYSICA. Scientia vero illi propaedeutica est, quae discrimen docet sensitivae cognitionis ab intellectuali; cuius in hac nostra dissertatione specimen exhibemus. Cum itaque in Metaphysica non reperiantur principia empirica; conceptus in ipsa obvii non quaerendi sunt in sensibus, sed in ipsa natura intellectus puri, non tanquam conceptus *connati*, sed e legibus menti insitis (attendendo ad eius actiones occasione experientiae) abstracti, adeoque *acquisiti*. Huius generis sunt possibilitas, existentia, necessitas, substantia, caussa etc. cum suis oppositis aut correlatis; quae cum nunquam ceu partes repraesentationem ullam sensualem ingrediantur, inde abstrahi nullo modo potuerunt.

§. 9.

Intellectualium duplex potissimum finis est: prior *elenchticus*, per quem negative prosunt, quando nempe sensitive concepta arcent a Noumenis, et quanquam scientiam non provehant latum unguem, tamen eandem ab errorum contagio immunem praestant. Posterior est *dogmaticus*: secundum quem principia generalia intellectus puri, qualia exhibet Ontologia, aut Psychologia rationalis, exeunt

exeunt in exemplar aliquod, non nifi intellectu puro concipiendum et omnium aliorum quoad realitates menfuram
communem, quod eft PERFECTIO NOVMENON. Haec autem
eft vel in fenfu theoretico, *) vel practico talis.   In priori
eft Ens fummum, DEVS, in pofteriori fenfu PERFECTIO MO-
RALIS.   *Philofophia* igitur *moralis*, quatenus *principia di-
iudicandi* prima fuppeditat, non cognofcitur, nifi per intellectum purum et pertinet ipfa ad philofophiam puram,
quique ipfius criteria ad fenfum voluptatis aut taedii pro-
traxit, fummo iure reprehenditur, Epicurus, una cum
neotericis quibusdam, ipfum e longinquo quadantenus fe-
cutis, uti Shaftesbury et affeclae.   In quolibet autem genere eorum, quorum quantitas eft variabilis, *Maximum* eft
menfura communis et principium cognofcendi.   *Maximum
perfectionis* vocatur nunc temporis Ideale, Platoni Idea,
(quemadmodum ipfius — idea reipublicae) et omnium, fub
generali perfectionis alicuius notione contentorum, eft principium, quatenus minores gradus non nifi limitando maximum determinari poffe cenfentur; Deus autem, cum, ut
Ideale perfectionis, fit principium cognofcendi, ut realiter
exiftens, fimul eft omnis omnino perfectionis principium
fiendi.

§. 10.

Intellectualium non datur (homini) *Intuitus* fed non
nifi *cognitio fymbolica*, et intellectio nobis tantum licet per
conceptus univerfales in abftracto, non per fingularem in
concreto.   Omnis enim intuitus nofter adftringitur principio cuidam formae, fub qua fola aliquid immediate, f. ut
fingulare, a mente *cerni* et non tantum difcurfive per conceptus generales concipi poteft.   Principium autem hoc formale noftri intuitus (fpatium et tempus,) eft conditio, fub
qua

---

*) Theoretice aliquid fpectamus quatenus non attendimus, nifi
   ad ea, quae enti competunt, practice autem, fi ea quae ipfi
   per libertatem ineffe debebant, difpicimus.

qua aliquid fenfuum noftrorum obieftum effe poteft adeoque, ut conditio cognitionis fenfitivae, non eft medium
ad intuitum intelleftualem.   Praeterea omnis noftrae cognitionis materia non datur nifi a fenfibus, fed Noumenon,
qua tale, non concipiendum eft per repraefentationes a fenfationibus depromtas; ideo conceptus Intelligibilis, qua
talis, eft deftitutus ab omnibus *datis* intuitus humani. *Intuitus* nempe mentis noftrae femper eft *paffivus*; adeoque
eatenus tantum quatenus aliquid fenfus noftros afficere poteft, poffibilis. Divinus autem intuitus, qui obieftorum eft
principium, non principiatum, cum fit independens, .eft
Archetypus et propterea perfefte intelleftualis.

§. 11.

Quanquam autem Phaenomena proprie fint rerum fpecies,. non Ideae, neque internam et abfolutam obieftorum
qualitatem exprimant; nihilo tamen minus illorum cognitio eft veriffima.   Primo enim, quatenus fenfuales funt conceptus f. apprehenfiones, ceu cauffata teftantur de praefentia obiefti, quod contra Idealismum; quatenus autem iu-
dicia fpeftas circa fenfitive cognita, cum veritas in iudican-
do confiftat in confenfu praedicati cum fubiefto dato, conceptus autem fubiefti, quatenus eft Phaenomenon, non detur nifi per relationem ad facultatem cognofcendi fenfitivam,
et fecundum eandem etiam praedicata dentur fenfitive ob-
fervabilia, patet; repraefentationes fubiefti atque praedicati fieri fecundum leges communes, adeoque anfam praebe-
re cognitioni veriffimae.

§. 12.

Quaecunque ad fenfus noftros referuntur ut obiefta,
funt Phaenomena, quae autem, cum fenfus non tangant,
formam tantum fingularem fenfualitatis continent pertinent
ad intuitum purum (i. e. fenfationibus vacuum, ideo autem
non intelleftualem.)   Phaenomena recenfentur et exponun-
tur, *primo*, fenfus *externi* in Physica, *deinde*, fenfus *in-
terni* in Psychologia empirica.   Intuitus autem purus (humanus

'manus) non eft conceptus univerfalis f. logicus, *fub quo*, fed fingularis, *in quo* fenfibilia quaelibet cogitantur ideoque contiqet conceptus fpatii et temporis; qui, cum quoad *qualitatem* nihil de fenfibilibus determinent, non funt obiecta fcientiae, nifi quoad *quantitatem*. Hinc Mathesis pvra *fpatium* confiderat in Geometria, *tempus* in Mechanica pura. Accedit hisce conceptus quidam, in te quidem intellectualis; fed cuius tamen actuatio in concreto exigit opitulantes notiones temporis et fpatii, (fucceffive addendo plura et iuxta fe fimul ponendo,) qui eft conceptus *Numeri*, quem tractat Arithmetica. Mathefis itaque pura, omnis noftrae fenfitivae cognitionis formam exponens, eft cuiuslibet intuitivae et diftinctae cognitionis organon; et quoniam eius obiecta ipfa funt omnis intuitus, non folum principia formalia, fed ipfa *intuitus originarii*, largitur cognitionem veriffimam fimulque fummae evidentiae in aliis exemplar. *Senfualium itaque datur fcientia*, quanquam, cum fint Phaenomena, non datur intellectio realis, fed tantum logica, hinc patet, quo fenfu, qui e fchola Eleatica hauferunt, fcientiam phaenomenis denegaffe cenfendi fint.

SECTIO III.
De principiis formae Mundi fenfibilis.

§. 13.

Principium formae univerfi eft, quod continet rationem nexus univerfalis, quo omnes fubftantiae atque earum ftatus pertinent ad idem totum, quod dicitur *Mundus*. Principium formae *mundi fenfibilis* eft, quod continet rationem *nexus univerfalis* omnium, quatenus funt *Phaenomena*. Forma *mundi intelligibilis* agnofcit principium obiectivum, h. e. cauffam aliquam, per quam exiftentium in fe eft colliga-